Gerhard Prause
Spuren der Geschichte

Gerhard Prause

Spuren der Geschichte

Mit Archäologen
auf großen Grabungen

23. XII. 1992

Deutsche Verlags-Anstalt
Stuttgart

Und wieder für
Brett, Christiane, Axel und Nicola

CIP-Titelaufnahme der Deutschen Bibliothek

Prause, Gerhard:
Spuren der Geschichte : mit Archäologen auf
großen Grabungen / Gerhard Prause. – 3. Aufl. –
Stuttgart : Deutsche Verlags-Anstalt, 1988
ISBN 3-421-06390-7

3. Auflage 1988

Gesamtherstellung: Clausen & Bosse, Leck
Printed in Germany

Inhalt

Vorwort

Wenn man die Gegenwart mit der Vergangenheit vergleicht, sucht man natürlich immer nach Ähnlichkeiten. Die Unähnlichkeiten sind so offensichtlich, daß sie kein Problem darstellen.

Umberto Eco 1985 (in einem ZEIT-Interview)

Spuren der Geschichte, vor Jahrtausenden liegengeblieben, dann versunken, verschüttet, verweht und erst in unserer Zeit mühselig wieder ans Licht geholt. Aber unter den jahrtausendealten Spuren sind auch solche, die noch heute absichtlich verwischt oder doch schamhaft verschwiegen werden. Und so ist es denn kein Wunder, daß so viele es nicht wissen, weil die gängigen Reiseführer es nicht verraten, ebensowenig der Brockhaus und der Große Ploetz, ja selbst Historiker es oft unter den Tisch fallen lassen:

Die berühmten antiken Heiligtümer wie der Artemis-Tempel zu Ephesos, das Apollo-Heiligtum zu Delos, der Tempel des Zeus in Olympia und viele andere Kultbauten, auch die ägyptischen und der jüdische Tempel in Jerusalem, wo Jesus seinen berühmt gewordenen Streit mit Geldwechslern hatte, waren keineswegs nur religiöse Stätten. Sondern sie waren zugleich Kapitalzentren, Geldumschlagplätze, die als Depositen- und Darlehnsbanken arbeiteten, stets bemüht, ihr Geld zu mehren. Nicht zuletzt deswegen übten Tempel und ihre Priester so viel Macht und Einfluß aus.

Wenig bekannt ist auch – weil ebenfalls von Historikern gern übergangen –, daß die antiken Olympischen Spiele, die heute als Symbol für politischen Frieden gelten, aus Kriegen finanziert wurden: Jede kriegführende griechische Polis mußte ein Zehntel ihrer Kriegsbeute dem Kriegsgott Zeus nach Olympia als Opfer darbringen, und da die Griechen häufig Kriege führten, nicht nur gegen »Barbaren«, auch untereinander, kam für Olympia viel Beute zusammen.

Aber – und auch dies wird meist schamhaft verdrängt – die Griechen führten vor allem deswegen so häufig Kriege, weil diese für sie eine der wichtigsten Einnahmequellen waren und weil sie durch die Erbeutung von Sklaven ihr Energieproblem lösten. Ohne Sklavenwirtschaft hätten die Griechen kaum leben können, jedenfalls nicht so, wie sie leben wollten. Delos, ihr bedeutendstes Heiligtum, war zugleich der größte Sklavenmarkt der Antike.

Mit diesen und anderen Korrekturen an einem noch immer weit verbreiteten humanistischen Idealbild der Antike setze ich hier die bereits in meinen früheren Büchern begonnene Enthüllungsreihe über Mißverständnisse, Fälschungen, Fehldeutungen und Legenden in Geschichte und Gegenwart und über Irrtümer der Wissenschaft fort. Diesmal geschieht es mit Hilfe von Archäologen, die ich bei ihren Grabungen besuchte und die mich dankenswerterweise bei ihren Arbeiten zusehen ließen und mir bereitwillig erklärten, wie sie aufgrund ihrer Funde und Befunde von manchmal nur vagen Vermutungen Schritt für Schritt zu festen Ergebnissen und Erkenntnissen kamen.

Bei allen von mir besuchten und (zunächst in der ZEIT, hier aber noch einmal ganz neu und aktualisiert) beschriebenen Grabungen – auf Kreta, in Ägypten, Griechenland, Italien, in Kleinasien, China und im Heiligen Land – handelt es sich um bedeutende archäologische Unternehmen. Einige sind »Jahrhundert-Grabungen«, bereits vor hundert oder mehr Jahren begonnen, wie zum Beispiel Tiryns, Olympia, Pergamon, Ephesos, Milet, Didyma, Pompeji und Herculaneum. Auf anderen wird seit Jahrzehnten, auf einigen erst seit ein paar Jahren gegraben, wie in Ramsesstadt in Ägypten. Nur wenige wurden inzwischen abgeschlossen, so die Unterwassergrabung von Baia und die Freilegung des vermutlichen Grabes Philipps II. von Makedonien in Vergina sowie des angeblichen Totenorakels von Ephira. Alle diese archäologischen Stätten, die ich ansah, als sie offen waren – das heißt, während dort gegraben und geforscht wurde und ich mit den Archäologen an Ort und Stelle sprechen konnte –, sind weitreichend in der Bedeutung ihrer Ergebnisse: in den Spuren, die da an den Tag geholt wurden und die deutlich machen, wie die Menschen damals lebten; wie sie Häuser, Städte, Tempel bauten; wie und was sie ihren Göttern opferten; wie und wonach sie Orakel befragten; wie sie wohnten, arbeiteten oder müßiggingen, sich bildeten und vergnügten; welche Sorgen und Probleme sie hatten und wie sie auch damals von einem besseren, möglichst ewigen Leben träumten und wie manche diesen Traum sogar verwirklichten.

Immer wieder geht es hier aber auch darum, die Arbeit der Archäologen zu zeigen und die sich ständig verfeinernden Methoden ihrer Wissenschaft. Und so wird zugleich die Geschichte der Archäologie widergespiegelt, von ihren ersten Versuchen, die eigentlich nichts anderes waren als wilde Raubgrabungen nach antiken Kunstwerken und bei denen nur allzuoft mehr zerstört als geborgen wurde, bis zu der behutsamen, vorsichtigen Spurensuche moderner archäologischer Unternehmen, auf die das Wort Grabung kaum noch zutrifft. Grundsätzlich gewandelt hat sich auch die Zielsetzung der Archäologie: Längst geht es nicht mehr um die Erbeutung spektakulärer Kunst- und Grabschätze, auch nicht mehr überwiegend um Kunst- und Baugeschichte, sondern letztlich um die alles umfassende Geschichte alter Völker, Staaten und Kulturen.

Die verfeinerten Methoden der Archäologie aber haben die Archäologen nicht etwa auf den Weg zur Unfehlbarkeit gebracht. Eher im Gegenteil: Mit der Ausweitung der Interpretationsmöglichkeiten wuchs auch die Gefahr voreiliger Schlüsse. Auch davon ist in diesem Buch die Rede, von den Schwierigkeiten, Funde und Befunde zum richtigen Bild zusammenzupuzzeln, aufgrund nicht nur plausibler, sondern möglichst zwingender und überzeugender Schlüsse, ohne dabei eigenen Wunschvorstellungen nachzugeben – wozu auch die archäologische Wissenschaft, ja vielleicht gerade sie, immer wieder verführen kann.

Ohne die Arbeiten und die Hilfe einer langen Reihe von Forschern hätte ich dieses Buch nicht schreiben können. Ihnen allen gilt mein Dank, ganz besonders jedoch Prof. Dr. Bernard Andreae (Erster Direktor Deutsches Archäologisches Institut Rom), Prof. Dr. Manolis Andronikos (Universität Thessaloniki), Dr. Manfred Bietak (ÖAI Kairo), Prof. Dr. Sotirios Dakaris (Universität Joannina), Dr. Arne Eggebrecht (Direktor Pelizaeus-Museum Hildesheim), Dr. Wolfram Hoepfner (Zweiter Direktor DAI Berlin), Prof. Dr. Werner Kaiser (Erster Direktor DAI Kairo), Prof. Dr. Klaus Kilian (Zweiter Direktor DAI Athen), Dr. Alfred Mallwitz † (DAI Athen), Prof. Dr. Wolfgang Müller-Wiener (Erster Direktor DAI Istanbul), Dr.-Ing. Klaus Nohlen (Restaurierungsprojekt Trajaneum), Dr. Wolfgang Radt (DAI Istanbul), Edgar B. Pusch (Pelizaeus-Museum Hildesheim), Prof. Dr. Yannis Sakellarakis und Dr. Efi Sapouna-Sakellarakis (Heraklion), Prof. Dr. Volker Michael Strocka (Universität Freiburg), Prof. Dr. Klaus Tuchelt (Erster Direktor DAI Berlin), Prof. Dr. Hermann Vetters (Direktor Österreichisches Archäologisches Institut Wien).

Ehestorf bei Hamburg — Gerhard Prause

1. Kapitel

Menschenopfer an der Wiege Europas

Grabungen auf Kreta bringen neue Fragen über die angeblich so freundlichen Minoer

Immer schon stand die aus Steinen geschichtete runde Hütte auf dem Hügel Phourni, deutlich sichtbar von der Straße aus, die von Heraklion an Knossos vorüber in das kretische Dorf Archanes führt. Und seit vielen Jahren hatten die Bauern von Archanes, die hier Oliven und Wein anbauen, diesen merkwürdigen Rundbau als Unterschlupf benutzt. Einige Zeit lang hatte der griechische Archäologe Professor Dr. Yannis Sakellarakis, heute Direktor des archäologischen Museums von Heraklion, in dem Bau sogar gehaust. Das war Mitte der sechziger Jahre gewesen, als der noch junge Wissenschaftler anfing, den Phourni systematisch zu erforschen, weil ihm der Hügel aufgrund seiner Umgebung und einiger Funde archäologisch verdächtig erschien. Nur zehn Kilometer liegt er von Knossos entfernt, dem wohl bekanntesten aller minoischen Paläste auf der Insel Kreta. Und in unmittelbarer Nähe, auf dem Berg Iouktas, hatte der berühmte britische Archäologe Arthur Evans (1851–1941), der Ausgräber und Restaurator von Knossos, ein minoisches Bergheiligtum entdeckt. Da oben ist Zeus begraben, sagt man noch heute auf Kreta. Einst hat diese Behauptung den Kretern den Ruf eingebracht, allesamt Lügner zu sein; denn war nicht Zeus unsterblich? Doch der Berg scheint die alte Behauptung zu bestätigen: Vom Meer her gleicht sein Kamm dem Profil eines ruhenden Männerkopfes, und so entstand schon vor langer Zeit die Legende, daß hier Zeus ruhe, der höchste der griechischen Götter, der stärkste und fruchtbarste, der »Weitschauende« und weiseste, der große Retter, der Hüter der Freiheit, des Rechts, der Sitte und des Staates.

Vom 800 Meter hohen Gipfel des Iouktas kann man bei klarem Wetter weit über die Ägäis sehen, bis hin nach der vulkanischen Insel Thera oder Santorin, der südlichsten der Kykladen. Dort vermutete der griechische Archäologe Spyridon Marinatos (der vor einigen Jahren auf seiner Grabung von einer einstürzenden Mauer erschlagen wurde) aufgrund seiner höchst beachtlichen, ja sensationellen Funde das eigentliche Zentrum der minoischen Kultur, das da vor 3500 Jahren infolge eines gewaltigen Ausbruchs des Inselvulkans teils im Meer versank, teils unter einer bis zu dreißig Meter hohen Schicht aus Lava, Schlacken, Asche und Bimssteintuff begraben worden sei. Marinatos legte auf Thera mehrstöckige Wohnhäuser frei und fand wundervolle Fresken, die das heitere Dasein der Minoer widerzuspiegeln scheinen, ihr friedliches, angeblich ganz unkriegerisches Leben in kultischen Spielen und Sport, in Tänzen und Schönheit.

In Thera haben manche Gelehrte das sagenhafte Atlantis vermutet, von dem vor etwa 2350 Jahren der griechische Philosoph Platon schrieb. Nicht nur diese Insel scheint von dem Santorin-Ausbruch zerstört worden zu sein, sondern indirekt, durch Meerbeben und eine gewaltige Flutwelle, auch die Palastanlagen auf Kreta, die kurz nach 2000 v. Chr. errichtet worden waren: Phaistos, Mallia, Hagia Triada und Knossos. Nach dieser nicht mehr eindeutig erkennbaren Katastrophe, zu der es um 1500 v. Chr. gekommen sein soll – die Theorie von der Auswirkung des Santorin-Ausbruchs bis hin nach Kreta ist indessen nicht unumstritten –, sollen diese Zentren der Verwaltung und des höfischen und kultischen Lebens noch einmal aufgebaut worden sein. Die so überaus luxuriöse minoische Kultur, deren Anfänge um 3000 v. Chr. vermutet werden und die Sir Arthur Evans in die drei Hauptphasen Frühminoisch, Mittelminoisch und Spätminoisch einteilte, fand also mit dem Untergang Theras noch keineswegs ihr Ende. Das kam erst ein halbes Jahrtausend später, als die Achäer auf Kreta die Herrschaft übernahmen, die Träger der mykenischen Kultur, die eine neue Sprache und Schrift einführten. Das war nach der sogenannten Linear A die Linear-B-Schrift, in der in Knossos sehr viele Täfelchen gefunden wurden.

Daß in der sich zunehmend verfeinernden minoischen Kultur mit ihrem Stierkult und der berühmten Eierschalenkeramik auch Archanes eine wichtige Rolle gespielt haben könne, glaubte schon Evans, nachdem er hier eine Rundquelle entdeckt hatte. Sir Arthur meinte, daß die Könige von Knossos hier einen Sommerpalast gehabt haben könnten. Seine Vermutung wurde durch erfolgreiche Probegrabungen, die Spyridon Marinatos und Nicolas Platon in Archanes machten, verstärkt. Als dann Yannis Sakellarakis die Spurensuche fortsetzte, führte ihn jene runde Steinhütte auf dem Phourni, in dessen Innern ihm die aus konzentrischen Kreisen bestehende Konstruktion auffiel, zu einer überraschenden und wirklich sensationellen Entdeckung. Er stieß auf eine einzigartige, sehr große minoische Nekropole, von der er sagt, daß es die bedeutendste bisher bekannte Nekropole in der ganzen Ägäis sei.

Zunächst gruben Yannis Sakellarakis und seine Frau Efi Sapouna-Sakellarakis, die ebenfalls in Archäologie promoviert hat, innerhalb der runden Steinhütte mehrere Meter tief, bis hinunter auf den natürlichen Felsen. Dabei stellte sich schon bald heraus, daß die vermeintliche Hütte in Wahrheit ein Kuppelgrab war, in der Form ganz ähnlich dem berühmten »Schatzhaus« des mykenischen Königs Atreus, dem größten der bei Mykene (wo vor hundert Jahren Heinrich Schliemann so erfolgreich gegraben hatte, auf der griechischen Halbinsel Peloponnes) gefundenen Königsgräber, nur kleiner. Es barg erstaunliche Schätze. An der Stelle, wo einst der ursprüngliche Zugang war, wurde auch außen an der 1,70 Meter starken Mauer hinuntergegraben, so daß man die Grabstätte heute wieder so betreten kann, wie es die Menschen vor etwa 3400 Jahren konnten. Das war schon nach der großen Katastrophe von 1500 v. Chr., in der Zeit Spätminoisch III a, in die das Grab aufgrund der Funde datiert werden konnte, als hier schon die Achäer, also Griechen herrschten, die die Linear-B-Schrift schrieben, eine Frühform des Griechischen. Diese Silbenschrift wurde 1952 von Michael Ventris entziffert, während die ältere Linear A noch nicht entziffert werden konnte.

Die Tholos dieses Grabes, der gut fünf Meter hohe Rundbau mit einem Durchmesser von 4,31 Metern, ist irgendwann – wie nahezu alle mykenischen Kuppelgräber – ausgeraubt worden. Die Räuber waren jedoch nicht in die vermauerte Seitenkammer eingebrochen. Und in diesem nur 3,67 Quadratmeter großen Raum fanden die Archäologen die erste unversehrt gebliebene fürstliche Bestattung auf Kreta. Daß hier eine Fürstin beigesetzt worden war, zumindest eine sehr vornehme Frau, das ließ der Reichtum der Grabbeigaben, die jetzt im Museum von Heraklion zu sehen sind, erkennen. Die Frau trug ein goldenes Diadem. Und in der Larnax, dem truhenförmigen Sarkophag, teils auch daneben und darunter, fanden sich insgesamt 402 Gegenstände, die meisten davon allerdings nur klein und kaum zu vergleichen mit den in ägyptischen Königsgräbern gefundenen Beigaben. Gefunden wurden sehr viele Perlen von Halsketten oder vom Gewand, Perlen aus Gold, Sardonyx, Bergkristall, Steatit, Fayence, Glaspaste und zwei aus Eisen. Der Toten waren auch mehrere Siegelringe und andere Ringe mitgegeben worden, dann eine Reihe von Bronze-, Ton- und Steingefäßen, ein Dreifuß, eine Lampe, ein Spiegel, ein Fußschemel, eine Haarspirale, zwei kleine goldene Kästchen und noch einige kleine Dinge aus Elfenbein, dazu eine Halskette aus Muscheln, eine andere aus Spiralen, ein Fayence-Gefäß und eine Agraffe aus Glaspaste.

Sakellarakis meint, daß die hier bestattete Frau ein hohes kultisches Amt innehatte, vermutlich das einer Priester-Königin. Dafür sprechen zwei besonders interessante Funde, nämlich das Skelett eines zu Ehren der Verstorbenen geopferten und dann zerlegten Pferdes und der Kopf eines Stieres. Heute ist bekannt, daß das Opfer des in minoischer Zeit heiligen Stieres, der im Leben und in den religiösen Vorstellungen der Minoer eine so hervorragende Rolle spielte, nicht nur Gottheiten, sondern auch vergöttlichten Personen, also Priester-Königen und den Mitgliedern der königlichen Familie dargebracht wurde.

Das »Kuppelgrab A von Archanes«, wie es heute in der Fachliteratur genannt wird, ist auf dem Hügel Phourni bei Archanes nur eine Bestattung von vielen Hunderten in dieser großen Nekropole, die schon deswegen die bedeutendste in der ganzen Ägäis ist, weil sie länger als ein volles Jahrtausend, und zwar von 2500 bis 1250 v. Chr., ununterbrochen benutzt wurde. Inzwischen wurde nahezu die ganze Anlage, die sich über ein Gebiet von einem hal-

Bei Archanes auf Kreta legte Yannis Sakellarakis die bedeutendste Nekropole der ganzen Ägäis frei. Unter dem Dorf (am oberen Bildrand) identifizierte er einen minoischen Palast, etwa so groß wie der von Knossos, der aber noch nicht ausgegraben werden kann.

ben Hektar erstreckt, ausgegraben. Es fanden sich noch drei weitere Kuppelgräber und fünfzehn verschiedene Grabgebäude, deren Mauern stellenweise noch bis zu drei Metern Höhe erhalten sind. Sie enthielten Tausende von Funden: Keramik vor allem und natürlich viele Skelette, die für anthropologische Untersuchungen wichtig sind, dann viele Sarkophage in verschiedensten Formen, als Larnakes und Pithoi mit verschiedenartigen Griffen, plastischen Verzierungen und gemaltem Dekor, weiter die vielen Beigaben wie zum Beispiel Idole aus Marmor, Steatit (einer Art Speckstein) und Elfenbein, auch Stierstatuetten, Waffen, Gefäße und viele Siegel. Einige dieser etwa 150 Siegel sind die ältesten Belege für das Vorhandensein einer Schrift auf Kreta, und zwar für eine Hieroglyphenschrift. Auch einige Sarkophage haben Inschriften, die bis dahin einzigen auf der Insel bekannten Sarkophag-Beschriftungen, eingemeißelt in der noch nicht entzifferten Linear-A-Schrift.

Als ich vor einigen Jahren die Nekropole besuchte, waren Sakellarakis und seine Mitarbeiter (zwei Architekten und mehrere Stu-

Spurensuche der Archäologen ist heute – wie hier auf Kreta – zentimeterweises Abtragen der Erdschicht.

denten) dabei, ein Gebäude freizulegen. Erhalten waren Teile von Säulen, große Platten über unteren Räumen, Spuren einer Weberei, Pithoi mit Resten von Nahrungsmitteln, viele kleine Tongefäße und Massen von Tonscherben. Aber da waren keine Knochen, keine Zähne, wie sie sonst überall in den anderen Gebäuden der Nekropole gefunden worden waren. Und während nun vorsichtig Zentimeter um Zentimeter tiefer geschabt und gefegt wurde, wobei alle Funde, selbst kleinste Scherben, mit größter Sorgfalt gesammelt und in Zeichnungen, Beschreibungen, Fotos gleich an Ort und Stelle registriert, ihre genaue Lage, ihr Zustand im Grabungstagebuch festgehalten wurden – das Wort Grabung scheint bei einem derart umsichtigen Herauskratzen, Fegen, Pinseln kaum berechtigt –, deutete Sakellarakis an, daß dieses Gebäude wohl für die Herrichtung und die Versorgung der Toten gedient habe, das heißt für den Totenkult. So etwas ist bekannt aus Ägypten; für Kreta aber war es eine durchaus neue Entdeckung.

Daß es Zusammenhänge zwischen den Minoern und den Ägyptern gegeben haben muß, beweisen die zweifellos aus Ägypten stammenden Skarabäen, die in der Nekropole von Archanes gefunden wurden. Und andererseits lassen die hier ausgegrabenen Idole, kleine menschliche Figuren oder nur Köpfe aus Marmor, keinen Zweifel daran, daß zwischen den Bewohnern Kretas und denen der Kykladen enge Verbindungen bestanden haben müssen. Auf jeden Fall hatten die Minoer Handelsverbindungen mit anderen Völkern, auch mit den Griechen auf dem Festland, den Achäern oder Mykenern, die hier ja später – wie schon gesagt – die Herrschaft übernahmen.

Aber wenn auch nach einem Jahrhundert reger Grabungstätigkeit auf Kreta über die Minoer und ihre einzigartige Hochkultur schon eine Menge bekannt ist – durch das Unternehmen Archanes zum Beispiel nahezu alles über minoische Bestattungen –, ist doch das meiste über das Leben der Minoer nach wie vor rätselhaft. Ihre Kultur heißt nach dem sagenhaften König Minos, der – so ist es in griechischen Mythen und Sagen überliefert – auf Knossos herrschte. Er war ein Sohn des Zeus und der Europa, Vater der Ariadne und der Phaidra. Weil Minos einen von Poseidon, dem Gott der Meereswelt, aus dem Meer gesandten wunderschönen Stier nicht opfern wollte, obwohl er es zuvor versprochen hatte,

Vier Jahrtausende alt ist dieses kleine elfenbeinerne Idol aus dem Kuppelgrab C von Archanes.

rächte sich Poseidon, indem er bewirkte, daß sich die Frau des Minos, Pasiphae, leidenschaftlich in den schönen Stier verliebte und von ihm den Minotauros gebar, ein Ungeheuer mit Menschenleib und Stierkopf. König Minos sperrte den Minotauros in das von Daidalos eigens dafür gebaute Labyrinth, wo er ihm griechische Jungfrauen und Jünglinge zum Fraß vorwarf, die die von ihm besiegten Athener als Tribut opfern mußten, jährlich je sieben. Das ging so lange, bis der attische Königssohn Theseus nach Kreta kam und den Minotauros in seinem Labyrinth tötete. Damit Theseus aus dem Labyrinth wieder herausfinden konnte, hatte Ariadne ihm auf den Rat des Daidalos ein Wollknäuel mitgegeben. Während Theseus nach geglückter Tat mit Ariadne auf die Insel Naxos floh, bestrafte König Minos nun Daidalos, der den Rat mit dem Ariadnefaden gegeben hatte, indem er ihn und seinen Sohn Ikaros in das Labyrinth sperrte. Doch gelang es jenen zu entfliehen, und zwar durch die Luft mit Hilfe von Flügeln, die Daidalos aus Federn und Wachs fertigte. Auf ihrem Flug kam Ikaros der Sonne zu nahe, so daß seine Flügel schmolzen und er ins Meer stürzte. Daidalos gelangte nach Sizilien, zu König Kokalos. Als dieser die von Minos geforderte Auslieferung des Daidalos verweigerte, begab sich Minos selber nach Sizilien, um seiner Forderung Nachdruck zu verleihen. Dort aber töteten ihn die Töchter des Kokalos mit kochendem Wasser. Ob Minos wirklich so tyrannisch war, wie ihn die griechische Sagenwelt zeigt, ist durchaus nicht sicher. Immerhin wird er zugleich, in älterer griechischer Überlieferung, als ebenso mächtiger wie gerechter Herrscher dargestellt und als weiser Gesetzgeber, der nach seinem Tode Richter in der Unterwelt wurde. Möglicherweise spiegelt dieser Mythos die Herrschaft eines kretischen Königs, der sich durch seine Gesetzgebung und die Ausdehnung seiner Seeherrschaft bis nach Sizilien auszeichnete.

Ob es diesen König Minos und seine Mit- und Gegenspieler je gegeben hat, weiß freilich niemand. Tatsache aber ist, daß sie und die vielen anderen Gestalten der griechischen Götter- und Heldensagen im Denken und Leben der Griechen und noch der Römer, auch schon der Minoer ganz wesentliche Rollen spielten. Immer wieder wurden sie und ihre Taten in Bildern und später auch in der Literatur dargestellt, auf Vasen und anderen Gefäßen, auf Schalen und Amphoren, auf Spiegeln, Lampen, Schmuckstücken, auf Fresken und manchmal auch auf Sarkophagen und immer wieder in Form von Plastiken aller Größen. Auch vom Labyrinth des Minotauros gibt es alte Darstellungen. Aber der wahrlich verwirrende Grundriß des Palastes zu Knossos, den Arthur Evans wieder ans Licht brachte, muß mit jenem Labyrinth – wenn es denn je Realität gewesen sein sollte – nicht identisch sein. Indessen wirft er auch so noch viele Fragen auf, von denen die meisten bis jetzt ohne Antwort sind. Alle minoischen Paläste, nicht nur in Knossos, stellen die Archäologen und Historiker, auch die Architekten vor eine lange Reihe von Problemen. Nach mehr als dreißigjähriger Spurensuche auf Kreta fragte der griechische Archäologe Nicolas Platon:

»Auf welche Weise waren durch die Minoer die Fragen der Anpassung an die Umgebung, der monumentalen Gestaltung der Räume, der Bequemlichkeit für die vielfältigen praktischen Bedürfnisse des Palastlebens, der künstlerischen Erscheinung des

Ganzen oder des Verkehrs im Innern der Gebäude mit den unentwirrbaren Gängen, Stockwerken und Sälen gelöst worden? Wie war man dazu gekommen, einen so komplizierten Grundriß zu entwerfen? Wie konnten diese Paläste, die Zentren der politischen Befehlsgewalt und Wohnstätten der Fürsten und ihres Hofes waren, zur gleichen Zeit ihrer Wesensbestimmung entsprechen – Tempel der Gottheit zu sein? Wie war man dazu gekommen, die verschiedenen Probleme der Beleuchtung, der Wasserversorgung, der Kanalisation, der sanitären Einrichtungen zu lösen?«

Nicolas Platon antwortete dann zwar: »Die Forschung hat unwiderlegbar festgestellt, daß die Paläste die Mittelpunkte waren, um die herum sich das soziale, politische, wirtschaftliche und religiöse Leben entwickelte.« Aber die zuvor aufgeworfenen Fragen mußte er offenlassen. Und in diese offene und höchst unbefriedigende Lücke konnte dann Anfang der siebziger Jahre der deutsche Geologe Hans Georg Wunderlich, von 1970 bis zu seinem frühen Tod (1973) Ordinarius für Geologie und Paläontologie an der Universität Stuttgart, mit seiner einigermaßen verblüffenden und auf den ersten Blick bestechenden Umdeutung, die alle bestehenden Ansichten über die Minoer auf den Kopf zu stellen schien, vorstoßen. Wunderlich behauptete aufgrund zunächst plausibel erscheinender Argumente, daß die kretischen Paläste keineswegs Zentren des Lebens gewesen seien, sondern Totenstädte, Nekropolen. Jahrzehnte zuvor hatte auch der Geschichtsphilosoph Oswald Spengler (»Der Untergang des Abendlandes«) gefragt: »Waren die ›Paläste‹ von Knossos und Phaistos Totentempel, Heiligtümer eines gewaltigen Jenseitskultes?« Doch hatte er die Antwort offengelassen: »Ich will nichts behaupten, denn ich kann es nicht beweisen, aber die Frage scheint mir ernster Beachtung wert.« Wunderlich antwortete nun mit einem eindeutigen Ja und warf damit den Experten vor, daß sie sich über die minoische Kultur von Grund auf geirrt hätten. Seine These, die er zunächst in einem kleinen Aufsatz und dann ausführlich in seinem Buch »Wohin der Stier Europa trug« (1972) vorstellte, fand in den Medien ein breites Echo und löste leidenschaftliche Diskussionen aus (wozu übrigens auch ich beitrug, durch Artikel in der ZEIT und im ›Encounter‹), während das Buch zu einem Bestseller wurde. Obwohl schon damals widerlegt, wird Wunderlichs These bis heute immer wieder hervorgeholt, wenngleich nicht von den Fachgelehrten, die sich durch sie nicht einen Augenblick irritieren ließen, aber doch von vielen interessierten Lesern seines Buches, und vor allem deswegen wird hier noch einmal auf sie eingegangen.

Wunderlich stützte seine These mit der Behauptung, daß der Gips oder Alabaster, aus dem die Minoer in Knossos und anderen Palästen die Fußböden, Türschwellen und Treppenstufen gearbeitet hatten, auch in den Naßräumen wie zum Beispiel dem berühmten »Bad der Königin«, in dem eine Wanne steht, für einen täglichen Gebrauch viel zu empfindlich gewesen wäre, viel zu wenig widerstandsfähig gegen Abrieb und gegen Wasser. Dieses Argument wurde von dem Naturwissenschaftler Professor Walter Noll (Bayer Leverkusen) widerlegt (in »Antike Welt – Zeitschrift für Archäologie und Urgeschichte«, Heft 3 / 1971, worauf Wunderlich in seinem erst 1972 erschienenen Buch nicht mehr einging). Noll konnte sich auf Untersuchungen von Professor Haussühl vom Kölner Institut für Kristallographie stützen. Gegen Wunderlichs These spricht auch, daß man in Phaistos minoische Wohnsiedlungen freilegte, bei denen die Fußbodenplatten aus Gips waren. Sie haben sich freilich stark abgenutzt, aber sie wurden, was noch deutlich erkennbar ist, oft ausgebessert. Und auch in Knossos sind antike Abnutzungen unübersehbar, während Wunderlich unterstellte, die dort sichtbaren Spuren seien durch die Touristen entstanden. Damit entfiel das erste Hauptargument für Wunderlichs These, der Palast von Knossos könne nicht für die Lebenden gebaut worden sein, für den täglichen Gebrauch, sondern habe eine Scheinwelt dargestellt, ein Totenreich.

In seiner Meinung sah Wunderlich sich aber noch durch andere Beobachtungen bestärkt. Warum, so fragte er, entstand hier ein Keramiktyp, dessen bronzefarbene Oberfläche auf den ersten Blick kaum von Metallgeschirr zu unterscheiden ist, aber so fein ist – die berühmte »Eierschalenkeramik« –, daß er kaum benutzt werden konnte? Und warum sind auch die hier gefundenen Doppeläxte, die Wahrzeichen des Minoer-Reiches, so leicht, daß sie sich bei Gebrauch verbiegen würden? Warum sind die meisten der kaum übersehbar vielen Räume von Knossos so klein und fensterlos und erhalten nur indirektes Licht durch Schächte? Warum fand man keine Speisesäle, keine Küchen, keine Räume für Wagen und

Reittiere? Vor allem: Warum gab es keine Befestigungseinrichtungen, um die Paläste zu schützen? Und warum sollte der König von Knossos 75000 Liter Olivenöl in den vielen mannsgroßen Krügen aufbewahrt haben? Wunderlich folgerte auch hier: Knossos war ein Totenreich, für das man die Verstorbenen mit Gegenständen des täglichen Lebens ausrüstete, die ja aber nicht wirklich gebraucht wurden, so daß Imitationen ausreichten, wodurch die kostspielige Versorgung der Toten finanziell noch einigermaßen in Grenzen zu halten war. Und Tote brauchten keinen militärischen Schutz.

Die fensterlosen Räume seien Grabkammern gewesen, meinte Wunderlich, und: »Die angeblichen Lichtschächte, die das tiefe Innere der Paläste mit ›zauberhaft indirektem Licht‹ erhellt haben sollen, waren wohl überwiegend Be- und Entlüftungsschächte, ohne die die tiefliegenden Grabkammern aus Frischluftmangel kaum zugänglich gewesen wären.« Die Toten, vermutete er weiter, seien in Tonsarkophagen – auch die Badewanne der Königin sei in Wahrheit ein Sarkophag gewesen – oder in den großen Pithoi, die Sir Arthur eben irrtümlich für Ölkrüge gehalten habe, beigesetzt worden. Es habe vermutlich mehrere Beisetzungsarten und -klassen gegeben, zu unterschiedlichen Preisen, wie es das ja auch in Ägypten gab. Die Leichen hochgestellter Persönlichkeiten seien einbalsamiert, dann ausgetrocknet und in Binden gewickelt worden. Und mit diesen umständlichen und langwierigen Verfahren versuchte Wunderlich auch die vielen Brunnen, Wasserleitungen und Abflußkanäle zu erklären, nämlich »als eine komplizierte Anlage zur Vorbereitung der Toten für die Einbalsamierung«.

Aber weder wurden im Palast von Knossos einbalsamierte Leichen gefunden noch überhaupt irgendwelche Toten. Deswegen konstruierte Wunderlich einen höchst unwahrscheinlichen Vorgang. Die Toten, schrieb er, seien später von Räubern aus den Sarkophagen und Krügen gestohlen und aus ihren Binden gewickelt worden, um an die ihnen beigegebenen Schmuckstücke zu kommen; Reste ihrer Knochen seien noch heute an den ehemaligen Eingängen zum Palast zu finden.

Wunderlichs ganze Theorie konnte nicht aufgehen, weil von ihm eine ganz entscheidende Tatsache völlig außer acht gelassen wurde, die Tatsache nämlich, daß es in Knossos eine Nekropole gab, die man auch gefunden hat, und zwar außerhalb des Palastgebietes. Auch bei den anderen Palästen fand man Nekropolen. Und vor nunmehr zwanzig Jahren war Yannis Sakellarakis – wie beschrieben – auf die Nekropole von Archanes gestoßen, und in den folgenden Jahren hatte er dort viele Funde gemacht, allerdings keine einbalsamierten, mumifizierten Toten. Denn diese Bestattungsform gab es auf Kreta nicht. Die Toten wurden in Pithoi, später meistens in Larnakes aus Ton beigesetzt, und es fand sich in Archanes eine große Sammlung von Tonsarkophagen unterschiedlicher Formen. In jedem Sarkophag fand man nicht nur einen, sondern oft zwei oder drei Tote. Auch zwischen den Sarkophagen waren Tote bestattet worden, einfach im Boden oder – häufig bei Kindern – in Pithoi. In den von Sakellarakis freigelegten Grabhäusern dienten einige Räume offenbar zur Aufbewahrung von Knochen, also als Beinhäuser. In einem Raum fanden die Ausgräber 49 Schädel. Die gefundenen Beigaben, wie zum Beispiel Gefäße mit Nahrung, Amulette, Idole, Schmuck, lassen darauf schließen, daß die Minoer an ein Weiterleben nach dem Tode glaubten. Für ihr Weiterleben im Totenreich scheinen die Verstorbenen nicht nur bei der Bestattung, sondern immer wieder mit Opfergaben versorgt worden zu sein. Feuerbestattungen waren in der minoischen Zeit auf Kreta nicht üblich.

Was die kretischen Paläste betrifft, so bleibt es also bei der ursprünglichen Auffassung, daß sie Zentren des wirklichen Lebens waren. Aber wie sich das Leben in den Palästen, überhaupt das Leben der Minoer abspielte, das ist noch recht unklar. »Da wissen wir nichts oder doch nur wenig«, sagt Yannis Sakellarakis. Ob es wirklich so heiter und voll unbeschwerter, sicherer Eleganz war, wie es sich in den Bemalungen auf Vasen, Kannen, Tonsarkophagen und in den Fresken von Kreta und Thera oder auch auf Siegeln und Schmuckstücken darstellt? Da springen Jünglinge und junge Mädchen im hohen Bogen über Stiere, fahren andere in von Pferden oder Greifen gezogenen Wagen, während wieder andere den Göttern Opfer darbringen und Frauen, vielleicht Priesterinnen, mit Schlangen tanzen. Da werden in einer lichten, ungefährdeten Umgebung voller Lilien, Sternanemonen, Palmen und Papyros Sportspiele veranstaltet, wird geboxt, wird mit Delphinen geschwommen, werden Fische gefangen, wird den Melodien der Flötenspieler gelauscht. Und die Gegenstände des täglichen Gebrauchs, vor allem die vielen Gefäße, sind farbig bemalt mit Blumen, Vögeln, Gazellen, Tintenfischen oder im Dekor von Stierkopf und Doppelaxt, im Spiralen-, Palmen-, Gräserdekor. Doch muß dies ja nicht das Ganze widerspiegeln, sondern ist vielleicht nur ein zufällig erhaltener Ausschnitt einer viel umfassenderen Wirklichkeit. Oder es war Wunschtraum, Ideal, Zielvorstellung oder ist eine von heute her überzogene Interpretation.

Auch die gefundenen Schriften helfen bei diesen Fragen nicht wesentlich weiter. Wie schon gesagt ist Linear A noch nicht entziffert, und die mehreren tausend Tontäfelchen in der viel jüngeren Linear-B-Schrift, die Arthur Evans in Knossos ausgrub und um 1400 v. Chr. datierte (aber selber nicht entziffern konnte), haben lediglich stenogrammartige Notizen festgehalten, die sich auf Abgaben von Naturalien und Haustieren oder auf Ein- oder Abgänge von Handelswaren zu beziehen scheinen. Diese Notizen waren nicht zum Aufbewahren gedacht. Vielmehr scheinen die Schreiber sie als Gedächtnisstützen in die weichen Tontäfelchen geritzt zu haben, um die endgültigen Aufstellungen dann auf Papyros zu schreiben, der aber auf Kreta (anders als im trockenen Ägypten) die Jahrtausende nicht überdauert hat. Solche Tonschreibtafeln haben normalerweise auch nicht überdauert. Nur im gebrannten Zustand konnten sie sich erhalten, und das Brennen der Täfelchen von Knossos (und auch von einigen anderen Palästen) geschah unbeabsichtigt, nämlich als der Palast um 1400 v. Chr. in Flammen aufging, wahrscheinlich bei einer Erdbebenkatastrophe. Es handelt sich also bei den bisher gefundenen Linear-B-Texten nicht um Historiographisches, Literarisches oder Kultisches. Doch bestärken sie die Annahme, daß die kretischen Paläste auch Handelsumschlagplätze waren.

Man darf die kretischen »Paläste« nicht mit den Fürsten- und Königspalästen der europäischen Neuzeit vergleichen, die durch ihre überragende Bauweise, durch Schönheit, Ausgeglichenheit oder durch Monumentalität repräsentieren sollten. Auf Kreta – so schrieb es vor gut zwanzig Jahren der Wiener Althistoriker Fritz Schachermeyr in seiner noch heute als Standardwerk geltenden Zusammenfassung der bis dahin bekanntgewordenen Einzelforschungen über »Die minoische Kultur des alten Kreta«, 1964 –

»deutet nichts darauf hin, daß die Paläste durch architektonisch geschlossene Fronten als etwas Besonderes zu wirken suchten«. Den minoischen Fürsten scheine es »nicht darauf angekommen zu sein, ihre Macht durch bauliche Monumentalsymbole besonders zu betonen«. Und: »Ob das Bauwerk als solches ›wirke‹ oder nicht, war nicht so wichtig wie das Leben darin, dem es diente. Die eigentliche ›Front‹ der Paläste richtete sich daher nicht nach außen, sondern nach innen, nach dem Palasthof.«

So waren also – schrieb Schachermeyr an anderer Stelle seines Buches – den minoischen Baumeistern weit schlichtere Aufgaben gestellt als denen der Ägypter und Babylonier: »Hatten jene in Tempeln, Stufentürmen, Pyramiden und Palästen die Macht von Göttern und Königen monumental zu verkünden, so genügte es auf Kreta, die Bühne für ein weit intimeres höfisches Leben zu bieten.« Auf Wunderlichs Fragen zum Baumaterial nahm Schachermeyr die Antwort schon vorweg, indem er begründete, warum die minoischen Baumeister kein Gewicht darauf zu legen brauchten, ihre Werke in edlem Material auszuführen:

»Den Göttern wäre etwa edler Baustoff und schlichte Größe angemessen gewesen. Für Menschen zu bauen hieß aber, Kompliziertes und Zweckentsprechendes zu errichten. Wohl waren die Minoer Meister der Steinbearbeitung, der Quadertechnik und der Mauerfugung. Da sie aber in der Regel mehrstöckige Bauwerke anlegten und die Erdbeben immer wieder mit Vernichtung drohten, zogen sie es vor, alles aufgehende Mauerwerk möglichst leicht und gleichsam elastisch zu errichten. Daher die Fachwerktechnik mit ihren Holzgerippen und ihrem Stuckverputz, daher die Säulen und Kapitelle aus Holz, daher das Nebeneinander von Quadern, Bruchsteinen und Mull.« Und er fügte hinzu: »Deshalb ermangelt sogar noch den minoischen Ruinen das Majestätische und Ehrfurchtgebietende.«

Die kretischen Könige bauten ihre Paläste im Hinblick auf die Speicherung von Naturalien und anderen Waren. Alle Paläste hatten riesige Magazine. Die größten waren in Knossos mit den bis über zwei Meter hohen Pithoi, in denen Reste von Öl, Wein, Erbsen, Bohnen und anderen Nahrungsmitteln gefunden wurden. Allein in den Westmagazinen standen 151 Pithoi mit einem Fassungsvermögen von 28 000 Litern. In den Palästen befanden sich auch Werkstätten, etwa für die Bearbeitung von Halbedelsteinen, für die Herstellung von Siegeln, Steinamphoren, Fayencen und Keramik, für die Steinbearbeitung und für den Guß von Bronzen. Doch ist unbekannt, ob die arbeitenden Menschen Sklaven, Angestellte oder freie Unternehmer waren. Wir wissen eben vieles noch nicht, nichts über die Machtbefugnisse der kretischen Könige, die wahrscheinlich zugleich Priester waren. Nichts oder doch sehr wenig über die Art der Opfer, die ihnen oder den Gottheiten in den Palästen dargebracht wurden. Und offen ist immer noch die Frage, ob die Paläste und die Insel überhaupt irgendwie befestigt waren und ob die Minoer Streitkräfte hatten und ob sie Kriege führten.

Manche, vielleicht viele der noch offenen Fragen über die minoische Kultur, die – darüber herrscht unter den Experten Einigkeit – die Wiege der europäischen Kultur war, aber könnten mit der Ausgrabung des sechsten kretischen Palastes beantwortet werden. Auf dieses Unternehmen arbeitet Yannis Sakellarakis schon seit Jahren mit großer Geduld hin. Dieser sechste große Palast auf Kreta (nach den Palästen von Knossos, Phaistos, Hagia Triada, Mallia und Zakros), den schon Arthur Evans im Gebiet von Archanes vermutet hatte, als möglichen Sommerpalast der Herrscher von Knossos, wurde von Sakellarakis direkt unter dem Dorf Archanes identifiziert. Er ist also völlig überbaut, und heute leben etwa fünftausend Menschen über dem Palast, von dem Sakellarakis aufgrund von Probegrabungen vermutet, daß er fast so groß wie der von Knossos ist. Dann wäre er der zweitgrößte minoische Palast. Doch wichtiger als seine Größe wäre sein Zustand, und es spricht einiges dafür, sagt Sakellarakis, daß er besser erhalten ist als der von Knossos.

Freilich wurde auch er, wie wohl alle antiken Bauwerke, eine Zeitlang als Steinbruch benutzt, zum Beispiel – wie Sakellarakis mir bei einem Gang durch den Ort zeigen konnte – zum Bau mancher Häuser von Archanes. Andererseits mag die Überbauung ihn zugleich geschützt haben. Auf jeden Fall hat sie ihn vor zu früher Entdeckung geschützt und damit vor einer Ausgrabung mit unzulänglichen Mitteln und unzureichenden Vorkenntnissen. Wie sehr sich die Arbeitsweise der Archäologen in den letzten hundert Jahren verfeinert hat, wie unendlich viel umsichtiger sie heute im

Professor Dr. Yannis Sakellarakis (mit Hut und Hirtenstock), Ausgräber der Nekropole von Archanes und anderer bedeutender Funde. Er hofft, auch den unter Häusern liegenden Palast freilegen zu können, der vermutlich besser erhalten ist als Knossos.

Vergleich zu ihren Anfängen ist, das zeigen zwei Bemerkungen Heinrich Schliemanns (1822–1890) in Briefen aus dem Jahr 1889. Am 1. Januar schrieb Schliemann, der damals schon Troja entdeckt und freigelegt sowie in Mykene, Orchomenos und Tiryns gegraben hatte: »Ich möchte die Arbeiten meines Lebens mit einem großen Werk schließen, nämlich mit der Ausgrabung des uralten, prähistorischen Palastes der Könige von Knossos in Kreta, den ich vor drei Jahren entdeckt zu haben glaube. Leider muß ich aber zu diesem Behufe ein ganzes Landgut, welches die Baustelle von Knossos einschließt, kaufen, denn auf keine andere Weise kann ich zum Ziele kommen«, und am 17. März an Rudolf Virchow: »Der Palast ist 55 m lang, 43,30 m breit und überzeugte ich mich, daß ich ihn ... mit hundert Arbeitern bequem in einer Woche würde ausgraben können.«

In einer Woche! Heute setzt man Jahrzehnte für ein solches Unternehmen an, in der Vermutung, daß es sich über ein volles Jahrhundert erstrecken kann. Heute geht es in der Archäologie allerdings um ganz andere, sehr viel weiter gesteckte Ziele als sie Schliemann vorschwebten. Ihm genügte es – was zu seiner Zeit indessen schon viel war –, den realen Hintergrund der griechischen Mythen und Heldensagen aufzuspüren, zum Beispiel den bis dahin für aberwitzig gehaltenen Beweis zu erbringen, daß es Troja wirklich gegeben hat. Aber wie die Trojaner gelebt hatten, wie ihre Gesellschaft strukturiert war, wie ihr Staat funktionierte, wie und wo die einfachen Leute wohnten, unter welchen Bedingungen sie arbeiteten, wie Häuser, Festungen, Burgen gebaut wurden, wovon die Menschen damals eigentlich lebten, ob und mit wem sie Handel trieben und ähnliche Fragen mehr waren für ihn und seine Zeit ohne Belang. Ohne seine großen Verdienste um die Archäologie schmälern zu wollen: Heinrich Schliemann war noch wie seine Vorgänger, bis zurück zu Johann Joachim Winckelmann (1717–1768), dem Präsidenten der Altertümer und Scriptor der Vatikanischen Bibliothek und »Vater der Archäologie«, hauptsächlich am Auffinden von Kunstwerken und Schätzen interessiert. In Troja fand er den »Schatz des Priamos«, in Mykene beeindruckten ihn am meisten die edelmetallenen Beigaben der von ihm entdeckten Schachtgräber: 30 Kilogramm schwer und überwiegend aus Gold.

Daß Schliemann sich in Knossos nicht engagierte, war nicht auf Geldmangel zurückzuführen, sondern auf die Bedingung der damaligen (türkischen) Regierung, daß die gefundenen Schätze nicht ihm, sondern dem Museum von Heraklion gehören sollten. In seinem Brief an Virchow heißt es: »Aber nicht nur 100000 Franken oder 80000 Mark, sondern schon 40000 Franken oder 32000 Mark ist mir zuviel, wegzuwerfen für die in einer Woche vollendbaren Arbeiten, deren Ergebnis – bis auf die letzte Tonscherbe – dem Museum in Heraklion zugute kommt.« Elf Jahre später – inzwischen waren die Türken von Kreta verdrängt worden – begann Arthur Evans, den Palast von Knossos auszugraben. Er grub länger als ein Vierteljahrhundert.

Wann es möglich sein wird, den Palast von Archanes auszugraben, steht dahin. An die hundert bewohnte Häuser und Grundstücke müßten noch gekauft werden. Nachdem Sakellarakis im Namen der »Archäologischen Gesellschaft von Athen« mehrere Grundstücke über dem Palast, auch über seinem vermuteten Zentrum, erwerben konnte, ist er an fünf weit auseinander liegenden Stellen zu dem Palast hinabgestoßen. Schon dabei fand er aufschlußreiche Spuren, die Sir Arthurs Vermutung, daß hier eine königliche Palastanlage liegt, bestätigen: Sehr gut gebaute Mauern aus sorgfältig behauenen Blöcken; die zum Teil gewaltige Größe dieser Blöcke; die Zeichen der Steinmetzen; die genaue Ausrichtung der Mauern, die von den Grundrissen der anderen Paläste bekannt ist; Reste einer Straße, die vermutlich zu der Nekropole auf dem Phourni führte, wo ihr anderes Ende freigelegt wurde, das genau in Richtung Archanes weist; die schon von Evans entdeckte Rundquelle, wie man sie auch in anderen Palästen fand; und ein gewaltiger Altarblock mit Stierhörnern, bei dem es sich um einen Opferaltar handeln dürfte.

Daß in den minoischen Palästen Opfer stattfanden, Opferungen von Tieren, ist immer schon angenommen worden. Doch die Sage vom Minotaurus berichtet ja sogar von Menschenopfern. Aber ist das nicht nur Mythos, Bildersprache, Dichtung? Professor Yannis Sakellarakis und seine Frau sind anderer Meinung, nachdem sie 1979 einen aufregenden Fund machten, der zu weltweiter Überraschung führte und sie bis heute beschäftigt. Es handelte sich – davon sind sie beide fest überzeugt – um die Darbringung eines

Menschenopfers in einem von ihnen entdeckten und ausgegrabenen Tempel bei Archanes vor etwa 3700 Jahren.

Nicht nur in der Mythologie, auch in der Literatur wird von Menschenopfern berichtet. So schreibt der griechische Historiker Plutarch (um 50–125) über ein Opfer, das vor etwa 2500 Jahren dargebracht worden sein soll. Damals wurden die Athener so sehr von den Persern unter König Xerxes bedrängt, daß sie aus Athen flüchteten und ihre Stadt den »Barbaren« überließen, die nahezu alles, auch die Akropolis, zerstörten. Das Ende der griechischen Unabhängigkeit schien gekommen. Da aber erkämpfte der athenische Staatsmann und Flottengründer Themistokles in der Seeschlacht vor der Insel Salamis den rettenden Sieg über die persische Flotte. Wenn man Plutarch folgt, der etwa 600 Jahre danach das Leben des Themistokles beschrieb, dann war dieser griechische Sieg vor allem ein Dank des Dionysos Omestes, jenes ekstatischen, »rohes Fleisch fressenden« Gottes, für ein ihm dargebrachtes dreifaches Menschenopfer.

Wie Plutarch berichtet, kam es zu diesem Opfer, als Themistokles gerade dabei war, ein Tieropfer vorzubereiten: »Als Themistokles beim Admiralsschiff mit dem Opfer beschäftigt war, wurden drei Kriegsgefangene vor ihn geführt. Sie waren von großer Schönheit und mit Gold und prächtigen Kleidern geschmückt. Man sagte, sie seien Söhne der Sandake, der Schwester des Königs... Im Augenblick, da sie dem Seher Euphrantides vor die Augen traten, schlug groß und leuchtend die Flamme aus dem Opferfeuer empor, und gleichzeitig ließ sich von der rechten Seite ein Niesen hören. Auf dieses Zeichen hin faßte der Seher den Themistokles bei der Hand und forderte ihn auf, die Jünglinge zum Opfer zu weihen und alle drei unter Gebeten dem Dionysos Omestes darzubringen: Auf solche Weise werde Griechenland Rettung und Sieg erlangen. Themistokles erschrak über das furchtbare Seherwort, das Volk aber rief wie aus einem Munde die Gottheit an, führte die Gefangenen zum Altar und setzte die Opferung durch...«

Wie die Opferung dieser drei jungen Männer vor sich ging, hat Plutarch nicht beschrieben, wohl weil er es selber nicht wußte. Er beschränkte sich deshalb auf eine distanzierende Kommentierung: »Es ist ja gewöhnlich so, daß die Menge in schweren Kämpfen und gefahrdrohender Lage das Heil lieber von seltsam abenteuerlichen als von natürlichen und vernünftigen Maßnahmen erhofft.«

Ein früheres und allgemein bekannteres Menschenopfer betraf Iphigenie, die Tochter des mykenischen Königs Agamemnon und der Klytämnestra. Sie sollte der Göttin Artemis geopfert werden, damit die griechische Flotte für das Unternehmen Troja genügend Wind in die Segel bekam. Das war zu Beginn des sagenhaften Trojanischen Krieges. Unter Agamemnons Oberbefehl segelten die Griechen nach Troja, um die wunderschöne Zeus-Tochter Helena, die ein Sohn des trojanischen Königs Priamos dorthin entführt hatte, zurückzuholen nach Griechenland, wo sie mit dem spartanischen König Menelaos verheiratet war. Der Feldherr Agamemnon hörte auf den Rat des Sehers Kalchos und war bereit, diesem Kriegszug seine Tochter Iphigenie zu opfern. Unter dem Vorwand, daß Iphigenie mit Achill vermählt werden sollte, wurde sie mit ihrer Mutter Klytämnestra ins Lager geholt, nach Aulis, wo dann statt der Hochzeit das Opfer stattfand. Aber von den Anwesenden unbemerkt wurde Iphigenie von der Göttin Artemis gerettet, die sie vom Opferaltar auf die Krim entrückte. Auf der Krim indessen, bei den Taurern, sollte Iphigenie als Priesterin der Artemis ihrerseits Menschenopfer zelebrieren, indem sie der Göttin alle dort anlandenden Fremden opfern sollte, schließlich ihren Bruder Orest (worüber viele Jahre später Goethe sein – wie er selber einmal sagte – »verteufelt humanes« Drama »Iphigenie auf Tauris« schrieb).

Menschenopfer bei den Griechen: Solange sie auf Darstellungen in der Literatur beschränkt blieben und jederzeit ins Mythologische verdrängt und umgedeutet werden konnten, nahm nie jemand daran Anstoß. Das aber wurde anders durch den Fund von Archanes. Er macht das Problem plötzlich konkret: Menschenopfer nicht mehr nur mythologisch-literarisch auf dem Papier, in Wirklichkeit aber allenfalls im fremden präkolumbianischen Amerika und im ebenso fremden und fernen China, sondern Menschenopfer tatsächlich praktiziert bei den angeblich so friedlichen, immer heiteren, unkriegerischen Minoern auf Kreta, der Wiege Europas! Vorausgesetzt freilich, daß die von Yannis und Efi Sakellarakis vorgelegte Interpretation ihres Fundes stichhaltig ist. Aber eine andere, sagten sie damals und sagen sie noch heute, wurde bisher nicht angeboten, sei ihrer Meinung nach auch gar nicht denkbar. Was die beiden ans Licht brachten, ist allerdings in höchstem Maße aufregend.

Es begann damit, daß sie bei einer archäologischen Geländebegehung in der Umgebung von Archanes nahe am heiligen Berg Jouktas einen bedeutenden Oberflächenfund machten: Zwischen Büschen und Felsgestein an einer Stelle, die die Einwohner Anemospilia nennen, das heißt Windhöhle, fand Efi Sakellarakis einen bearbeiteten Kalksteinblock mit Kulthörnern. »Wir wissen von einigen Beispielen«, sagt sie, »daß solche Hörner die Fassaden von Palästen krönen konnten oder von minoisch-mykenischen Kultgebäuden.« Die Grabung, die im Sommer 1979 begann und deren Protokoll 785 Tagebuchseiten füllt, brachte tatsächlich ein Kultgebäude an den Tag oder doch seine Reste, ursprünglich – so Yannis Sakellarakis – »eine kompakte Konstruktion mit sorgfältig ausgeführten Details«. Es lag an der Kreuzung zweier alter minoischer Straßen, eine halbe Stunde vom heutigen Dorf Archanes und dem alten Palast, erhöht auf einer zungenförmigen Terrasse. Von hier geht der Blick nicht nur nach Archanes und Phourni, sondern bis zum Ida-Gebirge im Westen und zur Dikte weit im Osten, und die Hauptansicht geht nach Norden über Knossos und Heraklion aufs Meer.

Vier Räume wurden ausgegraben, starke Mauern, rot und weiß verputzt, verziert mit ornamentalen Bändern. Der Grundriß der Kultanlage ist schlicht, streng symmetrisch, eigentlich ganz uncharakteristisch für die minoische Bauweise, die ja wegen ihrer komplizierten Asymmetrie oft labyrinthisch erscheint: drei gleich große Räume, abgehend von einem Korridor und untereinander nicht verbunden. In dem dreiteiligen Heiligtum, das 125 Quadratmeter umfaßt, wurden vierhundert Gefäße gefunden, darunter sehr seltene, die zweifellos kultischen Zwecken dienten. Einige waren Vorratsgefäße, tragen Aufschriften in Linear A und enthielten verkohlte Reste von Nahrungsmitteln wie beispielsweise Erbsen. Die Mauern sind aus gehauenen Blöcken, so wie die der Paläste.

Die Anlage war zerstört, aber offenbar unberührt. Die Zerstörung führen die Ausgräber auf ein Erdbeben zurück, das sie zwischen 1700 und 1650 v. Chr. datieren. Das Erdbeben hatte einen

Brand zur Folge, dem die hölzernen Einrichtungsgegenstände zum Opfer gefallen sind. Verbrannt ist auch eine lebensgroße Kultfigur, ein sogenannter Xoanon. Von dieser Statue, die aus verschiedenen Materialien bestand – der Körper aus Holz, der Kopfputz aus Steatit, das gelockte Haar aus Bronze –, standen noch an der ursprünglichen Stelle die Füße: große schwere Tonfüße, nach oben in eckige Keile auslaufend, auf denen die hölzerne Figur befestigt war. Solche Füße wurden schon in anderen minoischen Kultstätten gefunden; die aus diesem Tempel – die Entdekker selber sprechen von einem Tempel – sind größer als die bisher bekannten. Die Statue stand an der Rückwand des mittleren der drei Räume, etwas erhöht, gegenüber der Tür.

Als die Archäologen sich bis dahin vorgearbeitet hatten, hatten sie bereits eine andere, wirklich einzigartige Entdeckung gemacht, und zwar im Korridor: »Da fanden wir genau vor der Tür zum Mittelraum unter großen Steinblöcken Bruchstücke menschlicher Knochen«, berichtet Sakellarakis. »Offensichtlich wollte dieser Mensch gerade den Raum verlassen und sich zum Haupteingang wenden, als er von den großen Steinen erschlagen wurde.« Und das Einmalige dieser Spur erklärend: »In einem Jahrhundert sorgfältiger Ausgrabungen auf Kreta fand sich niemals ein menschliches Skelett innerhalb eines erdbebenzerstörten Gebäudes. Die Forschung stimmt darin überein, daß die Bewohner ihre Häuser verließen und alles Wertvolle mit sich nahmen, nachdem sie durch erste Erdstöße gewarnt waren. Aus diesem Grund findet man auf Kreta Siedlungen und Paläste meist ohne reichen Inhalt.«

Neben dem Skelett lagen die Scherben, 105 Stück, eines wertvollen Tongefäßes mit reichem Dekor. Wieder zusammengesetzt zeigt es einen Stier, dazu Krokusse und andere Blumen. Von allen im Tempel gefundenen Gegenständen ist dieses Gefäß der einzige, der sich nicht mehr an seinem ursprünglichen Platz befand. Vermutlich trug der Mensch dieses Gefäß, als das Gebäude einstürzte und ihn erschlug. Es hat auffallende Ähnlichkeit mit jenem Gefäß, in dem auf der Opferszene des Sarkophags von Hagia Triada das Blut des geopferten Stieres aufgefangen wird.

In einem der Seitenräume stießen die Ausgräber auf drei weitere menschliche Skelette. Auch sie lagen noch so, wie diese Menschen vor etwa 37 Jahrhunderten ums Leben gekommen waren.

Anthropologische Untersuchungen ergaben, daß es sich um eine Frau, etwa 28 Jahre alt, auf dem Gesicht liegend, und zwei Männer, etwa 37- und 18jährig, handelte. Der ältere trug einen Silberring, der mit Eisen überzogen war; Eisen galt damals als besonders wertvoll. Am Handgelenk trug er ein Siegel, das auf der Siegelfläche ein Schiff mit schön ausgeführtem Bug in Gestalt eines Vogels zeigt. Die Ausgräber sind überzeugt, daß dieser Mann ein Priester war.

Das dritte in diesem Raum gefundene Skelett, das des jungen Mannes, lag nicht wie die anderen hingestürzt auf dem Fußboden, sondern auf einer Erhöhung, in der die Ausgräber einen Altar erkannten. Die Lage der zum Teil angekohlten Knochen spricht dafür, daß der auf der rechten Seite liegende Mann gefesselt war, und zwar in Hockstellung. Wesentlich für den ganzen Fund und die folgenden Untersuchungen durch Anthropologen und Gerichtsmediziner ist ein vierzig Zentimeter langes Messer aus Bronze mit fein ziselierten Tierdarstellungen auf beiden Seiten, das auf dem Skelett lag.

Die Mediziner kamen zu dem Ergebnis, daß der junge Mann nicht wie die anderen durch das Erdbeben getötet wurde, sondern mit Hilfe dieses Messers. Yannis Sakellarakis: »Nach ihrer Annahme war er, gefesselt auf dem Altar liegend, durch einen Hieb mit dem Messer auf die linke Seite des Nackens, wobei die Halsschlagader durchschlagen wurde, getötet worden. Die Minoer wußten ganz genau, daß ein solcher Hieb wie bei den Stieropfern das meiste Blut fließen läßt. Der Priester, der das Messer hielt, stand hinter dem Opfer und beugte sich nach vorn, um den Hieb zu führen. Aus seiner Stellung zum Opfer können wir schließen, daß er Rechtshänder war. Er konnte die Opferhandlung leicht mit zwei Bewegungen ausführen: zuerst der Hieb von oben nach unten und dann ein Wechsel des Messers aus der Rechten in die Linke, um es auf das Opfer zu legen.«

Diese »vorgeschlagene Rekonstruktion« sei die einzige, die mit den Untersuchungen von Anthropologen, Gerichtsmedizinern und den archäologischen Befunden »völlig übereinstimmt«, argumentiert Sakellarakis. Er fügt hinzu, daß seine Frau und er erst nach den langen, aufwendigen Untersuchungen das Wort »Menschenopfer« öffentlich vorzubringen wagten, obwohl es in der literarischen Überlieferung eine ganze Reihe von Hinweisen gibt und obwohl es auch früher schon archäologische Befunde gab, bei denen an Menschenopfer gedacht worden war, und zwar in Mykene, auf Zypern und auch auf Kreta. Im Unterschied zu Tieropfern, die regelmäßig aus ganz alltäglichen Anlässen stattfanden, sei es zu Menschenopfern wohl nur in besonders schwierigen Notsituationen gekommen, wie hier in Archanes, nachdem sich das Erdbeben vielleicht in ersten Stößen warnend angekündigt hatte. Hier mag es die indessen vergebliche Bitte an die Götter gewesen sein, Schlimmeres zu verhüten.

Während die beiden Sakellarakis keinen Zweifel mehr daran haben, daß sie hier einem Menschenopfer auf die Spur gekommen sind, zeigen sich andere, vor allem griechische Archäologen zurückhaltend. Was veranlaßt sie dazu, was stört sie? Ist es die als gering anzusetzende Wahrscheinlichkeit eines derartigen Zufalls, der jene kultische Handlung gerade im Augenblick des Vollzugs für Jahrtausende erstarren ließ (und damit zugleich seine Sinnlosigkeit offenbart)? Oder – und dies vermutet Sakellarakis – wollen sie es einfach nicht wahrhaben, daß die heitere minoische Kultur zugleich eine derart dunkle Seite hatte? Er selber, der über viele Jahre den kretischen Kult des blutigen Stieropfers erforscht hat, meint: »Wenn mich jemand fragte, welche Theorien durch diese Entdeckung gestürzt wurden, so würde ich sagen: keine.«

Inzwischen steht dieser Fund von Archanes nicht mehr isoliert. In unmittelbarer Nähe des Palastes von Knossos fanden britische Archäologen unter der Leitung von Peter Warren, Professor an der Universität Bristol, unter den Resten eines um 1450 v. Chr. zerstörten Hauses die Knochen von etwa zehn Jugendlichen, alle unter 15 Jahre alt. Das Besondere daran ist, daß viele dieser Knochen Messerspuren aufweisen, wie man sie häufig an Tierknochen feststellt, von denen das Fleisch abgelöst wurde. Warren neigt zu der Ansicht, daß es sich bei seinem Fund um Spuren eines religiös-rituellen Kannibalismus handeln könne. Dies wäre vielleicht eine andere Form von Menschenopfer, die jedenfalls eindringlich an die Sage vom stierköpfigen Minotauros erinnert, dem immer wieder athenische Jungfrauen und Jünglinge geopfert worden seien, weil es ihn gelüstet habe, ihr Fleisch zu essen. Vor allem der geheimnisvolle, mythische Hintergrund war es, der diesem merkwürdigen Knochenfund weltweit Aufmerksamkeit zuteil werden ließ.

Aber man sollte sich hüten, der Sage vom Minotauros eben diesen historischen Kern – wenn sie denn überhaupt einen hatte – zu unterstellen. Zwar paßt er gut zu den Messerspuren auf den von Warren gefundenen Knochen – und andersherum: Die Messerspuren auf den Menschenknochen scheinen mit Hilfe der Minotauros-Sage einleuchtend erklärbar zu sein –, doch ist gerade deswegen die Gefahr eines voreiligen Schlusses so besonders groß. Zu berücksichtigen ist, daß die schriftliche Fixierung der Minotauros-Sage erst lange Zeit nach dem historischen Ereignis, das zu ihrer Entstehung beigetragen haben mag, erfolgt sein kann, als genaue Einzelheiten vielleicht längst in Vergessenheit geraten waren. Zu berücksichtigen ist weiter, daß Sprache ja in vielen Fällen bildhaft ist und keineswegs immer wörtlich genommen werden darf. Die Wörter »Opfer« und »opfern« wurden immer auch in übertragenem Sinn gebraucht. Daß in unserem Alltag so häufig von den Opfern des Straßenverkehrs die Rede ist, könnte Archäologen und Philologen, die nach Jahrtausenden den nur noch undeutlichen Spuren unserer inzwischen vernichteten Kultur nachgehen, zu der Überzeugung bringen, die Europäer hätten dem Gott des Autos und der Straßen, einem ihrer Hauptgötter, alljährlich auf ihren Straßen Hunderttausende von Menschen opfern müssen, indem sie sie auf blutigste Weise zu Tode brachten, weil es den Straßen-Gott nach ihrem Blut dürstete und er nur durch diesen ständigen Blutzoll davon abzuhalten war, noch weit größere Opfer zu fordern. Und ein besonders erfolgreicher Experte würde vielleicht zu der Erkenntnis kommen, daß sehr gesunde, kräftige, jugendliche Verkehrsopfer einem höheren Kult vorbehalten blieben; denn sie wurden besonders schnell in rätselhafte labyrinthische Tempelanlagen transportiert, wo maskierte Arzt-Priester oder »Halbgötter in Weiß« den manchmal noch gar nicht ganz toten Opfern Herz, Leber, Nieren herausschnitten, die als besonders kostbare Organe galten und vermutlich einem höheren Gott zum Verzehr dargeboten wurden, dessen Appetit aber zunehmend größer geworden zu sein scheint.

Wurden dem Minotauros junge Menschen zum Fraß vorgeworfen? Der historische Kern könnte sehr viel alltäglicher gewesen sein: Vielleicht ließ sich König Minos von den Athenern als Sicherheit, damit sie die ihnen auferlegten Tributzahlungen auch wirklich leisteten, Geiseln stellen. Das mögen Kinder vornehmer Athener gewesen sein, die dann für einige Zeit im Palast zu Knossos leben mußten, bis sie durch neue Geiseln abgelöst wurden. So etwas kam in der Antike häufig vor, und es gibt da berühmte Beispiele. Der Makedonier Philipp II., der Vater Alexanders des Großen, war als Jüngling drei Jahre lang, von 368 bis 365 v. Chr., Geisel am Hof der griechischen Stadt Theben in Böotien (die er einige Jahre später, als König, mit Krieg überzog und besiegte).

Es soll hier nicht behauptet werden, daß Warrens Interpretation seines Fundes abwegig sei. Aber sie ist – was Warren selber ja einräumt – nicht zwingend; für die Messerspuren an den Knochen dürften sich wohl noch andere Erklärungen finden lassen. Mit Sicherheit läßt sich zu diesem Fund wie letztendlich ebenso zu dem Tempelfund bei Archanes eigentlich nur sagen, daß sie die Fragen über die religiösen Kulte der Minoer, über Bedeutung und Art ihrer Opfer zunächst nur vermehren und dringlicher machen.

Das gilt auch von einer weiteren, wiederum höchst überraschenden Ausgrabung, die Yannis Sakellarakis im Sommer 1982 auf der Nida-Hochebene des Ida-Gebirges begann und in den folgenden Jahren fortsetzte, gut zwanzig Kilometer westlich von Knossos, 1540 Meter hoch in der seit langem bekannten Ida-Höhle, wo Zeus seine Jugend verbracht haben soll. Dort wurden bisher Tausende von Funden geborgen, darunter Opfergefäße, Vasen, Trinkschalen, Gold- und Silberschmuck wie zum Beispiel Ringe und Anhänger, zahlreiche Idole aus Stein und aus Elfenbein, auch Siegel, Nadeln, Speerspitzen, Teile von Lampen und vieles andere. Sie befinden sich jetzt im Museum von Heraklion, um sortiert, gereinigt, restauriert zu werden. Die Höhle scheint von den minoischen Zeiten bis in die römische Zeit hinein ein Zentrum der Zeus-Verehrung gewesen zu sein, zu dem Menschen von weit her kamen, um Zeus anzubeten und ihn durch Geschenkgaben gnädig zu stimmen.

Die wissenschaftliche Auswertung der Funde wird voraussichtlich noch geraume Zeit in Anspruch nehmen, und noch mehr Zeit wird vergehen, bis die Ergebnisse veröffentlicht sein werden. Und damit sind wir bei einem Problem, auf das vor gut zwei Jahrzehnten schon der Historiker Fritz Schachermeyr warnend hinwies. Es besteht darin, schrieb er in seinem bereits erwähnten Buch über die minoische Kultur, »daß wir in der kretischen Archäologie in steigendem Maße einer Flut von unpubliziertem Material, von unzulänglich bebilderten Vorberichten und auch von gleichsam nur vorläufig durchgeführten Sondagen gegenüberstehen«. Es sei »erschreckend, wie sehr die Zahl der noch nicht abschließend publizierten Grabungen im Verhältnis zunimmt«. Und als Folge konstatierte er eine »gewisse Unsicherheit«.

Indessen besteht dieses leidige Problem keineswegs nur für Kreta, sondern für die Archäologie überhaupt. Denn die Schwierigkeiten archäologischen Arbeitens sind mit dem Ausgraben noch lange nicht beendet. Im Gegenteil, der meist sehr viel mühsamere und auf jeden Fall weniger abenteuerliche Teil kommt erst danach: die Aufarbeitung der Funde, das heißt ihre wissenschaftlich exakte Beschreibung und Einordnung. Da geht es ja in den seltensten Fällen um goldene Pracht- und Prunkstücke, desto häufiger aber um Tausende und Abertausende von Tonscherben. Doch ist gerade das sorgfältige Einordnen der Scherben, das Erkennen ihrer Herkunft und ihres Alters, unerläßliche Voraussetzung für die Deutung und das Verständnis längst vergangener Kulturen.

Aber liegt nicht das eigentliche Problem der Archäologie darin, daß jeder neue Fund alle bisherigen Funde, auch die aufgearbeiteten, unter ganz neue, wesentlich andere Aspekte zwingen kann? Im Jahr 1986 hat die griechische Archäologin Metaxia Tsipopoulou an der Südküste Ostkretas, bei dem Dorf Agia Fotia, wo fünfzehn Jahre zuvor eine Nekropole mit vielen frühminoischen Kammer- und Schachtgräbern freigelegt wurde, ein 600 Quadratmeter großes Gebäude mit sehr starken Mauern entdeckt, das sie aufgrund der ganzen Anlage für eine Festung hält. »Dieser Fund hat die Fachleute in helle Aufregung versetzt«, sagte sie in einem Interview; »es wäre das erste Beispiel eines minoischen Festungswalles, der jemals ausgegraben wurde.«

2. Kapitel

Wo Zeus den Herakles zeugte …

Wahrscheinlich lebten die Homerischen Helden in Tiryns und anderen mykenischen Palästen von Viehzucht

Vom Meer, dem Argolischen Golf oder Golf von Nauplia, führt eine schnurgerade Allee auf die eindrucksvollen Ruinen der jahrtausendealten Burg Tiryns in der Argolis zu. Gut hundertjährige Eukalyptusbäume an beiden Seiten spenden Schatten. Die jetzt riesigen Bäume soll Heinrich Schliemann gepflanzt haben, als er 1884 und 1885 zusammen mit dem jungen Wilhelm Dörpfeld, der damals als Architekt beim Deutschen Archäologischen Institut in Athen angestellt war und wenig später dessen Direktor wurde, einen Teil der Burg und ihrer kyklopischen Mauern, den besterhaltenen in ganz Griechenland, freilegte.

Schon 1876 hatte Schliemann, nachdem er zunächst das Homerische Troja aufgespürt und ausgegraben hatte (oder es genaugenommen durchgraben hatte, wobei er in sehr viel ältere Schichten eingedrungen war), in Tiryns mehrere Schächte und einen Suchschnitt über die sogenannte Oberburg legen lassen. Wie damals auch andere hielt Schliemann die Burg Tiryns wegen ihrer so eindrucksvollen Steinblockmauern für das älteste griechische Baudenkmal, also auch für älter als das 16 Kilometer weiter nördlich und 280 Meter hoch liegende Mykene, die noch größere Burg des sagenhaften Agamemnon, des Oberbefehlshabers der Griechen in ihrem zehn Jahre langen Krieg gegen Troja. Auch Mykene hatte Schliemann schon ausgegraben, im Jahr 1876, und hatte dort in den von ihm entdeckten Königsgräbern (im Gräberrund A) jene herrlichen Funde gemacht, die bisher reichsten auf europäischem Boden. Heute sind sie in Athen zu sehen, im Mykenischen Saal des Nationalmuseums: die berühmte goldene »Maske des Agamemnon« (von Schliemann fälschlich so genannt; in Wahrheit kann sie nicht Agamemnons Maske sein, sondern stammt aus einem früheren Zeitalter, das noch vor der Zeit der Homerischen Helden lag und vor der Zerstörung Trojas, die man um 1200 v. Chr. ansetzt); vier weitere Goldmasken, ebenfalls aus älterer Zeit, nämlich aus dem 16. Jahrhundert; mehrere goldene Diademe; reicher Goldschmuck, goldene und silberne Becher, Schwerter und Dolche mit goldenen Verzierungen, Weihgefäße in Stierkopfform mit goldenen Hörnern und vieles andere mehr.

Bei seiner Suche nach dem Grab Agamemnons, der – so die Sage – nach der Heimkehr von Troja in Mykene von seiner Frau Klytämnestra und deren Geliebten Ägisth ermordet worden war, stützte sich Schliemann auf den im zweiten nachchristlichen Jahrhundert lebenden Schriftsteller Pausanias, der aus eigener Anschauung die Sehenswürdigkeiten Kleinasiens, Griechenlands, Ägyptens, Syriens, Libyens und Italiens beschrieb. Schliemann las die Beschreibung von Mykene, die Pausanias gab, mit größerer Aufmerksamkeit als die Fachleute. Pausanias schrieb, daß die Gräber des Atreus, des Agamemnon und der mit Agamemnon Ermordeten »innerhalb der Mauern« seien. Die Gelehrten meinten, daß damit die äußere Mauer gemeint sei, die Stadtmauer. Schliemann hingegen hatte bemerkt, daß Pausanias auch von Mykenes berühmtem Löwentor schrieb, es sei in der Mauer, und daraus schloß er richtig, daß nur die innere Mauer gemeint sein konnte, die der Akropolis. In seinem Buch über seine Grabungen in Mykene schrieb Schliemann: »Ich hatte festes Vertrauen zu der Angabe des Pausanias (II, 16,6), daß die ermordeten Personen in der Akropolis begraben wären.« Und: »Mein fester Glaube an die Tradition veranlaßte mich, die Ausgrabungen in der Akropolis zu machen und führte zur Entdeckung der fünf Gräber mit ihren ungeheuren Schätzen.« Daß in den Gräbern andere Personen bestattet waren, als Schliemann glaubte, ist unter dem Aspekt archäologischer Spurensuche von untergeordneter Bedeutung. »Entscheidend ist«, schreibt der Althistoriker Christian Habicht, Professor am

Institute for Advanced Study in Princeton, »daß Pausanias' Bericht so viel Realität über ein kulturelles Zentrum enthält, dessen Blüte 1700 Jahre zurücklag, und daß Schliemann den gesunden Instinkt hatte, den Wert dieser Tradition zu ahnen, so daß er im Jahre 1876, mit Pausanias als seinem Führer, die Gräber entdeckte, die fast dreieinhalb Jahrtausende früher angelegt worden waren.«

Aufgrund der von Schliemann in Mykene gemachten Entdekkungen nannte man diese Kultur in der Ebene von Argos die »mykenische« und die Zeit, die späte Bronzezeit, von 1600 bis 1100 v. Chr., das »mykenische Zeitalter«. Heute sprechen die Archäologen lieber von der »späthelladischen Zeit«. Das ist der letzte Abschnitt der von 2800 bis 1100 v. Chr. reichenden helladischen Kultur auf dem griechischen Festland, die zeitlich der minoischen Kultur auf Kreta und Thera entspricht, von der sie nachhaltig beeinflußt wurde. Dem späthelladischen (oder mykenischen) Zeitalter, das die Archäologen aufgrund ihrer Funde in sechs Zeitabschnitte unterteilen, gingen die früh- und mittelhelladische Bronzezeit voraus, und es folgte die Eisenzeit mit den sogenannten »dunklen Jahrhunderten«.

Während dieser langen Zeit, das heißt von etwa 2800 v. Chr. bis ins klassische Zeitalter der Griechen, also bis ins fünfte vorchristliche Jahrhundert, war der Hügel von Tiryns besiedelt. Das war kein Zufall, sondern hängt mit der Lage dieses gut 20 Meter hohen, 300 Meter langen und 45 bis 100 Meter breiten Felsenhügels zusammen: Von hier aus konnte ein beträchtlicher Teil der Ebene von Argos und der flachen Küste übersehen und beherrscht werden. Damals ging das heute etwa 1700 Meter entfernte Meer bis nahe an den Hügel; wo jetzt die Uferstraße von Nauplia nach Midia führt, von der die von Schliemann bepflanzte Allee nach Tiryns abzweigt, war Wasser. Die Straße von Nauplia nach Argos, an der Tiryns liegt, aber gab es möglicherweise schon damals. Auch bei Argos gibt es Reste einer mykenischen Burg.

Argos war zugleich eine sehr alte Stadt. Die Ausgrabungsfunde beweisen, daß es schon zu Beginn des 3. Jahrtausends v. Chr. besiedelt war. Später wurde Argos berühmt wegen seiner philosophischen Lehrstätten und mehr noch durch seine Bildhauer- und Erzgießerschulen. Dort arbeitete im 5. Jahrhundert v. Chr. der berühmte Bildhauer Polyklet, nach dessen Bronzestatuen des

Doryphoros und des Diadumenos zahlreiche römische Marmorkopien angefertigt wurden. Auch Polyklet der Jüngere war in Argos zu Hause, auch er war Bildhauer, aber zugleich Baumeister. Er baute in Epidaurus das Theater und den Tholos genannten Rundbau im dortigen Asklepieion.

Auf der 289 Meter hoch gelegenen Burg Argos, von der nur wenig erhalten ist, saß der Sage nach die älteste argivische Dynastie. Von ihr kam König Proitos, dessen Zwillingsbruder Akrisios, mit dem er sich schon im Mutterleib und später in kriegerischen Auseinandersetzungen stritt, Burg, Stadt und Umgebung von Argos erbte, während er selber Tiryns und einen Küstenstreifen der Argolis erhielt. Proitos baute Tiryns aus und befestigte es vor allem. Aus Lykien ließ er einige der einäugigen Kyklopen kommen, jener kräftigen Riesen, die teils als Waffenschmiede, teils als besonders geschickte Baumeister berühmt waren. Die Kyklopen errichteten in Tiryns die bis zu sieben Meter starke und ursprünglich wohl an zehn Meter hohe Festungsmauer aus roten und grauen Kalksteinblöcken von meist mehreren Tonnen Gewicht, die – was heute noch erkennbar ist – aus dem einen Kilometer östlich liegenden Berg Profitis Ilias gebrochen wurden. Die Mauern von Tiryns wurden schon von Homer als etwas Besonderes hervorgehoben. Und Pausanias, der die Ruine der Burg Tiryns unbewohnt vorfand, bezeichnete sie als ein Wunder, vergleichbar den ägyptischen Pyramiden (was denn aber doch eine Übertreibung war).

Lange hat man gerätselt und rätselt eigentlich noch immer, wie diese riesigen Blöcke aufeinandergeschichtet worden sind. Zunächst wurde vermutet, sie seien über Rampen gezogen und geschoben worden. Heute herrscht die Meinung vor, daß die Achäer, also die alten Griechen, bereits Flaschenzüge oder ähnlich funktionierende Geräte gekannt haben müssen. Das gilt vermutlich auch für die Minoer, deren Blöcke aber unvergleichlich sorgfältiger behauen wurden, jedenfalls in Knossos und in Archanes. In Tiryns wurden die Blöcke, besonders für den jüngsten Bauabschnitt, kaum behauen; die kyklopischen Mauern, auch die in Mykene, das übrigens entgegen der von Schliemann vertretenen Meinung jünger ist als Tiryns, bestehen deswegen aus Schichten von großen und die unregelmäßigen Lücken ausfüllenden kleineren Steinen. Für den Bau der älteren Burgteile – die Archäologen unterscheiden jetzt drei Burgen, die jeweils auf den Trümmern und Grundmauern der vorhergehenden entstanden – wurden die Blöcke sorgfältiger bearbeitet.

Die großartige Ausgestaltung der Befestigungsanlage mit den mächtigen Mauern und Kasematten, die noch heute so eindrucksvoll wirkt, erfolgte im 13. Jahrhundert v. Chr., und etwa in derselben Zeit wurde auch Mykene so angelegt, wie es noch jetzt erkennbar ist. Aber wie schon gesagt waren Tiryns, Mykene und Argos damals schon seit langem wichtige Siedlungen, die untereinander und mit weiteren Siedlungen der Argolis durch ein gut ausgebautes Wegesystem verbunden waren. Warum sie dann so überaus stark befestigt wurden, weiß niemand, doch wurde allgemein eine massive Bedrohung der Herrschersitze unterstellt. In dem 1975 vom Deutschen Archäologischen Institut Athen veröffentlichten »Führer durch Tiryns« heißt es dazu: »Das Ausmaß der Befestigungsmauern der Burg in dieser spätmykenischen Phase übersteigt das militärisch Zweckmäßige beträchtlich und kann wohl nur als machtpolitische Demonstration verstanden werden.«

Der Palast von Tiryns, der auf der kyklopischen Basis errichtet wurde, war im Vergleich zu der Befestigung leicht und verletzbar gebaut. In dem eben erwähnten Tiryns-Führer heißt es dazu: »Seine Mauern – über Bruchsteinsockeln errichtet – bestanden aus luftgetrockneten Lehmziegeln, und beim Bau wurde viel Holz verwendet. Die Lehmziegelwände bestanden zu zwei Fünfteln daraus; sie waren durch hölzerne Anker und Binder verstärkt, mächtige Balken und Lagen von Rundhölzern trugen die flachen, ebenso wie die Wände mit Kalkputz überzogenen Lehmdächer, mit Bohlen waren die Mauerstirnen umkleidet, Tür- und Fenstergewände verschalt, und hölzern waren nicht zuletzt die vielen Säulen. Kein Wunder also, daß von der Anlage, die um 1200 v. Chr. durch eine Feuersbrunst zerstört und danach nicht wieder aufgebaut wurde, im wesentlichen nur die Mauersockel, steinerne Eckblöcke und Türschwellen sowie die Estrichflächen der Fußböden erhalten blieben.«

Wie es in Tiryns drei Burgen gab, so gab es auch mehrere Paläste, zumindest einen älteren, einen jüngeren, einen jüngsten. Hauptteil war das Megaron, der repräsentative Versammlungsraum für den König und sein Gefolge und für Gäste, eigentlich ein eigenes Gebäude. Es war das schönste Gebäude der aus vielen Teilen bestehenden Palastanlage mit ihren Flügeln und Innenhöfen, ihren fast labyrinthisch wirkenden Räumen und Gängen. Fußboden und Wände des tirynthischen Megarons, das größer und eindrucksvoller war als das von Mykene und alle anderen bekannten mykenischen Megarons, waren vielfarbig verziert und mit Wandmalereien versehen. Wie bei den minoischen Palästen auf Kreta wirkte auch dieser (jüngste) Palast nicht nach außen, sondern war auf sein inneres Zentrum ausgerichtet, eben auf das Megaron. Und der Weg vom Eingang der Festung führte nicht direkt dorthin, sondern er – so wieder der Tiryns-Führer – »wand sich wie ein Spiralarm oder genauer wie ein Mäanderhaken von außen nach innen, akzentuiert und gegliedert besonders durch die beiden Hoftore«.

Heute, drei Jahrtausende später, ist es nicht ganz einfach, diesen Weg an Ort und Stelle noch zu erkennen, denn nach den vielen Grabungen, die sich über ein ganzes Jahrhundert hinzogen, liegen nun gleichzeitig die verschiedenen Mauerreste der ja ursprünglich nacheinander gebauten Burgen für den Besucher sichtbar da, während von dem Palast nur noch geringe Spuren vorhanden sind. Der Weg ging von außen über die teils wiederaufgebaute, ursprünglich 47 Meter lange und 4,70 Meter breite Auffahrtsrampe an der Ostseite der Festung zum Haupteingang der dritten Burg. Durch das 4,70 Meter breite, vermutlich bronzebeschlagene hölzerne Burgtor, das rechtwinklig zur Rampe lag, kam man auf einen inneren Gang, der rechts (nach Norden) abwärts zur Unterburg führte und nach links zur Oberburg anstieg, wo auch das Megaron lag. Zwischen hohen Mauern führte er auf das von den Ausgräbern so genannte große Tor zu, das ziemlich genau dieselben Maße hat wie das berühmtere Löwentor in Mykene, 2,86 Meter breit, 3,20 hoch, und das mit einer zweiflügeligen Tür verschlossen werden konnte. Nach dem Tor erweiterte sich der Gang zu einem Zwinger, von dem man durch zwei weitere Holztore zu einem kleinen Hofraum kam, der auf einer Seite, im Osten, von einer luftigen Säulenhalle begrenzt wurde. Die Säulenhalle lag genau über dem noch vorhandenen 30 Meter langen östlichen Schachtgang mit sechs Kasemattenräumen, die zu den meistbewunderten tirynthischen Befestigungsanlagen zählen. Der Weg zum Megaron führte von diesem Hofraum auf der Westseite durch ein hochragendes Propylon, eine monumentale, einladende Toranlage, auf das Palastplateau der Oberburg, das einen zweiten, etwa doppelt so großen Hofraum bildete wie der zuerst betretene. Von diesem Hofraum kam der Besucher durch ein kleineres Propylon in den zentralen Palasthof, der vor dem großen Megaron lag und mit diesem eine Einheit bildete. Der Palasthof, auf dem – wie noch deutlich erkennbar – ein runder Opferaltar stand, wurde auf drei Seiten von Säulenhallen begrenzt, von denen Zugänge zu den Wohntrakten des Palastes führten; die vierte (nördliche) Seite bildete das Megaron. Auch von ihm sind nur noch Mauersockel, steinerne Türschwellen, Säulenbasen, einige Stufen sowie größere Partien des Bodenbelags erhalten, Spuren genug indessen, um es in der Vorstellung rekonstruieren zu können.

Das Megaron hatte eine Vorhalle, einen ebenso großen Vorsaal

Tiryns, Blick auf die Ausgrabung der Unterburg mit den Spuren immer neuer Überbauungen.

und den 9,80 Meter breiten und 11,80 Meter langen Hauptsaal mit vier im Rechteck stehenden Säulen, die das Deckengebälk trugen. Die Decke hatte einen erhöhten Mittelbau, durch den Licht und Luft in den fensterlosen Raum kamen und andererseits der Rauch vom Herdfeuer abziehen konnte. Der große gemauerte Herd an der Ostwand des Raumes, gegenüber dem Königsthron, hatte sakrale, aber zugleich praktische Bedeutung; dort wurde geopfert, und es wurde über bronzenen Rosten und Dreifüßen und an Bratspießen Fleisch gegart. Die Wände, auch die der Vorhallen, und ebenso die Wände in vielen Räumen des zum Teil zweistöckigen Palastes waren mit Fresken ausgemalt, deren Stil dem von Knossos und Thera offenbar eng verwandt ist. Reste dieser Fresken sind im Nationalmuseum Athen zu sehen: zum Beispiel ein Ausschnitt aus einer Jagdszene, bei der Hunde einen Eber jagen, und ein anderer, der zwei Frauen auf einem Wagen zeigt, deren Zugtier sie lenken.

Die Form des bei Homer beschriebenen Megaron ist sehr alt. In Thessalien kam sie schon im Neolithikum vor und in Troja in der frühen Bronzezeit. Das Megaron von Troja II, also aus der Zeit um 2400 bis 2200 v. Chr., hat eine Grundfläche von 10 mal 20 Metern und entspricht damit in etwa den Größen der mykenischen Megara. In den minoischen Palästen gibt es diesen Raumtypus nicht. Wohl aber läßt der Palast von Tiryns, besonders der westliche Flügel mit seinen mehrfach geknickten Korridoren und seinen mehrtürigen Durchgangsräumen, an die minoischen Palastlabyrinthe denken. Auch andere Bauelemente scheinen an die kretische Palastarchitektur anzuknüpfen, so ein hier gefundenes Bad, ein Treppenhaus und die Anlage der Kanalisation.

Nachdem Heinrich Schliemann bei seinen Grabungen in Mykene herausgefunden hatte, wie Könige und Fürsten jener versunkenen Epoche bestattet worden waren, kam er in Tiryns mehr dem Leben jener von Homer geschilderten Zeit und ihrer Helden auf die Spur. Der sagenhaften Überlieferung zufolge herrschten hier auf Tiryns einige der berühmtesten argivischen Heroen: Nach Proitos, der Tiryns mit Hilfe der Kyklopen so stark befestigt hatte, lebten hier zum Beispiel Perseus, Amphitryon und Herakles.

Perseus war ein Sohn des Zeus, des höchsten der griechischen Götter, und der Danae, Tochter des Akrisios, der auf Argos herrschte. Der unsterbliche Zeus, der als Kind von seiner Mutter Rhea auf Kreta in jener Höhle, die kürzlich von Yannis Sakellarakis ausgegraben wurde, vor seinem »krummsinnigen« Vater Kronos versteckt gehalten worden war, hatte sich als Erwachsener in einem gewaltigen Kampf gegen seinen Vater erhoben und ihn und die Titanen gestürzt und die Herrschaft der olympischen Götter begründet. Seitdem war sein Sitz der Olymp, wo er mit seiner Gemahlin Hera den schönsten und größten Götterpalast bewohnte und von wo er als »Wolkenballer« und »Blitzeschleuderer« über die Welt herrschte, als »Vater der Götter und der Menschen«. Doch war er nicht allmächtig, sondern mußte sich die Weltherrschaft mit seinen Brüdern Poseidon, dem Gott der Meere, und Hades, dem Gott der Unterwelt, teilen. Aber Zeus war der weiseste und der fruchtbarste Gott: Athene, Apollo, Dionysos, Ares, Hermes, Hephaistos, Artemis, Persephone, die neun Musen, die Dioskuren, Perseus und Herakles galten als seine Kinder. Einige stammten von menschlichen, also sterblichen Frauen; diesen hatte sich der Unsterbliche zum Zweck der Zeugung in verwandelter Gestalt genähert, als Stier, als Schwan, als Satyr oder – so geschah es der Danae – als Goldregen.

Um sich Danae zu nähern, hatte Zeus sich eben diesen besonderen Weg austüfteln müssen. Denn Danae war von ihrem Vater Akrisios auf Argos in einen ehernen Turm gesperrt worden, um sie vor Männern zu bewahren. Auf diese Weise wollte Akrisios verhindern, daß Danae ein Kind bekam; denn ein Orakel hatte ihm prophezeit, er werde durch die Hand eines Enkels sterben. Als Danae in ihrem Versteck dennoch schwanger wurde und als Vater des Kindes Zeus angab, der sich ihr als goldener Regen genähert habe, wollte Akrisios ihr nicht glauben. Weiterhin in Furcht um sein Leben, setzte er Danae und den Neugeborenen in einem Kasten auf dem Meere aus. Der Meeresgott Poseidon indessen, der Bruder des Zeus, ließ die Ausgesetzten heil an der Kykladeninsel Seriphos antreiben, wo der Fischer Diktys sich ihrer annahm und den kleinen Perseus aufzog.

Als Perseus herangewachsen war, schickte Polydektes, der König der Insel und ein Bruder des Fischers Diktys, ihn auf Abenteuer aus, um in seiner Abwesenheit Danae in seine Gewalt zu bekommen. Dem Perseus hatte er aufgetragen, der schrecklichen

Gorgo Medusa das Haupt abzuschlagen, hoffend, der Jüngling werde dabei das Leben verlieren. Doch mit der Hilfe Athenes und anderer Götter glückte dem Perseus das Unvorstellbare – eine Heldentat, die von den Griechen in Literatur und Bildender Kunst immer wieder dargestellt wurde. Anschließend bestand Perseus noch weitere Abenteuer, er verwandelte mit Hilfe des Medusenhauptes, dessen gefürchteter Anblick weiterhin Wirkung hatte, den habgierigen und ungastlichen Riesen Atlas, König von Mauretanien, in ein steinernes Gebirge, und er befreite die schöne Andromeda, die an einen Felsen gefesselt einem Seeungeheuer preisgegeben war. Er tötete das Ungeheuer, nahm Andromeda zur Frau und kehrte mit ihr und dem Medusenhaupt auf die Kykladeninsel zurück, wo er den tückischen Polydektes mit dem Schreckenshaupt konfrontierte und ihn dadurch versteinern ließ. An seiner Stelle machte er den Fischer Diktys zum König. Dann reiste er nach Argos, um sich mit seinem Großvater Akrisios zu versöhnen, aber beim Diskuswerfen tötete er ihn, unabsichtlich und ohne ihn erkannt zu haben. So wurde der Orakelspruch doch noch wahr. Von seinem Großvater erbte Perseus Burg und Stadt Argos, doch tauschte er diese Herrschaft mit seinem Großonkel Proitos gegen Burg und Stadt Tiryns.

Und auf Tiryns, von wo aus er Mykene gegründet haben soll, fand Perseus endlich Ruhe; von weiteren Heldentaten oder Schwierigkeiten ist in seiner Tirynther Zeit jedenfalls nicht die Rede. Zusammen mit Andromeda (die später zu einem Sternbild wurde) hatte er mehrere Kinder. Ihr Sohn Alkaios wurde nach ihm König von Tiryns. Auf Alkaios folgte dessen Sohn Amphitryon auf dem thirynthischen Thron. Und den Amphitryon machte Zeus zum berühmtesten Hahnrei aller Zeiten: eine Affäre, die zu einem der meistbehandelten Lustspielstoffe der Weltliteratur wurde, auf die Bühne gebracht zum Beispiel von Plautus, Molière, John Dryden, Heinrich von Kleist, Jean Giraudoux, also von der Antike bis in unsere Zeit. Die Dichter ließen diese Geschichte in Theben spielen, wohin Amphitryon von Tiryns aus gezogen sein soll, um dort zu wohnen. Aber es ist ja keine wirkliche Geschichte, sondern sagenhafte Überlieferung, und Amphitryon war wie die anderen mykenischen Helden keine historisch reale Gestalt, sondern eine mythische Sagenfigur, die an den historischen mykenischen Schauplätzen gleichsam festgemacht wurde. Das heißt, die Dreiergeschichte mit Amphitryon, Alkmene und Zeus könnte sich ebensogut in Argos oder in Mykene oder in Tiryns zugetragen haben. Jedenfalls war Amphitryon – so überliefert es die Sage – König von Tiryns.

Amphitryons junge Frau Alkmene war eine Nichte von ihm, die Tochter seiner Schwester Anaxo, die in Mykene als Frau des mykenischen Königs Elektryon lebte. Als Elektryon gegen die Söhne des Königs der Teleboer Krieg führte, war Amphitryon sein Bundesgenosse; gewissermaßen als Lohn hatte Elektryon ihm Alkmene versprochen. In diesem Krieg ging es um Elektryons Rinderherde, die die Teleboer ihm geraubt hatten. Um die Herde wurde hart gekämpft, wobei Elektryon fast alle seine Söhne verlor. Hier wird wohl die wirkliche Welt der mykenischen Heroen sichtbar, deren Alltag nicht gar so glänzend und königlich war, wie es in den Heldensagen erzählt wird: Wahrscheinlich waren die Burgherren der Argolis in erster Linie Viehzüchter und verdienten ihr Geld durch den Verkauf von Fleisch, das damals sehr begehrt und überaus wertvoll war. Von Viehherden ist in den Sagen jedenfalls oft die Rede.

Schließlich gelang es Amphitryon, die Herde auszulösen und sie Elektryon zurückzubringen. Aber bei der Übergabe tötete Amphitryon den Elektryon. Ob dies mit Absicht geschah oder infolge eines Versehens, bleibt offen. Auf jeden Fall mußte Amphitryon für diese Bluttat viel auf sich nehmen und nochmals gegen die Teleboer in den Krieg ziehen. Als er endlich siegreich zu seiner Frau Alkmene nach Hause kam, da war Zeus ihm gerade zuvorgekommen, und zwar – weil die treue Alkmene sich anders nicht verführen ließ – in Amphitryons Gestalt. Zeus hatte mit Alkmene in »dreifach verlängerter Nacht« geschlafen, um den Herakles zu zeugen. In der folgenden Nacht empfing Alkmene, die den Göttlichen für ihren Mann gehalten hatte, den wahren Amphitryon, und neun Monate später gebar sie Zwillinge, von Zeus den Herakles und von Amphitryon den Iphikles. Als Geburtsort werden in den Sagen mehrere Orte angegeben, am häufigsten Mykene und Tiryns. Heinrich Schliemann war überzeugt, daß Herakles auf Tiryns geboren wurde, das er deswegen die »Zitadelle des Herakles« nannte.

Der von Zeus gezeugte Herakles wurde der berühmteste aller griechischen Heroen. Schon vor gut zweieinhalb Jahrtausenden wurde er von Hesiod, der in seiner Jugend Schafe gehütet hatte und, von den Musen zum Dichter berufen, die »Theogonie« schuf, diese ganze verwirrende und so menschliche griechische Götterwelt, der »reichste und tapferste« genannt. Er wurde zum Nationalheros, der unermüdlich gegen alle Ungeheuer, gegen das Böse und das Laster schlechthin kämpfte, den Pindar und viele andere Dichter verherrlichten und dessen Heldentaten in der bildenden Kunst wieder und wieder dargestellt wurden. Herakles, der schon in der Wiege zwei Schlangen erwürgte und der zum Vorbild männlicher Kraft und Tugend wurde, erlegte den Nemeischen Löwen, tötete die Lernäische Schlange, erjagte die Kerynitische Hirschkuh, fing den Erymanthischen Eber, reinigte an einem Tage die Ställe des Königs Augias von Elis, tötete die stymphalischen Vögel, bändigte den kretischen Stier und die menschenfressenden Rosse des thrakischen Königs Diomedes, erwarb den Gürtel der Amazonenkönigin Hippolyte und die goldenen Äpfel der Hesperiden, holte die Rinder des Geryon, führte den Höllenhund Kerberos aus der Unterwelt und bestand nebenher noch viele kleinere Abenteuer. Nach seinem tragischen Ende auf dem Berge Oita, wo er sich wegen unerträglicher Schmerzen bei lebendigem Leibe verbrennen ließ, wurde Herakles in den Olymp entrückt, das heißt, ihm wurde die Unsterblichkeit verliehen, nachdem er nahezu in der ganzen Welt gewirkt hatte, auch in Olympia, wo er die Spiele begründet haben soll, und auch in Tiryns.

Hier in Tiryns hatte der sonst so tugendreiche Siegesheld und »Retter der Menschheit« einmal keine lobenswerte, sondern eine verabscheuungswürdige Bluttat begangen. Das war, nachdem er sich in Iole, die Tochter des Königs Eurytos von Oichalia, verliebt hatte, die König Eurytos und seine Söhne ihm aber nicht geben wollten. Als Herakles wieder auf Burg Tiryns war, kam auch Iphitos dorthin, einer der Söhne des Eurytos, zufällig, auf der Suche nach seinen Stuten. Da führte Herakles den Gast auf den Mauern von Tiryns umher und stürzte ihn plötzlich in einem Anfall von Wahnsinn einen Turm hinunter in den Tod.

Gut drei Jahrtausende nach Herakles' schwerem Vergehen gegen das heilige Gastrecht, das selbst die Pythia im Orakel zu Delphi ratlos verstummen ließ (weswegen Herakles ihr den Dreifuß stahl und sich damit als Strafe ein Jahr Frauenarbeit einholte), berichtete Heinrich Schliemann, im Jahr 1884 n. Chr., von der »Zitadelle des Herakles«: »Unser Frühstück, welches wir regelmäßig während der ersten Ruhezeit unserer Arbeiter um 8 Uhr morgens, auf einer Säulenbasis im alten Palast auf Tiryns sitzend, zu uns nahmen, bestand aus Chicago corned beef, wovon meine geehrten Freunde, die Herren J. Henry Schröder & Co. in London, mir einen reichlichen Vorrat zugesandt hatten, aus Brot, frischem Schafkäse, ein paar Apfelsinen und mit Harz gemischtem weißem Wein (Retsinato), der sich wegen seiner Bitterkeit gut mit dem Chinin verträgt und der bei der Hitze und angestrengten Arbeit auch besser zu vertragen ist als die viel schwereren roten Weine... Das Panorama, welches sich von der Höhe der Zitadelle von Tiryns nach allen Seiten darbietet, ist überaus prachtvoll..., viel prachtvoller... als alles, was ich von Naturschönheiten je gesehen habe. Ja, der Zauber, den man bei der Rundschau von Tiryns empfindet, wird überwältigend, wenn man im Geiste die Großtaten rekapituliert, deren Schauplatz die Ebene von Argos und die sie umgebenden Berge waren...«

Über die Arbeit in Tiryns, die in ganz anderer Art erfolgte als spätere und vor allem heutige archäologische Unternehmen, heißt es in Schliemanns Aufzeichnungen: »Die Ausgrabungen begann ich am 17. März mit 60 Arbeitern, konnte aber diese bald auf 70 vermehren, und dies blieb auch die Durchschnittszahl meiner Tagelöhner während der zweieinhalbmonatigen tirynthischen Kampagne von 1884... Für die Arbeit mit der Spitzhaue wählte ich, da sie die schwerste ist, die stärksten Arbeiter; die übrigen wurden für die Schiebkarren, zum Füllen des Schuttes in die Körbe sowie zum Ausschütten dieser letzteren verwandt... Unsere erste große Arbeit war die, den Schutt bis zu dem mosaikartig aus Kalkestrich und kleinen Steinchen hergestellten Fußboden abzugraben, der sich über das ganze hohe Plateau der Akropolis ausdehnt und nur mit einer 1 – 1½ m hohen Schuttdecke aus Ziegelschutt, eingestürztem Mauerwerk, aus mit Lehm verbundenen, meistenteils verkalkten Bruchsteinen und Humus bedeckt war...«

Daß sich von den Lehmziegeln, aus denen der Palast errichtet gewesen war, so viele erhalten hatten, wurde von Schliemann und

Dörpfeld richtig gedeutet (wenn auch neuere Erkenntnisse darüber hinausgehen): »Teilweise verdanken wir diese Erhaltung des Palastes... auch der Feuersbrunst, durch welche er zerstört worden ist, und deren Glut an allen Stellen, wo Holzbalken den Flammen Nahrung gaben, so heftig gewesen ist, daß die Steine zu Kalk, der sie verbindende Lehm aber zu wirklichen Ziegeln gebrannt war und beides zusammen eine so feste Masse bildete, daß unsere stärksten Arbeiter die allergrößte Mühe hatten, sie mit den Spitzhauen zu zerschlagen...«

Obgleich Schliemann nur zweieinhalb Monate grub, nahm er gleich einen großen Teil des ganzen Areals in Angriff: »Unsere zweite große Arbeit war die Abgrabung der mittleren Terrasse, wo nach Herrn Dr. Dörpfelds Meinung schlechter konstruierte Wirtschaftsgebäude gestanden haben müssen, die öfter zu erneuern gewesen waren, denn wir fanden dort in verschiedenen Höhen übereinander schmale Mauern aus Bruchsteinen und Lehm, deren Grundriß nicht mehr zu erkennen ist. Die Schuttaufhäufung beträgt dort bis zu 6 m. – Unsere dritte Arbeit war es, in der Unterburg einen großen Längs- und einen kleineren Quergraben bis auf den Fels abzuteufen, wodurch konstatiert wurde, daß auch dort Gebäude, wenigstens in ihren Fundamenten erhalten sind... Als vierte Arbeit nenne ich die Abgrabung und Reinigung der an der Ostseite der Burg zum Palaste hinaufführenden Rampe, die uns wegen der ungeheuren Masse der von den Mauern auf dieselbe gefallenen großen Blöcke, welche weggewalzt oder zerschlagen werden mußten, die allergrößte Mühe machten. Ferner reinigten wir einen Teil der großen Galerie an der Südostseite, deren oberer Teil einen Spitzbogen bildet..., auch reinigten wir eine der torförmigen Nischen oder Fensteröffnungen dieser Galerie und teilweise drei andere ähnliche Galerien.«

Schliemann und Dörpfeld machten bei dieser ersten Kampagne auch schon folgende wichtige Entdeckung: »Die von uns nach allen Richtungen unterhalb der Akropolis gegrabenen Schächte, in denen wir dieselben Topfwaren wie auf der Burg selbst und vielen verbrannten Ziegelschutt fanden, lassen keinen Zweifel, daß sich die Unterstadt rings um die Burg ausdehnte...«

Seit seinen ersten Grabungen, die Schliemann 1870 in Hissarlik auf der Suche nach dem Troja des Königs Priamos begonnen hatte und die ihn in kurzer Zeit durch eben dieses Troja, das Ilion des Homer, hindurch in ein viel älteres Troja geführt hatten, wobei er in seiner Hast wesentliche Reste der von ihm gesuchten Stadt zerstörte, hatte Schliemann viel hinzugelernt. »Er war ein Dilettant auch im Ausgraben, ohne eine Ahnung, daß es eine Methode und feste Technik dafür gebe«, schrieb der deutsche Archäologe Adolf Michaelis (1835–1910), Professor in Greifswald, Tübingen und Straßburg, 1908 über Schliemann. Fast drei Jahrzehnte zuvor hatte Schliemann gemeint: »... ein Ausgräber muß aus sich selbst heraus gelernt haben, das Ausgraben ist eine ganz eigene Kunst, die nicht an Universitäten gelernt werden kann.« Und schon 1873 hatte Schliemann eingestanden: »Ich machte Fehler in Troja, ich habe alle trojanischen Häuser zerstört, die ich in der Tiefe von 7–10 m gefunden hatte, doch nachdem ich meinen Irrtum erkannte, habe ich sie bewahrt. Ich hatte ja angenommen, daß Troja auf dem gewachsenen Fels gegründet sei...« In Tiryns lernte Schliemann nicht nur »aus sich selbst heraus«, sondern – wie schon in Mykene – vor allem von seinem Mitarbeiter Wilhelm Dörpfeld, auf dessen Ansichten und Urteile er viel gab und dem er mehr und mehr vertraute. Während seiner zweiten Grabungskampagne in Tiryns, im Jahr 1885, hielt er sich selber völlig zurück und überließ Dörpfeld die Grabung ganz und gar.

Nach Schliemanns Grabungen in Tiryns, die insgesamt über gut fünf Monate gegangen waren, blieb es dort viele Jahre unverändert. (Schliemann war 1890 im Alter von nicht ganz 69 Jahren gestorben.) Erst 1905, nachdem sich im Bereich der mykenischen Kultur des Festlands neue Fragen ergeben hatten, nahm Wilhelm Dörpfeld die Tiryns-Grabung wieder auf, die dann bis zum Ausbruch des Ersten Weltkriegs in fast jährlich stattfindenden Kampagnen fortgesetzt wurde. Zunächst unter Dörpfeld, später unter Georg Karo wurden der Palast, die Südburg, die Mittelburg und vormykenische Schichten der Unterburg untersucht; im Stadtbereich wurde ein Friedhof aufgedeckt und am Profitis Ilias ein Kuppelgrab freigelegt. Auch in der Nekropole wurde gegraben. Nach Kriegsausbruch ruhte die Grabung, bis die deutschen Archäologen Kurt Müller und Heinrich Sulze sie 1926 wieder aufnahmen, um die Entwicklungsgeschichte von Burg und Palast klären zu können und Teile der tirynthischen Stadtsiedlung freizulegen. Wegen

Geldmangels mußte das Unternehmen 1929 abgebrochen werden.

Danach vergingen 28 Jahre, bis Tiryns erneut Interesse weckte. 1957 begannen griechische Archäologen mit der Wiederaufrichtung der größtenteils verfallenen Burgmauern. Dabei entdeckten sie 1962 in der Unterburg zwei Brunnengänge, durch die sich die Bewohner von Tiryns auch in Belagerungszeiten mit Trinkwasser versorgen konnten, ungesehen von den Belagerern und also durch sie nicht gefährdet. Die etwa 30 Meter langen Gänge führten (in einem Abstand von etwa neun Metern) schräg durch die Mauer nach unten, teils als Treppen, zu einer unterirdischen Quelle außerhalb der Burg.

Vor gut zwanzig Jahren, 1965, nahmen auch die Archäologen vom »Deutschen Archäologischen Institut Athen« ihre Grabungen in Tiryns wieder auf und sind nach alljährlichen Kampagnen zur Zeit noch mit der Aufarbeitung beschäftigt. Als ich vor einigen Jahren die Tiryns-Grabung besuchte, arbeitete dort das deutsche Team unter der Leitung von Professor Dr. Klaus Kilian, dem Zweiten Direktor des Athener Instituts, vor allem in der Unterburg und im alten Stadtgebiet. Wie sehr sich die Archäologie seit der Zeit Schliemanns geändert hat, wie weit ihre Fragestellungen in andere Wissenschaftsgebiete hineinreichen, wie vielseitig sie heute ist, das wurde schon an diesem Grabungsteam erkennbar. Zu Mitarbeitern hatte Kilian eine Reihe von Experten gewonnen, zum Beispiel für die Bestimmung von Keramik, für naturwissenschaftliche Altersbestimmung, für Paläobotanik, Anthropologie, Paläozoologie, Photogrammetrie und für Architektur.

Bei diesen und den nachfolgenden Kampagnen, die von der Deutschen Forschungsgemeinschaft finanziert wurden und in freundschaftlicher Übereinkunft mit dem griechischen Antikendienst erfolgten, ging es vor allem um die Erforschung der bis dahin noch ziemlich unberührt gebliebenen Unterburg, die sich unmittelbar an die Mittel- und Oberburg anschließt, aber etwas tiefer liegt. Lange Zeit galt sie als freie, unbewohnte Fluchtburg, in die sich die Bewohner der angrenzenden Siedlung bei Gefahr hätten retten können. Jetzt stellte sich heraus, daß diese Vorstellung falsch war. Auch die Unterburg war bewohnt. Reste der Bebauung ließen sich aus frühmykenischer bis weit in die nachmy-

Hier in Tiryns, wo einst Amphitryon lebte und von Zeus zum berühmtesten Hahnrei gemacht wurde, hatte schon Heinrich Schliemann mit Erfolg gegraben. Auf der Leiter Professor Dr. Klaus Kilian beim Dokumentieren.

kenische Zeit nachweisen, und zwar bis in die spätarchaische und klassische Zeit, in der hier sogar ein Kultbetrieb bestand. Die Bauformen wie einige Funde belegen zeitübliche Einflüsse aus dem Zweistromland.

Solche Erkenntnisse mögen dem Laien vielleicht allzu akademisch vorkommen, und sie sind ja wirklich nicht gerade spektakulär. Aber sie sind wichtig, um später einmal verläßliche Aussagen über die historischen Anfänge der abendländischen Kultur machen zu können. Das wird erst dann möglich sein, wenn man die siedlungsgeschichtlichen Zusammenhänge in der ganzen Argolis überschauen kann und die Detailkenntnisse von der mykenischen Kultur über lange Zeiträume vervollständigt haben wird und wenn man die Einflüsse von anderen Kulturen, die Auswirkungen auf andere Völker, die Handelsbeziehungen, die Wirtschaftsformen und Wirtschaftsgrundlagen, die Siedlungsdichte und vieles andere kennt.

Dafür sind nicht nur die Ausgrabungen von Tiryns wichtig, sondern auch die von Argos, von Mykene und Lerna und auch von entfernteren Orten, wie etwa von Pylos nahe bei dem kleinen Hafen Navarino an der Westküste des Peloponnes, in Messenien, an einer der schönsten Buchten Griechenlands. Dort wurden bei Ano Englianos seit 1952 Reste eines Palastes freigelegt, dessen ausgedehnter Grundriß, den ich mir ansah, heute unter einem Schutzdach konserviert ist. Er heißt »Palast des Nestor«, nach dem in der »Odyssee« beschriebenen Herrschersitz Nestors, des greisen Beraters der Achäer vor Troja, der über das Pylische Reich herrschte. In diesem Palast, dessen Bedeutung sich nur mit Tiryns und Mykene messen läßt und in dem heute das Zentrum des Pylischen Reiches vermutet wird, wurden sehr viele Tontäfelchen in der Linear-B-Schrift gefunden.

Das Unternehmen Pylos zeigt ebenso wie die späten Arbeiten in Tiryns, wie wenig das Wort Ausgrabung auf die moderne Art archäologischer Spurensuche noch zutrifft. In Tiryns wurde eine bis zu drei Meter dicke Lehmschicht, die sich über der Unterburg in Jahrtausenden aus den durch Regen aufgeweichten Trockenziegeln gebildet hatte, nicht mehr – wie zu Schliemanns Zeiten – mit der Spitzhacke aufgeschlagen und dann mit Spaten und Schaufeln abgegraben, sondern diese ganze Schicht wurde quadratmeterweise Zentimeter um Zentimeter abgekratzt und abgefegt. Dabei wurde jeder Stein, jede Scherbe, jeder Fund, wurden auch die Querschnitte, die sich von den zunächst stehengelassenen Lehmmauern abnehmen ließen, in Zeichnungen, Fotos, Beschreibungen festgehalten. So entstanden in sorgfältig gezeichneten Plänen gleichsam Röntgenaufnahmen der einzelnen Schichten, die übereinandergelegt die ganze Entwicklung der Bebauung widerspiegeln.

Dies sind die Grundlagen für alle späteren Interpretationen. Es sind zugleich Kontrollmöglichkeiten und Voraussetzungen für eventuell erforderliche Neuansätze aufgrund neuer Fragestellungen selbst in ferner Zukunft. Anhand all dieser Aufzeichnungen kann die Grabung selbst noch nach vielen Jahren in allen Einzelheiten nachvollzogen und sogar noch nachträglich kontrolliert werden. Das ist wichtig, ja unbedingt erforderlich, wenn Archäologie sich nicht in subjektive, später nicht mehr korrigierbare Phantasien verlieren, sondern eine exakte Wissenschaft sein soll. Um ein eindringliches Gegenbeispiel zu nennen: Nicht mehr kontrollierbar ist (und war es nie) Schliemanns Fund vom »Schatz des Priamos« in Troja; die Fundstelle hat Schliemann nie genau bezeichnet, vielleicht aus Furcht vor räuberischen Nachgräbern. (Außer seiner Frau Sophie gab es – nach Schliemanns eigenen Angaben – keine Zeugen.) Infolgedessen aber sind zum Beispiel über das wirkliche Alter dieses berühmten Schatzes, der übrigens seit Ende des Zweiten Weltkriegs verschollen ist, und über seine Herkunft allenfalls Spekulationen möglich. Nicht einmal das genaue Funddatum ist bekannt.

Heutzutage wird jeder Fund, wird jede Spur registriert und festgehalten. In Tiryns wurden während jener zweimonatigen Kampagne, die ich besuchte, mehr als 350000 Scherben von Gefäßen gefunden, sehr viele mit bildlichen Darstellungen. Sie alle wurden – und das war einzigartig und vorbildlich – an Ort und Stelle sofort aufgearbeitet. Meistens werden Scherben, sortiert nach ihren Fundstellen und ihrer vermuteten Zusammengehörigkeit, in Kisten gesammelt, um erst nach Wochen oder Monaten, manchmal erst nach Jahren von Restauratoren bearbeitet zu werden. In Tiryns geschah dies unter Leitung des Kieler Experten G. Podzuweit, der eine Keramik-Kartei entwickelt hat, die gewissermaßen einen Kalender darstellt, schon auf der Grabung. Die gefundenen und nach den Fundstellen erfaßten Scherben wurden gewaschen, getrocknet, weiterhin sortiert, numeriert und, soweit es möglich war, wieder zu Gefäßen zusammengesetzt, von denen einige inzwischen im Museum von Nauplia zu sehen sind. Dies ist nur ein Beispiel für die oft so langwierige Mühsal moderner Archäologie.

Zu den folgenreichsten neuen Erkenntnissen der Tiryns-Grabung gehört, daß die Zerstörung von Tiryns und gleichzeitig die von Mykene und des Nestor-Palastes von Pylos durch eine Erdbebenkatastrophe erfolgte. Das bedeutet, daß die Schulbücher in einem wesentlichen Punkt über die abendländische Frühgeschichte korrigiert werden müssen. Bisher glaubte man, die einzelnen mykenischen Palaststädte hätten einander in hartnäckigen Konkurrenzkämpfen so lange zermürbt, bis sie schließlich eine leichte Beute der aus dem Norden einwandernden kriegerischen Dorer geworden seien. Die archäologischen Ergebnisse von Tiryns aber zeigen, daß sich die Dorische Wanderung entschieden anders und über einen sehr viel längeren Zeitraum abgespielt haben muß, als es bisher angenommen wurde.

Und noch etwas folgt aus den jüngsten archäologischen Erkenntnissen in Tiryns: Während man immer davon ausging, daß sich hier nach der Zerstörung der Burg kaum noch etwas abgespielt habe, stellte sich nun heraus, daß Tiryns, und zwar die Stadt Tiryns, die um die Burg herum lag und um deren Geschichte sich in einem Jahrhundert Forschung kaum jemand gekümmert hatte, die größte Ausdehnung seit ihrem Bestehen erreichte. Die Grabungen ließen einheitlich orientierte Bauten im Süden, Südosten, Nordwesten und Norden vor der Burg erkennen, eine Stadt mit offenbar sorgfältig geplantem Grundriß und Wegenetz. Nach der Zerstörung durch das Erdbeben um 1200 v. Chr. war zwar der Palast nicht wiederaufgebaut worden, aber das Leben in der Stadt war auf irgendeine Weise weitergegangen, ja mehr denn je zuvor aufgeblüht.

Allerdings war die großartige mykenische Epoche gleichwohl am Ende. Welche Faktoren im einzelnen ihren Untergang herbeiführten, konnte indessen noch nicht eindeutig ausgemacht werden. Als Ursachen kommen in Frage: Anfälligkeit einer überspezialisierten Wirtschaftsform, Bedrohung durch Piraten oder

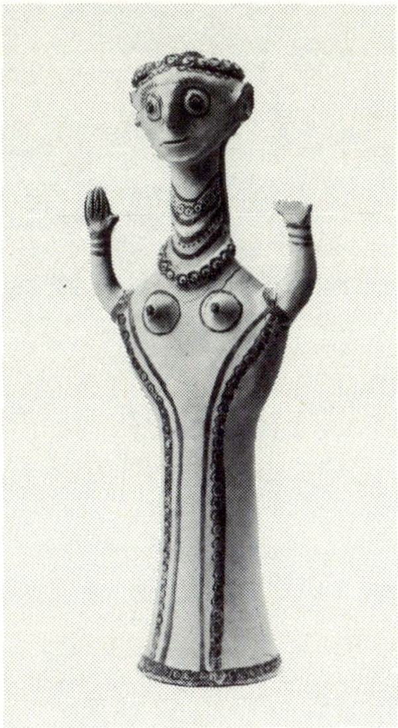

Eine gut 30 Zentimeter große Idolfigur aus Ton. Sie wurde mit ähnlichen Idolen in einem Kultraum der Unterburg von Tiryns gefunden und stammt aus dem 12. Jahrhundert v. Chr.

fremde Seevölker und dadurch bedingter Rückgang des Fernhandels, Unterwanderung durch nichtgriechische Fremdlinge. Man hat auch die Möglichkeit eines Klimawechsels und den Ausbruch von Seuchen in Betracht gezogen, doch gibt es in den archäologischen Funden für solche Hypothesen keine Anhaltspunkte. Wohl aber scheinen viele archäologische Funde, vor allem an Keramik, für eine Unterwanderung zu sprechen, und zwar – so schreibt Klaus Kilian – möglicherweise durch eine Bevölkerungsgruppe, die wohl weitgehend als mykenisiert zu erachten ist. Mit dieser zunächst historisch begründeten Interpretation ließe sich leicht erklären, daß mykenische Traditionen offensichtlich weiterhin erhalten blieben, während gleichzeitig neue Architekturformen wie das Apsiden- oder Ovalhaus und neu angelegte Nekropolen, wo die Toten in Steinkisten bestattet wurden, hinzukamen. Aber um eine endgültige Antwort geben zu können, muß hier noch viel geklärt werden.

3. Kapitel

Da traf uns die Rache der Persephone

Waren wir gar nicht wie einst Odysseus im Totenorakel, sondern nur in einer Festung mit Geschützen?

Unvorbereitet, eilig und allzu arglos waren Brett und ich in den Hades hinabgestiegen, ins Schattenreich der Todesgöttin Persephone. Wir versäumten es, die Verstorbenen mit Steinwürfen abzuwehren, wir opferten ihnen kein Schaf, gaben ihren Schatten nicht das begehrte Blut zu trinken, haben nicht geschwiegen im lichtlosen Heiligtum. Und als wir ihr Reich wieder verließen, haben wir uns umgeschaut, so wie einst Orpheus, der Sänger, sich nach seiner geliebten Eurydike umgeschaut und damit die Chance ihrer Rückkehr ins Land der Lebenden verspielt hatte. Wir haben einfach alles falsch gemacht im griechischen Ephyra, in der Unterwelt am Totenfluß Acheron, wo einst das berühmteste Totenorakel der Griechen war. Und dafür haben Persephone und die Verstorbenen sich gerächt. Doch davon später.

Einst besuchte – so erzählt es Homer – auch Odysseus dieses Totenorakel. Auf seiner Rückkehr von Troja hierher verschlagen, nach Epirus im nordwestlichsten Griechenland, wollte er im Hades den verstorbenen Seher Teiresias fragen, ob und wie er in die Heimat zurückkehren werde, nach Ithaka zu Frau und Sohn. Odysseus, der Held, den vor »den unzähligen Scharen der Toten bange Befürchtungen packten«, hielt die Vorsichtsmaßregeln sorgfältig ein. Zwei Schafe opferte er, ein männliches und ein schwarzes weibliches, goß in ein Loch die »Spende der Toten, erst gemischt mit Honig, dann mit der Süße des Weines, drittens mit Wasser und streute dann helles Gerstmehl darüber«, und versprach für spätere Zeit noch weitere Opfer. Dann gab er vor allem jenen Schatten, mit denen er reden wollte, reichlich von dem Blut der geschlachteten Schafe, sprach mit seiner toten Mutter, mit Agamemnon und anderen Teilnehmern des Trojanischen Krieges und ließ sich von Teiresias eine zwar umständliche, aber am Ende glückliche Heimkehr und einen späten, schmerzlosen Tod voraussagen: »Fern dem Meere wird einmal süß und sanft dir nahen der Tod und wird dich ereilen, wenn du in glücklichem Alter entkräftet.« Trotz solcher Garantie auf die Zukunft aber hatte Odysseus Angst, die Todesgöttin Persephone, eine Tochter des Zeus, könne ihm das »gorgonische Haupt des entsetzlichen Scheusals« nachschicken, dessen Anblick die Lebenden versteinert.

Wir waren tiefer als einst Odysseus in die Unterwelt hinabgestiegen. Daß wir dies konnten, daß jeder dies heute kann, ist dem griechischen Archäologen Sotirios Dakaris zu danken, Professor an der Universität von Ioannina. Vor gut 25 Jahren hatte er hier den Eingang zum Hades entdeckt, und zwar aufgrund der Beschreibung Homers, der diesen unheimlichen Ort da vermutete, wo die Flüsse Pyriphlegethon und Kokytos, die mit dem Styx zusammenhängen, in den Acheron fließen. Bei dem modernen Dorf Mesopotamon, nur wenige Kilometer von der sandigen Badeküste nördlich von Preveza, an der Straße nach Igoumenitsa, lag einst die spätmykenische Siedlung Ephyra, eine Gründung aus dem 14. vorchristlichen Jahrhundert und damit die älteste Stadt von Epirus. Nur sechshundert Meter von ihren Ruinen entfernt, auf einem Felskegel, wo Mönche im 18. Jahrhundert eine kleine Klosterkirche errichtet und einen Friedhof angelegt hatten, stieß Dakaris 1958 bei Probegrabungen auf gewaltiges polygonales Mauerwerk. Nachdem er den Friedhof hatte abtragen, die Toten umbetten und unter die Kirche eine Betondecke hatte ziehen lassen, um sie untergraben zu können, legte er in mehreren Kampagnen das Nekromanteion von Ephyra frei, das – so sagt er – »berühmteste Totenorakel der antiken griechischen Welt«.

Es ist ein etwa 62 mal 46 Meter großes Bauwerk aus sorgfältig bearbeiteten unregelmäßigen Vieleckblöcken. Die Mauern mit mehreren Torbögen sind bis in eine Höhe von dreieinhalb Metern

Professor Dr. Sotirios Dakaris (rechts) und der Autor über dem Totenorakel am Acheron

erhalten, auch die Innenmauern, die den Gesamtkomplex in unterschiedlich große Räume und Korridore unterteilen. Ursprünglich waren sie höher gewesen. Der obere Teil, offenbar für ein zweites Stockwerk, war aus gebrannten Ziegeln aufgemauert. Ein zentraler Teil der gesamten Anlage, ein Quadrat von 22 mal 22 Metern, hatte besonders starke Mauern. Ihre Stärke beträgt 3,30 Meter. Professor Dakaris ist überzeugt, daß sie einst das eigentliche Heiligtum des Totenorakels umschlossen.

Zwei parallele Mauern unterteilen dieses zentrale Quadrat, das heute zu einem Teil von der Kirche überdeckt ist, in drei gleich große Räume von jeweils 15 Meter Länge und 4,25 Meter Breite, von denen die beiden äußeren Räume jeweils wiederum in drei gleich große Räume unterteilt sind. Diese auf die Zahl drei bezogene Einteilung, die auch an anderen Stellen der Anlage sichtbar ist, hält Dakaris für überaus bedeutsam. Er sieht darin eine Bestätigung dafür, daß es sich bei dieser Anlage um ein Heiligtum gehandelt haben müsse. Die Räume sind untereinander und mit dem Hauptraum verbunden.

Unter dem großen Mittelraum fanden die Archäologen einen ebenfalls 15 mal 4,25 Meter großen Raum, tief in den Felsen hineingeschlagen, einen unterirdischen Saal, der möglicherweise aus der ursprünglichen Höhle des hier zu vermutenden vorgeschichtlichen Kultes entstand. Fünfzehn Bögen aus Tuff tragen die Decke des unterirdischen, lichtlosen Raumes, den Dakaris für den Zugang zum »finsteren Palast der Persephone und des Hades« hält, des Gottes der Unterwelt und seiner Gemahlin. Dieser Kern der Anlage, an den später noch ein zusätzlicher Gebäudekomplex angebaut wurde, mit Quartieren für die Besucher, stammt aus frühhellenistischer Zeit, das heißt vom Ende des 4. bis Anfang des 3. Jahrhunderts v. Chr., ist also – verglichen mit mykenischen Bauten – nicht sehr alt.

Solange das Totenorakel in Betrieb war, konnten Besucher diesen unteren Raum nicht betreten. Er blieb allein der Todesgöttin und ihrem Gemahl, dem Zeus-Bruder und Unterweltsherrscher Hades, vorbehalten. Heute können Besucher auf einer eisernen Treppe hinuntersteigen. Und da unten geschah es, daß die rachsüchtige Persephone uns zum erstenmal strafte: Brett, meine Frau, die vor mir hinabgestiegen war und mir gerade, als ich zusammen mit Professor Dakaris nachfolgte, die sauber gearbeiteten Rundbogen zeigen wollte, auf denen die aus Felsenplatten bestehende Decke ruht, geriet mit dem Fuß in eine feuchte, glitschige Felsspalte, stürzte, sich dabei das Fußgelenk verdrehend, auf den kaum erkennbaren Grund des Heiligtums und kam schließlich nur unter großen Mühen und vor Schmerz nahezu ohnmächtig in die Oberwelt zurück. »Unglücklicher«, so hatte der verstorbene und zum Schatten gewordene Teiresias dort unten Odysseus begrüßt, »warum verließest du droben der Sonne Licht und kamest, die Toten an trauriger Stelle zu schauen?« Das fragte ich damals auch mich und ebenso meine Frau, deren verletzter Fuß uns noch längere Zeit zu schaffen machen sollte.

Die Menschen, die vor gut zwei Jahrtausenden hierher kamen, um Tote aus dem Schattenreich heraufzubeschwören und sich von ihnen Rat und Auskunft zu erbitten, wußten um die Gefahren, die aus Begegnungen mit Verstorbenen erwachsen konnten. Deswegen waren sie vorsichtig und beachteten sorgfältig die vorgeschriebenen Regeln. So wie die Königstochter Alkestis, die sich für ihren Vater geopfert hatte und an seiner Stelle ins Reich der Toten gegangen war, aus dem sie aber von dem Helden Herakles ins Diesseits zurückgeholt wurde, drei Tage der Reinigung brauchte, um das Miasma des Todes, den befleckenden Todeshauch, wieder loszuwerden, so mußte auch jeder Besucher des Nekromanteions vor seiner Rückkehr in die Welt der Lebenden auf magische Weise gereinigt werden. Es war überhaupt, sagt Dakaris, eine ziemlich umständliche, zeitaufwendige und sicher auch kostspielige Prozedur, wenn jemand mit den Toten Kontakt aufnehmen wollte. Sie dauerte fast einen Monat, genau 28 Tage.

Der größte Teil dieses Zeitraums diente dazu, den Besucher auf die Begegnung mit den Verstorbenen vorzubereiten, ihn einzustimmen. Dies besorgten die Priester des Nekromanteions. Sie waren die Vermittler zwischen Lebenden und Toten, auf eine Weise allerdings, die den Besuchern verborgen bleiben sollte. In Wahrheit antworteten ja nicht die Toten auf die von den Besuchern gestellten Fragen, sondern die Priester. Um dies zu können, mußten auch sie sich auf die (in Wahrheit vorgetäuschte) Begegnung der Besucher mit den von ihnen genannten Verstorbenen vorbereiten. Das heißt, sie mußten sich in die Lage versetzen, stellvertretend für die Toten die an sie gerichteten Fragen einigermaßen sinnvoll beantworten zu können. Deswegen befragten sie den Besucher zuvor über seine Sorgen und Probleme, seine Hoffnungen und Wünsche und über vielerlei Einzelheiten aus seinem Leben und auch über das Leben des zu befragenden Toten. Im zweiten nachchristlichen Jahrhundert hat der griechische Schriftsteller Lukian, ein Satiriker und Parodist, einmal eine Totenbeschwörung beschrieben. Sie fand zwar nicht bei Ephyra statt, sondern in Mesopotamien, und Lukian wollte seinen Lesern damit ein Beispiel für die Leichtgläubigkeit der Menschen geben, aber sie enthält eine Reihe von Angaben, die auch auf das Orakel von Ephyra zutreffen mögen. Nach Ansicht von Professor Dakaris haben sich die Totenbeschwörungen im Orakel am Acheron bei Ephyra etwa so abgespielt:

Von seinem Quartier wurde der Besucher von einem Priester in die fensterlose Anlage geführt. Dort mußte er zunächst ein Bad nehmen und von da an eine besondere Diät einhalten, bei der Schweinefleisch, Gerstenbrot, eine bestimmte Art von Saubohnen und Seemuscheln eine bedeutsame Rolle spielten; das waren Speisen, die mit dem Totenmahl und mit den Toten in Zusammenhang standen. Dazu mußte er Milch, Honig und Wasser trinken. Unterdessen murmelte der begleitende Priester beschwörende Gebete, Zaubersprüche, Bitten an die Herrscher der Unterwelt. Zweimal mußte der Besucher einen schweren Stein werfen, um dadurch jeglichen bösen Einfluß seitens der unheilbringenden Toten von sich abzuwehren (was Professor Dakaris uns leider zu spät erzählte).

Während sich der Besucher des Totenreichs verschiedenen magischen Zeremonien unterwerfen mußte, achtete der Priester vor allem darauf, daß er ständig von jener besonderen Saubohnenart aß. Das hatte, sagt Dakaris, Schwindelzustände, Sinnestäuschungen und Widerstandslosigkeit zur Folge. Bei der Ausgrabung wurden zahlreiche Gefäße mit solchen Bohnen gefunden, auch mit Lupinen. Diese Früchte hatten toxische Eigenschaften, schreibt Dakaris: »Wenn sie gegessen wurden, verursachten sie Blähungen, Dyspepsie, Minderung des Empfindungsvermögens, die sogar Rauschzustände und Halluzinationen mit allergischen Syndromen hervorrufen konnten. Die gleichen Nachwirkungen verursachten auch die Lupinen, in der Antike ›thermoi‹ genannt, wenn sie grün gegessen wurden (Lupinose). Durch die Minderung des Sinnesvermögens also, die oft sogar Bewußtlosigkeit und tranceähnliche Zustände hervorrief, wurden für die Eingeweihten die nötigen Voraussetzungen geschaffen, die ihm erlaubten, mit den Seelen der Verstorbenen zu verkehren.«

Doch schon die nur von wenigen Öllampen eher verdeutlichte als erhellte Dunkelheit, in der der Besucher die ganze Zeit zubringen mußte, dann das Opfern der Schafe, das Vergießen ihres Blutes im großen Mittelsaal, von wo es – wie Dakaris vermutet – hinunter in den unzugänglichen Palast der Göttin Persephone tropfte, die Gesänge und Gebete der Priester, kurz das ganze Drum und Dran versetzten den Besucher in einen Zustand nervöser Erregung. Wenn er dann noch von dem Priester durch mehrere Räume und Korridore hin- und hergeführt worden war und dadurch den Eindruck gewonnen hatte, wirklich im labyrinthischen Hades zu sein, und schließlich ins Zentrum des Heiligtums kam, war er gewissermaßen reif für die Totenbeschwörung. Was sich dann abspielte, war richtiges Theater.

Bei der Ausgrabung des Hauptsaales entdeckte man, schreibt Dakaris, »außer vielen anderen Funden eine Menge eiserner Räder eines unbekannten Geräts, einen großen bronzenen Kessel und ringsum bronzene Räder und Kurbeln einer Winde. Alle diese Einzelteile gehörten vermutlich einer Vorrichtung an, die zum Heben und Senken großer Lasten diente.« Professor Dakaris meint, die Priester haben den Besuchern mit Hilfe einer Art Theatermaschine vorgegaukelt, wie die Schattenbilder der Verstorbenen und schwere bronzene Kessel mit dampfendem Inhalt aus der Unterwelt heraufkamen. Um ein solches Theater inszenieren zu können, sei das Heiligtum in seinem Zentrum zweistöckig gewesen; im oberen Stockwerk seien die 3,30 Meter starken Wände, die aus Ziegeln gemauert waren, nicht massiv, sondern mit Geheimgängen versehen gewesen, von denen aus die Priester den Besuchern die gewünschten Erscheinungen vorspielen konnten.

Aber, so könnte man einwenden, wäre das nicht ein erstaunlich großer Aufwand gewesen? Hätte sich die Vortäuschung einer Totenbeschwörung nicht auch einfacher bewerkstelligen lassen? Professor Dakaris begegnet diesem Einwand so: »Die hellenistische Zeit war ganz und gar vom Rationalismus und von der Wissenschaft geprägt. Der Glaube an die Sagen und die Religion war erschüttert. Es muß viele gegeben haben, die an der Erscheinung der Schattenbilder zweifelten.« Und als Beispiel für die Skepsis gegenüber Totenorakeln zitiert er den bereits erwähnten Satiriker Lukian, der sich über solche Begegnungen mit Verstorbenen lustig machte (allerdings erst im 2. Jahrhundert n. Chr.): »Und sofort bebte alles, und der Erdboden bekam von den Beschwörungen des Priesters Risse, und von weitem hörte man das Bellen des Zerberus, des Höllenhunds. Und das Bild stimmte einen traurig und trübselig, weil man schon fast alles sehen konnte, die Seen und den Fluß Pyriphlegethon und das Reich des Unterweltgottes Plu-

Im Nekromanteion mit den bis in gut drei Meter Höhe erhaltenen starken Mauern wurden zahlreiche Tongefäße gefunden. Einige enthielten noch Saubohnen – für eine geheimnisvolle Totenspeise, die Halluzinationen erzeugen sollte?

ton . . . « Es war also, schreibt Dakaris, »für die Priester und Zauberer des Orakels notwendig, mit allen Mitteln jeglichen Zweifel an der Erscheinung der Schattenbilder zu beseitigen«. Deswegen habe es in diesem berühmtesten griechischen Totenorakel eine solche Theatermaschine gegeben, mit der die Schattenbilder der Verstorbenen von der Decke heruntergelassen beziehungsweise aus der Tiefe heraufgeholt werden konnten.

Nachdem der Besucher die Verstorbenen gesehen und mit ihnen gesprochen hatte, wurde er auf kurzem Weg aus dem Heiligtum hinausgeführt. Entsprechend den strengen Regeln mußte er sich sorgfältig reinigen, und er mußte versprechen, über alles, was er gesehen und gehört hatte, zu schweigen. Andernfalls würden die Toten sich rächen, weil sie auf jeden neidisch seien, der aus dem Hades in die Welt der Lebenden zurückkehrt, und die ebenfalls neidische Persephone könne den Heimkehrenden das schreckenerregende, unheilbringende Haupt der Gorgo nachschicken. Besonders neidisch und rachsüchtig sind die jung Verstorbenen, sagt Dakaris, weil sie vorzeitig aus dieser Welt scheiden mußten, ohne die Freuden des Lebens voll ausgekostet zu haben.

Vielleicht war einer von ihnen, dachte ich später, wegen meines schnellen Autos neidisch auf mich, das ich vor dem Nekromanteion abgestellt hatte. 6599 Kilometer fuhr ich in wenigen Tagen von einer Grabungsstätte zur anderen, durch Griechenland, Jugoslawien, Italien, ohne Unfall, ohne Panne. Aber eben wieder daheim in Hamburg, sah ich, als ich wegen eines kleinen Staus halten mußte, plötzlich im Rückspiegel das »gorgonische Haupt des entsetzlichen Scheusals« auf mich zurasen, das schreckverzerrte Gesicht eines Daimler-Fahrers, der nicht mehr bremsen konnte. In der nächsten Sekunde war mein Auto ein Schrotthaufen.

Konnte ich sicher sein, daß dies das Ende von Persephones Rache war und daß nicht Schlimmeres folgen würde? Professor Dakaris möge mir verzeihen, daß ich in meiner Furcht vor den neidischen Toten wünschte und es noch heute wünsche, nie im Reich des Hades und der Persephone gewesen zu sein. Und überraschenderweise ergab sich eine Möglichkeit, unseren Besuch im Totenorakel am Acheron gleichsam ungeschehen werden zu lassen. Professor Dakaris selber hat mich auf diese Möglichkeit gebracht, indem er mich mit bewundernswerter Objektivität des Wissenschaftlers auf eine neue Deutung der von ihm gefundenen bronzenen Zahnräder aufmerksam machte, obwohl sie seine eigene Interpretation, ja seine Überzeugung, das Totenorakel von Ephyra gefunden zu haben, in Frage stellt. Diese neue Deutung stammt von Dr. Dietwulf Baatz, dem Direktor des Saalburgmuseums in Bad Homburg; 1979 hat er sie auf wenigen Seiten im »Archäologischen Anzeiger des Deutschen Archäologischen Instituts« publiziert. Baatz, Experte für antike Waffentechnik und Kriegsmaschinen, kam nach sorgfältiger Betrachtung der im Museum von Ioannina gezeigten Bronzeräder zu der Überzeugung, daß sie Reste von Torsionsgeschützen sind. Aufgrund der verschiedenen Größen und Typen der Zahnräder und Spannbuchsen, deren Formen von anderen Funden und von Beschreibungen in der antiken Literatur bekannt sind, schließt er auf ein größeres und vier kleinere Pfeilgeschütze, die hier gestanden haben müssen.

»Aber was sollten hier Geschütze«, fragte Dakaris, »hier im Nekromanteion?« Es war für ihn nur eine rhetorische Frage, die die Antwort schon enthielt: Im Totenorakel brauchte man keine Geschütze; also kann die Deutung der Zahnräder als Geschützteile nicht haltbar sein. Tatsächlich aber ist es die wirklich entscheidende Frage für diese ganze Grabung. Die Arbeit der Archäologen ist einem Puzzlespiel ähnlich, aber mit einem wesentlichen Unterschied. Während der Puzzlespieler davon ausgehen kann, alle für sein Zusammensetzspiel erforderlichen Teile zu haben, kein Teil zuwenig, aber auch nicht eines zuviel, hat der Archäologe so gut wie niemals alle Teile beisammen. Und manchmal hat er Teile, die in das ursprünglich konzipierte Bild nicht passen. Hier sind nun plötzlich fünf Geschütze zuviel.

Daß die gefundenen Zahnräder und Spannbuchsen einmal zu Geschützen gehörten, kann ernsthaft nicht bezweifelt werden. Die Frage ist, ob die Geschütze hier vielleicht erst aufgestellt wurden, nachdem das Totenorakel nicht mehr in Betrieb war und der Baukomplex anderen Zwecken diente, zum Beispiel als Befestigungsanlage. Aber der archäologische Befund ergibt eindeutig, daß die Anlage im Jahr 167 v. Chr. bei einer grausamen Strafexpedition der Römer gegen Epirus zusammen mit 70 Städten zerstört wurde. Seitdem war ganz Epirus, von dessen Bevölkerung die Römer 150000 Menschen als Sklaven verschleppten, verödet, und viele Städte, auch diese Anlage bei Ephyra, wurden nie wiederaufgebaut. Das bedeutet, die Geschütze müssen vor der Zerstörung durch die Römer hier gestanden haben. Da die Anlage – auch dies ergibt die Grabung – zuvor niemals zerstört und wiederaufgebaut, auch im Kern nicht umgebaut, sondern nur angebaut wurde, sonst aber seit ihrer Entstehung in frühhellenistischer Zeit unverändert blieb, stellt sich die Frage, ob dies vielleicht von Anfang an eine Festung war und nicht das berühmte Totenorakel.

Für eine solche Annahme spricht die Entstehungszeit; sie fällt zusammen mit der Gründung vieler Städte in diesem Gebiet. Das Totenorakel dürfte aber älter sein oder zumindest die Spuren einer älteren Kultanlage erkennen lassen. Für die Annahme einer Festung, die vermutlich die Stadt Ephyra schützen sollte, spricht auch die Lage auf einem fünfzig Meter hohen Hügel; das Totenorakel und der Eingang zum Hades hingegen dürften eher in einer tiefliegenden Höhle vermutet werden. Das von Professor Dakaris als Zentrum des Heiligtums gedeutete Quadrat mit den starken Mauern, in dem die Zahnräder gefunden wurden, könnte – was doch viel überzeugender wäre – ein Geschützturm gewesen sein. Und die vielen Saubohnen in den Pithoi, die Lupinen, die Reste von Honig und Gerstenmehl waren wahrscheinlich nichts anderes als Vorräte für die Besatzung. Aber die Statuetten der Persephone, die hier gefunden wurden, lassen sie nicht darauf schließen, daß dies der Eingang zum Hades war? Doch sie sind nur klein, und ähnliche wurden auch auf anderen Grabungen gefunden. Und der finstere Palast der grausigen Persephone und ihres Gemahls, des Unterweltherrschers Hades? Er dürfte in Wahrheit wohl nur eine ganz gewöhnliche Zisterne für das Trinkwasser der Festungsbesatzung gewesen sein. – Wenn sich also Professor Dakaris geirrt hat und statt des Totenorakels eine Festung ausgegraben hat, dann sind wir nie im Hades gewesen, und für die Rache der Persephone und der neidischen Toten gäbe es keine Veranlassung.

Geschütze waren übrigens zu jener Zeit, in der dieses Bauwerk benutzt wurde, bei den Griechen keine Seltenheit, ja die Griechen waren geradezu Meister im Geschützbau. Allerdings hatten sie diese Waffen nicht erfunden. Lange Zeit vor ihnen hatten die Völker des Orients Geschütze gebaut, auch die Juden. Von Uzzia, König von Juda (etwa 785–747 v. Chr.), heißt es im Zweiten Buch der

Chronik (26,15): »In Jerusalem ließ er kunstvolle Wurfmaschinen bauen und auf den Türmen und Mauerecken aufstellen, um Pfeile und große Steine abschießen zu können.« Doch waren jene Geschütze nicht sehr wirksam. Erst 350 Jahre später wurde das viel weiter reichende Torsionsgeschütz erfunden, dessen Typ auch bei Ephyra stand und aus antiken Beschreibungen, Zeichnungen und von archäologischen Funden bekannt ist. Seine Wirksamkeit beruhte auf der Drehung von Stricken, den »Nervenbündeln«, die anfangs aus Flachs oder Hanf, später aus nässeunempfindlichen Tiersehnen oder aus Roßhaaren bestanden. Die Spannkraft der gedrehten Nervenbündel wurde zum Abschnellen von Steinen, Bleikugeln oder Pfeilen auf Hebel übertragen.

Die Geschütze hatten Vorrichtungen zum Visieren, zum Höher- und Tieferstellen, zum Schwenken in waagerechter Lage und besaßen damit eine recht gute Treffsicherheit. Es gab schwere und leichtere Geschütze, und die Griechen unterschieden eine schwere und eine leichte Artillerie. Seit Philipp von Makedonien und Alexander dem Großen, also seit dem 4. Jahrhundert v. Chr., war die Artillerie bei den Griechen fester Bestandteil der Rüstung. Schwere Steingeschütze schossen Steinkugeln von 2 Kilogramm Gewicht 350 Meter weit. Leichte Pfeilgeschütze schossen 88 Zentimeter lange Pfeile gut 300 Meter weit, wobei der Pfeil (bei einem Versuch mit einer modernen Nachbildung eines solchen Geschützes) einen eisenbeschlagenen, 30 Millimeter starken Schild noch so weit durchschlagen konnte, nämlich bis zu seiner halben Länge, daß der Schildträger außer Gefecht gesetzt worden wäre.

Die bei Ephyra gefundenen Zahnräder und Spannbuchsen lassen darauf schließen, daß hier vier solcher leichten Pfeilgeschütze und ein schweres Pfeilgeschütz mit größerer Reichweite in Stellung lagen. Sie sollten – das macht schon ein Blick auf die Karte in hohem Maße wahrscheinlich – das nur 600 Meter weiter nördlich auf einem 83 Meter hohen Kalksteinhügel liegende Ephyra hier am Acheron, der die Grenze zwischen Epirus und Kassope bildete, gegen Eindringlinge aus dem Süden schützen. Wer vom Süden über Land nach Epirus wollte, mußte diese Festung passieren, von der aus der zu jener Zeit nur etwa tausend Meter breite Zugang zwischen dem Sumpfgebiet im Westen, das bis ans Meer reicht, und dem Acheron-See im Osten leicht kontrolliert werden konnte.

4. Kapitel

Stadthäuser mit 300 qm Wohnfläche

Viele Griechen und Römer wohnten besser und luxuriöser als die meisten Deutschen heute

Katastrophen, die ganz plötzlich über Menschen und Städte hereinbrechen, können Jahrtausende später für Archäologen zu Glücksfällen werden. Das berühmteste Beispiel ist Pompeji. Da fanden die Ausgräber viele Jahrhunderte nach dem verheerenden Vesuv-Ausbruch vom 24. August 79 n. Chr. nahezu alles noch so, wie es in der Zehntausend-Einwohner-Stadt an jenem Unglückstag gewesen war. Das Leben war dort gleichsam stehengeblieben. Und ähnlich war es in der Nachbarstadt Herculaneum, die ebenfalls unter einer mehrere Meter hohen Schicht aus Lava, Schlamm und Asche erstarrt war, nur daß ihre Bewohner etwas mehr Zeit zur Flucht gehabt hatten.

Ein anderer Glücksfall für Archäologen ist heute die im Nordwesten Griechenlands liegende Landschaft Epirus. Auch dort waren Städte zerstört worden, wenn auch auf ganz andere Art als Pompeji und Herculaneum, nämlich von Menschenhand, auf Befehl der Römer. Daß viele der zerstörten Städte, deren Bewohner in die Sklaverei verschleppt worden waren, nie wiederaufgebaut wurden und ihre Trümmer über gut zwei Jahrtausende nahezu unverändert liegen blieben, kommt einem modernen Forschungsprojekt zustatten, an dem deutsche und griechische Archäologen seit Mitte der siebziger Jahre intensiv arbeiten: »Wohnen in der klassischen Polis«. Es steht unter der Leitung von Dr.-Ing. Wolfram Hoepfner, dem Zweiten Direktor des Deutschen Archäologischen Instituts Berlin. Zu den etwa zwanzig Mitarbeitern dieses Projekts, das zu einem Schwerpunktprogramm erklärt wurde, gehören nicht nur Archäologen, sondern auch Historiker, Architekten, Bauforscher und Soziologen. In Epirus, wo ich einige ihrer Grabungen besuchen konnte, kamen sie zu überraschenden Ergebnissen.

Hier in Epirus (oder, wie die Griechen sagten, Epeiros) an der Küste des Ionischen Meeres, im Norden an Illyrien (heute Albanien) grenzend, im Osten an Makedonien, von dem es durch das Pindos-Gebirge getrennt ist, lebten die Molosser, die wegen ihrer großen Hirtenhunde, der Doggen, berühmt waren. Sehr viel berühmter freilich war in Epirus das Zeus-Orakel von Dodona, das ebenfalls Professor Dakaris ausgegraben hat. Und noch heute berühmt ist der Molosser-König Pyrrhos, unter dem ganz Epirus vereinigt wurde und seine Glanzzeit erlebte. Pyrrhos (319–272 v. Chr.) war allerdings noch nach hundert Jahren mit ein Grund für jenen furchtbaren Rachezug der Römer, durch den Epirus verwüstet wurde.

Pyrrhos, der behauptete, mit Alexander dem Großen verwandt zu sein und der sich als »neuer Alexander« sah, hat um seinen Königsthron und sein Land hart kämpfen müssen, verlor beides für einige Jahre, erkämpfte es sich zurück, eroberte einen Teil Makedoniens und vereinigte ihn mit Epirus, baute die Stadt Ambrakia zu einer prachtvollen Residenz aus und wurde auch Herr über Thessalien. Im Jahr 280 bat die süditalienische Griechenstadt Tarent den in Kriegen so bewährten Herrscher, der damals als bester Feldherr nach Alexander dem Großen galt, um Waffenhilfe gegen Rom. Nachdem Pyrrhos im Zeus-Orakel von Dodona um Rat gefragt und eine bejahende Antwort erhalten hatte, zog er mit 25 000 Mann und 20 Elefanten auf Schiffen, die ihm die Tarentiner gestellt hatten, nach Süditalien, um dort – so stellte er sein Unternehmen dar – einen panhellenistischen Krieg im Sinne des großen Alexander gegen die Barbaren zu führen, den Kampf eines Nachkommen Achills, als den er sich sah, gegen die Nachkommen der Trojaner, die Römer. Bei Herakleia am Siris und bei Ausculum in Apulien siegte er über die Römer, mußte aber so schwere Verluste hinnehmen, daß er gesagt haben soll: »Noch ein solcher Sieg, und wir sind verloren.« Fünf Jahre blieb Pyrrhos in Süditalien und beunruhigte die Römer, kämpfte eine Zeitlang von Sizilien aus auch gegen die Karthager, wurde aber im Jahr 275 bei Beneventum von den Römern geschlagen und kehrte dann nach Epirus zurück. Aber die Erinnerung an Pyrrhos, die ungeheure Angst, in die er die Römer versetzt hatte, wirkten noch lange nach und bestimmten ein ganzes Jahrhundert Roms Ostpolitik.

Als hundert Jahre nach Pyrrhos der letzte König der Makedonen, Perseus, ein erklärter Römerfeind, für sein Land größere Selbständigkeit gegenüber Rom anstrebte, zogen die Römer gegen ihn und gegen die Epiroten, die mit den Makedonen verbündet waren, in den Krieg. Nur unter großen Anstrengungen konnten sie Perseus und sein starkes Heer von angeblich 45 000 Mann besiegen. Wohl als Warnung für alle von den Römern beherrschten Völker und vor allem, um hier im Nordwesten von Griechenland für lange Zeit Ruhe zu schaffen, veranstaltete der römische Oberbefehlshaber im Makedonischen Krieg und Sieger über Perseus, der Consul Aemilius Paullus, unterstützt von einer Kommission des römischen Senats, 167 v. Chr. in Epirus jenes furchtbare Strafgericht. Aemilius Paullus, von dem es heißt, er habe sich durch Strenge und Gewissenhaftigkeit, durch Uneigennützigkeit, Gerechtigkeit und Milde ausgezeichnet, ließ dort viele Städte (angeblich siebzig) ausplündern und zerstören, darunter die Stadt Ephyra mit der nach Süden vorgelagerten Festung (in der Professor Dakaris das Totenorakel am Acheron vermutet), auch das berühmte Zeus-Orakel von Dodona, in dem hundert Jahre zuvor König Pyrrhos ermuntert worden war, mit seiner Armee gegen Rom zu marschieren. 150 000 Menschen ließ Aemilius Paullus als Sklaven verschleppen. Und er ließ zahlreiche Kunstwerke aus Epirus nach Rom bringen, die dort in Tempeln und Staatsgebäuden aufgestellt wurden.

Zu den zerstörten Städten gehörte auch Kassope, Hauptstadt der gleichnamigen und südlichsten Küstenlandschaft von Epirus. Ihre Ruinen, die seit 1952 durch die griechische archäologische Gesellschaft unter der Leitung von Sotirios Dakaris, der in Epirus sehr viele der zerstörten Städte aufspürte, ausgegraben wurden, liegen bei dem Dorf Kamarina, gut fünf Kilometer von der Küste entfernt, östlich der Straße, die von der Hafenstadt Igoumenitsa im Norden nach Preveza im Süden führt. Kassope, wo auch die deutschen Archäologen (unter der Leitung von Wolfram Hoepfner) an der inzwischen abgeschlossenen Grabung beteiligt waren, lag geschützt in einer 500 bis 750 Meter hoch gelegenen Bergmulde mit Ausblick aufs Meer. Die zu Beginn des 4. vorchristlichen Jahrhunderts angelegte Stadt hatte etwa neuntausend Einwohner.

Mit ihrer drei Kilometer langen Verteidigungsmauer, mit einer Akropolis, einem großen und einem kleinen Theater, einer Agora, also einem Markt- oder, richtiger, Versammlungsplatz, und einem großen Gästehaus, einer Art Hotel, war die Stadt nach einem Idealschema angelegt worden. Dieses Schema wird auf Hippodamos von Milet zurückgeführt, den berühmten Architekten und Städtebauer des 5. Jahrhunderts vor unserer Zeitrechnung. Hippodamos soll die von den Persern zerstörte griechische Hafen- und Handelsstadt Milet im westlichen Kleinasien wiederaufgebaut haben (nach 479 v. Chr.) und desgleichen die Athener Hafenstadt Piräus, die ebenfalls von den Persern zerstört worden war.

Neuerdings glaubt man zwar nicht mehr, daß Hippodamos dieses Schema erfunden hat, denn Ausgrabungen in Milet zeigten, daß die Stadt schon vor Hippodamos in dem nach ihm benannten System angelegt worden war, das heißt mit rechtwinklig sich schneidenden Straßenzügen. Aber durch Hippodamos, der es ganz konsequent durchführte, scheint das System weithin berühmt und für viele Neugründungen und bei Renovierungen und Sanierungen zerstörter Städte vorbildlich geworden zu sein: parallele, rechtwinklig sich schneidende Straßen, die das Stadtgebiet in gleich große Grundstücke einteilten. Die hippodamische Rasterstadt, der Hippodamos in Milet als eine Art Gelenk eine riesige Freifläche für Agora und öffentliche Gebäude gegeben hatte, wurde für die Zeit des 5. und des 4. Jahrhunderts zum beherrschenden städtebaulichen Prinzip. Wo immer Städte neu gegründet oder wiederaufgebaut wurden, ging man meistens nach diesem System vor, sogar in Gebirgsgegenden wie hier in Kassope, wo das Terrain beträchtliche Höhenunterschiede aufweist. Die Zugrundelegung des Rastersystems geschah nun aber – wovon Wolfram Hoepfner überzeugt ist – nicht nur, wie bisher angenommen, aus funktionellen Gründen, sondern – und dies war das Neue, Besondere, ja Revolutionäre der hippodamischen Stadtpläne – »um mit dieser ›idealen‹ Einteilung des Bodens in gleiche Grundstücke Demokratie zu verwirklichen«. Die Verteilung der Grundstücke scheint durch das Los erfolgt zu sein, damit niemand bevorzugt oder benachteiligt wurde. Hoepfner: »In diesem Anspruch auf Demokratie im Sinne von Gleichheit liegt die eigentliche Bedeutung der hippodamischen Rasterstadt.«

Demnach war Hippodamos also nicht nur Städtebauer, sondern zugleich Sozialreformer, dem es nicht um die Errichtung von Pracht- und Imponierbauten zu tun war, sondern um eine zweckmäßige, gut abgestimmte Anordnung von Wohnhäusern und ihre gerechte Verteilung. Diese soziale Tendenz scheint übrigens dem konservativen Philosophen Aristoteles mißfallen zu haben. Noch hundert Jahre später versuchte Aristoteles, der ja auch mit der höchst fortschrittlichen Ansicht seines Schülers Alexander des Großen, daß andere Völker, wie zum Beispiel die Perser, durchaus keine »Barbaren« seien, nicht einverstanden war, den reformfreudigen Städteplaner Hippodamos durch hämische Hinweise auf seine angeblich sehr nachlässige Kleidung und sein zu langes Haar herabzusetzen. Da aber waren die Auswirkungen der hippodamischen Ideen längst nicht mehr rückgängig zu machen, obgleich sie inzwischen schon an Kraft verloren hatten. Zu Lebzeiten des Hippodamos scheinen sie jedoch von enormer Prägekraft gewesen zu sein.

Was indessen in so vielen Fällen zu ihrer Realisierung geführt hat, welche Kräfte, Überzeugungen, Hoffnungen eigentlich dahinterstanden, darauf gibt es noch keine befriedigende Antwort. Mit dem, was die Archäologen in den Ruinen der von den Römern zerstörten Städte in Epirus ans Licht brachten, wuchs zunächst nur das Staunen. Da lebten hier also vor zweieinhalb Jahrtausenden Bauern, so wie hier noch heute Bauern leben, die in kleineren oder größeren Dörfern wohnen und sich vom Tabakanbau und von ihren Schafherden ernähren. Damals lebten die Bauern von Epirus vor allem von der offenbar recht einträglichen Viehzucht. Auch sie wohnten, jedenfalls ursprünglich, in Dörfern, die auf natürliche Weise entstanden und gewachsen waren, ganz unregelmäßig, mit winkligen Straßen und Gassen, und wo jeder sein Haus selber gebaut hatte, den eigenen Bedürfnissen und Verhältnissen angemessen. Aber dann, hundert Jahre bevor Pyrrhos hier König wurde und als Epirus politisch noch ganz unbedeutend war, haben diese Bauern sich plötzlich entschlossen, Städte zu bauen.

Sie bauten keine Großstädte, sondern kleine Ortschaften mit vielleicht fünfzig bis hundert Häusern, aber eben als Städte, das heißt, von festen Mauern umgeben und mit öffentlichen Einrichtungen, mit Tempeln und Theatern, mit Brunnen und Zisternen, und immer nach dem hippodamischen System. Überraschend ist das hohe technische Können, das die Ausgrabungen noch heute erkennen lassen: in der Grundstücksvermessung, in der Berechnung der Höhenunterschiede, in der Bearbeitung der Steine für die teils polygonal, teils in großen Quadern errichteten Hausmauern, in der Ausführung der Dachstühle, im Dachdecken, im Verzapfen von Fensterrahmen und schweren, bronzebeschlagenen Haustüren, beim Verankern von Säulen, beim Verlegen und Abdichten von Wasserleitungen, kurz: Bei sämtlichen Bauvorgängen wurde ein Niveau erreicht, das dem bei Bauten in Athen, in Piräus, in Milet gleichrangig war. Daraus aber folgt, daß es nicht die Bauern selber gewesen sein können, die hier gebaut haben. Doch dürften sie die Auftraggeber gewesen sein, die Städteplaner, Architekten, Handwerker für sich arbeiten ließen. Vielleicht gab es schon damals Bauunternehmer und Bauträger, die ihren Kunden, also den Dorfgemeinschaften, die »Stadt nach Maß« errichteten.

Warum es hier plötzlich zu solcher Verstädterung kam, weiß man nicht. Vielleicht wollten oder mußten die Einwohner von Epirus sich gegen Raubüberfälle wirksamer schützen als in früherer Zeit und bauten deswegen befestigte Städte, manchmal sogar – wie bei Ephyra – mit vorgeschobenen Festungen. Vielleicht wollten sie auch nur besser wohnen als zuvor, weil inzwischen die wirtschaftlichen Voraussetzungen dafür gegeben waren. Den Viehzüchtern in Epirus muß es wohl recht gut gegangen sein; sonst hätten sie solche Städte nicht bauen lassen können. Erstaunlich ist vor allem die Größe der Wohnhäuser. Ihre Wohnfläche betrug 300 Quadratmeter. Verglichen mit heute war das für eine Familie viel Raum, selbst wenn man sie einschließlich ihrer Haussklaven auf zehn Personen schätzt (wobei aber davon ausgegangen werden kann, daß den Sklaven nur ein kleiner Bruchteil der Wohnfläche zugestanden wurde).

Neuerdings wird in der Bundesrepublik Deutschland das sogenannte »Stadthaus« – eigentlich ein Reihenhaus – als Einfamilienhaus wieder stark propagiert, weil dafür ein Grundstück von etwa 300 Quadratmetern oder gar weniger ausreichen kann. Als Wohngrößen-Ideal in Häusern und Wohnungen wurde vom Wohnungsbauministerium vor einigen Jahren eine Wohnfläche von 35 Quadratmetern pro Kopf angestrebt. Weitaus die meisten Bundesbürger müssen sich mit sehr viel weniger Raum begnügen und auch auf einen Garten verzichten; die Durchschnittsgröße der meistens ja von ganzen Familien belegten Wohnungen liegt heute bei 75 Quadratmetern (in den Vereinigten Staaten bei 146!). Gemessen an der Realität ist also das Ziel des Wohnungsbauministeriums überaus fortschrittlich, doch bleibt es hinter den großzügigen Dreihundert-Quadratmeter-Häusern, die die Griechen sich vor zweieinhalb Jahrtausenden bauten, weit zurück.

Um so viel Wohnraum in einem Stadthaus zu gewinnen, ohne Grundstücksfläche zu verschwenden, hatte sich schon Hippodamos für das Reihenhaus mit Innenhof entschieden. Die Bewohner

Den überraschend hohen Stand der Bautechnik vor zwei Jahrtausenden in Epirus zeigt diese Ruine eines Wohnhauses bei dem heutigen Dorf Ammotopos.

der griechischen Städte wohnten – wie auch noch später die Einwohner von Pompeji – gegen die Straße und zu den Nachbarn hin völlig abgeschirmt, teils durch das eigene Haus, das zum Nachbarn hin ohne Fenster war, teils durch hohe Mauern. Die gleich großen, aber in ihren Grundrissen leicht variierten Einfamilienhäuser auf jeweils 240 Quadratmeter großen – vermutlich durch das Los verteilten – Grundstücken fanden die Archäologen mit nahezu denselben Abmessungen auch in vielen anderen Städten, die nach dem hippodamischen Raster angelegt worden waren. So in der makedonischen Stadt Olynth, die von Amerikanern ausgegraben wurde, in der Stadt Himera auf Sizilien, etwas kleiner in Milet und in der kleinen Stadt Priene in Kleinasien, die von Deutschen ausgegraben wurde und die ein höchst eindrucksvolles Wasserleitungsnetz hatte. Und – wieder mit 300 Quadratmetern Wohnfläche, wie in Kassope – in Rhodos, einer der größten Städte des Altertums.

Daß zur selben Zeit und in derselben Landschaft auch ganz andere Siedlungen entstanden, zeigt ein namentlich noch nicht identifiziertes epirotisches Bauernstädtchen bei dem heutigen Dorf Ammotopos, wenige Kilometer nördlich von Arta, auf einem Berg hoch über der fruchtbaren Ebene, die hinunter reicht bis an den Golf von Ambrakia. Ein 900 Meter langer und drei Meter starker Mauerring umfaßte die streng geplante Stadt mit ihrem nord-südlich ausgerichteten Straßennetz, ihrer Akropolis und einer noch gut erhaltenen Zisterne. Die Ruinen der ehemals zweistöckigen Häuser sind bis zu siebeneinhalb Metern Höhe erhalten. Auch diese im Jahr 167 v. Chr. von den Römern zerstörte Stadt war in einem Zuge erbaut worden. Aber hier haben die Besitzer ganz individuell gebaut, unterschiedlich in Größe, Grundriß und Details. Ihre weiträumigen, mit Bädern ausgestatteten Wohnhäuser, von denen eines im Rahmen des oben genannten Forschungsprojekts »Wohnen in der klassischen Polis« völlig restauriert wurde, machen deutlich, daß selbst in so abgelegenen Bauernstädtchen aus Griechenlands klassischer Zeit ein – so Hoepfner – »Komfort herrschte, der, verglichen mit heutigen Verhältnissen, höchsten Luxus darstellte«.

Ob dies nun tatsächlich zugleich die Verwirklichung sozialer Gerechtigkeit bedeutete, ist zunächst nur Theorie, ist Interpretation, noch nicht wirklich erwiesene Realität. Aber wie auch immer: Was so luxuriös und großzügig und vielleicht so demokratisch und sozial gerecht begonnen hatte, ließ sich nicht ewig so weiterführen. Spätestens nach drei Generationen war – auch das zeigten die Ausgrabungen – das hippodamische Prinzip der Gleichheit nicht mehr zu erkennen, weil sich die Besitzverhältnisse inzwischen wieder stark verschoben hatten, indem die einen reicher, die anderen ärmer geworden waren. Und nie wieder in der Geschichte menschlichen Wohnens ist man der Verwirklichung des Traums von sozialer Gerechtigkeit und Gleichheit so nahe gekommen, wie es vor zweieinhalb Jahrtausenden in den hippodamischen Rasterstädten der Fall gewesen zu sein scheint.

Zu fast allen Zeiten und so gut wie überall war Wohnen, besseres, schöneres Wohnen, eine kostspielige Angelegenheit. Grund und Boden war auch in der Antike schon teuer, und längst nicht jeder konnte sich ein Haus mit Garten leisten. Besonders in den Städten waren Grundstücke teuer. Denn Städte konnten sich über ihre Festungsmauern hinaus ja nicht jederzeit ausdehnen, und folglich blieb Bauland da begrenzt. In Zeiten des Bevölkerungswachstums stiegen die Grundstückspreise stark an, ebenso die Mieten für Häuser und Wohnungen. Genau wie heute wurde deswegen immer mehr in die Höhe gebaut. Rom zum Beispiel war schon zu Beginn unserer Zeitrechnung eine Stadt von Hochhäusern. Da die Häuser zu einem großen Teil aus Holz bestanden, aber für die Feuerwehr nur schwer zugänglich waren und es in diesen sechs- bis siebenstöckigen Wohnvierteln häufig zu Einstürzen und vor allem zu Bränden kam, verfügte Kaiser Augustus, daß nicht höher als 21 Meter gebaut werden solle. Doch galt dies nur für die Vorderhäuser; die sich anschließenden Hinterhäuser wurden weiterhin höher gebaut. In diesen gefährlichen Wohnvierteln, in denen Roms Feuerwehr ständig zu tun hatte, wohnten die ärmeren Leute; die reichen Römer wohnten unvergleichlich luxuriöser.

Aber selbst wohlhabenden Leuten waren freiliegende Einzelhäuser oft noch zu teuer. Deswegen gab es schon in der Antike Eigentumswohnungen, also die Möglichkeit, von einem Haus nur einen Teil, etwa eine Etage, käuflich zu erwerben. In Ephesos, der prachtvollen griechischen Großstadt an der kleinasiatischen Kü-

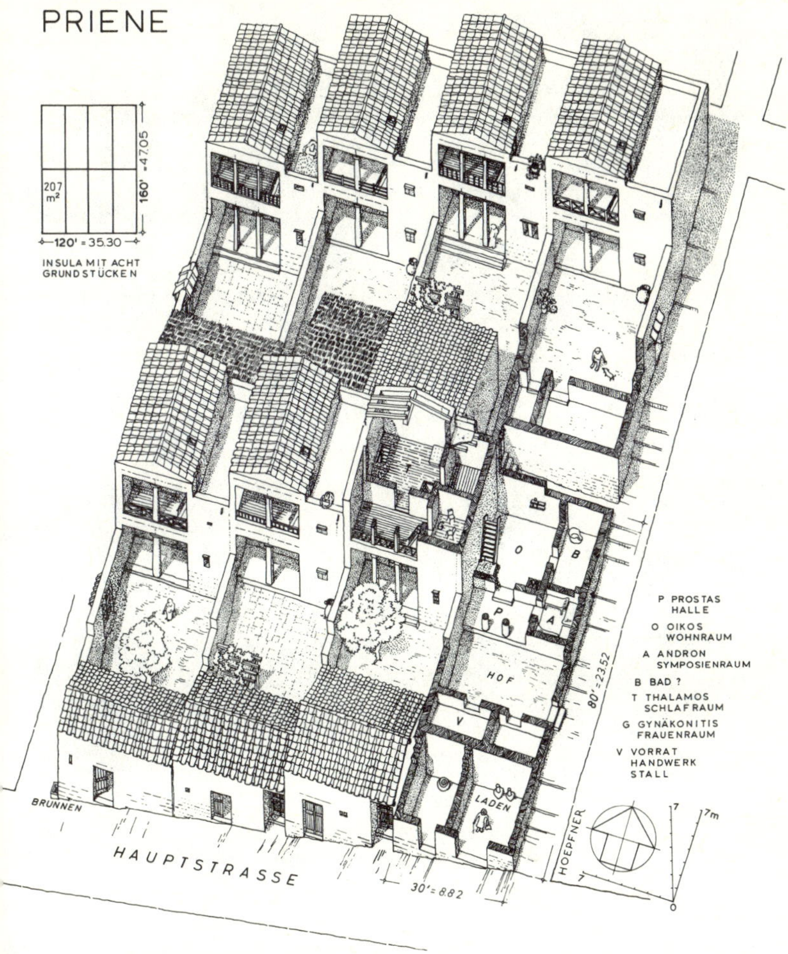

Rekonstruktion einer Insula im ionischen Priene, 15 Kilometer nördlich von Milet. Nach diesem hippodamischen Raster, das gleich große Grundstücke vorsah, wurden im 4. Jahrhundert v. Chr. viele griechische Städte angelegt.

Ausgrabung eines Hauses in Kassope in Epirus (1979). Im Vordergrund die gepflasterte Straße, die bis an die Hausfassade aus Quadermauerwerk ging. Im Haus ließen die Archäologen einen Erdsteg stehen, zur Kontrolle der Schichten.

ste, wo der Apostel Paulus einige Jahre gewirkt hat, wurden von österreichischen Archäologen unter der Leitung von Professor Hermann Vetters solche Eigentumswohnungen freigelegt und teilweise so wiederhergestellt, daß man sie heute besichtigen kann. Sie sind das erste mitten in Ephesos entdeckte Wohnviertel, etwa zwei Jahrtausende alt. Es sind Appartements, terrassenförmig übereinander am Hang gelegen, am 358 Meter hohen Bülbül-Hügel, über den noch jetzt die starke hellenistische Stadtmauer verläuft. Die 120 bis 300 Quadratmeter großen Wohnungen waren nach einem bestimmten Schema konzipiert. Fast immer lagen die Räume um einen offenen Säulenhof gruppiert: Aufenthaltsräume, repräsentative Erker mit Brunnennischen, Schlafräume, Küchen, Bäder, Toiletten. Fließend Wasser und Kanalisation waren selbstverständlich, denn in Ephesos war Wasser immer reichlich.

Die Bewohner der Luxusappartements hatten einen weiten Blick über große Teile der Stadt, bis hin zum Hafen und aufs Meer, das damals noch direkt bis an die Stadt reichte. Erstaunlich gut sind viele Wandbemalungen und Fußböden erhalten, auch einige Stuckdecken. Aber die Ausgrabung ist unendlich mühsam, und die Konservierung und teilweise Restaurierung warf eine Reihe von Problemen auf. Die verschiedenen Stockwerke so sicher abzustützen, daß Ströme von Besuchern hindurchgeführt werden können, kostete ein Vermögen. Doch der Einsatz lohnt sich. Denn viel mehr noch als aus Ruinen öffentlicher Prunkgebäude steigt erst hier wirkliches Leben aus der Vergangenheit wieder auf. Und eben dies, sagte Hermann Vetters, der die Wohnungen bis in die letzten Winkel zeigte und die fast zweitausend Jahre alten Wandkritzeleien entzifferte, habe ihn bei seinen Grabungen in Ephesos am meisten fasziniert: »Wie die Menschen damals gelebt haben.« Und er fügte hinzu: »Was die Philosophen dachten und was die Dichter schrieben, das wissen wir schon lange. Aber wir kennen den Alltag nicht; er hat die Archäologen auch lange Zeit gar nicht interessiert.« – Dies ist indessen erst der Alltag der Reichen; wo und wie die vielen anderen im schönen Ephesos gewohnt haben, weiß bisher niemand.

Noch unvergleichlich schöner als die Bewohner jener Appartements in Ephesos (und, wenn man so will, entsprechend weniger gerecht) wohnten reiche Römer jener Zeit am Golf von Neapel. Zum Beispiel in der Villa Romana di Oplontis in dem heutigen Städtchen Torre Annunziata. Da möchte man – so erging es jedenfalls mir – nicht mehr nur besichtigen, da überfällt den Besucher neugieriges Verlangen, aktiv mit- und weiterzumachen: Hammer und Meißel möchte man nehmen und die Säule, die erst an einer Seite frei ist, ganz aus dem Vulkangestein herausschlagen, möchte den an dieser Stelle noch versperrten Säulengang verlängern und eindringen in die noch unbekannten Räume dieser prächtigen Villa, möchte ihre Türen öffnen, ihre wundervollen Mosaikböden und die herrlichen Wandgemälde freilegen, die Truhen, Stühle, Ruhebetten, die hier noch sein mögen, nach fast zweitausendjährigem Schlaf ans Tageslicht zurückholen, von dem dies alles durch den Ausbruch des Vesuvs am 24. August 79 n. Chr. jäh abgeschnitten worden war. Hier in der Villa Romana di Oplontis am Golf von Neapel, einer der faszinierendsten und erfolgreichsten Ausgrabungen der letzten Jahre, ist Archäologie noch einmal das große Abenteuer in der eigentlichen Bedeutung dieses Wortes, nämlich Begegnung, unmittelbare Wiederbegegnung mit einer untergegangenen Welt; hier wird Archäologie zur Zeitmaschine, die uns plötzlich in eine weit zurückliegende Vergangenheit versetzt, mitten hinein in das herrschaftliche Leben reicher Römer.

Mitte der sechziger Jahre haben italienische Archäologen unter der Leitung von Professor Alfonso de Franciscis mit dem Ausgraben der Villa von Oplontis begonnen. Oplontis war nicht – wie vor dieser Grabung angenommen – eine Stadt, sondern eine Aneinanderreihung prunkvoller Villen entlang der Straße von Neapel über Herculaneum nach Stabiae und weiter nach Surrentum, von der an dieser Stelle – wie noch heute – eine Abzweigung nach Pompeji führte. Das Unternehmen ist noch nicht abgeschlossen, obgleich bereits ein großer Komplex freigelegt und größtenteils auch schon bis ins Dach hinauf restauriert worden ist. Noch mehr aus der acht bis neun Meter hohen Verschüttung oder vielmehr aus einer glashart gewordenen Vulkan-Verschlammung herauszulösen, stößt jedoch auf Schwierigkeiten, weil der Grabungskomplex auf drei Seiten eng begrenzt ist: im Süden durch einen Kanal, im Norden durch Wohnblocks und im Westen durch eine Straße, die etwa zehn Meter oberhalb des Villenfundaments auf dem hier senkrecht abgeschlagenen Lavagestein verläuft.

An der Südseite, wo einst der Blick übers Meer ging, bis hinüber auf die Insel Capri, wo Kaiser Tiberius seine Villen hatte, in die er sich, vom Leben und von der Politik enttäuscht, zurückzog, glauben die Archäologen schon am äußersten Rand des Gebäudes zu sein. Ähnlich ist es an der Nordseite, wo sich einst ein großes Viridarium, ein Park, anschloß. Auch auf der östlichen Seite, wo man einen sehr großen Swimmingpool ausgrub und restaurierte, von dem aus die Bewohner ebenfalls den freien Blick aufs Meer gehabt haben dürften, scheint die Grenze der Villa erreicht zu sein. Aber wie weit ihr Westflügel noch unter der Straße verläuft, kann nur vermutet werden. Und hier ist es, wo es den Besucher reizt, selber weiterzugraben, weil er sieht, daß hier einst alles weiterging: die Säulengänge, die Korridore, die Wandgemälde.

Wahrscheinlich bildete das 125 Quadratmeter große Atrium mit den drei dahinter liegenden Räumen, die miteinander verbunden waren und Durchblicke von dem zum Park ausgerichteten 80 Quadratmeter großen Salon durch die ganze Tiefe des Hauses bis aufs Meer gewährten, die Mittelachse der Villa. Dann dürfte im Lavagestein unter der Straße noch gut ein Viertel der Villa von Oplontis verborgen sein. Dabei waren, als ich diese Grabung besuchte, dreitausend Quadratmeter der Villa bereits freigelegt. Dies muß man sich einmal verdeutlichen: Wenn heute jemand über ein Grundstück von solcher Größe verfügt, ist das schon beachtlich; bei der Villa von Oplontis aber betrug allein die überbaute Grundfläche so viel, ja vermutlich war sie noch um tausend Quadratmeter größer. Und die Wohnfläche war noch größer, da die Villa zum Teil zweistöckig war.

Stellte diese umfangreiche Anlage mit den vielen Räumen, wo sich unter der Lava nicht nur die Farben so gut erhalten haben, sondern ebenso die Holzteile, wie zum Beispiel große, mehrflügelige Türen mit bronzenen Beschlägen und Scharnieren, überhaupt nur eine Villa dar, ein Landhaus also, und nicht schon einen Palast? War sie zumindest eine Ausnahme? Ein Palast war dies nicht, sagen die Ausgräber. Sie vermuten, daß dieses Landhaus, das im ersten vorchristlichen Jahrhundert gebaut worden ist, zuletzt Poppaea gehört hat, der Frau des Kaisers Nero. So war es zwar eine kaiserliche Villa, aber dennoch, was die Größe und die kostspielige Ausmalung betrifft, keineswegs eine Ausnahme. Viele reiche Römer besaßen außer ihren Stadthäusern in Rom, wo das Klima wegen der Sümpfe besonders während der Sommermonate kaum erträglich war, Villen auf dem Lande. Nicht wenige hatten sogar mehrere Landhäuser, um im Hochsommer die reine Gebirgsluft des Sabiner- und Albaner-Gebirges, im Frühling oder Spätherbst die Milde und Schönheit des Golfs von Neapel oder die Abgeschiedenheit und Stille an einem der oberitalienischen Seen genießen zu können.

Plinius der Jüngere zum Beispiel (dessen Onkel, der Naturforscher Plinius der Ältere, beim Ausbruch des Vesuvs ums Leben kam, als er als Chef der kaiserlichen Flotte in Misenum den vor dem Stein- und Aschenregen Flüchtenden mit seinen Schiffen helfen wollte) besaß Landhäuser in Etrurien, bei Comum, im Beneventanischen, mehrere Villen am Comer See und einen Landsitz bei Laurentum. Dabei galt das Vermögen des jüngeren Plinius, der zur Zeit des Vesuv-Ausbruchs 18 Jahre alt war und dann Anwalt wurde und später unter Kaiser Trajan als hoher Staatsbeamter arbeitete, keineswegs als bedeutend, sondern eher als mäßig. Seine Villen, von denen es ziemlich genaue Beschreibungen gibt, waren denn auch recht bescheiden eingerichtet, fast – so heißt es – »ohne Luxus«. Ihre Wände waren, anders als die der Villa von Oplontis, lediglich mit einfachen Malereien geschmückt, und in den dazugehörenden Gärten wuchsen nur die heimischen Pflanzen wie Buchs und Lorbeer, Rosmarin, Platanen, Violen, Rosen, Zypressen, Maulbeer- und Feigenbäume und Weinstöcke.

Als unvergleichlich luxuriöser sind die Villen des schwerreichen Pollius Felix beschrieben, der um das Jahr 35 in der Hafenstadt Puteoli (dem heutigen Pozzuoli bei Neapel) zur Welt kam und dort später eine Reihe von Ehrenämtern innehatte, im übrigen jedoch seinen philosophischen und literarischen Neigungen lebte. Berühmt geworden ist er eigentlich nur durch seine drei Villen, von denen eine in der Nähe von Puteoli lag, eine bei Tarent und die schönste oder jedenfalls die aufwendigste in Surrentum, dem heutigen Sorrent, wo ihre Gärten und Parks sich über die ganze Küste zwischen der Marina di Puolo und der Ostseite des Kaps von Sorrent ausdehnten.

Von diesen Gartenanlagen schwärmte der aus Neapel gebürtige und mit Pollius Felix befreundete Dichter P. Papinius Statius, dort habe die Natur lernen müssen, sich dem Menschen zu unterwerfen und ihm zu dienen: »Wo du jetzt eine Ebene siehst, war ein Berg, wo du unter Dach wandelst, eine Wildnis; wo du hohe Bäume erblickst, war nicht einmal Erde – schau hier, wie das Gestein sein Joch tragen lernt, der Palast vordringt, der Berg auf das Geheiß des Herrn zurückweicht.« Mit dem Herrn meinte Statius den Hausbesitzer, der einige vor seinem Grundstück im Meer gelegene Felsklippen in Weinberge verwandelt hatte. Solche kostspieligen Eingriffe in die natürlichen Gegebenheiten hatten einige Jahrzehnte zuvor den Dichter Sallust zu der kritischen Bemerkung veranlaßt, daß auf solche Weise ungeheure Reichtümer verschwendet würden.

Die Villa des Pollius Felix lag hoch über dem Ufer. Von ihren schönsten Räumen sah man über den ganzen Golf bis nach Neapel und hinüber zur Insel Ischia. Die Wände waren mit Marmor aus den berühmtesten Brüchen Italiens, Griechenlands, Kleinasiens verkleidet oder mit Malereien versehen. Vom Haus führte ein gewundener und überdachter Säulengang hinunter ans Ufer zu einem warmen Schwimmbad, einem Tempel des Neptun und einem des Herkules.

Als noch prächtiger schildert Statius die Villa des Senators Manilius Vopiscus am Anio bei Tibur, dem heutigen Tivoli. Ihre Räume hatten vergoldete Deckenbalken, Türpfosten aus gelbem Marmor, Wandbekleidungen, bei denen die Malereien durch »das Einlegen bunter Adern« ausgeführt waren, kostbare Mosaikböden, und – so Statius – »eine Wasserleitung versah jedes Gemach mit seinem eigenen Quell«. Die Villa war reich ausgestattet mit den Werken berühmter Künstler, Werken aus Bronze, Elfenbein, Gold und Edelsteinen.

Möbliert waren die römischen Landhäuser, jedenfalls was die Zahl der Möbelstücke angeht, sparsam. Doch konnten die einzelnen Stücke überaus teuer sein. Der berühmte Rhetor und Politiker M. Tullius Cicero (106–43 v. Chr.), der die Zeit der Luxusvillen gar nicht miterlebt hat – gleichwohl besaß auch er, der aus seinen Mietshäusern in Rom beachtliche Einahmen hatte, hier am Golf von Neapel, nahe bei Pompeji, eine Villa, die er sein »Pompejanum« nannte – erwarb zum Beispiel für eine halbe Million Sesterzen (was etwa 100000 Mark entspricht) einen Citrus-Tisch. Diese begehrten Tische aus den Stämmen einer am Atlas-Gebirge wachsenden Thuja-Art wurden ein Jahrhundert später noch wesentlich höher gehandelt; wenn die Scheiben einen Durchmesser von etwa einem Meter erreichten, kosteten sie bis zu 1300000 Sesterzen. Der Philosoph Seneca, Lehrer und Ratgeber des jungen Nero, soll mehrere solcher Citrus-Tische besessen haben.

In der Villa von Oplontis klingen diese und andere literarische Angaben über den Luxus der Römer beim Bauen und Einrichten ihrer Landhäuser keineswegs übertrieben, sondern durchaus realistisch. Zu bedenken ist dabei, daß ihre Villen nicht allein aus Gründen der Repräsentation so groß waren, sondern auch deswegen, weil sie außer den Besitzern und ihren Familien eine beträchtliche Zahl von Hausangestellten unterbringen mußten. So war in der Villa von Oplontis der größere Teil des Ostflügels der Dienerschaft vorbehalten, und ein Teil der dortigen Räume dürfte für Arbeiten bestimmt gewesen sein, die sich aus der Bewirtschaftung eines zum Besitz gehörenden Landguts ergaben. Dort standen hölzerne Stellagen für die Aufbewahrung von Lebensmitteln, man fand Weinamphoren und landwirtschaftliche Geräte.

Andererseits war die große Zahl von Dienern, das heißt von Sklaven, die zu jener Zeit in reichen Häusern üblich war, zugleich eine Art Repräsentation und Luxus. Manche Haushalte hielten an die hundert Sklaven. Die Bezeichnung »Sklaven« ist indessen irreführend; solche Sklaven in römischen Haushalten jener Zeit sind nicht mit jenen gleichzustellen, die die Griechen einige Jahrhunderte zuvor in Bergwerken für sich arbeiten ließen und rücksichtslos ausbeuteten. Römische Haussklaven führten ein recht gutes Leben und mußten sich nicht überarbeiten. Die Arbeitsteilung ging so weit, daß jeder nur ein sehr kleines Arbeitsfeld behielt, für das er verantwortlich war. So gab es Fackelträger, Laternenträger, Sänften- und Obersänftenträger, Begleiter auf der Straße, Beschließer der Kleider zum Ausgehen, es gab Schreiber, Vorleser, Übersetzer, und noch weiter unterteilt war die Arbeit der Sklaven für die Küche und die Vorratsräume, für die Gärten und die Instandhaltung der Häuser.

In der Villa von Oplontis scheinen zur Zeit ihres Untergangs allenfalls einige wenige Hausangestellte gewesen zu sein, die sich bei der Katastrophe rechtzeitig in Sicherheit bringen konnten. Im übrigen stand die Villa leer. Die Archäologen vermuten, daß sie zu jener Zeit umgebaut werden sollte, nachdem sie offenbar – dafür fanden sich eindeutige Spuren – bei dem Erdbeben des Jahres 62 beschädigt worden war.

Die Landhäuser der reichen Römer sollten – auch wenn dort Landwirtschaft betrieben, wenn Öl, Wein, Obst gewonnen wurde – Refugien sein, Horte der Sicherheit. Sie sollten ihren Besitzern Distanz geben vom Alltag, von der Politik, von den Anstrengungen und Gefahren des Lebens, so wie es eine Inschrift in einem Haus in Pompeji deutlich macht. Es ist ein Zitat aus dem Werk des Philosophen und Dichters Lukrez, der im Jahr 55 durch Selbstmord aus dem Leben schied, und es heißt:

»Lustvoll ist es, wenn auf dem hohen Meer die Winde das Wasser aufwühlen, vom Land aus die Not eines anderen zu schauen; nicht weil es Vergnügen bereitet, wenn jemand sich quält, sondern weil es lustvoll ist zu sehen, von welchen Übeln man selber frei ist. Lustvoll ist es auch, die gewaltigen Kämpfe eines Krieges über ein Schlachtfeld verteilt zu betrachten, wenn man selber außer Gefahr bleibt. Doch nichts verschafft mehr Lust, als in den heiter-ruhigen Bezirken zu wohnen, wohl befestigt in den Höhen durch die Lehre der Weisen, von wo man herabschauen kann und sehen, wie die andern hin und her irren...«

Dieses lustvolle Ziel eines Epikureers scheinen jedoch nur wenige jener reichen römischen Villenbesitzer erreicht zu haben. Denn derselbe Lukrez beklagte immer wieder die Unrast seiner Zeitgenossen, die, getrieben vom unbefriedigenden Streben nach Reichtum und Macht und zugleich voller Sehnsucht nach Stille und Kontemplation, ruhelos zwischen Stadthaus und Landsitz hin und her hetzten...

5. Kapitel

Steuergeschenke für Olympia-Profis

Den antiken Sportlern ging es auch um hohe Dotationen und vor allem um enorme Geldpreise

Was mich in Olympia, dem Ort der berühmtesten antiken Spiele, die heute fast ein Synonym für Frieden sind, am meisten überrascht hat, das waren die vielen Waffen, die dort von den Archäologen ans Licht geholt wurden. Dr. Alfred Mallwitz vom Deutschen Archäologischen Institut Athen, der hier viele Jahre gearbeitet hat, hat sie mir gezeigt. Sie befinden sich in den Magazinen des olympischen Museums, die Besuchern normalerweise nicht zugänglich sind. Sie bilden ein einzigartiges Arsenal von kunstvoll ausgeführten Schwertern, Helmen, Brustpanzern, Beinschienen, metallenen Schildteilen, Beschlägen und Verzierungen von Pferdegeschirr und Wagen, und sie demonstrieren die waffentechnische Entwicklung über mehr als ein volles Jahrtausend. Waffen in Olympia, wo es doch – wie immer wieder behauptet wird – nur um Sport ging, um Sport in seiner reinsten und friedlichsten Art?

Wie die meisten Menschen wußte ich bis dahin nicht, daß das antike Olympia mit Kriegen sehr viel mehr zu tun hatte, als diejenigen es wahrhaben möchten, die es rückblickend als Inkarnation des Weltfriedens interpretieren. Überhaupt war Olympia, waren auch seine Spiele von der heute so oft, aber vergeblich beschworenen »Olympischen Idee« mindestens so weit entfernt, wie es die modernen Spiele sind. Dies gilt zumindest für jenen Zeitraum, der durch historische Quellen belegt ist und sich über viele Jahrhunderte erstreckt. In dieser langen Zeit wurden die Olympischen Spiele nicht zuletzt durch Kriege ermöglicht, ja Olympia lebte zum Gutteil von Kriegen!

Doch dies wird gern verschwiegen, übersehen, verdrängt. So wie ja ebenfalls gern übersehen wird, daß auch die modernen Olympischen Spiele keineswegs aus einer Friedenssehnsucht entstanden, sondern einzig in der Absicht, die jungen Männer durch aktiven Sport für den Kriegsdienst körperlich zu stärken. Das beabsichtigte jedenfalls der französische Baron Pierre de Coubertin, der Wiedererwecker der Spiele. Wie so viele Franzosen seiner Zeit litt auch Coubertin unter der als Schmach empfundenen kriegerischen Niederlage, die die Preußen-Deutschen der französischen Armee 1870/71 beigebracht hatten. Während einer Inspektion britischer Schulen meinte der 18jährige Coubertin plötzlich die Erklärung gefunden zu haben, warum die Franzosen den Krieg verloren hatten: Anders als die jungen Briten, anders auch als die Deutschen in der Tradition ihres »Turnvaters« Jahn hatten die Franzosen keinen Sport getrieben; deswegen seien sie den durch Turnübungen gestärkten Deutschen nicht gewachsen gewesen. Von der Richtigkeit seiner Meinung zutiefst durchdrungen, setzte sich Coubertin von da an mit aller Kraft dafür ein, Frankreichs Jugend für sportliche Wettkämpfe zu gewinnen. In diesem Sinne schrieb er Artikel, Aufsätze, Bücher mit immer derselben Tendenz, nämlich daß die Franzosen durch körperliche Ertüchtigung, durch echten Amateursport und gesunde Wettkämpfe eine kämpferische Auslese heranziehen könnten, der es einmal gelingen werde, Frankreichs 1871 zerstörte Ehre und Selbstachtung wiederherzustellen. Mit diesem Ziel kämpfte Coubertin als Pädagoge und Historiker für die Wiedereinführung der Olympischen Spiele, die dann 1894 realisiert wurde, und zwar in Griechenland, in Athen.

Kriegsertüchtigung war auch für die antiken Spiele ein wichtiges Motiv gewesen. Doch diskutierten die Griechen Jahrhunderte hindurch immer von neuem, ob die Athleten wirklich zu einer Stärkung der Wehrkraft beitrugen oder ob sie sie nicht sogar schwächten. Denn an Kriegen nahmen die Athleten kaum teil. Und wenn doch, dann zeigte sich, daß ihre spezielle, einseitige

Dr. Alfred Mallwitz in Olympia,
wo er viele Jahre lang die Grabungen leitete.

Ausbildung sie für den allgemeinen Kriegsdienst eher ungeeignet machte. Abgesehen von den Fünfkämpfern beherrschten die meisten Athleten nämlich nichts anderes als ihre eine Disziplin, also zum Beispiel Laufen oder Boxen oder Ringen. Etwas anderes machten sie nicht; sie waren voll und ganz auf ihre eine Disziplin ausgerichtet, und davon lebten sie. Denn – was heute immer wieder falsch dargestellt wird – in Olympia traten, jedenfalls seit dem 5. vorchristlichen Jahrhundert, nur noch Berufssportler auf, keine Amateure!

In Kriegszeiten wurden diese Berufssportler vom Kriegsdienst befreit, um zu den (alle vier Jahre stattfindenden) Spielen nach Olympia gehen zu können. Auch dies wird fast immer falsch oder doch ungenau dargestellt: Der so oft beschworene Olympische Friede mußte in Griechenland keineswegs sämtliche Kriegshandlungen beenden oder auch nur unterbrechen; praktisch bestand er eigentlich nur darin, daß den Teilnehmern der Spiele, also den Athleten, den Funktionären, den Hilfsmannschaften und den vielen Besuchern, ungefährdeter Hin- und Rückweg und sicherer Aufenthalt zugesagt wurde. Im übrigen aber konnten Kriege auch während der Spielzeit weitergehen.

Daß die Griechen freilich ein anderes Verhältnis zum Krieg hatten als wir, wenngleich Kriege schon damals grausam waren, zeigt ja gerade das antike Olympia, das – wie schon gesagt – zu einem nicht unwesentlichen Teil durch Kriege unterhalten wurde. Es war nämlich Brauch, sagt Alfred Mallwitz, dem olympischen Heiligtum und seinem Schirmherrn Zeus von jeglicher Kriegsbeute den zehnten Teil zu weihen. Auf diese Weise kamen jene ungeheuren Mengen von Waffen und Rüstungen nach Olympia. Die ausgegrabenen Stücke stellen nur einen kleinen Rest jener ursprünglich vorhandenen Mengen dar; es sind nur die übriggebliebenen Teile, die niemand mehr haben wollte, nachdem das verfallende Olympia, dessen Spiele der christliche Kaiser Theodosius I. im Jahr 394 n. Chr. als heidnischen Kult verboten hatte, ausgeplündert worden war. Nicht nur Waffen kamen als Kriegsbeute nach Olympia, sondern noch viele andere, oft sehr viel wertvollere Gegenstände, die in Kriegen erbeutet worden waren. Auch sie wurden in Olympia ausgestellt, um den Besuchern der Spiele den kriegerischen Sieg eines Stadtstaates über einen anderen Stadtstaat oder

Siege der Griechen über barbarische Völker zu dokumentieren. Sie sollten also kriegerische Kraft dokumentieren, keineswegs jedoch vor Kriegen warnen.

Dies taten in Olympia allenfalls Dichter und Literaten. Mallwitz nennt als Beispiele den hochangesehenen Philosophen und Rhetor Gorgias von Leontinoi auf Sizilien, Hauptperson in dem nach ihm benannten Dialog Platons (gestorben 380 v. Chr.), weiter den attischen Rhetor Lysias (etwa 445–380 v. Chr.), von dessen vielen Reden einige erhalten sind, sowie den etwas jüngeren athenischen Rhetor Isokrates (436–338 v. Chr.), der als Lehrer von Rednern, Historikern, Politikern und als Berater von Fürsten berühmt war. Gorgias, Lysias und Isokrates, schreibt Mallwitz, »beschworen vor der Festversammlung in Olympia in mitreißenden Reden, was Aristophanes schon vor ihnen mit seiner Komödie ›Lysistrate‹ den Athenern drastisch auf der Bühne vorgeführt hatte: Aus der Gemeinsamkeit von Sprache und Kultur die politische Konsequenz zu ziehen, d. h. den Bruderkrieg zu beenden und mit dem panhellenischen Frieden zu beginnen«. Doch hatten sie mit ihrer Forderung keinen Erfolg, und Mallwitz fügt hinzu: »Denn auch das ist für die Verbreitung der Demokratie unter den griechischen Staaten bezeichnend, daß die seit eh und je nicht abreißenden Fehden untereinander erst jetzt an Radikalität, was die Vernichtung des Gegners betrifft, zu- und nicht abnehmen.«

Nicht nur diese Kriege geschahen im Namen des stärksten und weisesten aller griechischen Götter, des Blitzeschleuderers und Schlachtenlenkers Zeus. Und nicht nur das Opfern des zehnten Teils aller Kriegsbeute, sondern alles in Olympia geschah in seinem Namen und ihm zu Ehren. Denn Olympia war zuerst und vor allem ein Zeus-Heiligtum und über lange Zeit zugleich ein Zeus-Orakel. Schon im 10. vorchristlichen Jahrhundert gab es hier einen Altar, auf dem Zeus, dem obersten Gott des Olymp, Opfergaben dargebracht wurden. Die frühesten von Archäologen hier gefundenen Bildnisse zeigen ihn mit Helm und bewaffnet mit Lanze und Schild, das heißt, der Zeus von Olympia war kriegerisch. Oder anders gesagt, in Olympia wurde Zeus vor allem als Kriegsgott verehrt, als der Schlachtenlenker, der Götter und Menschen in Schrecken versetzt und der den Kämpfern Sieg oder Niederlage zuteilt. Ihm wurde hier im 5. Jahrhundert v. Chr. ein gewaltiger Tempel errichtet, der größte auf dem ganzen Peloponnes, gut 64 Meter lang, fast 28 breit und etwa 20 Meter hoch, aus grauem Muschelkalk. Noch seine ausgegrabenen Ruinen, das zweieinhalb Meter hohe Fundament mit Teilen der umgestürzten Säulen, die am Fuß zweieinhalb Meter stark waren, sind überaus eindrucksvoll.

Für diesen Tempel, der nach etwa fünfzehnjähriger Bauzeit im Jahr 456 v. Chr. fertig wurde, beauftragten die Eleer, in deren Gebiet Olympia lag und die seit langem für das Heiligtum und für die Veranstaltung der Spiele zuständig waren, den damals berühmtesten Bildhauer, Phidias von Athen, mit der Herstellung eines Zeus-Kultbildes. Es wurde das größte Kultbild des Zeus, das die Griechen je aufstellten, und es galt bald als eines der sieben Weltwunder: Zeus auf einem hölzernen Thron sitzend, eine gut 12 Meter hohe Statue aus Gold und Elfenbein, innen allerdings hohl; in seiner rechten Hand stand die immerhin lebensgroße Nike, die Göttin des Sieges, in seiner Linken hielt er ein Zepter, auf dessen Knauf ein Adler saß. Das Haar des Gottes und das den Oberkörper bis auf die linke Schulter freilassende Gewand und die Sandalen waren golden, die unbedeckten Körperteile, also Gesicht, Brust, die Arme, Hände und Füße waren mit Elfenbein belegt, die Augen bestanden aus farbigen Steinen, und der Kopf war mit einem Kranz von Olivenzweigen geschmückt, wie ihn die Olympioniken als Siegespreis erhielten. Dieses herrliche Kultbild, für dessen Aufstellung im Mittelschiff der Cella umfangreiche Umbauten erforderlich waren, zeigte den Göttervater nicht mehr als Kriegsgott, sondern als weisen, gerechten Richter, der den Besten die Siege zukommen läßt.

Doch änderte dies nichts an dem Brauch, ihm den zehnten Teil aller Kriegsbeute nach Olympia zu bringen. Wie schon gesagt, bestand sie nicht nur in Waffen. Es konnte auch Geld sein. Oder Gold oder anderes Edelmetall, aus dem in Olympia Münzen geprägt wurden. Seit 510 v. Chr. hatte das olympische Heiligtum eine eigene Prägeanstalt für die Herstellung von Olympia-Gedenkmünzen. Dort konnte die Kriegsbeute, jedenfalls zum Teil, in Geld umgemünzt werden, also im Prinzip alle Beutestücke und Opfergaben aus Edelmetall, wie zum Beispiel die bronzenen Gefäße, von denen hier noch viele Teile gefunden wurden: Dreifußkessel und Greifenkessel mit wunderbaren Verzierungen. Die schönsten Beutestücke und Geschenke wurden zur Schau gestellt. Aber bei weitem nicht alles, was auf diese Weise über die vielen Jahrhunderte nach Olympia gebracht wurde, konnte für immer erhalten werden, schon aus Platzgründen nicht. Und so ist anzunehmen, daß ein großer Teil eingeschmolzen wurde und zum Münzenprägen Verwendung fand. Das so gewonnene Edelmetall und das Geld brauchten die Eleer für die Ausrichtung der Spiele und für die Instandhaltung der Sportanlagen sowie für den Bau neuer Gebäude.

Über viele Jahrhunderte konnte Olympia auf diese Weise finanziert werden. Erst in römischer Zeit wurde die Finanzierung zu einem Problem, nachdem Kaiser Augustus die Pax Romana verkündet hatte, den Frieden für die ganze römische Welt, und auch die Griechen Frieden halten mußten und folglich keine Kriegsbeute mehr in die olympischen Schatzhäuser kam. Da war Olympia voll und ganz auf Spenden angewiesen. Im Jahre 12 v. Chr. war so wenig Geld in der Kasse, daß die Veranstaltung der Spiele gefährdet schien. Damals hat Herodes der Große, der von Rom eingesetzte König der Juden, auf großzügige Weise rettend eingegriffen. Herodes, der ein großer Freund alles Griechischen war und der übrigens zu Unrecht als »Kindermörder« in die Geschichte eingegangen ist, finanzierte nicht nur die Spiele des Jahres 12 v. Chr., an denen er überdies als Präsident und oberster Kampfrichter teilnahm, sondern – so berichtet der jüdische Historiker Flavius Josephus in seinem mehrbändigen Werk »Der jüdische Krieg« (das zwischen 75 und 79 n. Chr. erschien) – er stiftete eine so große Geldsumme, daß die Spiele auch für die nächste Zukunft gesichert waren. Seine »Gabe an Elis«, schrieb Flavius Josephus, »betraf nicht ganz allgemein Griechenland, sondern den gesamten bewohnten Erdkreis, zu dem ja der Glanz der Olympischen Spiele durchdringt«. Viele Jahrhunderte später wurde auf der Akropolis von Athen eine Dankinschrift gefunden, die der Freigebigkeit und dem Wohlwollen des Römerfreundes Herodes gewidmet war.

Es waren die 192. Olympischen Spiele, im Jahr 12 v. Chr., die Herodes durch seine Spende ermöglichte. Jedenfalls ist dies die offizielle Zählung der überlieferten antiken Listen. Die Zählung der Spiele oder eigentlich der Olympiaden, das heißt der jeweils vierjährigen Zeiträume zwischen den Spielen, die nach den Siegern im Laufen benannt wurden, begann im Jahr 776 v. Chr. Von da fanden bis 261 n. Chr., also über ein volles Jahrtausend, regelmäßig alle vier Jahre Spiele statt. Auch danach wurden noch Olympische Spiele veranstaltet, das letzte Mal 369 n. Chr., bis dahin allerdings nicht mehr regelmäßig. Und wahrscheinlich gab es auch schon vor 776 sportliche Wettkämpfe, die nur nicht sicher belegt sind, weder in schriftlichen Quellen noch durch archäologische Funde. Aber selbst wenn nur die unzweifelhaft belegten Veranstaltungen berücksichtigt werden, also von den 1. bis zu den 260. Olympischen Spielen im Jahr 261 n. Chr., läßt sich die bewundernswerte Leistung der Griechen ahnen, die ja allein schon darin bestand, die Spiele über diesen langen Zeitraum regelmäßig stattfinden zu lassen, ohne einen einzigen Ausfall in mehr als tausend Jahren. Das war zweifellos nur deswegen möglich, weil Olympia – worauf die Archäologen immer wieder mit Nachdruck hinweisen – nicht nur ein Wettkampfzentrum war, sondern vor allem eines der bedeutendsten Heiligtümer.

Die Archäologen graben in Olympia seit gut einem Jahrhundert, seit 1875, jedenfalls deutsche Archäologen. Schon einige Zeit vor ihnen, im Jahr 1829, hatten Franzosen dort erste archäologische Untersuchungen durchgeführt und dann mit der Freilegung des Zeus-Tempels begonnen, dessen Ruinen 1766 identifiziert worden waren. Bekannt war Olympia nur aus antiken Literaturangaben, vor allem durch Pausanias, der es im 2. Jahrhundert n. Chr. besucht und die ganze Anlage sehr ausführlich beschrieben hatte: den Zeus-Tempel mit dem riesigen Kultbild des Gottes, den älteren, im Freien liegenden großen Brandaltar des Zeus und nicht weniger als 69 weitere kleinere Altäre, die zum größeren Teil anderen Gottheiten dienten.

Weiter führte Pausanias die vielen dem Zeus geweihten bronzenen Denkmäler auf, die in der Altis standen, im heiligen Bezirk, dann die Weihgeschenke von Stadtstaaten und Privatpersonen an Zeus, und er erwähnte die lange Reihe der Statuen, die die olympischen Sieger darstellten und deren Namen nannten und die Kampfart, in der sie gesiegt hatten. Er beschrieb die am Kronos-Hügel liegenden Schatzhäuser, die der sicheren Aufbewahrung besonders kostbarer Weihgeschenke an Zeus dienten, und er nannte

Das von Eva Mallwitz erstellte Modell von Olympia. In der Mitte der Zeus-Tempel, rechts die Schatzhäuser.

eine Reihe noch anderer bedeutender Kulteinrichtungen wie zum Beispiel das Pelopion, wo dem Heros jährlich ein schwarzer Widder geschlachtet wurde, und das 50 Meter lange Heraion, den vermutlich schon im 7. Jahrhundert v. Chr. errichteten Tempel der Hera, der Schwester und Gemahlin des Zeus. Und schließlich beschrieb Pausanias die Wettkampfstätten und Übungsplätze: das Stadion, das Hippodrom, das Gymnasion und die Palästra, die außerhalb des ummauerten heiligen Bezirks lagen.

Olympia bildete einen riesigen Komplex mit noch weiteren Einrichtungen und Gebäuden, zu denen immer weitere hinzukamen, auch noch in römischer Zeit. König Philipp II. von Makedonien begann mit dem Bau des Philippeions, eines Rundtempelchens, das wohl von seinem Sohn Alexander vollendet wurde. Einige Jahrhunderte später stiftete der reiche und einflußreiche Athener Politiker Herodes Atticus das Nymphäum, eine sehr schöne halbkreisförmige Brunnenanlage. Wenige Schritte weiter stand das Metroon, ein dorischer Tempel aus der Zeit um 400 v. Chr., der in römischer Zeit dem Kaiserkult diente und wo eine sehr große Statue des Augustus aufgestellt wurde. Südlich davon befand sich der große Festplatz der Altis, der nach Osten, gegen das Stadion, von der 98 Meter langen Echohalle begrenzt wurde, die vielleicht von

Philipp II. von Makedonien gestiftet wurde und von der nur wenig mehr als das Fundament wieder an den Tag kam. Und es gab noch viele andere wichtige Gebäude und Einrichtungen in Olympia. Zum Beispiel das Buleuterion, das Gebäude für die Ratsversammlung, die über Organisationsfragen entschied und darüber, wer Kampfrichter sein sollte und welchen Siegern Ehrenstatuen errichtet werden durften. Da war die Werkstatt des Phidias, in der das große Zeus-Kultbild entstanden sein dürfte, da waren Bäder aus griechischer Zeit und verschiedene römische Thermen und zwei römische Gästehäuser und ein Gästehaus aus griechischer Zeit, das nach seinem Spender genannte Leonideion, das mit seiner Grundfläche von circa 75 mal 81 Metern flächenmäßig der größte Bau in Olympia war und das in römischer Zeit umgebaut wurde und den Kaisern oder hohen römischen Beamten als Quartier diente. Und da war das recht alte und mehrmals umgebaute Prytaneion, der Sitz der Prytanen, der höchsten Verwaltungsbeamten von Olympia. Dort brannte auf einem Altar der Hestia, der Göttin des Herdes, Tag und Nacht ein Feuer, dessen Asche einmal im Jahr von den Sehern des Heiligtums feierlich dem großen Aschenaltar des Zeus hinzugefügt wurde.

Vor der Wiederentdeckung im Jahr 1766 hatte niemand gewußt, wo genau Olympia einst war. Denn inzwischen waren die Ruinen der längst ausgeplünderten und über lange Zeit als Steinbruch benutzten olympischen Anlagen unter einer im Durchschnitt vier Meter hohen Schwemmschicht aus den Flüssen Kladeos und Alpheios, die hier in der Landschaft Elis zusammenfließen, verschwunden; nur die Cella-Mauern des Zeus-Tempels und einige römische Ziegelmauern ragten noch aus der Schwemmschicht heraus.

Olympia liegt am Fuß jener Hügel, die das breite Alpheios-Tal im Norden begrenzen, etwa 18 Kilometer von der Küste in 42 Meter Höhe. Ein Jahr nachdem der Engländer Richard Chandler die Ruinen des Zeus-Tempels identifiziert hatte, schrieb Johann Joachim Winckelmann, Präsident der Altertümer des Vatikan, der als Gründer der neueren archäologischen Wissenschaft gilt: »Ich bin versichert, daß hier die Ausbeute über alle Vorstellungen ergiebig sein, und daß durch genaue Untersuchung dieses Bodens der Kunst ein großes Licht aufgehen würde.« Aber erst nach dem griechischen Unabhängigkeitskrieg (1821–1829), in dem sich die Griechen von fast vierhundertjähriger Türkenherrschaft befreiten, kam es in Olympia zu Ausgrabungen, zunächst zu der bereits erwähnten französischen Grabung von 1829 am Zeus-Tempel.

Im Jahr 1873 bemühte sich Heinrich Schliemann um eine Grabungslizenz für Olympia. Er schlug vor, daß alle von ihm gemachten Funde bis zu seinem Tode in seinem Besitz bleiben sollten, danach aber der griechischen Nation gehören sollten, und er versprach, einen Betrag von mindestens 200000 Francs für den Bau eines Museums in Athen bereitzustellen, das seine neuen Funde, aber auch seine schon bestehende Sammlung beherbergen und seinen Namen tragen solle. Die griechische Regierung lehnte ab, wobei sie als Grund anführte, daß nach dem Gesetz jeder archäologische Fund, der auf griechischem Hoheitsgebiet gemacht werde, unveräußerlicher Besitz der Nation sei und daher von keiner Privatperson beansprucht werden könne. Wenig später schloß die griechische Regierung über eine Grabungskonzession in Olympia einen Vertrag mit dem Deutschen Reich, das hieß faktisch zugleich mit dem reichseigenen Deutschen Archäologischen Institut, das 1829 in Rom gegründet worden war und das seit 1874 eine Zweigstelle in Athen hatte. Dieser Vertrag stellt in der Geschichte der Archäologie einen entscheidenden Wendepunkt dar. Denn erstmalig verzichteten da Ausgräber vertraglich auf die Mitnahme der Funde. Und dies hat das Deutsche Archäologische Institut seitdem bei allen ihm erteilten Grabungskonzessionen so gehalten, wo immer es Konzessionen erhielt. Bei der Grabung in Olympia wurde noch eine zweite revolutionäre Idee realisiert, nämlich die Funde nicht in entfernte Museen zu schaffen, etwa nach Athen, sondern sie am Grabungsort zu lassen. Im Anschluß an die erste Grabungskampagne, von 1875 bis 1881 unter der Leitung von Ernst Curtius und Friedrich Adler, wurde hier ein Museum gebaut, das schon 1887 für Besucher geöffnet wurde.

Noch heute sind da die bedeutendsten in Olympia gefundenen Schätze der frühklassischen griechischen Kunst ausgestellt, nämlich die teils ergänzten Reste der beiden Giebel des Zeus-Tempels mit Gestalten der Götter- und Sagenwelt sowie sechs der ursprünglich zwölf Metopen, die den Tempel einst schmückten und auf denen die zwölf Taten des Zeus-Sohnes Herakles dargestellt waren. In dem Museum sind auch einige Dinge aus der Werkstatt des Phidias zu sehen, ein kleiner Goldschmiedehammer aus Bronze und mehrere Meißel, die indessen nicht aus Metall, sondern aus Bein sind, Tonmodel zum Formen von Glasornamenten und einige Bruchstücke von Elfenbein und Glas. Der überraschendste, eigentlich sensationelle Fund aus der Werkstatt aber ist ein schwarzes geriefeltes Kännchen, das in einer Vitrine ausgestellt ist. Es war in mehrere Teile zerbrochen, konnte aber bis auf den fehlenden oberen Teil wieder zusammengesetzt werden. Sensationell an diesem Gefäß ist eine in den Boden geritzte Inschrift: »Pheidiou eimi – Des Phidias bin ich«. Also mag das Kännchen vor nahezu zweieinhalb Jahrtausenden Eigentum des Phidias gewesen sein, und längst gibt es phantasievolle Ausmalungen, wie sich der berühmte Bildhauer hier in Olympia in seiner Werkstatt vielleicht immer wieder darüber ärgern mußte, daß Mitarbeiter sein Kännchen benutzten, bis er schließlich eigenhändig die Inschrift in dessen Boden geritzt habe.

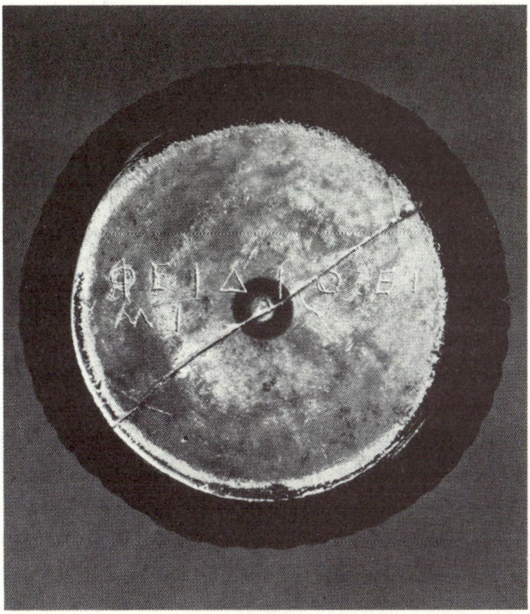

Unterseite des berühmten Phidias-Kännchens mit der Inschrift.

Dann wäre von Phidias immerhin dies der Nachwelt erhalten. Von seinen berühmten Kolossalstatuen haben die Archäologen nichts gefunden, weder von der Athena Parthenos aus dem Parthenon zu Athen noch von seinem olympischen Zeus. Doch ist das nicht verwunderlich, denn da dürften Räuber gründliche Arbeit geleistet haben. Immerhin sollen für die Vergoldung des 12 Meter großen Kultbilds der Athena 44 Talente Gold verarbeitet worden sein; das waren 1144 Kilogramm. Und ähnlich kostbar vergoldet war das Zeus-Kultbild in Olympia. Auch von anderen Kunstwerken des Phidias hat sich nichts im Original erhalten. Übrigens heißt es, daß Phidias wegen des Verdachts, bei der Arbeit an der Athena Parthenos Gold und Elfenbein unterschlagen zu haben, von den Athenern angeklagt und ins Gefängnis gebracht wurde, wo er noch vor einem Urteilsspruch gestorben sei; nach einer anderen Version soll er nach Elis geflohen sein. Aber sicher ist das nicht.

Und die Inschrift auf dem Kännchen – »Des Phidias bin ich«? Stammt sie von ihm, ist sie wenigstens aus seiner Zeit? Es gibt auch die Überlieferung, sie stamme von einem Grabungsteilnehmer, der nur einen Scherz machen wollte, welcher dann jedoch einen unerwarteten Verlauf genommen habe: Als der Konservator die Inschrift entdeckte und sie dem Grabungsleiter mitteilte, habe dieser die Sensation sofort an die griechische Regierung telegrafiert; später sei dann die eigentlich notwendige Korrektur unterblieben, um dem angesehenen Gelehrten das Eingeständnis zu ersparen, auf einen so plumpen Scherz hereingefallen zu sein. Dies klingt nun freilich mehr erfunden als wahrscheinlich, doch könnte es immerhin möglich gewesen sein. Möglich wäre es aber auch, das Alter der Inschrift herauszufinden, und zwar durch eine chemische Untersuchung über die Versinterung: Sollten sich in der Inschrift Silikatspuren finden, dann wäre sie echt, zumindest alt. Nun müßte aber – heißt es – das Kännchen für eine solche Analyse ins Ausland geschickt werden, weil es in Griechenland eine derartige Möglichkeit nicht gebe, und das Risiko eines so gefährlichen Unternehmens wollten die Verantwortlichen nicht eingehen. Fürchten sie vielleicht das größere Risiko, nämlich daß sich die Inschrift als Fälschung erweisen könnte und das Kännchen des Phidias eben nicht »des Phidias« gewesen wäre, sondern nur ein ganz gewöhnliches Kännchen war?

Für sich genommen ist diese Frage kaum von Bedeutung. Doch ist sie beispielhaft für ähnliche, manchmal gewichtigere Fragen in der Archäologie, beispielhaft dafür, wie leicht Interpretationen, oft sogar Wunschinterpretationen, festgeschrieben werden, woran selbst gegenteilige Untersuchungsergebnisse wenig oder gar nichts mehr ändern würden. Noch mit gefälschter Inschrift würde dies das »Kännchen des Phidias« bleiben, so wie der »Schatz des Priamos« immer so heißen wird, obwohl man längst weiß, daß er mit Priamos nichts zu tun hatte, und genauso ist es mit der »Maske des Agamemnon«. Aber es gibt Fragwürdiges von weit schwererem Gewicht, wobei das Festhalten an überholten Traditionen und Fehldeutungen weitreichende Folgen haben und in die Irre führen, ja sogar bis zur Fälschung gehen kann.

Dies ist zum Beispiel der Fall beim sogenannten Grab des Apostelfürsten Petrus unter dem Petersdom in Rom, auf das Archäologen Ende der vierziger Jahre gestoßen waren und das 1950 von Papst Pius XII. voreilig als echt bezeichnet wurde. Papst Paul VI. hat diese Behauptung einige Jahre später gewissermaßen sanktioniert, indem er die dort gefundenen Knochenreste »Reliquien des heiligen Petrus« nannte und dazu erklärte, sie seien »auf eine Weise identifiziert worden, die Wir als überzeugend hinnehmen können«, während mehrere Grabungsteilnehmer durchaus nicht dieser Meinung waren. Ähnliche Fälle sind in der Bibel-Archäologie, vor allem im Heiligen Land, nur allzu häufig vorgekommen. Die Gefahr übereilter Fehldeutungen, bei denen die Wahrheit verdrängt wird, ist vor allem dann besonders groß, wenn es darum geht, bestimmte Ereignisse und ihre Schauplätze archäologisch zu bestätigen oder die Gräber bekannter Persönlichkeiten aufzufinden. Da können auch Wissenschaftler Opfer ihrer eigenen Wunschträume werden. Howard Carter hatte Glück und Erfolg, als er tatsächlich das viele Jahre lang von ihm gesuchte Grab Tut-anch-Amuns fand. Aber ob der griechische Archäologe Manolis Andronikos im Jahr 1977 bei dem Dorf Vergina (etwa 50 Kilometer westlich von Thessaloniki und ebenso weit nördlich vom Olymp) wirklich, wie er überzeugt ist, auf das Grab Philipps II. von Makedonien stieß, das er immer schon finden wollte, ist keineswegs sicher. Zwar fand Andronikos ein wahrhaft königliches Grab mit reichen Schätzen, sein Fund wurde als einer der bedeutendsten seit der Entdeckung Mykenes durch Heinrich Schliemann gepriesen, und manches spricht dafür, daß es das Grab des Makedonen-Königs sein könnte – aber es blieben Zweifel. Doch nachdem anfänglich korrekterweise stets nur vom »angeblichen« Philipps-Grab geschrieben worden war, wurde in der Literatur immer häufiger auf diese wesentliche Einschränkung verzichtet, obgleich die Zweifel keineswegs ausgeräumt, geschweige denn Beweise erbracht werden konnten. Heute ist das Grab in Vergina schlicht das Philipps-Grab, so wie das Totenorakel am Acheron immer das Totenorakel bleiben wird, obgleich es eben das nie gewesen sein kann.

Doch zurück nach Olympia! Das wohl berühmteste und vielleicht wertvollste Fundstück steht im neuen Museum; der Platz im alten reichte für die Funde schon bald nicht mehr aus. Es ist der Hermes mit dem Dionysos-Knaben, eine 2,13 Meter hohe Statue aus parischem Marmor, geschaffen von Praxiteles, einem der bedeutendsten griechischen Bildhauer der spätklassischen Epoche (im 4. Jahrhundert v. Chr.). Gefunden wurde der Hermes schon 1877, also während der ersten Grabungskampagne, und zwar im Hera-Tempel unter der dicken Schwemmsandschicht. Der Hermes des Praxiteles und die Nike des Paionios, ein zweites berühmtes und wertvolles hier gefundenes Standbild, sind die einzigen jener vielen Statuen, die hier einst standen und die Pausanias in seiner Olympia-Beschreibung erwähnt hat und die den Untergang Olympias überstanden. Dies verdanken sie im wesentlichen dem Material, aus dem sie gefertigt waren, schreibt Mallwitz; sie gehören zu den wenigen marmornen Standbildern, die es in der Altis gab. Weitaus die meisten der in die Hunderte gehenden Statuen waren aus Bronze. Wegen ihres hohen Metallwerts wurden sie später, als Spiele hier nicht mehr stattfanden und das von starken Erdbeben getroffene Olympia immer mehr verfiel, in Stücke geschlagen und eingeschmolzen. Marmor hingegen hatte einen sehr viel geringeren Wert als Metall, und so kam es, daß der marmorne Hermes des Praxiteles erhalten blieb, wenngleich nicht unbeschädigt. Ihm fehlt der rechte Arm bis oberhalb des Ellenbogens; ergänzt wurden die ebenfalls fehlenden Unterschenkel und der linke Fuß sowie das unterste Stück des Baumstamms, auf den der Hermes sich mit dem linken Arm (auf dem er den Dionysos-Knaben trägt) aufstützt. Von der Bemalung, auf die Praxiteles bei seinen

Marmorskulpturen viel Wert legte, sind nur noch Spuren erkennbar, und zwar Rotbraun im Haar und auf den Sandalenriemen und hier auch etwas Gold.

Ob der Hermes wirklich von dem »großen« Praxiteles des 4. vorchristlichen Jahrhunderts stammt (es gab noch andere Bildhauer dieses Namens), ist nicht sicher. Zwar sind die Olympia-Ausgräber davon überzeugt, aber manche Kunsthistoriker halten diesen marmornen olympischen Hermes für eine Kopie des verlorenen Originals, das Praxiteles, der auch in Erz arbeitete, möglicherweise in Bronze geschaffen hatte – für eine Kopie aus römischer Zeit. Aber selbst dann würde das Kunstwerk, das ohne Signatur ist und von dem nur Pausanias behauptete, daß es von Praxiteles stammt, zu dem großen Bildhauer doch noch in sehr enger Beziehung stehen.

Gemessen an den überaus hoffnungsvollen Erwartungen, die Johann Joachim Winckelmann anläßlich der Wiederauffindung Olympias ausgesprochen hatte, nämlich »daß hier die Ausbeute über alle Vorstellungen ergiebig sein« werde, wobei Winckelmann als vatikanischer »Präsident der Altertümer« aber vor allem an die von Pausanias genannten Skulpturen dachte, an Kunstwerke also, konnte das, was in Olympia ans Licht kam, zunächst nur enttäuschen. Jedenfalls war das anfangs so, als auch die Ausgräber noch überwiegend kunstgeschichtlich interessiert waren. Beim Abtragen der mehrere Meter hohen Schwemmsandschicht über der Altis und ihrer näheren Umgebung, zeigte sich schon während der ersten Grabungskampagne, wie sehr zerstört Olympia war und wie sehr es schon in der Antike und noch im Mittelalter ausgeplündert worden war. Nicht nur die vielen Bronzestatuen und überhaupt nahezu alle metallenen Gegenstände waren längst verschwunden, auch die meisten marmornen Kunstwerke und Massen von Marmorsteinen waren nicht mehr da. Sie waren zu Kalk gebrannt worden – später fanden die Archäologen noch Reste von Kalköfen –, bevor der Schwemmsand des Alpheios und des Kladeos die letzten Reste der einst so prächtigen Anlage bedeckte (und dadurch wenigstens sie für eine spätere Zeit bewahrte).

So wie Olympia wurden ja die meisten antiken Stätten zerstört: nicht so sehr – wie häufig zu Unrecht vermutet – durch fremde Eroberer, nicht allein durch Erdbeben, sondern am stärksten dadurch, daß sie von Bewohnern der Umgebung als Steinbrüche benutzt und ausgebeutet wurden; da lagen Massen herrenlos gewordenen Baumaterials, wovon sich jeder nehmen konnte, was er brauchte. Zurück blieben manchmal nur die sehr großen Steine von mehreren Tonnen Gewicht, die niemand transportieren konnte, zum Beispiel die Fundamente von Tempeln und anderen großen Gebäuden, Teile der Mauern, starke Säulen, steinerne Dachfirste. Spuren von Ausbeutern sind noch heute auf nahezu allen antiken Stätten sichtbar, am deutlichsten wohl in Form jener auffällig regelmäßigen Löcher, die sich an sehr vielen aus Quadern errichteten Mauern finden. Sie stammen von Metallsammlern, die die metallenen Klammern aus den Mauern herausschlugen, mit denen die Steinquader sicher aneinander verankert waren. Häufig ging es dabei auch nur um das Blei, mit dem eiserne Verankerungen gegen Korrosion abgedichtet waren. Auch die aufeinandergestellten Säulentrommeln waren mit metallenen Klammern oder Stäben miteinander verankert, und dieses Metall war zeitweise genauso begehrt wie das in den Mauern und wurde, wenn nur irgendwie möglich, herausgeschlagen, wozu die Säulen in vielen Fällen gestürzt und zerschlagen wurden.

Zu solcher Ausbeutung antiker Ruinen kam es so gut wie überall, vielleicht am meisten dort, wo die ursprünglichen Bewohner abgezogen waren und wo Angehörige ganz anderer Kulturen die Herrschaft übernahmen. So etwa in Ägypten, wo sich – wie noch heute sichtbar – reiche Moslems in der Nähe der achtstufigen Medum-Pyramide König Snofrus (um 2250 v. Chr.), des Vaters des Cheops, ihre Paläste bauten, und zwar aus den weißen Tura-Kalksteinblöcken, mit denen die Pyramide verkleidet war. Diese herrlichen Steine, die drei Jahrtausende zuvor zugehauen und dorthin transportiert worden waren, wiederzuverwenden, bot sich schon deswegen an, weil ein großer Teil vom oberen Drittel der Pyramide heruntergestürzt war und seitdem rund um die Pyramide einen mehrere Meter hohen Schuttberg bildete, der niemandem gehörte. Besucher werden diese vom Mantel der einst etwa 100 Meter hohen und ursprünglich in Stufen angelegten Pyramide herabgestürzten Steinmassen nicht mehr vorfinden, denn die Zerstörung ist in den letzten Jahren rapide vorangeschritten. Oder genauer: Sie ist vorangetrieben worden, und zwar in staatlichem Auftrag und mit Billigung der Ägyptischen Altertümerverwaltung. Mit Bulldozern und Schaufelbaggern wurde der Schutt beiseite geräumt, um den Touristen den unteren Teil der Pyramide in ihrem ursprünglichen Zustand zeigen zu können. Dabei wurde der unter dem Schutt gut erhaltene Mantel an vielen Stellen von den Greifern der Bagger verletzt, und – was schlimmer ist – das abgeräumte Material wurde einige hundert Meter entfernt in eine Senke geschoben, und zwar als Fundament für einen Parkplatz.

Zusammen mit dem Ägyptologen Arne Eggebrecht hatte ich Gelegenheit, die Medum-Pyramide während dieser Arbeiten zu besichtigen, als sie öffentlich nicht zugänglich war. Dabei konnten wir sehen, daß die Mantelblöcke auf der Rückseite mit Schriftzeichen in roter Farbe gekennzeichnet waren. Die Zeichen wirkten noch so deutlich, wie sie vor Jahrtausenden während des Bauens aufgetragen wurden, und möglicherweise hätte ihre Entzifferung dazu beitragen können, einige der so vielen noch offenen Fragen über den Pyramidenbau zu beantworten. Aber noch bevor das System der Zeichen hätte untersucht werden können, wurden die heruntergestürzten Blöcke von den Bulldozern völlig durcheinandergeschoben und schließlich zugedeckt. Das ist eine moderne Fortsetzung jener Zerstörungen, die oft schon in der Antike begannen, als Kalksteinblöcke und Marmorstatuen zu Kalk gebrannt wurden. Antike Kalkbrennöfen fanden die Archäologen in der Nähe von Pyramiden und Totentempeln, ebenso in Rom, in Athen, in Pergamon und vielen anderen Ruinenstätten, auch – wie schon gesagt – in Olympia.

Der ersten Grabungskampagne in Olympia (1875–1881) folgten weitere, in denen nach und nach die ganze Anlage freigelegt wurde, zunächst – mit Hinblick auf die Vorgeschichte des Heiligtums und den Kult des Heraion und des Pelopion – unter der Leitung von Wilhelm Dörpfeld (1906–1909, 1921–1923 und 1927–1929). Dann wurde nach vorbereitenden Untersuchungen von Armin v. Gerkan, Roland Hampe und Ulf Jantzen in großem Umfang von 1937 bis 1942 unter der Leitung von Emil Kunze und Hans Schleif gegraben, wobei weit über die Grenzen der Altis, des eigentlichen Heiligtums, hinausgegangen wurde. Erforscht wurden das Gymnasion, Teile der Palästra und das griechische Bäderviertel, zwei römische Gästehäuser und noch andere Bauten. Die durch den Krieg unterbrochenen Grabungen nahm Kunze im Jahr 1952 wieder auf. Sie wurden bis 1966 fortgeführt, dann erforderte die Auswertung der vielen Funde eine zehnjährige Pause, bis 1976. Danach setzte Alfred Mallwitz die Grabungen fort, die seit kurzem unter der Leitung von Helmut Kyrieleis weitergehen.

Erst nach und nach ließen die Grabungen das volle Maß der Zerstörungen erkennen. Es stellte sich heraus, daß ein großer Teil der olympischen Anlagen von der Natur zerstört wurde, nicht allein durch Erdbeben, sondern mehr noch durch reißende Überschwemmungen. So ist zum Beispiel das Hippodrom, die Rennbahn für die Vierergespanne und fürs Reiten, mit ihrem kompliziert angelegten Startplatz vom Alpheios fortgerissen worden. Von dieser Anlage wird wohl kaum noch etwas gefunden werden. Vollständig wird Olympia also nie mehr wiedererstehen können. Überhaupt, sagt Mallwitz, sind wir – obwohl hier nun seit länger als einem Jahrhundert systematisch gegraben wird – über »die Durchführung des Festes längst nicht so genau unterrichtet, wie es wünschenswert wäre«.

So hat zum Beispiel noch niemand herausgefunden, warum die Spiele, die alle vier Jahre stattfanden und jeweils über fünf Tage gingen, ausgerechnet in die heißeste Jahreszeit fielen, nämlich in den August oder den September. Die Gründe dafür sind vermutlich älter als die Spiele, das heißt, der Zeitpunkt, der nach dem elischen Mondjahr errechnet wurde, mag mit alten Kulthandlungen zusammenhängen, die hier lange vor 776 v. Chr., dem ersten sicheren historischen Datum für die Olympischen Spiele, veranstaltet wurden. Indessen ergeben die archäologischen Funde zusammen mit zahlreichen literarischen Zeugnissen von den Spielen ein recht umfassendes Bild, das allerdings von den allgemein verbreiteten Vorstellungen über Olympia und die immer wieder bemühte »Olympische Idee« stark abweicht.

Bei den Spielen ging es von Anfang an um den sportlichen Argon, den Wettkampf. Der Argon war schon in frühesten Zeiten eine ureigene Leidenschaft der Griechen. Erste Schilderungen gab der Dichter Homer in der »Ilias«. Da kämpften Fürsten um den Sieg im Wagenrennen, im Laufen, Kugelstoßen, Ringen und im Faustkampf. Die Sieger erhielten Preise, die Achill für sie bestimmte: kostbare Schätze wie metallene Gefäße und Dreifüße, Pferde und Frauen, die auf Kriegszügen gefangen worden waren.

Nur der Sieg brachte Ruhm. Das galt auch in Olympia, wo es keine wertvollen Preise gab, sondern nur den Ölzweig, den zum Kranz gewundenen Zweig vom Olivenbaum. Einen zweiten und gar dritten Sieger, wie wir sie von den modernen Spielen kennen, gab es bei den Griechen nicht. Den Griechen ging es einzig darum – so heißt es bei Homer – »immer der erste zu sein und die andern zu übertreffen«. Nicht der erste zu werden hieß verlieren. Und Verlieren bedeutete Schande. Kompromisse gab es nicht. Vor den Kämpfen in Olympia beteten die Athleten zu Zeus, ihnen »den Kranz oder den Tod« zu geben.

Auch hier muß korrigiert werden: Zwar ist es richtig, daß die Sieger in Olympia nur mit einem Ölzweig ausgezeichnet wurden, doch enthält die von modernen Olympia-Idealisten so gern zitierte Passage des Satirikers Lukian aus dem zweiten nachchristlichen Jahrhundert nur einen Teil der Wahrheit. Da macht sich ein Nichtgrieche darüber lustig, daß die Olympia-Teilnehmer sich für einen Zweig vom wilden Ölbaum so sehr abmühten. Aber seltsamerweise verschweigt Lukian hier, was es mit Olympia-Siegen und Siegern tatsächlich auf sich hatte. Die Praxis war entschieden anders. Und Lukian, der ein Freund der Olympischen Spiele war und sie mindestens viermal besucht hat, hat sie einfach als allgemein bekannt vorausgesetzt. In Wahrheit kamen die olympischen Sieger sehr wohl auf ihre Kosten. Auch, ja vor allem finanziell!

Olympia-Sieger konnten sicher sein, bei der Rückkehr in die Heimatstadt großzügig belohnt zu werden. Denn alle griechischen Städte waren stolz darauf, siegreiche Athleten zu den ihren zählen zu können. Sie förderten Athleten aus speziellen Fonds; Trainer, Ärzte, Masseure, Betreuer, Köche (die für eine besondere Ernährung zuständig waren) und Trainingspartner wurden aus solchen Fonds, die aus Spenden der Reichen kamen, bezahlt. Wer in Olympia siegte, wurde von seiner Heimatstadt im Triumph eingeholt. Die Städte spendierten ihren siegreichen Athleten und deren Familien auf Lebenszeit kostenloses Essen im Prytaneion, dem Rat- und Gemeindehaus. Oder sie gewährten ihnen Renten oder eine Befreiung von den Steuern. Und sie machten ihnen wertvolle Geschenke, manchmal in barem Geld. Dies geschah nicht erst in späterer Zeit, von der man sagen könnte, daß da eben manches nicht mehr so war, wie es eigentlich sein sollte und wie es früher gewesen sei. Der berühmte athenische Staatsmann Solon, der den Athenern um 600 v. Chr. neue Gesetze schuf und damit eigentlich erst die Polis Athen gründete, ließ jedem aus Athen stammenden Olympia-Sieger 500 Drachmen auszahlen, was sehr viel Geld war; für 500 Drachmen mußte ein Soldat etwa zwei Jahre lang Dienst tun. Und häufig wurden Olympia-Sieger in Standbildern verewigt, und ihre Siege wurden auf Schrifttafeln festgehalten, die man in Olympia zur Schau stellte. Von Dichtern wurden die Sieger besungen, wie zum Beispiel von dem berühmten Pindar, der viele Lobpreisungen geschrieben und mit seinen Oden wesentlich zur Idealisierung der Olympischen Spiele beigetragen hat.

Der eigentliche Gewinn jedoch, der den Athleten aus olympischen Siegen erwuchs, bestand darin, daß mit dem Ansehen auch ihr Wert stieg und sie deswegen bei ähnlichen Veranstaltungen von vornherein bessere Chancen hatten. Außer in Olympia veranstalteten die Griechen regelmäßig noch andere große Sportspiele, nämlich die pythischen (in Delphi, ursprünglich alle acht, seit 582 v. Chr. alle vier Jahre), die isthmischen (auf dem Isthmus von Korinth, alle zwei Jahre) und die nemeischen (im Tal zwischen Kleonai und Phleius, im 2. und 4. Sommer jedes Olympiadenjahres). Diese Spiele wurden immer so gelegt, daß sie sich mit den olympischen nicht überschnitten. Auch da wurden die Sieger mit Kränzen ausgezeichnet, mit Lorbeer-, Fichten- und Selleriekranz, aber nicht nur, sondern zugleich mit hohen Geldpreisen.

Es kam vor, daß mehrfach ausgezeichnete Olympia-Sieger bei diesen oder anderen Sportspielen Geldpreise kassierten, ohne überhaupt kämpfen zu müssen, dann nämlich, wenn die Gegner ihre Bewerbung zurücknahmen, weil ihnen der Kampf gegen einen solchen Champion aussichtslos schien. Zu solchen Situationen konnte es auch in Olympia kommen: Im Jahr 220 v. Chr. wurde der gefürchtete Faustkämpfer Aurelius Asklepiades zum Sieger erklärt, ohne gekämpft zu haben; niemand hatte gewagt, gegen ihn anzutreten. Und bei den Isthmischen Spielen erhielt einmal ein überragender Langstreckenläufer aus Rhodos, ein zweifacher Olympia-Sieger, ohne zu laufen den Siegerkranz, weil niemand bereit war, gegen ihn anzutreten. Das heißt, die Gegner wollten sich nicht unnötig anstrengen, sich nicht verschleißen, sondern sich für die nächste Veranstaltung fit halten. Es waren eben, wie schon gesagt, keine Amateure, sondern Profis, die mit ihren Kräften haushalten mußten, um möglichst lange von ihren sportlichen Leistungen leben zu können.

Diese Berufsathleten zogen von einer Veranstaltung zur anderen. Neben den vier großen panhellenischen Spielen gab es in Griechenland noch an die dreihundert kleinere örtliche Wettkämpfe, die regelmäßig stattfanden. Und alle lockten mit hohen Preisen. Es ist überliefert – so schreibt der amerikanische Althistoriker M. I. Finley, der 1955 in Cambridge (England) zum Professor für Altertumskunde ernannt wurde –, daß einmal einem Olympia-Sieger allein für seine Teilnahme an einem lokalen Festspiel ein Honorar von dreißigtausend Drachmen gezahlt worden sei. Das war ungeheuer viel Geld. Ein Handwerker hätte für einen solchen Betrag hundert Jahre arbeiten müssen! Möglicherweise ist die Zahl übertrieben, doch völlig unmöglich sei sie nicht, deute aber vielleicht die oberste Grenze an, meint Finley.

Zu berücksichtigen ist bei diesem Vergleich der Honorierung, daß Handwerker im antiken Griechenland extrem schlecht bezahlt wurden und ebenso niedrig angesehen waren. Als Handwerker, zu Griechisch »banausos«, galt auch der Bildhauer; auch er stand in keinem hohen Ansehen, deswegen nicht, weil er körperliche Arbeit leistete. Bildhauer waren Schwerarbeiter und standen mit den Steinmetzen auf einer Stufe. Und ihre Arbeit galt noch in der klassischen Zeit nicht als Kunst wie hingegen die Arbeit der hoch angesehenen Dichter. Das ist der Grund dafür, daß so viele antike Skulpturen keine Signatur tragen; die Namen jener »Banausen«, von denen sie aus dem Stein geschlagen wurden, interessierten niemanden. Noch weniger angesehen waren die Bronzegießer, von denen das Wort »banausos«, ursprünglich Ofensetzer, eigentlich herkommt; sie standen fast auf der Stufe von Köhlern, meint Werner Ekschmitt. Die niedrige Einschätzung der körperlich arbeitenden Bildhauer und Bronzegießer, auch übrigens der Maler, bei den so kunstbewußten Griechen als »Banausen«, als Arbeiter, denen man jede höhere Auffassung von Kunst und Wissenschaft schlechterdings absprach, mag heutige Kunstliebhaber verwundern. Indessen wirkt sie bis in die Gegenwart nach, was zum Beispiel bei den monumentalen Plastiken von Henry Moore deutlich wird. Moore gestaltet seine Figuren in handlichen Größen und läßt sie dann von Bildhauern und Bronzegießern ins Riesenhafte übertragen. Von diesen Bildhauern und Bronzegießern, die Moores Kunstwerke ja eigentlich erst realisieren, aber ist – worauf der Zeichner und Satiriker Tomi Ungerer einmal hinwies – nie die Rede: »Der spitzfamose Henry Moore – seine Riesenfiguren, die hat er kartoffelgroß aus Lehm geknetet, dann von Kraftwerkern bronzig und bombig ins Gigantische gießen oder meißeln lassen. Aber wo sind die Unterschriften dieser Artisanen?« Ruhm und Nachruhm fallen allein an Henry Moore. Und wohl auch der weitaus größte Teil des Geldes.

Aber von Geld zu reden, gilt in vielen Zusammenhängen als unfein. Und genau wie in der heutigen Zeit, da hochdotierte Fußballspieler fünfzigmal so viel verdienen wie kleine Beamte oder Angestellte (und Tennisstars vielleicht noch mehr), wurde schon in der Antike nicht allzu gern und allzu offen über Geld gesprochen. Wohl deswegen sind über die Geldpreise der griechischen Athleten nur wenige Zahlen überliefert. Aber daß sie hoch waren, ist nicht zu bezweifeln. Bei den Spielen von Aphrodisias in Kleinasien gab es für die Sieger folgende Geldpreise: im Fünfkampf 500 Drachmen, im Langstreckenlauf 750, im Lauf über 400 Meter 1000 Drachmen, im Zweihundert-Meter-Lauf 1250, und der Sieger in dem beim Publikum überaus beliebten Pankration, dem oft blutigen »Allkampf«, einer Mischung von Boxen und Ringen, bei dem nahezu alles erlaubt war, erhielt sogar 3000 Drachmen. Nochmals zum Vergleich: Ein Handwerker verdiente an einem Arbeitstag eine Drachme, also etwa 275 bis 300 Drachmen im Jahr; um 3000 Drachmen zu bekommen, die ein Athlet für einen einzigen Sieg erhalten konnte, hätte er also rund zehn Jahre arbeiten müssen. Die Spiele von Aphrodisias hatten keineswegs die höchsten Preise. Sie zählten zur Klasse der Dreitausend-Drachmen-Spiele. Es gab aber auch die reichere Klasse der Sechstausend-Drachmen-Spiele.

Oft gab es für die Sieger auch wertvolle Sachpreise. Bei den Panathenäischen Spielen der Knaben – das waren Jugendliche zwischen 12 und 17 Jahren – bestand der höchste Preis, der an den Sieger im Zweihundert-Meter-Lauf fiel, in fünfzig großen Amphoren mit Olivenöl. Der Sieger im Pankration erhielt vierzig Amphoren, und die Gewinner im Ringen und im Fünfkampf erhielten je dreißig Amphoren mit Öl. Es sei nochmals betont, daß es bei den Olympischen Spielen, die von allen Veranstaltungen die ganzen Jahrhunderte hindurch immer das höchste Ansehen hatten, für die Sieger weder Geld- noch Sachpreise gab, sondern nur den Ölzweig, den Olivenkranz. Aber olympische Siege steigerten Ansehen und Wert eines Athleten wie keine anderen. Vor allem nach der Zahl ihrer Olympia-Siege wurden die Athleten eingestuft, nicht aber aufgrund ihrer objektiven Leistungen. Anders als bei den modernen Spielen und überhaupt im heutigen Leistungssport ging es den Griechen nicht um meßbare Rekorde. Das heißt, der Beste war nicht, wer eine bestimmte Strecke bei irgendwelchen Spielen irgendwo in Griechenland in kürzester Zeit lief oder wer den Diskus oder den Speer am weitesten warf – das wurde gar nicht gemessen beziehungsweise aufgezeichnet–, sondern als Bester seiner Disziplin galt, wer die meisten Olympia-Siege errungen hatte. Für ihn war die Chance, bei anderen Spielen viel Geld zu gewinnen, sehr groß.

Bei solchen Gewinnchancen war es kein Wunder, daß die Athleten in Olympia nicht nur hart kämpfen mußten und mit Härte trainiert wurden und die meisten Athleten sich nach einer strengen Diät ernährten, fleischreich und muskelbildend, sondern daß es manchmal zu Bestechungen und betrügerischen Absprachen kam. Von solchen Betrugsmanövern bei den Olympischen Spielen weiß man aufgrund von Überlieferungen seit dem Beginn des 4. vorchristlichen Jahrhunderts. Wurde ein Betrug entdeckt, dann mußten die Beteiligten hohe Geldbußen zahlen und wurden disqualifiziert. Betrügereien wurden zugleich als Eidbruch bestraft.

Den Eid, nicht gegen die Regeln der olympischen Wettkämpfe zu verstoßen, legten Athleten und Kampfrichter vermutlich schon vier Wochen vor Beginn der Spiele ab, und zwar in Olympia. Denn spätestens dann mußten sie sich dort eingefunden haben, um – wie es festgelegt war – noch vier Wochen lang unter den Augen der Kampfrichter zu trainieren. Das Training war extrem hart. Die Athleten wurden zu ihren Siegen gepeitscht, was durchaus wörtlich zu nehmen ist; nie arbeitete ein Trainer ohne Peitsche, was auf zahllosen Vasenbildern deutlich zu erkennen ist.

Schon mehrere Monate vor dem offiziellen Trainingsbeginn, nachdem die genauen Daten für die Spiele, an deren drittem Tag Vollmond sein mußte, errechnet worden waren, im Frühling des olympischen Jahres, zogen Herolde durch ganz Griechenland und auch in die griechischen Städte Kleinasiens, um die Daten bekanntzugeben und zum Besuch der Spiele einzuladen. Dabei verkündeten sie zugleich den Olympischen Frieden. Nur Griechen durften an den Spielen teilnehmen. Seit dem 4. Jahrhundert v. Chr. waren allerdings auch die Makedonen zugelassen, die von den Griechen eigentlich zu den Barbaren gezählt wurden (womit die Griechen ursprünglich nur alle Ausländer meinten, die nicht griechisch sprachen). Seit den Perser-Kriegen (500–479 v. Chr.), in denen Athen zweimal zerstört wurde, war das Wort »Barbar« mit der Vorstellung des Ungebildeten, Rohen und Grausamen verbunden. So sahen die Griechen auch die Makedonen, aber nachdem sie von ihnen erobert und geeint worden waren, von Philipp II., dem Vater Alexanders des Großen, konnten sie die Makedonen von der aktiven Teilnahme an den Olympischen Spielen nicht mehr ausschließen. König Philipp II. von Makedonien (geboren um 382 v. Chr., ermordet 336 v. Chr.) hat sich mehrmals selbst an Wagenrennen beteiligt, auch am Reiten. Und dreimal wurde ihm in diesen Disziplinen der Sieg zuerkannt, im Pferderennen, im vier- und im zweispännigen Wagenrennen. Allerdings muß das nicht heißen, daß Philipp selber geritten und gefahren ist. Denn im Pferde- und Wagenrennen galten die Pferdehalter als Teilnehmer, nicht die Jockeys, die für sie kämpften. Allein die Halter galten im Fall eines Sieges als die Gewinner, und ihre Namen wurden in den olympischen Annalen verewigt. Nicht zu siegen war folglich in diesen Disziplinen keine persönliche Niederlage.

Einige Jahrhunderte später, in römischer Zeit, konnten auch die Römer teilnehmen sowie alle, die das römische Bürgerrecht besaßen, wie zum Beispiel der bereits erwähnte Herodes, König der Juden. Die Römer waren ja sehr an Wettkämpfen aller Art interessiert. Und an den olympischen Wagenrennen nahmen auch Imperatoren gerne teil, manchmal sogar aktiv. Tiberius, der Stiefsohn und Nachfolger des Kaisers Augustus, soll in Olympia einmal einen Rennwagen gefahren haben. Und mit Sicherheit ist dies von Nero überliefert, der dabei eine besondere Disziplin einführte, nämlich das Fahren mit zehn Pferden. Nero veranstaltete in Olympia auch einen Wettbewerb für Lyriker; er schrieb ja selber Gedichte. Dies war in der langen Geschichte Olympias das einzige Mal, daß ein musischer Wettkampf ausgetragen wurde (was bei den Delphischen Spielen immer der Fall war).

Dafür, daß Olympia noch in römischer Zeit eine große Rolle gespielt hat, fand Alfred Mallwitz vor einigen Jahren eine archäologische Bestätigung. Südlich des bis zu jener Zeit ausgegrabenen Komplexes von etwa 300 mal 500 Meter Ausdehnung legte er eine bis hinauf zu den gemauerten Gewölbedecken gut erhaltene römische Badeanstalt frei, die unter mehreren Metern Schwemmsand verborgen gewesen war. Dieser Fund ließ die Hoffnung wieder steigen, daß auch noch die bisher unentdeckte Heilige Straße gefunden werden könne. Über sie zogen zur Eröffnung der Spiele die Athleten und ihre Betreuer, die Kampfrichter, die Abgeordneten vieler Städte und vornehme Besucher feierlich in das Heiligtum ein, mit ihnen hundert Rinder, die auf dem Zeus-Altar geopfert werden sollten.

Die vielen anderen Besucher kamen zu Zehntausenden, wann es ihnen beliebte: Zuschauer vor allem, aber auch Verkäufer von Lebensmitteln und Getränken und von Geschirr, das die manchmal von weit her anreisenden Besucher hier kauften und nach Gebrauch in Abfallgruben warfen (und das die Archäologen wieder herausholen). Es kamen Händler von Souvenirs, kleinen Weihegeschenken und Blumen, es kamen Schausteller, Sänger, Tänzer, Redner, Tipgeber für die Wetten, die hier abgeschlossen wurden. Und es kamen auch Zuhälter mit ihren Mädchen. Ungeklärt ist übrigens, warum verheiratete Frauen den olympischen Kämpfen nicht zuschauen durften, wohl indessen die jungen, unverheirateten Mädchen. Daß die Athleten nackt auftraten (seit dem Ende des 5. Jahrhunderts) kann für dieses Verbot nicht der Grund gewesen sein. Denn das war bei anderen Spielen ebenso, aber da bestand ein solches Verbot nicht. Nur eine einzige Frau durfte, ja mußte in Olympia den Kämpfen zuschauen, auch wenn sie verheiratet war: die alle vier Jahre neu gewählte Priesterin der Demeter Chamyne, die ihren Sitz im Stadion hatte, gegenüber den Kampfrichtern. Demeter wurde von den Griechen als die Erdmutter verehrt, als Göttin des Korns und der Vegetation, und die Demeter Chamyne in Olympia wohl speziell als Hüterin der Quellen und Brunnen.

Wie die vielen tausend Menschen nach Olympia kamen, ist nirgendwo beschrieben. Vermutlich reisten die meisten mit Schiffen auf dem Seeweg an, bis an die (heute) 18 Kilometer entfernte Küste, und gingen von da zu Fuß oder konnten vielleicht noch einen Teil des Weges flußaufwärts fahren; im antiken Griechenland gab es kein dem römischen vergleichbares Straßennetz. Noch heute ist das in der verträumten Landschaft Elis liegende Olympia nicht leicht zu erreichen.

Vom Athener Flughafen aus brauchte ich im Auto fast fünf Stunden, für die zwar etwas längere, aber schnellere Strecke: zunächst durch das zu fast allen Tageszeiten verstopfte Athen, dann die Autobahn über Korinth entlang der nördlichen Küste des Peloponnes, der Insel des Pelops, bis Patras, dann 24 Kilometer Straße bis Kato Achaia, von dort wieder Autobahn bis Pirgos, und dann noch ein Stück Landstraße. Das sind insgesamt nicht mehr als 360 Kilometer, aber keineswegs so glatt, wie die Autokarte es suggeriert. Über lange Strecken ist die Autobahn nur einspurig, sie hat viele Kurven, gefährliche Schlaglöcher, und die Warnungen vor Steinschlag sind ernst zu nehmen; häufig lagen mitten auf der Fahrbahn gewaltige Felsbrocken. Schönere Möglichkeiten, nach Olympia zu kommen, führen auf weit schlechteren Straßen über hohe Gebirge und kosten noch mehr Zeit.

In Elis – so hieß diese Region im Altertum – spielt Zeit allerdings keine Rolle. Schon vor Jahrtausenden scheint sie hier stehengeblieben zu sein. In Elis gibt es nur Dörfer und kleine Ortschaften, kaum Straßen, nur ein paar kleine Hotels und noch keine Städte. Auch Olympia ist keine Stadt (und nie Stadt gewesen). Schon deswegen ist es denkbar ungeeignet dafür, hier etwa wieder Olympische Spiele stattfinden zu lassen, und zwar ständig hier, also alle vier Jahre, wie es von Zeit zu Zeit immer wieder vorgeschlagen wird. Der Bau moderner Sportarenen hier bei Olympia, von riesigen Hotels, die Anlage von Straßen und dann der Ansturm von fünfhunderttausend Besuchern würde die antiken Stätten und damit die jahrhundertlange Arbeit der Archäologen aufs äußerste gefährden, ja dies wäre das Ende des antiken Olympia und seiner Idee von Freiheit und politischer Unabhängigkeit. Elis

Obwohl die Fahrt nach Olympia zeitaufwendig ist, kommen ständig viele Besucher.

aus dem Schlaf zu reißen, in der Hoffnung, mit ihm ganz Griechenland durch die Spiele noch mehr dem Tourismus zu öffnen, würde bedeuten, die Spiele dem Tourismus und seinen ihm eigenen Gesetzen und Forderungen auszuliefern.

Gerade weil das antike Elis sich nie zu einem mächtigen, politisch einflußreichen Staat entwickelt hatte, konnten die Spiele hier über einen so langen Zeitraum regelmäßig veranstaltet werden. Denn nur auf diese Weise blieben sie politisch neutral wie die Eleer selber, die für ihre Ausgestaltung verantwortlich waren, die ganze Zeit hindurch. Nur so konnte verhindert werden, daß die Spiele politisch mißbraucht wurden, wie es sicherlich möglich gewesen wäre, wenn etwa die mächtigen Athener oder die mit ihnen konkurrierenden Spartaner für ihre Ausgestaltung hätten sorgen müssen.

Auf Olympia Einfluß zu nehmen haben die Mächtigen allerdings von Zeit zu Zeit versucht. So im Jahr 420 v. Chr. die Spartaner, als sie gegen die Eleer Krieg führten. Zur Strafe wurden sie damals von den Spielen ausgeschlossen. Und ein halbes Jahrhundert später, als Elis und Olympia – wie übrigens recht häufig in ihrer langen Geschichte – durch Erdbeben stark beschädigt worden waren, fielen die Arkader in Elis ein. Sie wollten Olympia in ihren Besitz bringen und sich die Leitung über Heiligtum und Spiele aneignen. Die Eleer versuchten, die Eindringlinge mit Gewalt wieder zu vertreiben. Doch gelang es den Arkadern, in Olympia an die Tempelschätze zu kommen, aus denen sie dann ihre Truppen entlohnten. Erst nach einem Jahr erhielt Elis das Heiligtum zurück, und zwar aufgrund einer vertraglichen Regelung mit Arkadien. Mallwitz weist darauf hin, daß dieser Vertrag zum Anlaß wurde für das kolossale Zeus-Bild des Phidias. Aus Dankbarkeit dafür, daß Zeus der Auseinandersetzung mit den Arkadern doch noch eine für die Eleer und Olympia günstige Wendung ermöglicht hatte, ließen die Eleer das gewaltige und teure Weihgeschenk für Zeus in der Altis errichten. Es bedeutete zugleich einen Schutz. Dieses mächtige Anathema sollte künftig jeden mit dem Bannfluch der Gottheit belegen, der es wagen würde, frevelhaft in das olympische Heiligtum einzudringen oder sich gar an seinen Schätzen zu bereichern.

Weil Olympia keine Stadt war, gab es für die Massen von Besuchern keine Unterkünfte. Nur für wenige vornehme Besucher war Platz in Gästehäusern. Für andere wurden in der Umgebung rund um das Heiligtum und seinen berühmten heiligen Hain (der verheirateten Frauen, die ja auch den Spielen nicht zuschauen durften, nicht zugänglich war) Zelte aufgeschlagen. Viele, vielleicht die meisten, schliefen unter freiem Himmel. Die hygienischen Verhältnisse müssen katastrophal gewesen sein. Und es heißt, daß schon Herakles arg unter den Massen von Fliegen zu leiden gehabt habe, die sich da regelmäßig einfanden, und daß er deswegen auch dem Zeus Apomyos Opfer darbrachte, dem Abwender der Fliegen.

Schwierige Probleme warf schon die Versorgung mit Trinkwasser auf. Es mußten immer wieder neue Brunnen gegraben werden. Sie versiegten offenbar sehr schnell und wurden dann – was sich Jahrtausende später für die Archäologen als Glücksfall darstellte – mit allerlei Abfall aufgefüllt. Erst in römischer Zeit wurde die Wasserversorgung gelöst. Da ließ um 150 n. Chr. der sehr reiche Herodes Atticus, Athener Politiker und Freund römischer Kaiser, in Olympia aus eigenen Mitteln das Nymphäum bauen, eine heute wieder gut erkennbare Brunnenanlage. Sie erhielt das Wasser von weit her über einen Aquädukt und verteilte es durch Leitungen über die ganze Anlage.

Die Veranstaltungen in Olympia, diese sakralen Dank- und Opferfeste für und mit Zeus, waren zugleich rechte Volksfeste, bei denen auch Essen und Trinken eine wichtige Rolle spielten. Gegessen wurde das Fleisch jener hundert Rinder, von denen man sagte, daß sie Zeus geopfert wurden. Aber auf dem im Freien stehenden Zeus-Altar (von dem Archäologen bisher nichts gefunden haben) wurden von den geschlachteten Tieren dem Gott nur die Schenkel dargebracht; sie wurden verbrannt, und die dabei entstehende Asche galt als dem Zeus heilig und wurde deswegen vom Altar nie entfernt. Einmal im Jahr brachten die Seher aus dem Prytaneion die Asche vom Hestia-Altar hierher, nachdem sie sie mit dem lößhaltigen Alphaios-Wasser verrührt hatten, und fügten sie der Asche auf dem Zeus-Altar hinzu. Die schlammartige Masse, schreibt Mallwitz, scheint nach dem Trocknen eine witterungsbeständige Oberfläche gebildet zu haben, die verhinderte, daß Winterregen den heiligen Aschenkegel auflöste; zu der Zeit, als Pausanias Olympia besuchte, im Jahr 170 n. Chr., war der Aschenkegel auf dem Zeus-Altar sieben Meter hoch. Alles andere Fleisch von den geschlachteten Opfertieren wurde nicht für Zeus zu Asche verbrannt, sondern es wurde von den Besuchern gegessen. Bei den Opfern kam es ja immer nur darauf an, den Göttern von allem etwas abzugeben, um sie nicht neidisch werden zu lassen. Deswegen mußte dem olympischen Zeus ja auch, wie schon gesagt, von jeglicher Kriegsbeute der zehnte Teil dargebracht werden. Und deswegen gab es hier so viele metallene Statuen; dies waren Weihgeschenke von berühmten Leuten, etwa von Politikern, vor allem aber von Athleten, die dem obersten Gott für ihre Erfolge dankten und ihn zugleich daran teilhaben ließen. Die Inschriften auf den Sockeln solcher Statuen, die die Namen der Sieger und die Zahl ihrer Siege mitteilten, erfüllten freilich zugleich eine Public-Relation-Funktion.

Es ist nicht unwichtig, daß sich die Olympischen Spiele aus Kulthandlungen entwickelten, daß also in Olympia zuerst ein heiliger Kult veranstaltet wurde und daß die Spiele erst später hinzukamen. So blieben sie immer an den Kult und an Zeus gebunden. Und dies mag der entscheidende Grund nicht nur dafür sein, daß die Spiele über so lange Zeit durchgeführt werden konnten, sondern auch dafür, daß sie sich nur wenig änderten. Anfangs jedoch waren sie recht bescheiden. Da dauerten sie nur einen Tag und konnten kaum als Spiele bezeichnet werden. Nur ein einziger Agon wurde veranstaltet, und zwar der einfache Lauf. Schwer vorstellbar ist indessen, daß allein der Stadionlauf, selbst nachdem er im Jahr 724 v. Chr. durch den Doppellauf und nach der nächsten Olympiade durch den Dauerlauf erweitert wurde, jemals Massen von Zuschauern hätte anlocken können, noch dazu von weit her. Der griechische Historiker und Geograph Strabo, der um 100 n. Chr. schrieb, hatte wohl recht mit seiner Vermutung, daß es das olympische Orakel war, das den Ruhm Olympias begründete und das so viele Menschen kommen ließ. Allerdings ist von diesem Orakel im Unterschied zum Delphischen nur sehr wenig bekannt, nämlich eigentlich nur, daß Seher aus den Brandopfern auf dem Zeus-Altar die Zukunft voraussagten. Noch im 4. vorchristlichen Jahrhundert kamen die Könige von Sparta wegen schwieriger Fragen in ihrer Außenpolitik nach Olympia, um hier zu opfern und das Brandorakel zu befragen. Später hat das Orakel offenbar an Bedeutung verloren; da wurde es nur noch von den Athleten befragt.

Erst nach der 17. Olympiade wurden die sportlichen Veranstaltungen interessanter. Da kamen Ringen und der Fünfkampf hinzu. Der Fünfkampf bestand in Laufen, Springen, Speer- und Diskuswerfen und Ringen. Das verlange eine geradezu ideale Ausbildung der Athleten, meinte der Philosoph Aristoteles, und könne dazu dienen, schönste Menschen heranzubilden. Schon früh wurde der Fünfkampf, das Pentathlon, auch für Knaben eingeführt, doch wurde die Zulassung nach nur einem Mal wieder zurückgenommen. Seit 632 v. Chr. durften Knaben, also Jugendliche, am Ringen und am Laufen teilnehmen und seit 616 auch am Faustkampf. Den Faustkampf gab es bei den Olympischen Spielen seit 688, als – wie die von 776 v. Chr. an überlieferten olympischen Siegerlisten ausweisen – der Boxer Onomastos aus Smyrna den Sieg erhielt. Anders als beim Ringkampf, der nicht als grob und roh galt und bei dem der Gegner dreimal zu Boden geworfen werden mußte, und zwar so, daß er mit den Knien den Boden berührte, ging es beim Boxen sehr hart und meistens blutig zu. Die

Hände der Boxer wurden bis hinaus über die Gelenke mit Lederstreifen bandagiert, wobei die Fingerspitzen frei blieben. Das ursprünglich weiche Leder wurde später durch harte, scharfkantige Riemen ersetzt. In römischer Zeit wurden die Lederbandagen sogar mit metallenen Knöpfen versehen. Es durfte mit der offenen Hand geschlagen werden. Verboten waren Schläge in den Unterleib, und verboten waren Griffe, um den Gegner festzuhalten. Im einzelnen sind die Faustkampfregeln jedoch nicht überliefert. Es wurde so lange gekämpft, bis einer der Faustkämpfer zu Boden ging oder aufgab. Manchmal kam es auch zu tödlichen Ausgängen. Mit einem solchen Risiko mußten die Faustkämpfer rechnen. Bei den Spielen von 492 v. Chr. wurde dem Boxer Kleomedes von Astypalaia, einer ägäischen Insel, der Sieg abgesprochen, aber nicht deswegen, weil er seinen Gegner getötet hatte, sondern weil dies durch eine Regelwidrigkeit geschehen war. Kleomedes, der sich schon als Sieger gefühlt hatte, soll über diese Entscheidung den Verstand verloren haben.

Ringkämpfe waren beim Publikum weniger beliebt als die viel brutaleren Box- und Allkämpfe.

Noch beliebter als der Faustkampf war beim Publikum das seit 648 in Olympia zugelassene Pankration, eine Kombination von Ring- und Faustkampf. Dabei wurde so lange gekämpft, bis einer der Gegner aufgab, und zwar durch Handaufheben – vorausgesetzt, daß der Verlierer dazu überhaupt noch in der Lage war. Gekämpft wurde mit bloßen Händen, also ohne Faustriemen, wobei alle Arten von Schlägen erlaubt waren. Die Kämpfer schlugen, boxten, stießen mit Händen und Füßen, rangen miteinander, versuchten, den anderen zu würgen oder ihm die Augen einzudrükken, ihm Glieder zu brechen oder zu verdrehen, Gelenke auszurenken. Nur Kratzen und Beißen waren verboten. Der Dichter Pindar hat Pankrationsieger in vielen Gedichten gefeiert.

Auch beim Pankration, dem Allkampf, gab es manchmal Tote. Pausanias berichtet von einem solchen Kampf, dem letzten des berühmten Pankratiasten Arrhachion aus Phigalia, der schon zweimal in Olympia gesiegt hatte und dann um seinen dritten Sieg kämpfte: Der Gegner, dessen Name nicht überliefert ist, »packte Arrhachion, hielt ihn in einer Beinschere fest und würgte ihn mit den Händen, während Arrhachion ihm die Zehen brach. Arrhachion starb an dem Würgegriff, und zugleich gab der andere vor Schmerz in seinen gebrochenen Zehen den Kampf auf. Die Eleer bekränzten den toten Arrhachion und erklärten ihn zum Sieger.« Und seine Heimatstadt ehrte ihn mit einem Denkmal.

Beim Pankration und beim Faustkampf verlief die Grenze zwischen »fair« und »foul« mehr dort, wo alles erlaubt ist, als heutzutage, schreibt Finley und fügt hinzu: »Es war nicht Sitte, daß sich Faustkämpfer (oder Athleten überhaupt) vor oder nach dem Kampf die Hände schüttelten.« Der Geist von Pindars Zeilen ›Schlimmes im Sinn‹ und ›Von des Unglücks Biß verwundet‹ sei mit einer solchen Geste unvereinbar gewesen. Einer der berühmtesten Pankratiasten, Sostratos von Sikyon, hatte sich darauf spezialisiert, seinen Gegnern die Finger zu brechen. Mit dieser Methode war er oft erfolgreich. Dreimal siegte er in Olympia (364, 360 und 356 v. Chr.) und vierzehnmal in anderen großen Spielen. Ihm wurden Standbilder in Olympia und in Delphi errichtet, und seine Heimatstadt Sikyon prägte Münzen mit seinem Porträt, von denen einige gefunden wurden. Das Pankration, das den Griechen weniger gefährlich zu sein schien als der Faustkampf, erfreute sich so großer Beliebtheit, daß sich überall in den Gymnasien schon die Knaben in diesem Sport mit Leidenschaft übten.

Bei den 65. Spielen, im Jahr 520 v. Chr., wurde in Olympia ein weiterer Wettkampf eingeführt. Das war der Waffenlauf. Er wurde anfangs mit Helm, Beinschienen und Schild ausgetragen, später nur mit Helm und nackt. Während der Waffenlauf von da an immer im Programm blieb, wurden zwei andere neue Wettkampfarten, nämlich um 500 das Wagenrennen mit Maultieren und auch zu jener Zeit das Reiten auf Stuten, nach mehreren Spielen wieder abgeschafft. Von diesen mißglückten Versuchen abgesehen fanden alle bisher genannten Wettkämpfe im Stadion statt, das die Archäologen vollständig freigelegt haben.

Das olympische Stadion bot den Zuschauern nicht den geringsten Luxus. Sie saßen oder standen an den vier Seiten auf Wällen, das heißt auf dem Boden; richtige Sitzplätze gab es nur für die Kampfrichter und für die schon erwähnte Priesterin der Demeter Chamyne. Stehend fanden auf den Wällen etwa fünfzigtausend Zuschauer Platz. Diese Angaben beziehen sich auf die ausgegrabene Anlage, wo noch heute die Startschwellen vorhanden sind; sie stammt aus dem 4. vorchristlichen Jahrhundert und lag außerhalb der Altis. Die beiden ersten Anlagen aus dem 6. und 5. Jahrhundert lagen noch innerhalb der Altis, und zwar so, daß der Lauf, der ja einen Teil der Kulthandlung darstellte, immer vom Start in Richtung auf den Zeus-Altar erfolgte. Vermutlich wurde das Stadion aus der räumlich zu engen Altis herausverlegt, um mehr Besuchern die Möglichkeit zum Zuschauen bieten zu können.

Mit dem Wort »Stadion« meinte man ursprünglich »das in die Länge Gezogene«, eine Raumstrecke, ein Wegemaß von 600 Fuß. Da die Fußlängen in den verschiedenen griechischen Landschaften etwas variierten, waren auch die Stadien, also die Laufbahnen in den Sportanlagen, nicht gleich lang. In Athen waren es von der Start- bis zur Ziellinie 184,3 Meter, in Epidaurus 181,3; in Delphi 177,35 und in Olympia 192,25 Meter. Der kürzeste, einfache Lauf ging über eine Bahnlänge, war also in Olympia etwa ein 200-Meter-Lauf. Seit 724 v. Chr. gab es auch den Doppellauf über etwa 400 Meter. Und in den Spielen von 720 wurde der Langstreckenlauf über etwa 4800 Meter eingeführt. Die Läufer starteten stehend, bis zu zwanzig nebeneinander, leicht vorgebeugt, mit einem

Fuß an der steinernen Startschwelle, den anderen Fuß etwas vorgestellt. Daß jeder Läufer in einer eigenen Spur lief, ist unwahrscheinlich; sonst wären die Regeln gegen Rempeln und Behindern wohl nicht nötig gewesen. Sieger war, wer als erster ans Ziel kam. Wie schon gesagt wurde die Zeit dabei nicht gemessen.

Anders als bei unseren heutigen Sportstadien mit den rundumführenden Laufbahnen bestand das Olympia-Stadion nur aus einer geraden 200-Meter-Strecke. Unbekannt ist, wie die Vierhundert-Meter-Läufer wendeten; hatte jeder seinen eigenen Wendepfosten oder liefen alle um denselben Pfosten herum? Da in der antiken Literatur oft darüber geklagt wurde, wie sehr die Läufer einander behinderten, war es wahrscheinlich so, daß es für alle nur einen Wendepfosten gab. Übrigens wissen wir nicht einmal, was geschah, wenn sich mehr als 20 Läufer für eine Disziplin zur Teilnahme meldeten: Wurden nur 20 zugelassen, weil für mehr Läufer keine Startplätze vorhanden waren? Wahrscheinlich fanden dann Ausscheidungskämpfe statt, vermutet Finley, von denen jeweils die besten in den Schlußlauf kamen.

Anders war damals auch das Springen. Dabei handelte es sich nur um Weit-, nicht um Hochsprung. Von bildlichen Darstellungen weiß man, daß die Athleten beim Springen in beiden Händen Gewichte hielten, je etwa zwei Kilo schwer. Bei Ausgrabungen wurden solche Gewichte gefunden. Eines stammt von dem Spartaner Akmatides, der um 500 v. Chr. lebte. Es ist aus Stein, und Akmatides hat es mit einer Inschrift versehen und sein Sprunggewicht in Olympia als Weihgeschenk für Zeus und zugleich als ruhmverkündendes Dokument zurückgelassen. Die Inschrift besagt, daß Akmatides den Siegerkranz »ohne Staub« errang, das heißt, daß er kampflos zum Sieger erklärt worden war, weil sich ihm kein Gegner gestellt hatte. Solche Gewichte aus Stein oder aus Metall wurden beim Sprung, der aus dem Stand erfolgte, mit den Armen vorwärts geschwungen. Dadurch sollte der Schwung verstärkt und der Sprung verlängert werden. Springen war keine selbständige Disziplin, sondern gehörte mit Speer- und Diskuswerfen, Doppellauf und Ringen zum Fünfkampf. Doch waren Laufen und Ringen außerdem eigenständig.

Anders als heute wurde damals auch der Speer geworfen. Die Speere waren nahe ihrem Schwerpunkt mit einer Schnur umwikkelt, die eine Schlaufe bildete. In die Schlaufe steckte der Speerwerfer die Spitzen von Zeige- und Mittelfinger, und zwar so, daß er dem Speer beim Wegschleudern noch zusätzlichen Antrieb und zugleich einen Drall geben konnte, der seinen Flug stabilisierte und ihn – wie von Napoleon inspirierte Versuche ergaben – doppelt so weit fliegen lassen konnte. Die Speere waren leichter und länger als die Kampfspeere oder die Lanzen der Hopliten, den schwerbewaffneten Fußsoldaten der griechischen Phalanx. Jeder Teilnehmer hatte fünf Würfe, von denen nur der beste zählte und dann durch einen Pflock markiert wurde. Dies wurde auch beim Diskuswerfen so gemacht. Der Diskus, meistens aus Bronze, hatte die gleiche Form wie der unsere und wurde ebenso geworfen wie man ihn heute wirft.

Und dann gab es in Olympia noch, seit 680 v. Chr., die wohl beliebtesten Wettkämpfe, für deren Sieger der Dichter Pindar die meisten seiner Olympia-Oden schrieb, nämlich das Wagenrennen und das Reiten. Sie wurden im Hippodrom veranstaltet, das neben dem Stadion lag und von dem nichts mehr gefunden wurde. Das Hippodrom war kein Gebäude, sondern ein großer rechteckiger Platz. Sitzplätze fürs Publikum gab es auch dort nicht. Die Rennbahn war etwa 400 Meter lang. Beim Wagenrennen wurde zwölfmal über die Bahn gerast, und entsprechend oft mußten in Wendungen von 180 Grad die Wendepfosten umfahren werden, von denen es an jedem Ende der Rennbahn für alle Wagen nur einen gab. Unbekannt ist, wie viele jener leichten, zweirädrigen Wagen, auf denen die Wagenlenker standen und die mit vier Pferden bespannt waren, zugleich fuhren. Bei den Pythischen Spielen von 462 v. Chr. fuhren 41 Wagen. Von ihnen soll nur der Wagen des Königs von Kyrene in Nordafrika das Rennen überstanden haben. So verlustreich muß es bei den Wagenrennen nicht immer zugegangen sein. Aber ohne Zweifel waren die Rennen gefährlich, und ganz ohne Karambolage ging es wohl nie ab. Um es nicht gleich zu Anfang eines Rennens bei der ersten Wende zu einer Massenkarambolage kommen zu lassen, hatte man ein kompliziertes Startsystem ausgetüftelt. Es sollte zugleich die Nachteile für die an den Außenseiten startenden Wagen ausgleichen, die bei der ersten Bahnlänge einen etwas weiteren Weg zu dem gut 400 Meter entfernten Wendepfosten hatten, weil dieser in der Mitte der 250 Meter breiten Rennbahn stand. Deswegen wurde ein Staffelstart gemacht: Zuerst starteten die beiden links und rechts ganz außen stehenden Wagen, danach die nächsten zur Mitte hin, bis schließlich zuletzt der in der Mitte stehende Wagen losrasen durfte. Die Aufstellung der Wagen für den Start war zeitraubend. Und um Fehlstarts zu vermeiden, gab es – so ist es von Pausanias beschrieben – ein breites Start-Tor, geformt wie ein Schiffsbug, das für jeden Wagen mit seinen vier Pferden getrennte Boxen hatte, die nacheinander in der genannten Reihenfolge geöffnet wurden. Die Aufstellung wurde durch das Los bestimmt.

Der Pferdesport war überaus kostspielig. Deswegen blieb er immer ein Privileg der Reichen, insbesondere des Adels. Ursprünglich waren alle Agone, alle Wettkämpfe, den Adligen vorbehalten, doch änderte sich dies vom 5. Jahrhundert v. Chr. an, als es immer mehr Berufsathleten gab. Und diese Profis kamen aus allen Schichten, aber kaum aus dem Adel, der sich nun mehr und mehr von der aktiven Teilnahme an den Spielen zurückzog, ohne indessen seinen prägenden Einfluß auf Olympia aufzugeben. Und im Pferdesport blieb die Adelsgesellschaft allemal tonangebend. Diejenigen allerdings, die den Pferdesport praktisch ausübten, die Jockeys und die Wagenlenker, kamen, genau wie die anderen Athleten, eher aus den unteren Schichten des Volkes. Aber selbst von den Reichen leisteten sich nur wenige die teuren Rennpferde und die Wagen, dazu die Wagenlenker und Reiter, die Stallknechte und schließlich den aufwendigen Transport. Da im Pferde- und Wagenrennen, wie schon gesagt, die Besitzer der Pferde als Teilnehmer galten, nicht die Jockeys und die Fahrer, konnten in diesen olympischen Disziplinen auch Frauen siegen. Zweimal zum Beispiel, 396 und 392 v. Chr., siegte Kyninska, Tochter eines spartanischen Königs. Aber das Zuschauen war auch ihnen verboten, wie allen Frauen in Olympia, und zwar bei Todesstrafe.

Die Pferderennen gingen über 800 Meter. Das hatte zur Folge, daß einmal um 180 Grad gewendet werden mußte. Deswegen wurde auch hier, wie bei den Wagenrennen, nach dem Staffelsystem gestartet. Die Pferde waren unbeschlagen, trugen keine Sättel, und es gab keine Steigbügel. Sattel und Steigbügel waren in der Antike unbekannt.

Letztlich ging es auch den Olympia-Siegern im Pferdesport

nicht allein um den Ölzweig und die Ehre. Auch ihre Siege zogen schließlich finanziellen Gewinn nach sich, zum Beispiel durch Teilnahme und Erfolge bei anderen Spielen, wo es Geldpreise gab, aber auch und vor allem in der Pferdezucht. Die Eleer selber, die in Olympia viele Rennsiege einfuhren, waren seit altersher berühmte Pferdezüchter. Jeder Olympia-Sieg bedeutete eine einträgliche Werbung für die von ihnen gezüchteten Pferde und erhöhte zugleich deren Wert. Und dies galt natürlich auch für alle anderen Rennstallbesitzer und Züchter, deren Pferde hier siegreich gelaufen waren.

Der Historiker Finley vermutet, daß die Olympischen Spiele schon seit dem 7. Jahrhundert v. Chr. mit den so überaus beliebten Wagen- und Pferderennen begannen. Aber der Ablauf des Festes ist nicht mehr sicher zu rekonstruieren. In sehr früher Zeit, als noch der Stadionlauf der einzige Agon war und man für die gesamte Veranstaltung mit den Kulthandlungen nur einen einzigen Tag brauchte, wird das Laufen wohl nach dem Hauptopfer stattgefunden haben. Dieser eine Tag war der Vollmondstag. Als das Fest dann über mehrere Tage ausgedehnt wurde, weil die neu hinzukommenden Wettkämpfe eben mehr Zeit beanspruchten, wird man – so vermutet Alfred Mallwitz – einige Agone vor dem Vollmondstag, andere danach angeordnet haben. Vor dem Hauptfesttag, an dem stets das große Zeus-Opfer mit dem sich anschließenden Festmahl stattfand, wurden vermutlich die Wettkämpfe der Trompeter und Herolde ausgetragen, die es in Olympia seit 396 v. Chr. gab. Die Trompeter, von denen Theodoros aus Megara elfmal gesiegt haben soll, kamen nicht nur wegen ihres Wettstreits nach Olympia, sondern überhaupt als Mitwirkende bei den Spielen; so mußten sie zum Beispiel im Hippodrom den Reitern und den Wagenlenkern Signale geben oder auch die Pferde durch lautes Trompeten anspornen. Noch vor dem Hauptfesttag dürften auch die Wettkämpfe der Knaben stattgefunden haben und danach als erster Höhepunkt die Pferde- und Wagenrennen im Hippodrom. Ihnen mag sich der Fünfkampf angeschlossen haben.

Am Abend vor dem Hauptfesttag – der Abend zählte nach antiker Auffassung schon zum nächsten Tag – wurden den Heroen Achilleus (in Elis) und Pelops (hier in Olympia) Totenopfer dargebracht. Dem Pelops wurde im Pelopion, seinem Heiligtum, ein schwarzer Widder geopfert, so wie es einst an dieser Stelle schon Herakles getan haben soll. Pelops, der Sohn des Tantalos, war – so die Sage – von seinem Vater geschlachtet und den Göttern im Olymp zum Mahle vorgesetzt worden, um ihre Allwissenheit zu prüfen. Sie aber erkannten den Frevel, bestraften Tantalos und gaben dem Pelops das Leben zurück, wobei ihm ein Schulterstück, von dem Demeter, die Erdmutter und Göttin des Getreides, unachtsamerweise gegessen hatte, aus Elfenbein ersetzt werden mußte. Später kam Pelops nach Elis oder Pisa, wie dieses Gebiet damals hieß und wo der König Oinomaos herrschte. Diesem hatte ein Orakel geweissagt, er werde von seinem künftigen Schwiegersohn getötet werden. Damit es dazu nicht kommen könnte, wollte König Oinomaos eine Vermählung seiner Tochter unmöglich machen. Und deswegen stellte er jedem, der sich um Hippodamaia bewarb, eine aussichtslose Bedingung, und zwar, ihn in einem Wagenrennen von Pisa bis zum Isthmos zu schlagen. Da Oinomaos windesschnelle Rosse hatte, ein Geschenk seines Vaters Ares, des Kriegsgottes und schnellsten aller griechischen Götter, konnte er ziemlich sicher sein, von niemandem besiegt zu werden. Er gewährte den Freiern, die übrigens Hippodamaia auf ihrem Wagen mitnehmen mußten, sogar einen Vorsprung, aber bis Pelops als Freier kam, hatte Oinomaos noch jeden Bewerber mit seinen Ares-Rossen eingeholt und ihn von hinten mit der Lanze durchbohrt. Die Köpfe dieser glücklosen Verlierer – es waren schon 12 oder 13 oder gar 18 – hatte er an das Dach seines Palastes nageln lassen. Pelops aber besiegte den König, allerdings auf unfaire Weise, ja eigentlich durch Betrug. Dabei half ihm Myrtilos, der Wagenlenker des Königs. Myrtilos entfernte die metallenen Pflöcke aus den Radnaben des königlichen Wagens und ersetzte sie durch Wachspflöcke. Die Räder lösten sich während der Fahrt, Oinomaos stürzte und wurde von seinen Pferden zu Tode geschleift. So gewann Pelops die Braut und mit ihr die Herrschaft über Elis, nachdem er seinen Mitwisser und Helfershelfer Myrtilos ins Meer gestürzt hatte.

Auf dem Hintergrund dieser Sage wurden die Olympischen Spiele, zumindest zeitweise, als Leichenspiele des Pelops für seinen Schwiegervater Oinomaos aufgefaßt. In späterer Zeit verstand man sie als Leichenspiele für Pelops selbst. Der Dichter Pindar, der von etwa 518 bis 446 v. Chr. lebte, hielt das Pelopion in der Altis, das Heiligtum des Pelops, wo ihm der Widder geopfert wurde, sogar für dessen Grab. Übrigens hatte Pindar, der indessen ein Verherrlicher der Olympischen Spiele war, eine andere als die hier wiedergegebene Version der Pelops-Sage. Bei Pindar kam Pelops nicht als Speise für die Götter in den Olymp, sondern wurde von Poseidon dorthin entführt und war da als Poseidons Liebling eine Zeitlang Mundschenk der Götter. Und nach Pindars Darstellung siegte Pelops nicht durch Betrug über Oinomaos, sondern weil er die schnelleren Pferde hatte, nämlich ein goldenes Rossegespann, das Poseidon ihm geschenkt hatte. Das ist freilich eine sehr viel gefälligere Version als jene, die den Beginn der Olympischen Spiele mit einem Betrug in Zusammenhang bringt.

Die Totenopfer für Pelops, die uns auf diese Geschichte brachten und die wohl wirklich seine Stifterrolle für das Fest in Erinnerung rufen sollten, leiteten schon zum Hauptteil der Veranstaltung über, dem Opfer für Zeus am Vollmondstag. Am folgenden Tag dürften dann nach alter Tradition die Wettkämpfe der Läufer stattgefunden haben. Und ihnen folgten schließlich die Ring- und Faustkämpfe und das Pankration. Der fünfte und letzte Tag galt den Schlußfeierlichkeiten und der Siegerehrung. Wohl mit dem Festmahl für die Sieger im Prytaneion klang das Fest aus.

Und dann zogen die Zehntausende von Besuchern wieder ab, und die Eleer hatten viel Zeit, das Heiligtum und den Heiligen Hain, die Sportanlagen und die Umgebung wieder in Ordnung zu bringen, bis nach vier Jahren, nach einer Olympiade, der ganze Rummel von neuem begann. Das ist ja auch nur eine moderne Legende, daß die antiken Olympischen Spiele frei von Rummel gewesen wären. Schon sehr früh, schon im 7. Jahrhundert v. Chr. gab es Kritiker, die nicht nur viele negativen Begleiterscheinungen der Veranstaltung kritisierten, sondern sogar warnten, den Wert der sportlichen Leistungen zu hoch einzuschätzen. Vor gut zweieinhalb Jahrtausenden schrieb der spartanische Dichter Tyrtaios: »Ich würde nie eines Mannes gedenken wegen der Schnelligkeit seiner Füße oder seiner Überlegenheit im Ringkampf...« Indessen gründete die Kritik des Spartaners darin, daß er den Krieg beziehungsweise die Leistung des Kriegers zum Maßstab allen Tuns machte: Denn – fuhr Tyrtaios fort – der Athlet »taugt nicht im Kriege, wenn er nicht im blutigen Gemetzel standhält und auf den Feind im Handgemenge einschlägt. Das nenne ich Tapferkeit, den schönsten und edelsten Preis, den ein junger Mann heimtragen kann.«

Hundert Jahre später stellte der Moralist Xenophanes die philosophische Weisheit über die sportlerische Leistung. In einem Gedicht (zitiert nach M. I. Finley) schrieb er:

»Doch wenn ein Mann, mit schnellen Füßen siegreich
Oder im Fünfkampf, im Bezirke des Zeus
An des Pisa Ufer zu Olympia...
Gewürdigt wird er in den Augen seiner Landsleute
Mit einem Ehrenplatz bei Spielen und Festen
Und Unterhalt auf öffentliche Kosten
Und einer Gabe aus dem Schatzhaus der Stadt...
Doch nicht so verdient ist er wie ich, denn unsere Weisheit
Ist besser als Kraft von Männern und Pferden...
Mag auch die Stadt sich eines Faustkämpfers rühmen...
Deswegen wird sie auch nicht besser regieret...
Und es füllen sich auch nicht schneller die Speicher.«

Es ließe sich eine lange Reihe ähnlicher Kritiken, Einwände, Anmerkungen von Philosophen, Dichtern, Satirikern zusammenstellen, die warnten, sich empörten oder sich nur lustig machten über die großen Ehren und materiellen Zuwendungen und Vergünstigungen, die den siegreichen Athleten zuteil wurden. Aber die Mehrheit des Volkes, auch der Politiker und sogar der Intellektuellen hielt es mit der von dem Dichter Pindar wieder und wieder beschworenen Ansicht. Für Pindar setzten sich in den Wettkämpfen der Athleten jene sagenhaften Heldentaten der ruhmvollen Krieger aus Homers heroischem Zeitalter fort, der Helden Achill, Nestor, Patroklos, Hektor und vieler anderer, von denen in den großen Epen »Ilias« und »Odyssee« erzählt wird. Und zweifellos konnte man es so sehen, wobei gewisse Unschönheiten eben in Kauf genommen wurden, die dadurch entstanden, daß es gerade bei diesen höchstangesehenen aller Spiele um hohe Gewinnchancen ging, um eine immense Steigerung des Ansehens nämlich, die sich letztlich – wie dargestellt – immer auch finanziell auszahlte.

Eben weil in Olympia für alle Beteiligten so besonders viel auf dem Spiel stand, kam es hier schon früh zu Betrügereien und Bestechungen. Immer wieder auch haben Städte versucht, Olympia-Sieger für sich zu kaufen, die dann in ihrem Namen kämpfen und den Ruhm der Stadt und ihrer Bürger vergrößern sollten. Auch das war ja Teil des Rummels, daß die Städte, die sich mit Olympia-Siegern rühmen konnten, dies durch Aufstellen von Denkmälern und Schrifttafeln in Olympia publik machten, wo Besucher aus der ganzen Welt dies sehen und lesen konnten. Und zum Rummel in Olympia trugen schließlich die Prominenten bei, die zu den Spielen kamen, nicht nur um zuzuschauen, sondern um sich zu zeigen und sich darzustellen: Könige, reiche Adlige, in römischer Zeit auch Kaiser; Politiker, die hier Reden hielten oder sich zu Gesprächen mit anderen Politikern trafen; Dichter, die aus ihren Werken lasen; nicht zuletzt die Kritiker der Spiele, also Philosophen, Schriftsteller, Moralisten, die hier ihre Kritik vorbringen konnten.

Und immer mehr griechische (und später römische) Städte sahen sich veranlaßt, für ihre Olympia-Sieger Geldpreise, Pensionen, Steuerbefreiung und Ehrenfeiern zu gewähren und deren Art und Höhen vorab festzulegen. Schon früh konnten die Feiern triumphale Ausmaße annehmen, wie zum Beispiel im Jahre 412 v. Chr. in Akragas (Agrigent) auf Sizilien; da heißt es von dem Athleten Exaenetus, der in Olympia im Doppellauf gesiegt hatte: »Er wurde in einem Wagen in die Stadt geholt, und in seinem Gefolge fuhren dreihundert Wagen, jeder von einem Paar weißer Rosse gezogen, die alle Bürgern von Akragas gehörten.« Später, in römischer Zeit, kamen die Heimatstädte der Athleten gar nicht mehr umhin, ihren Olympia-Siegern Triumphzüge auszurichten. Als auch die Siege in anderen großen Spielen in den Triumphrang erhoben wurden, entstanden für viele Städte erhebliche finanzielle Belastungen, zumal auch die Pensionen mit der Zeit höher geworden waren und sich immer mehr Athleten ein Recht auf eine Pension erkämpft hatten. Im dritten Jahrhundert n. Chr. gab es einen Faustkämpfer, der zu Recht zwei Pensionen beanspruchte, jede in Höhe von 180 Drachmen im Monat. Ein Jahrhundert zuvor hatte der aus Pergamon stammende Arzt Galen (129 – 199 n. Chr.), der nach Hippokrates wohl bedeutendste Arzt der Antike, gemeint: »Vielleicht tragen Athleten die Nase deshalb so hoch, weil sie mehr Geld einnehmen als sonst jemand.«

Auch heute können Leistungssportler Höchstgagen bekommen, vorausgesetzt, daß sie Massensport treiben, der viele Freunde hat, wie zum Beispiel Fußball, Tennis, Ski. Sie verdienen sogar sehr viel besser als einst die antiken Athleten, weil sie zusätzlich zu ihren Gehältern und Prämien noch als Werbeträger für die Hersteller ihrer Sportgeräte und Sportkleidung und oft noch durch direkte Werbung für alle möglichen Konsumartikel hoch bezahlt werden. Es war auch Werbung, vom Fernsehen in alle Welt übertragen, als der neunzehnjährige Tennisstar Boris Becker im Dezember 1986 seinen Tennisschläger, mit dem er kurz zuvor gesiegt hatte, in Rom dem Papst überreichte, ein modernes Weihgeschenk gleich jenem Sprunggewicht, das der Fünfkämpfer Akmatides vor zweieinhalb Jahrtausenden dem olympischen Zeus weihte. Und zugleich trieb Beckers Geschenk für den Papst, dieser spektakuläre Vorgang, über den in fast allen Zeitungen und Illustrierten berichtet wurde, den so oft beklagten Rummel um den heutigen Sport auf einen neuen Höhepunkt. Prinzipiell hat sich in Jahrtausenden nichts geändert: Schon damals ging es eigentlich ums große Geld, schon damals entstand um die Spiele gewaltiger Rummel, und schon damals wurde beides von Moralisten beklagt.

Aber die heutigen Moralisten, die darüber klagen, daß Geld und Rummel den Sport kaputt machen – zu Unrecht indes, denn Sportler werden nicht schlechter, wenn sie mit ihrem Sport Millionen verdienen, ganz im Gegenteil –, behaupten fälschlicherweise stets von neuem, im antiken Olympia sei alles noch ganz hoch und hehr zugegangen. Das ist eine gefährliche Legende, die verhängnisvolle Auswirkungen haben kann. Gewiß soll der Mensch Ideale haben, auch, ja gerade im Sport, aber niemand sollte so tun, als wären sie einmal Realität gewesen. Der Traum vom Goldenen Zeitalter, der Glaube, früher sei alles viel besser gewesen, führt leicht zu falschen Maßstäben und unerfüllbaren Anforderungen.

Die antiken Kritiker der Sportspiele haben sich häufig auch darüber mokiert, daß die so hochbezahlten und als Helden verehrten Athleten meistens recht ungebildet waren; viele von ihnen konnten kaum lesen und schreiben. Heute jedoch sind das antike

Olympia und überhaupt der damalige Sport und die Sporterziehung bei den Griechen für viele Menschen untrennbar mit der Vorstellung verbunden, daß nur in einem gesunden Körper ein gesunder Geist sein könne. Aber auch hier muß korrigiert werden, und zwar von Grund auf. Denn in Wahrheit hat der römische Satiriker Juvenal, der von etwa 60 bis 140 n. Chr. lebte und auf den dieses so oft bemühte Wort zurückgeht, etwas ganz anderes gesagt. Er wird nur immer wieder falsch zitiert, so wie es auch der spanische König Juan Carlos tat, als ein Reporter ihn im Fernsehen fragte, warum er Sport treibe. Der König antwortete wörtlich: »Weil nur in einem gesunden Körper ein gesunder Geist stecken kann.« Die meisten sagen es noch kürzer, aber ebenso falsch, auch wenn sie es lateinisch sagen: »Mens sana in corpore sano« – ein gesunder Geist in einem gesunden Körper! Doch so ist das Zitat auf entstellende Weise verkürzt. Richtig heißt der Satz bei Juvenal (in seinen Satiren X, 356): »Orandum est ut sit mens sana in corpore sano«, womit Juvenal etwas ganz anderes meinte als das, was Turn- und Sportfanatiker später daraus gemacht haben, nämlich dies: »Es wäre zu wünschen, daß in einem gesunden Körper ein gesunder Geist steckte.« Juvenal scheint gefürchtet zu haben, daß eben dies normalerweise nicht der Fall sei. Und es ist gut vorstellbar, daß dem Dichter, der zu den Kritikern der Verherrlichung sportlicher Veranstaltungen gehörte, dieser Gedanke just beim Anblick gut gebauter und körperlich durchtrainierter, aber geistig unbedarfter Athleten kam.

6. Kapitel

Über Pergamon leuchtet wieder das Trajaneum

Warum archäologische Grabungsfelder nicht einfach wie »ausgequetschte Zitronen« liegenbleiben sollten

Plötzlich sahen wir es. Aus einer Entfernung von gut zwei Kilometern. Brett und ich gingen durch die weitläufigen Ruinen des pergamenischen Asklepios-Heiligtums, wohin einst aus dem ganzen Römischen Reich Kranke, Nervöse, Erschöpfte, auch modebewußte Touristen gereist waren. Gegen viel Geld wollten sie sich hier, wo eine Zeitlang der berühmte Arzt Galen wirkte, wieder fit machen lassen, durch Wasser- und Schlammbehandlung, durch Trinkkuren, Sonnenbaden und Laufen, durch Tiefschlaf und Traumdeutung, auch durch anregende Theaterbesuche und entspannendes Shopping.

In der nach Pergamon (an der Westküste der heutigen Türkei, dreißig Kilometer landeinwärts) führenden Basarstraße gab es die begehrten Goldbrokatstoffe zu kaufen, viele verschiedene Parfüms, mit Reliefs verzierte Silber- und Tonvasen und tausend andere Dinge mehr. Als wir von da unten, wo noch wie vor Jahrtausenden die einst heilige und heilkräftige Quelle sprudelt und wo wir auch die Ruinen einer höchst luxuriösen Toilettenanlage mit Marmorsitzen und Wasserspülung bestaunten, zu Pergamons 335 Meter hohem Burgberg hinaufsahen, zu den Resten einstiger Tempel und Königspaläste, da erkannten wir, wie ein Baukran vor dem kodakblauen Himmel gerade den ersten Architrav auf die Reihe einiger wieder aufgestellter Säulen des Trajan-Heiligtums

Heute bilden die wiedererrichteten Säulen des Trajaneums nur Reihen, einst trugen sie die Dächer großer Hallen.

hob. Wir wußten: Das war für die Restaurierungsmannschaft (unter der technischen Leitung von Diplom-Ingenieur Klaus Nohlen) ein großer Augenblick, ein wichtiger Abschnitt jedenfalls in dem 1973 begonnenen Restaurierungsprojekt dieser berühmten Anlage, die vor 1850 Jahren zu Ehren des vergöttlichten römischen Kaisers Trajan gebaut worden war: ein etwa 18 Meter hoher Tempel, an drei Seiten von Säulenhallen umgeben, alles aus weißem Marmor und von weit her sichtbar. Rasch fuhren wir hinauf, von dem in der Ebene liegenden Asklepieion durch das Städtchen Bergama, wo dreißigtausend Türken leben, direkt über den Ruinen der römischen Wohnstadt Pergamon. Oben kamen wir gerade recht, sofort wieder ins türkische Bergama hinunterzufahren und in einer bayerisch aufgemachten Bierschenke auf das weitere Gelingen des ganzen Unternehmens anzustoßen.

Das liegt nun einige Jahre zurück, und inzwischen ist die Wiedererrichtung des Trajaneums nahezu abgeschlossen. Es klingt so einfach: Wiedererrichtung – oder mit dem griechischen Fachwort, das die Archäologen gebrauchen, Anastilosis einer Tempelanlage.

Aber dahinter stecken viele Probleme. Es ist ja nicht so, daß die Trümmer des Trajaneums bis zu ihrer archäologischen Wiederentdeckung so liegenblieben, wie sie – vielleicht bei einem Erdbeben – damals eingestürzt waren, und daß man sie jetzt »nur« wieder zusammenpuzzeln müßte. Wir sahen ja schon auf anderen Ruinenstätten, daß von antiken Städten, von ihren ungeheuren Steinmassen heute meistens nur noch Reste vorhanden sind, besonders dann, wenn sie, wie auch Pergamon, nach Zerstörungen weiterhin bewohnt blieben und wieder auf- und umgebaut oder gar von anderen erobert und neu besiedelt wurden. Dann dienten die Ruinen nur noch als Steinbruch, aus dem jeder sich holte, was er brauchte oder verkaufen konnte. Stein war zu allen Zeiten wertvoll, ebenso Kalk, der aus Marmor gebrannt wurde. In den Ruinen von Pergamon standen noch im 19. Jahrhundert Kalköfen, in denen marmorne Blöcke, Säulen, Schrifttafeln und Statuen verschwanden, nachdem die Kalkbrenner sie zuvor in Stücke geschlagen hatten. Die Reste eines solchen »Marmorfressers« fanden die Ausgräber kürzlich in einem der Gewölbe unter dem Trajaneum; sie werden da »von uns als Zeugen der Zerstörung konserviert«, sagt Klaus Nohlen. Und wie auf fast allen Ruinenstätten sind auch in Pergamon an den inzwischen freigelegten Mauern die Spuren mittelalterlicher Metallräuber zu sehen, die aus Mauerblöcken und Säulen die bronzenen oder eisernen, mit Blei korrosionsfest vergossenen Klammern und Verankerungen herausgeschlagen haben. Erst durch solche jahrhundertelange Ausschlachtung wurden viele Städte wirklich in Trümmerfelder verwandelt, und manche verschwanden fast völlig.

Erhalten haben sich meist die tiefliegenden, stark verschütteten Ruinen, an die schwer heranzukommen war. Die Reste des hoch auf dem steilen Berg gelegenen alten Pergamon waren lange Zeit ungeschützt. Also ist es kein Wunder, daß auch vom Trajaneum, das ganz oben stand, auf einer von den Römern über gewaltigen Subkonstruktionen angelegten Terrasse, nur Teile erhalten sind. Den Archäologen war von Anfang an klar, daß hier nur eine, wie sie sagen, »Teilwiederherstellung« möglich war. Und da lag ein schwieriges Problem: Da von der ursprünglichen Anlage nur noch Teile vorhanden sind, noch dazu in Bruchstücken, weiß niemand mit Sicherheit, wie das Ganze einmal war und wie es optisch wirkte. Weder gibt es alte Baupläne noch detaillierte Beschreibungen. Und da vom Original zu viel verschwunden ist, als daß man alles Fehlende ergänzen könnte, bleibt die Teilwiederherstellung der Versuch, den ursprünglichen Eindruck des Trajaneums andeutungsweise wiederzugeben.

Schon damals, als erst einige Säulen der Nordhalle wieder aufgestellt waren und eben der erste Architrav darübergelegt wurde, war zu erkennen, was inzwischen überhaupt nicht mehr zu bezweifeln ist, nämlich daß sich dieses mit großer Sorgfalt, Geduld und viel Behutsamkeit durchgeführte Wagnis gelohnt hat und daß die gewaltigen Summen, die das Unternehmen verschlang und die Grabungsleiter Dr. Wolfgang Radt (Deutsches Archäologisches Institut, Abteilung Istanbul) nur mit tatkräftiger Hilfe einer Reihe deutscher Firmen zusammenbringen konnte, gut angelegt sind. Kostspielig wurde der Wiederaufbau, für den verschiedene Firmen Kräne, Lastwagen, Gabelstapler, Gerüste und andere teure Geräte zur Verfügung stellten, nicht zuletzt durch die von den Türken geforderte Verpflichtung, den Aufbau erdbebensicher zu machen, was in diesem häufig von Beben erschütterten Gebiet besonders aufwendig und schwierig ist.

Die Wiedererrichtung des Trajaneums, genehmigt nicht nur, sondern ausgesprochen gewünscht von der türkischen Antikenverwaltung, mit der die deutschen Archäologen seit langem gut zusammenarbeiten, lohnt sich vor allem für Besucher. Denn schon eine aufrecht stehende Reihe von Säulen, noch mehr ein auch nur teilwiederhergestellter Tempel wirken entschieden eindrucksvoller als noch so viele auf dem Boden liegende Säulen- und Mauerteile. Erst die auf diese Weise deutlich werdende Höhe einer Halle oder eines Säulenumgangs hilft, sich das einst so prächtige Pergamon vorstellen zu können, jene reiche Stadt, die in hellenistischer Zeit, im zweiten Jahrhundert vor unserer Zeitrechnung, unter ihrem Herrscher Eumenes II. ihre höchste Blüte erlebte und dann in römischer Zeit, als in Rom die Kaiser Trajan und Hadrian regierten, noch einmal aufblühte und eine der Hauptstädte der Provinz Asia wurde, Sitz eines Conventus.

Scherbenfunde zeigen, daß der an drei Seiten steile Pergamon-Berg, der aus vulkanischem Andesit besteht und die ganze weite Kaikos-Ebene beherrscht, schon in archaischer Zeit besiedelt war.

In die Geschichte trat Pergamon um 301 v. Chr., nach den Machtkämpfen der Diadochen, der Nachfolger Alexanders des Großen, die sein riesiges Reich untereinander aufteilten. Einer von ihnen, Lysimachos, ließ den Eunuchen Philetairos auf der Festung Pergamon zurück, mit einem Schatz von 9000 Talenten. Mit Hilfe dieses Schatzes aber machte Philetairos sich auf Pergamon selbständig. Und seine Nachfolger, die Attaliden Eumenes I., Attalos I., Eumenes II. und Attalos II., brachten von Pergamon aus nahezu ganz Kleinasien – mit Ausnahme der freien griechischen Städte – in ihren Machtbereich. Unter den Attaliden wurde Pergamon zu einer wichtigen Handelsstadt, und es wurde so reich, daß es auf herrliche Weise ausgebaut werden konnte und seine Könige es sich leisteten, auch andere Städte wie zum Beispiel Athen, Delphi und Delos mit Säulenhallen und Statuen zu beschenken.

Im Jahre 133 v. Chr. vermachte Attalos III., der keine Erben hatte, Pergamon und sein Reich testamentarisch den Römern. Unter römischer Herrschaft erhielt die Stadt dann ihre größte Ausdehnung, da viele Römer sich hier ansiedelten. Zu der Zeit soll die Einwohnerzahl auf etwa 150000 angewachsen sein. Vieles wurde damals neu gebaut, und zwar in Marmor, während in Pergamon zuvor allein der hier anstehende Andesit verwendet worden war.

Nach dem Niedergang der römischen Macht schrumpfte die Stadt rapide. In byzantinischer Zeit war wieder nur der Burgberg besiedelt und befestigt. Dann wurde Pergamon von den Seldschuken erobert, noch einmal zurückgewonnen von den Byzantinern, um 1400 von Mongolen verwüstet, danach durch mehrere Erdbeben weiter zerstört, und vom 15. Jahrhundert an diente es den in der Ebene siedelnden Türken als Reservoir für Baumaterial, bis seine Reste unter Sand, Staub und Pflanzenwuchs verschwanden.

Berühmt war Pergamon durch seinen großen Altar, den Pergamon-Altar. König Eumenes II. hatte ihn nach dem Sieg der Römer über die Galater, die kleinasiatischen Kelten, um 190 v. Chr. bei Magnesia, an dem Eumenes entscheidend beteiligt war, errichten lassen. Dieser große Altar, den Eumenes für Zeus errichten ließ – im Süden der Hochburg, unterhalb eines Heiligtums der Athene, der Schutzgöttin Pergamons – war von fast quadratischem Grundriß, 36,44 Meter breit, 34,20 Meter tief. Er war es wohl, der in der Apokalypse (2,13) als »Thron Satans« bezeichnet wird. Auf dem umlaufenden gewaltigen Reliefband seines Sockels, 120 Meter lang, 2,30 Meter hoch, war der Sieg der olympischen Götter über die unterirdischen Mächte und die Giganten dargestellt. Dieses Relief gilt als Höhepunkt der hellenistischen Bildhauerkunst.

Am Ende des ersten Jahrtausends unserer Zeitrechnung haben die auf dem Burgberg von Pergamon ansässigen Byzantiner den Großen Altar, der eine Zeitlang zu den antiken Weltwundern gezählt wurde, auseinandergerissen, um seine Blöcke als Baumaterial für eine Festungsmauer zu verwenden, die vor den andrängenden Mohammedanern Schutz bieten sollte. Vor gut einem Jahrhundert erkannte der deutsche Ingenieur Carl Humann, der dort in türkischen Diensten zu Straßenarbeiten topographische Messungen durchführte, Teile des Reliefs in jener Mauer. Humann, der so zum Wiederentdecker Pergamons wurde, hat dann im Auftrag der Berliner Museen als erster mit der Ausgrabung Pergamons begonnen. Im Einverständnis mit der türkischen Regierung wurden die pergamenischen Funde, darunter die Friesplatten und mehrere Bauteile vom Großen Altar, nach Berlin gebracht. Dort sind sie heute wieder im Pergamonmuseum (in Ost-Berlin) an einer Rekonstruktion des Altars zu bewundern, nachdem sie 1945, bei Ende des Zweiten Weltkriegs, von den Russen nach Leningrad geschafft worden waren, wo sie in den Magazinen der Eremitage lagerten, bis sie 1959 im großen Mittelsaal des Pergamonmuseums in Berlin an dem neuerrichteten Altar wieder angebracht wurden. In Pergamon ist von dem Altar nur noch das gewaltige Fundament erhalten.

Berühmt war Pergamon auch als Bildungszentrum, vor allem durch seine Bibliothek, die zweihunderttausend Schriftrollen umfaßt haben soll, auch sie unter Eumenes II. erbaut und eingerichtet. Hier hatte die Gelehrtenschule ihren Sitz, in der im 2. Jahrhundert v. Chr. der Philologe und Philosoph Krates aus Mallos lehrte. Von ihm stammt der erste Erdglobus. Die meisten Manuskripte der Bibliothek waren nicht auf Papyros geschrieben, denn die in Ägypten herrschenden Ptolemäer hatten die Ausfuhr von Papyros gestoppt, weil sie den Ausbau der pergamenischen Bibliothek als Konkurrenz zu ihrer berühmten Bibliothek in Alexandria empfanden, der größten in der antiken Welt. Deswegen behalfen sich die Pergamener, indem sie auf enthaarten Tierhäuten (von

Ziegen, Schafen, Kälbern, Schweinen) schrieben, die dann »Pergamene« genannt wurden, Pergament. Im Jahr 41 v. Chr. hat Marcus Antonius, damals noch mit Octavian, dem späteren Imperator Augustus, verbündet und mit der Rückeroberung der durch die Parther bedrohten Ostgebiete des Römischen Reichs betraut, die Bibliothek von Pergamon oder doch Teile davon an Kleopatra verschenkt, um die ägyptische Königin, die er vier Jahre später heiratete, über den Verlust der durch Feuer zerstörten alexandrinischen Bibliothek zu trösten. In Pergamon kann man heute im größten Raum des freigelegten Bibliotheksgebäudes oder vielmehr seiner Reste die Podien und Wandverankerungslöcher für die hölzernen Regale sehen, auf denen die Pergamentrollen lagen.

Und berühmt war Pergamon vor allem – wie bereits angedeutet – als das nach Epidaurus in Griechenland am Saronischen Golf, dem Heiligtum des Heilgottes Asklepios, bedeutendste Heilzentrum der damaligen Welt. Das pergamenische Asklepieion bestand bereits in hellenistischer Zeit. Wie in Epidaurus, wo in einem Theater für fünfzehntausend Zuschauer, dem am besten erhaltenen Theater Griechenlands, alljährlich im Sommer Festspiele stattfanden, mit Aufführungen antiker Tragödien und Komödien, gab es auch im Asklepieion von Pergamon ein Theater. Es war allerdings sehr viel kleiner, mit Plätzen für nur viertausend Zuschauer. Doch war dieses Theater vor allem für Gäste des Asklepieions, also für die Patienten; ein größeres Theater, mit 80 Sitzreihen für zehntausend Zuschauer, gab es oben auf dem Burgberg. Im Asklepieion waren Theateraufführungen Teil der Therapie. Sie sollten der Langeweile vorbeugen und die Lebensfreude der Kranken wiederherstellen. In römischer Zeit wurde das Asklepieion noch wesentlich vergrößert. Wie schon gesagt, wirkte hier eine Zeitlang der aus Pergamon gebürtige Arzt Galen, einer der erfolgreichsten Mediziner der Antike. Nach dem Studium in Alexandria begann er seine Laufbahn in Pergamon als Gladiatorenarzt. Später ging er nach Rom und wurde Leibarzt von Kaiser Marc Aurel und dessen Mitkaiser Lucius Verus. Von Galen sind mehrere medizinische Schriften überliefert.

Seit mehr als hundert Jahren sind deutsche Archäologen dabei, dieses Pergamon, das die Attaliden zu einem zweiten Athen machen wollten, auszugraben. Begonnen hatte es damit, daß der bereits erwähnte Carl Humann im Jahr 1873 in Bergama einem Bauern eine Relieftafel abkaufte, die vom Berg oberhalb der Stadt stammte. So wurde Humann zum Wiederentdecker von Pergamon. Und von 1878 bis 1886, der ersten großen Grabungskampagne, machten er und Alexander Conze, der damalige Direktor der Berliner Antikensammlung, unterstützt von der türkischen Altertümerverwaltung, hier immer neue Entdeckungen. Sie holten, wie bereits beschrieben, die verbauten Altarteile aus der byzantinischen Festungsmauer. Sie legten den oberen Markt frei, das große, steil abfallende Theater, einen Dionysos-Tempel. Und sie stießen auf ein technisches Wunder, nämlich auf die pergamenische Druckwasserleitung.

»Die Wasserleitung der Königszeit stammt wohl aus dem 2. Jahrhundert v. Chr.«, sagt Grabungsleiter Dr. Wolfgang Radt, der hier seit 1973 für alles verantwortlich ist (auch dafür, daß im Grabungshaus die immer gefährdete Strom- und Wasserversorgung klappt) und der Pergamons wasserwirtschaftliche Anlagen weiter erforscht hat: »Sie bestand aus einer dreisträhnigen Tonrohrleitung, in die etwa 240000 Rohrteile von je etwa 50 bis 75 Zentimeter Länge verbaut waren. Die Leitung kam vom Madra-Dag im Norden, ungefähr 45 Kilometer weit bis kurz vor Pergamon. Sie mündete in eine Wasserkammer auf einem der Ausläufer des Gebirges gegenüber dem Burgberg. Von hier führte sie in einer unterirdisch verlegten Bleirohrleitung, die einen Druck von 20 atü aushielt, durch drei Talsenken und über zwei niedrige Hügel auf die Burg von Pergamon.« Von einem dort angelegten Wasserdepot, wohl einem Wasserturm, kam das Wasser durch Tonleitungen in die Zisternen der Paläste und Wohnhäuser und in die städtischen Brunnen. Auch die Durchspülung der Abwässerkanäle erfolgte von da aus.

In weiteren Grabungskampagnen, die auf die von Humann und Conze folgten – unter Wilhelm Dörpfeld, Theodor Wiegand, Erich Boehringer, Otto Ziegenaus – wurden neue Entdeckungen gemacht und ausgegraben. Zum Beispiel das Gymnasion, die untere Agora, die antike Hauptstraße, Stadtmauern und Tore, Wohnhäuser, Tumuli, dann die Kasernen und Arsenalbauten, wo einst Geschütze standen und wo die Ausgräber noch Munition fanden, Steinkugeln in 13 verschiedenen Kalibern. Und unten, im türkischen Bergama, wo einst die römische Wohnstadt war, wurden die imposanten Mauern der riesigen »Roten Halle« freigelegt: In römischer Zeit aus roten Backsteinen gebaut und ganz mit farbigem Marmor verkleidet, diente dieser Tempel einem ägyptischen Kult. Später, in christlicher Zeit, wurde er in eine dreischiffige Basilika umgebaut, die dem Apostel Johannes gewidmet wurde. Dann wurde das Asklepios-Heiligtum ausgegraben (in seiner letzten Form, die die Römer ihm gaben), ein römisches Amphitheater und vieles andere mehr.

Und es wird immer noch gegraben, inzwischen jedoch unter anderen Fragestellungen. Jetzt will man herausfinden, wie die Pergamener hier gelebt haben, wie ihre Häuser aussahen, ihre Wohnungen, die Läden, Garküchen, die Straßen, die öffentlichen Latrinen – kurz, jetzt geht es um Pergamons Alltag. Seit mehreren Jahren sind am mittleren Abhang des Burgbergs Stadtgrabungen im Gange, wo schon viele solcher Einrichtungen gefunden wurden, auch ein ganzes Odeion mit einem reliefverzierten Marmorsaal. Und erst dabei zeigt sich wieder die unendliche Mühseligkeit der modernen Archäologie, mit der die vielen nacheinander entstandenen Bebauungsschichten, dieses in Jahrtausenden gewachsene Durch- und Übereinander von allen möglichen Mauern, Trümmern, Verschüttungen, Um- und Neubauten, in nur zentimeterdünnen Schichten abgetragen werden. Jeder Stein, jede Tonscherbe (von denen hier, wenn die Grabung im Gange ist, täglich sechs bis acht, manchmal zehn volle Kästen anfallen), alle Funde und Befunde (wie zum Beispiel Erdverfärbungen) müssen auf Papier sorgfältig festgehalten, beschrieben, gezeichnet oder fotografiert, manchmal gar rekonstruiert werden, damit Wissenschaftler späterer Zeiten die Grabung wenigstens in dieser Dokumentierung nachvollziehen und sie unter vielleicht ganz anderen Fragestellungen, die heute niemand wissen kann, noch einmal erforschen können.

In früheren Zeiten haben die Ausgräber nur selten so sorgfältig dokumentiert. Deswegen mußten hier manchmal alte, längst verschüttete Grabungen noch einmal aufgenommen werden, um Fehler zu korrigieren, bevor es dazu endgültig zu spät ist. Das war zeitaufwendig. Von der pergamenischen Wohnstadt, sagt Radt, wurden bisher noch keine zehn Prozent erfaßt. Pergamon, so scheint es, gehört zu den Grabungen, bei denen ein Ende noch lange nicht abzusehen ist.

Und nicht zuletzt deswegen ist es gut, daß über all dem hier nun wieder das Trajaneum steht, auf der höchsten Stelle des Berges. Denn dieses Wahrzeichen, von weit her sichtbar, beherrscht die gesamte Anlage ähnlich wie einst in römischer Zeit, indem es ganz Pergamon wesentliche Züge seines historischen Gesichts zurückgibt. Erst durch die nicht vollständige, sondern ruinenhafte Wiedererrichtung dieses Heiligtums wurde ganz Pergamon aus einem Trümmerfeld wieder zu einer Ruine, die eine Brücke schlägt in längst vergangene Zeiten. Klaus Nohlen, der technische Leiter dieses Unternehmens, zitiert in diesem Zusammenhang Professor Werner Krämer, den früheren Präsidenten des Deutschen Archäologischen Instituts und Ausgräber des keltischen Oppidum bei Manching in Bayern, der einmal sagte, ein Forschungsobjekt der Archäologie solle nicht »wie eine ausgequetschte Zitronenscheibe liegenbleiben«.

Troja hat so auf mich gewirkt, dessen Reste wir auf dem Weg nach Pergamon besuchten (Troja liegt von hier 125 Kilometer Luftlinie in nordwestlicher Richtung, nahe bei den Dardanellen); aber vielleicht waren nur meine Erwartungen zu hoch geschraubt, nach allem, was ich zuvor über Schliemanns und Dörpfelds Ausgrabungen und über die modernen Grabungen amerikanischer Archäologen gelesen hatte. Dennoch: Wenn man Trojas Reste sieht, ist es kaum vorstellbar, daß hier einst das stolze Ilion gewesen sein soll, das von Homers griechischen Helden zehn Jahre lang belagert wurde, weil – so die Sage – die verführerische Helena, Gemahlin des Spartanerkönigs Menelaos, von Paris, dem Sohn des trojanischen Königs Priamos, hierher entführt worden war. Indessen gibt es sehr viel schlimmer ausgeschlachtete, ausgeräuberte und dann ausgequetscht liegengelassene Grabungsstätten – vermutlich in allen Ländern, wo überhaupt gegraben wird. Jedenfalls sah ich entsprechende Reste in Ägypten, auf Kreta und Lemnos, in Griechenland, in Italien, in Syrien, auch im Heiligen Land und in China. Aber zur Frage, ob und was auf Ruinenstätten restauriert werden soll, ist ja zunächst einmal zu sagen, daß nicht jedes Ruinenfeld überhaupt restaurierungsfähige Tempel, Gebäude oder andere Einrichtungen hat, die genügend gut erhalten sind. Und selbst wenn dies der Fall ist, muß gefragt werden, ob eine Restaurierung sinnvoll, ja ob sie gerechtfertigt wäre; denn – so Klaus Nohlen – »die Wiederaufrichtung von Bauteilen bedeutet einen Eingriff in eine Ruine«, und die »Wiederherstellung eines ursprünglichen Zustands darf nicht zu einem Auslöschen von ›Geschichte‹ führen«. Das heißt: »Erhalten muß bleiben zum einen der ›historische Wert‹, den das Bauwerk als Urkunde einer bestimmten Epoche besitzt, gewissermaßen selbst als eine historische Quelle, zum anderen der ›Alterswert‹, der in den Spuren der seither verflossenen Zeit, denen von Umbauten, von Zerstörung oder einfach in der Form von Patina dem Bauwerk anhaftet.«

Hierin steckt zugleich die Frage, welcher Zustand eines Ruinengebäudes oder einer größeren Anlage wiederhergestellt werden soll. Sie stellt sich ja vor allem bei Ruinen solcher Gebäude, die über einen langen Zeitraum bestanden, aber mehrmals umgebaut, erweitert, vielleicht gar irgendwann zerstört und wiederaufgebaut wurden. Naheliegend ist natürlich, den Zustand vor der letzten Zerstörung wiederherzustellen; denn nur oder zumindest überwiegend von ihm werden die erhaltenen Teile stammen. Aber wenn vielleicht eine größere Anlage restauriert oder wenigstens teilweise wiedererrichtet werden sollte, etwa die ganze antike olympische Anlage, dann entsteht die Frage, *welches* Olympia wiedererstehen soll: das erste, das letzte, das schönste? Würde die Anlage nach dem heute im Folkwang-Museum zu Essen ausgestellten Modell, von dem in Olympia eine Kopie gezeigt wird (das Original wurde von Eva Mallwitz angefertigt, im Maßstab 1 : 250) wiederaufgebaut werden, dann würde Olympia in einer Form entstehen, die es in Wirklichkeit nie gegeben hat. Denn das Modell zeigt die Anlage nicht zu einem bestimmten Zeitpunkt ihres Bestehens, sondern es faßt mehrere Zeitalter zusammen. Das heißt, das Modell stellt Tempel, Gebäude, Einrichtungen dar, die so zur selben Zeit nicht dort standen. Dieses Problem würde an jeder anderen Stätte ebenso aufkommen, auch in Pergamon. Indessen sind dies nur theoretische Überlegungen, da in Wahrheit niemand daran denkt, Olympia oder Pergamon vollständig wiederaufzubauen oder zu restaurieren. »Die umfassende Restaurierung eines gesamten Grabungsareals verbietet sich von selbst«, sagt Nohlen, »nicht zuletzt aus Kostengründen.«

Vermessungsarbeiten in Pergamon. Blick auf das Theater und die unterhalb liegenden Ruinen der Theaterterrasse und – weiter vorn – des Dionysos-Tempels. Links oberhalb des Theaters liegt – nicht mehr im Bild – auf der höchsten Stelle des Burgbergs das Trajaneum.

Aber ebenso wirft die Restaurierung eines einzelnen Gebäudes oder eines Heiligtums Probleme grundsätzlicher Art auf. Bei der Wiedererrichtung des Trajaneums war beispielsweise zu fragen, wie weit es sich in der neuen Form dem Ruinenfeld noch anpassen würde, ob es nicht zu einem Fremdkörper werden würde, der – so Nohlen – »zu Fehlinterpretationen der Bedeutung der übrigen Ruinen verleitet«. Diese Gefahr konnte nicht zuletzt deswegen ausgeschlossen werden, weil vom Trajaneum bei weitem nicht mehr so viele Teile erhalten sind, als daß eine vollständige Wiedererrichtung überhaupt in Frage gekommen wäre. So blieb es bei einer nur andeutungsweisen Wiederherstellung, die den Ruinencharakter erhält.

Auch dies brachte noch eine Reihe von Problemen, und es erforderte sorgfältige, forschende Vorbereitung und machte viel Arbeit. Zunächst mußten die noch erhaltenen Teile freigelegt, re-

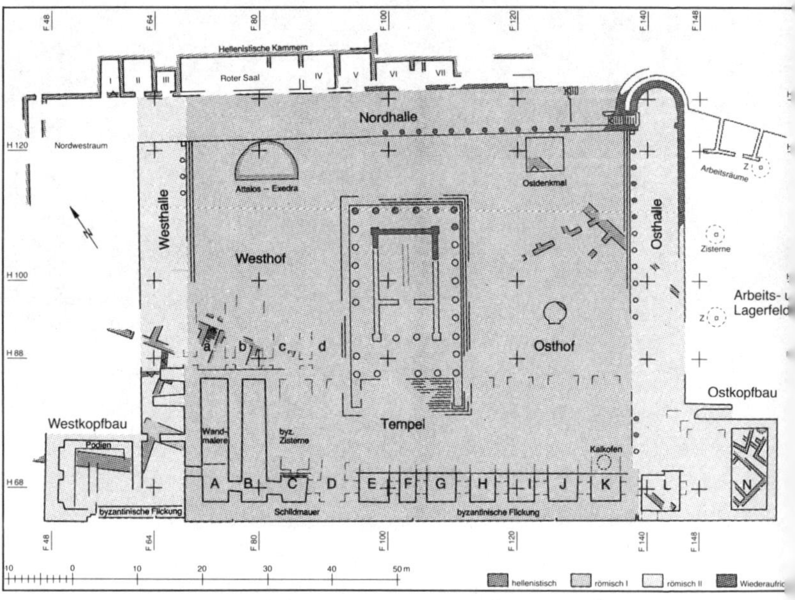

Der Grundriß des Trajaneums mit der Darstellung der Restaurierungskonzeption läßt erkennen, daß von dem Heiligtum nur ein Bruchteil wiedererrichtet wurde: in voller Höhe nur die fett gezeichneten Säulen und Mauern.

gistriert und dann untersucht werden, ob und wie sie aneinanderpaßten und ob fehlende Zwischenteile neu geschaffen werden mußten. Dann mußte das Plateau wiederhergestellt werden, das die Römer einst für die ganze Anlage dort geschaffen hatten, wo zuvor schon hellenistische Bauten standen, das sie aber auf der Südseite, zum abfallenden Berg hin, erweiterten. Für diese Erweiterung des schließlich etwa 70 mal 65 Meter großen Plateaus, das als Festplatz diente und in dessen Mitte der Tempel für die vergöttlichten Kaiser Trajan (98–117 n. Chr.) und Hadrian (117 – 138) errichtet wurde, schufen sie höchst eindrucksvolle Substruktionen: und zwar elf nebeneinanderliegende Tonnengewölbe, vom Felsen aus zum Tal hin vorgeschoben. An der Talseite wurden die Tonnengewölbe durch eine bis zu 23 Meter hohe Schildmauer aus Andesitquadern begrenzt, doch hatte jedes Gewölbe in der Mauer eine große Rundbogenöffnung mit freiem Blick über die Stadt. Nach Süden, genauer nach Südwesten, war der riesige Festplatz offen und bot einen Blick über das ganze Pergamon mit seinen anderen Tempeln und Heiligtümern, dem Theater, dem Bibliotheksgebäude, dem Gymnasion, der Wohnstadt, die sich weit hinunter in die Ebene hineinzog, wo auch das Asklepieion lag, Pergamons berühmtes Heilzentrum. An den anderen Seiten, also nach Osten, Norden und Westen, wurde das Plateau von Säulenhallen eingefaßt, wobei die Nordhalle noch fast zweieinhalb Meter höher lag als das Plateau, so daß der Festplatz durch die Nordhallenmauer optisch einen festen Rückhalt bekam.

Dies alles war nahezu völlig zerstört, teilweise sogar die das Plateau stützenden Tonnengewölbe, die aus einem zwischen Schalen aus kleinen Quadern eingebrachten Schüttmauerwerk bestanden, einer Art antiken Betons, mit dem die Römer häufig bauten. Nur dort, wo der Tempel stand, erhöht auf einem Podest, und wo die Substruktion aus mehreren Reihen gewölbter Kammern besteht, wurden die Mauern in der herkömmlichen sorgfältigen Technik verklammerter Quader aufgebaut. Dies geschah, meint Nohlen, vielleicht wegen der Würde des Ortes, vielleicht aber auch aus Bedenken der den Bau ausführenden Bauhütte gegenüber der damals verhältnismäßig neuen römischen Betontechnik. Einige der stützenden Tonnengewölbe waren eingestürzt und mußten neu abgedeckt werden. Sie sollten möglichst so wiederhergestellt werden, wie sie einst waren. In einem der Gewölbe wurden Wandmalereien entdeckt, in Farben und Mustern ähnlich jenen Malereien, die in den bereits erwähnten Hanghäusern in Ephesos ans Licht kamen. Wozu dieser Gewölberaum benutzt wurde, ist jedoch nicht mehr erkennbar. Heute sind alle elf Gewölberäume wieder zugänglich, und die Besucher erhalten bei dem Gang durch diese antiken Gewölbe eine höchst eindrucksvolle Vorstellung von römischen Ingenieurleistungen.

Um das Plateau wiederherstellen zu können, mußte auch die teilweise eingestürzte Schildmauer restauriert werden. Sie war nach Erdbebenschäden schon in byzantinischer Zeit repariert und an einigen Stellen hinterfüllt worden. In den Hinterfüllungen und in den Kammern des Tempelfundaments, die in byzantinischer Zeit ebenfalls mit Trümmern aufgefüllt worden waren, wurden von dem 31 Meter langen und 17,5 Meter breiten Heiligtum Architekturteile und Bauschmuck sowie Reste seiner plastischen Ausstattung gefunden, darunter Fragmente von Kolossalstatuen der Kaiser Trajan und Hadrian und der Torso einer überlebensgroßen Panzerstatue aus Marmor. Bei der Wiederherstellung des Plateaus, das zum Teil wieder mit dem antiken Plattenpflaster belegt wurde, fanden die Archäologen auch Spuren der hellenistischen Bauten, wobei sich zu ihrer Überraschung herausstellte, daß diese griechischen Königspaläste recht bescheiden gewesen sein müssen.

Schon diese wenigen Hinweise auf Funde und Befunde während der Vorarbeiten zur Wiedererrichtung des Trajaneums macht deutlich, daß dieses aufwendige Projekt nicht nur dem Tourismus dient, sondern ebensosehr der Forschung. Und zugleich unterstützt es die Erhaltung der Funde. Denn alle erhaltenen Originalteile, die bei der Wiedererrichtung verbaut wurden, sind jetzt sehr viel besser und sicherer vor weiterem Verfall geschützt, als sie es vor ihrer Freilegung waren, viel sicherer auch, als wenn sie in freigelegtem Zustand auf dem Ruinenfeld liegengeblieben wären. Jetzt sind sie in die wiedererrichtete Ruine fest eingefügt.

Dies geschah auf eine Weise, die dem Betrachter unmißverständlich deutlich macht, welche Teile original sind und welche neu angefertigt werden mußten. Die Neuanfertigung von Ergänzungsteilen war notwendig, um die vorhandenen Bruchstücke so aufstellen zu können, daß der Eindruck der antiken Anlage wenigstens andeutungsweise wiedergegeben wird. Unerläßlich ist dabei, die richtige Höhe zu erreichen. Oder anders gesagt: Wenn die vorhandenen Architrave nicht in der ursprünglichen Höhe angebracht werden, sondern vielleicht um dreißig, zwanzig, selbst um nur zehn Prozent niedriger, weil mit den vorhandenen Säulenteilen das erforderliche Maß nicht erreicht werden kann, dann würde das den ursprünglichen Eindruck der Bauwerke völlig verfälschen. Ein erschreckendes Beispiel gibt es in Ephesos, wo die Fassade des Nymphäums in der »Kureten-Straße«, das dort zu Ehren Kaiser Trajans errichtet worden war, in derart verkürzten Höhenproportionen restauriert wurde, daß es wie verkrüppelt wirkt.

Beim Trajaneum von Pergamon wurden die Säulen in der korrekten Höhe restauriert, und zwar so, daß die fehlenden Stücke, die in Kunststein aus Weißzement und Marmorsplitt neu angefertigt wurden, sich in Farbe und Struktur von den erhaltenen Originalteilen deutlich unterscheiden. Es wurden jedoch bei weitem nicht sämtliche Säulen des Tempels und der ihn umgebenden Tempelhallen in voller Höhe wiederhergestellt, sondern nur so viele, wie für das Aufbringen der vorhandenen Architrave und der Dachfirstteile vom Tempel erforderlich waren, und zwar sieben von den ursprünglich 28 Säulen des etwa 18 Meter hohen Tempels und 20 von den einst 70 nur etwa 8 Meter hohen Säulen der Hallen. Das ist also nur ein gutes Viertel. Doch wurden andere Säulen als Stümpfe unterschiedlicher Höhen aufgestellt. Und da die ganze Südmauer der Nordhalle vollständig wiederaufgebaut wurde, auf der jetzt eine Reihe von 12 Säulen mit aufgelegten Architraven steht, reicht dies zusammen völlig aus, sich die ursprüngliche Anlage umrißhaft vorzustellen, indem man das noch Fehlende in Gedanken ergänzt.

Wie bei den Säulen wurde auch beim Wiederaufbau der Mauer der Nordhalle und der Schildmauer kenntlich gemacht, was alt ist und was erneuert wurde. Das war notwendig, um bei den heutigen Besuchern nicht den falschen Eindruck entstehen zu lassen, die Mauern seien so, wie sie hier jetzt stehen, freigelegt worden. Fehlende Quader wurden aus Kunststein ersetzt, der einen Zusatz aus gemahlenem Andesit erhielt, aus dem Gestein also, das hier ansteht und aus dem hier in vorrömischer Zeit alles gebaut wurde, während die Römer das Trajaneum – wie schon gesagt – in Marmor ausführten. Durch den Andesit-Zusatz haben die ergänzten Mauerteile eine andere Färbung. Außerdem sind die neuen Steine gegen den überkommenen Bestand durch eine mit Ziegelmehl rot gefärbte Fuge abgesetzt. Aus Gründen der Statik – für alle statischen Arbeiten ist hier Professor Fritz Wenzel zuständig, Leiter des Instituts für Tragkonstruktionen an der Universität Karlsruhe – mußte die fast 70 Meter lange Nordhallenmauer, auf der die Säulenreihe mit den Architraven steht, in jedem zweiten Säulenjoch, das heißt im Abstand von gut fünf Metern, mit rechtwinklig zum Fels zurückreichenden Stichbalken aus Stahlbeton von fünf Meter Länge tief im Felsen verankert werden. Diese vier Meter in den Felsen eingebrachte Verankerung wurde erforderlich, weil die auf der Mauer wiedererrichtete Säulenreihe mit den Architraven frei stehen bleiben muß, während sie ursprünglich durch die inzwischen fehlende Dachkonstruktion mit der Rückwand der Nordhalle verbunden und fester Teil des Baukörpers war.

Da die Nordhalle nicht weiter restauriert werden soll, mußte auch die Säulenreihe ohne weitere Aussteifung standfest gemacht werden, und zwar so, daß sie selbst durch stärkere Erdbeben nicht zum Einsturz gebracht werden kann. Dies geschah, indem die Säulen mit je vier langen Dübeln durch die Basen hindurch mit dem Untergrund, der deswegen noch durch eine Betonkonstruktion verstärkt werden mußte, fest verbunden wurden. Die aufeinandergesetzten alten und neuen Säulenteile wurden mit Epoxidharz geklebt und zusätzlich mit Stäben aus Edelstahl oder aus glasfaserverstärkten Kunstharzstäben miteinander verdübelt. Die hochgelegenen Bauteile wie Architrave und Kranzgesimse wurden nur mit Kunststoffstäben verdübelt. Auf die Verwendung von Stahl hat man an diesen Stellen möglichst verzichtet, um Korrosions- und Wärmespannungsprobleme auszuschließen und die Gefährdung durch Blitzschlag nicht noch zu vergrößern. Professor Wenzel hat die Standfestigkeit der Säulenreihe bis zu Erdbeben der Stärke 9 auf der Mercalli-Skala berechnet, sagt Nohlen und fügt hinzu: »Es wäre sinnlos, eine höhere Sicherheit anzustreben, da dann möglicherweise lediglich das Sicherungssystem die Belastung aushalten, der Marmor jedoch über seine Festigkeit hinaus beansprucht und beschädigt würde.«

Pergamon ist schöner geworden durch die Wiedererrichtung des Trajeneums, es wirkt bedeutender, ist wieder bekrönt. Gleichwohl hat es, wie jede Ausgrabungsstätte, noch viele Wunden, die wohl kaum jemals verheilen können. Als wir uns von den Archäologen verabschieden, um weiterzufahren in Richtung Süden, nach Ephesos, Priene, Milet und Didyma, und wir für die Gastfreundschaft danken, die uns im Grabungshaus so selbstverständlich zuteil wurde, zeichnet Wolfgang Radt eine Wegskizze und gibt sie uns mit der Empfehlung: »Diesen kleinen Abstecher sollten Sie unbedingt machen; er führt Sie nach Aigai, etwa 45 Kilometer von hier.« In Aigai, das manchmal auch als Kleinpergamon bezeichnet wird, weil es mit Pergamon so viel Ähnlichkeit hat, als sei es ihm nachgebaut, sei heute alles noch fast so, wie es vor vielen Jahrhunderten in Trümmer gefallen ist, wohl durch ein Erdbeben; »da können Sie eine Ruinenstätte bewundern, die von Ausgräbern noch ganz unberührt geblieben ist«. Wir fuhren sofort los, nachdem wir ein Päckchen erhalten hatten, das wir Ahmet bringen

So sah es auf Pergamons höchster Plattform aus, als erst einige Säulen mit viel Mühe wieder aufgestellt worden waren.

sollten, der die Ruinen von Aigai im Auftrag der türkischen Antikenverwaltung bewacht.

Wir trafen Ahmet in Köseler, seinem kleinen Dorf, wohin man mit dem Auto fahren kann, etwa zwölf Kilometer östlich der Küstenstraße E 24 zwischen Çanakkale und Izmir, von der wir bei Yenisakran abgebogen waren. Dorfbewohner, von uns nach Ahmet gefragt, hatten ihn geholt. Und dann ging er vor unserem Auto her, nicht auf einer Straße oder einem Weg, sondern durch eine Kraterlandschaft, dabei ständig auf vorsichtig zu umfahrende Felsblöcke und tiefe Wasserlöcher zeigend, die diese Strecke durchs Dorf bis vor sein Haus (wohin er das Auto offenbar unbedingt haben wollte) für die ohnehin arg strapazierten Kreuzgelenke unseres nervösen Lancia zu einem der schlimmsten Abschnitte auf dieser fast siebentausend Kilometer langen Fahrt machten. Vor seinem Haus ließ Ahmet uns kurze Zeit warten; er war hineingegangen, um sich umzuziehen. Als er wiederkam, trug er seine blaugraue Wächteruniform, vorschriftsmäßig mit Mütze. Und dann ging er bei inzwischen mittäglich hohem Sonnenstand und zunehmender Hitze ziemlich rasch vor uns her, fast eine Stunde lang ständig bergauf durch unwegsames, steiniges, spärlich bewachsenes Gelände. Aigai liegt ganz ähnlich wie Pergamon auf einem Berg, dessen höchste Stelle, im Nordosten, 364 Meter hoch ist und der sich vor uns als grüne Kuppe deutlich abhob.

Aigai wurde zu einem traumhaften Erlebnis. Einige Tage zuvor hatten wir die ebenfalls noch unberührten Ruinen von Neandreia gesehen, einer alten Stadt in der Troas. Und wir waren in Assos gewesen, dem heutigen Behramkale, direkt am Meer, 290 Meter hoch auf einem Vulkankegel, einem Kap. Da stand einst die Akropolis von Assos, das schon um 1000 v. Chr. von äolischen Griechen besiedelt worden war und wo Aristoteles 348 v. Chr. eine Philosophenschule und vier Jahrhunderte später der Apostel Paulus eine Christengemeinde gründeten. Assos mit eindrucksvollen Ruinen von Türmen, seiner einst gewaltigen Stadtmauer, seiner Metropole, fasziniert vor allem durch seine wundervolle Lage, die eine herrliche Aussicht aufs Meer und die gegenüberliegende Insel Lesbos ermöglicht. Aber Aigai, das in den meisten Reiseführern gar nicht erwähnt wird, ist noch viel schöner, ist idyllischer und verträumter und ist zugleich auf eine merkwürdige Weise hoffnungsvoll, weil es voller Überraschungen zu sein scheint, voll von Geheimnissen, Schätzen und allen möglichen Dingen, die nur freigelegt werden müßten. Aigai könnte ein Abenteuer werden, denkt man und möchte Archäologe sein und sofort mit der Grabung beginnen.

Wir aber tranken zunächst einmal Tee. Als wir oben ankamen und die ersten Trümmer bestaunten, die da teils unter alten Oliven-, Feigen-, Pfefferbäumen liegen, manchmal unter Efeu und Schlinggewächsen kaum erkennbar, war Ahmet in einem Erdgang verschwunden, um aus einer alten Zisterne Wasser zu holen, hatte trockene Zweige gesammelt, Feuer gemacht, das Wasser gekocht und Tee bereitet und für uns Feigen gepflückt. Und erst nachdem wir in dem angenehm warmen Wind, der über die Höhe strich, Tee getrunken und uns vom Anmarsch erholt hatten, führte Ahmed uns durch das ganze Ruinenfeld: über die vier felsigen Terrassen, auf deren höchster die Akropolis stand, zu den noch gut erhaltenen Umfassungsmauern, von denen die erste polygonal angelegt wurde, während die zweite, stärkere Mauer aus schönen, regelmäßigen Steinblöcken besteht und dadurch so sehr der Ringmauer von Pergamon ähnelt, daß man annehmen möchte, sie sei von denselben Baumeistern errichtet worden; sie zeigt die gleiche Abwechslung in der Dekoration der Vierecke und Binder. Auf der unteren Terrasse lag das Stadion, etwas höher das Theater, dessen Höhlung in den Felsen geschlagen ist. Auf einer der oberen Terrassen standen zwei Tempel. Einer war ein Demeter-Heiligtum, und im Stadtgebiet befand sich ein Orakel des Apollo Chresterios.

Daß die ausgedehnten Ruinen von Aigai aus hellenistischer Zeit, also aus dem 2. vorchristlichen Jahrhundert, im pergamenischen Stil, noch so gut erhalten sind, hat mehrere Ursachen. Die wichtigsten sind, daß Aigai nach seiner letzten großen Zerstörung offenbar nicht mehr oder allenfalls in sehr geringem Umfang wiederaufgebaut wurde und daß die Umgebung bis weit in die Neuzeit wenig besiedelt blieb. Deswegen kam die Ruinenstätte für eine Ausschlachtung als Steinbruch kaum in Frage. Noch heute ist Aigai mit dem Auto nicht zu erreichen, und ein Abtransport von Steinen mit Hilfe von Tragtieren scheint hier selbst in früheren Zeiten nicht rentabel gewesen zu sein. Und schon seit längerem wären Diebstähle von Baumaterial und vor allem Raubgrabungen hier nur unter sehr erschwerten Bedingungen möglich gewesen. Denn vor gut hundert Jahren haben deutsche Archäologen die Ruinen von Aigai aufgenommen, das heißt sie vermessen und beschrieben, und seitdem steht hier alles unter dem Schutz der Antikenverwaltung. Daß in Aigai kaum gegraben wurde, mag vielleicht darin begründet sein, daß diese Stadt nie sehr bedeutend war.

Gerade dies und ihre Abgelegenheit waren es wohl, die den von den Griechen im Jahre 471 v. Chr. verbannten Staatsmann Themistokles auf seiner Flucht nach Susa in dieser Stadt für ein paar Tage Unterschlupf suchen ließen. In Aigai kannte ihn kein Mensch, schrieb der griechische Philosoph und Historiker Plutarch vor 1900 Jahren. Dabei war Themistokles einer der bedeutendsten Politiker, wenn nicht der bedeutendste überhaupt in seiner Zeit. Von den Athenern zum Archonten ernannt, zum höchsten Staatsbeamten ihres Stadtstaats, zum Herrscher, hatte er das von den Persern bedrohte Athen in eine Seemacht umgewandelt, indem er eine Flotte bauen ließ und Athens Hafen Piräus zu einem Kriegshafen umgestaltete. Als es den Persern unter ihrem König Xerxes gelang, mit einem gewaltigen Heer nach Griechenland einzufallen, über den Thermopylen-Paß nach Athen vorzustoßen und die von den Bewohnern verlassene Stadt zu zerstören, im Jahr 480 v. Chr., da besiegte Themistokles mit seinen Schiffen bei Salamis die persische Flotte, woraufhin sich die Perser aus Griechenland wieder zurückzogen. So hatte er die Freiheit der Griechen gerettet. Und dann hat Themistokles Athen wiederaufbauen und es befestigen lassen. Aber schon bald liebten die Athener ihn nicht mehr, und schließlich wählten sie ihn durch das Scherbengericht ab, sie – so schrieb Plutarch – »stürzten ihn von seiner angesehenen, alles überragenden Stellung hinunter, wie sie es mit allen zu tun pflegten, deren Macht ihrer Meinung nach allzu schwer auf der Stadt lastete und in keinem Verhältnis mehr stand zur demokratischen Gleichheit«. Sie verbannten ihn sogar, ja – aber da war er schon geflohen – sie klagten ihn des Hochverrats an, wobei die Spartaner sich ihnen anschlossen. Da sah Themistokles keine andere Möglichkeit mehr, als nach Persien zu fliehen und seine Feinde um Hilfe zu bitten. Die aber setzten für seine Ergreifung ein hohes Kopfgeld aus. Deswegen mußte er eine abseits gelegene

Reiseroute wählen, die an den großen Städten vorbeiführte. Im äolischen Städtchen Aigai, sagt Plutarch, kannte ihn nur sein Gastfreund Nikogenes, der der reichste Mann in Äolien war und gute Verbindungen zu den persischen Großen besaß. In Aigai überlegte Themistokles nochmals, ob es richtig sei, sich dem Perserkönig auszuliefern. Ein Traum habe ihm die richtige Antwort gebracht, schrieb Plutarch. In Aigai träumte dem Themistokles folgendes:

»Eine Schlange ringelte sich ihm um den Leib und kroch zu seinem Hals empor. Als sie sein Gesicht berührte, verwandelte sie sich plötzlich in einen Adler, der die Schwingen um ihn breitete und ihn hoch in den Lüften weit hinwegtrug. Dann erschien ein goldener Heroldstab, auf diesen stellte ihn der Adler fest und sicher hin – und die lähmende, wirre Angst war miteins von ihm genommen.«

Plutarch wußte nicht nur den Traum, sondern auch, wie Themistokles, der Held von Salamis, von Aigai unangefochten bis in die persische Residenz gelangte, nämlich als Frau. Das habe Nikogenes ihm ermöglicht: »Gemeinhin sind die Barbarenvölker auf ihre Frauen maßlos eifersüchtig«, erzählt Plutarch, der sich bei dieser Geschichte mehrmals auf Thukydides als Gewährsmann berief, »und die Perser tun es darin allen noch zuvor. Nicht nur ihre Ehefrauen, nein, auch die Sklavinnen und Kebsweiber werden streng bewacht, und kein fremdes Auge darf sie sehen. Sie leben eingeschlossen in ihren Gemächern, und wenn sie reisen müssen, fahren sie in Wagen, die auf allen Seiten mit Tüchern dicht verhängt sind. Einen solchen Wagen ließ Nikogenes zurüsten, so daß Themistokles in aller Verborgenheit reisen konnte. Und wenn unterwegs jemand nach den Insassen des Gefährtes fragte, gaben seine Begleiter zur Antwort, sie müßten eine Griechin aus Ionien zu einem der Großen am persischen Hofe führen.«

Ob sich diese Geschichte nun wirklich so zugetragen hat, mag dahingestellt bleiben. Aber sie trägt dazu bei, die Trümmer von Aigai wieder lebendig werden zu lassen, vielleicht weil es letztendlich tröstlich ist, daß gerade hier einer der meistbewunderten und erfolgreichsten Politiker der abendländischen Geschichte einige Tage in wirrer, lähmender Angst verbrachte, verbannt, verurteilt, verfolgt, allem Anschein nach am Ende – aber dann doch noch

Die Ruinen von »Kleinpergamon« Aigai liegen noch heute fast so da wie nach dem Erdbeben, das die Stadt vor langer Zeit zerstörte. Von den Bauwerken sind die Mauern des gedeckten Marktes, einst drei Stockwerke hoch, teilweise sehr gut erhalten. Archäologen haben hier bisher nur vermessen, nicht gegraben.

einmal Glück hatte. Am persischen Hof wurde Themistokles freundlich aufgenommen, ja sogar reich beschenkt.

Zu Themistokles' Zeiten war Aigai vermutlich kleiner als später in hellenistischer Zeit, aus der diese Ruinen stammen. Idyllisch war das Leben auch hier nicht immer. Lange Zeit war die Stadt unter der Perser-Herrschaft gewesen, von der sie erst 394 freikam. Im Jahr 218 geriet sie unter pergamenische Herrschaft, jedoch nicht für dauernd. 156 v. Chr. wurde sie von Prusias II. von Bithynien verheert. Dies aber brachte ihr die Gunst Roms ein, und in der Folgezeit erhielt Aigai von den Römern mehrmals Unterstützung, so zum Beispiel unter Cäsar und später unter Kaiser Tiberius, nach dem Erdbeben im Jahre 17 n. Chr.

Von den Bauwerken in Aigai ist das ehemalige Marktgebäude, eine große rechteckige Anlage auf der oberen Terrasse, am besten erhalten. Dieses Gebäude hatte drei Stockwerke und war der Länge nach in zwei Schiffe geteilt, jedes mit sechzehn Abteilungen. Noch stehen große Teile der gewaltigen Fassade mit Eingängen und Fensterhöhlen in Richtung zum Tal des Koka-Tschai. Es ist ein faszinierender und zugleich beängstigender Anblick, weil es so aussieht, als könnten diese senkrecht hoch aufragenden, aber unverbunden freistehenden Mauerreste aus sorgfältig zugeschlagenen Blöcken jeden Augenblick umfallen. Zwar stehen sie seit gut zwei Jahrtausenden, aber daß immer wieder Teile herausbrechen, ist unverkennbar. Auch in Aigai geht die Zerstörung unaufhaltsam weiter.

7. Kapitel

Und die Tempel waren Banken

Die vielleicht wichtigste, aber meist schamhaft verschwiegene Funktion der antiken Heiligtümer

Es ist kaum vorstellbar, daß Ephesos, diese einst so große und reiche griechische Stadt an der Westküste Kleinasiens, noch vor zweitausend Jahren die größte der römischen Provinz Asia, über viele Jahrhunderte unter Sand und Pflanzen nahezu vollständig verschwunden war. Nur sein riesiges Theater war nicht ganz unter der Erde. Für Besucher, die heute hier in einer der höchsten Reihen sitzen, ist es besonders schwer, sich vorzustellen, daß alles, was von der ehemals so bedeutenden Hafen- und Handelsmetropole wieder zu sehen ist, von Archäologen erst mühsam ausgegraben werden mußte.

Da ist die schnurgerade, einst besonders prunkvolle »Arkadienstraße«, die zum Hafen hinunterführte und die wegen ihres (noch erhaltenen) Marmorpflasters und mehr noch wegen ihrer Beleuchtung berühmt war. Da sind die großen Hafenthermen und das Hafengymnasium, die ausgedehnten Sportanlagen mit den damals überdeckten Laufbahnen, die früher so prächtige »Marmorstraße«, die zur Agora führte, dem großen quadratischen Verkaufsmarkt mit Hunderten von Läden, Ständen, Werkstätten – und an dessen Eingangstor die Bewohner durch eine stadtväterliche Inschrift gewarnt wurden: »Wer hierher pißt, wird verklagt.«

Zu sehen sind die Reste des gewaltigen Serapis-Tempels und die Ruinen des sogenannten Theatergymnasiums sowie am Ende der

Marmorstraße, nahe bei den Trümmern des ephesischen Freudenhauses, die mit unglaublichen Mühen und beachtlichen Kosten wiedererrichtete zweistöckige Fassade der Bibliothek. Und dies alles ist ja nur ein Teil von dem, was die Wissenschaftler vom Österreichischen Archäologischen Institut hier seit 1898 wieder ans Licht holten und dies noch weiter tun. Denn Ephesos gehört wie Pergamon und Olympia und viele andere Grabungen zu den großen archäologischen Unternehmen, die ohne Ende sind.

Nichts bleibt, wie es ist, nichts ist seiend, alles verändert sich, das Leben ist Veränderung, lehrte in Ephesos vor gut zweieinhalb Jahrtausenden der Philosoph Heraklit. Er entstammte einer alteingesessenen ephesischen Priesterfamilie, wollte aber nicht Priester, sondern freier Denker sein. Leben ist Werden und Vergehen, schrieb er: »Panta rhei« – alles fließt, alles gleitet vorüber, aber so, indem alles fortwährend in sein Gegenteil umschlägt. Und in diesem endlosen Streit der Gegensätze sah Heraklit den »Vater aller Dinge«, nicht aber, wie sein Wort so oft mißbraucht wurde, im Krieg.

Auch Ephesos, schon um 1200 v. Chr. von Griechen besiedelt und früh ein Heiligtum der kleinasiatischen Mutter- und Fruchtbarkeitsgöttin Artemis (die später von den Römern mit Diana gleichgesetzt wurde), lebte im ständigen Streit der Gegensätze, vor allem wenn es ums Geld ging, das hier schon immer eine führende Rolle spielte. Beispielsweise kam es in diesem Theater, das etwa dreißigtausend Zuschauern Platz bot, um das Jahr 55 n. Chr. zu der in der Apostelgeschichte ausführlich geschilderten Protestdemonstration gegen den Apostel Paulus, der seit etwa zwei Jahren in Ephesos lebte und von hier aus die christliche Lehre verbreitete, indem er predigte und Kranke und Besessene heilte. Offenbar hatte Paulus sich in seinen Predigten gegen die damals in Ephesos massenhaft als heilkräftige Souvenirs hergestellten und verkauften kleinen silbernen Nachbildungen des berühmten Artemis-Tempels von Ephesos (und wohl auch der Artemis selbst) ausgesprochen. Dadurch hatte er die ephesischen Silberschmiede gegen sich aufgebracht, die einen Rückgang ihres einträglichen Gewerbes fürchteten. Einer von ihnen, Demetrius, rief seine Kollegen und die von ihnen beschäftigten Arbeiter zusammen und hielt vor ihnen eine Rede, in der er argumentierte:

»Ihr Männer, ihr wißt, daß von diesem Gewerbe unser Wohlstand kommt. Und ihr seht und hört, daß dieser Paulus viel Volk nicht bloß von Ephesos, sondern fast von ganz Asia beredet und abwendig gemacht hat, indem er sagt, was mit Händen gemacht werde, das seien keine Götter. Aber es ist nicht nur Gefahr, daß dieses unser Geschäft in Verruf kommt, sondern auch, daß das Heiligtum der großen Göttin Artemis für nichts geachtet und künftig sogar ihrer Majestät Abbruch getan wird, die doch ganz Asia und der Erdkreis verehrt.«

Dieser Demetrius scheint die ganze Stadt in Bewegung gebracht zu haben, jedenfalls zog nun eine Volksmasse ins Theater, das nicht allein der Kunst, sondern ebenso politischen Volksversammlungen diente. Zwei Gefährten des Paulus wurden hierher mitgeschleppt, während Paulus auf Anraten seiner Jünger dem Theater fernblieb. Und da ging es dann ganz ähnlich zu wie bei vielen modernen Demonstrationen: »Die einen nun schrien dies, die andern das; denn die Versammlung war in Verwirrung, und die Mehrzahl wußte nicht, weswegen sie zusammengekommen waren.« Leute, die reden wollten, kamen nicht zu Wort, und als einer den Standpunkt des Paulus verteidigen wollte und zur Rednertribüne ging, die andern aber »merkten, daß er ein Jude war, erhoben sie alle miteinander die Stimme und schrien etwa zwei Stunden lang: Groß ist die Artemis der Epheser!«

Erst dann konnte ein Stadtschreiber die wohl allmählich ermüdeten Versammlungsteilnehmer davon überzeugen, daß die Gefährten des Paulus, die man ins Theater gezerrt hatte, und ebenso Paulus selber weder Tempelräuber seien noch die Göttin Artemis gelästert hätten und daß die Kunsthandwerker sie vor Gericht verklagen müßten, wenn sie meinten, von ihnen geschädigt worden zu sein. Und nachdem er sie noch darauf aufmerksam gemacht hatte, daß ihnen dieser Tumult als Aufruhr ausgelegt werden könne (»weil kein Grund vorhanden ist, mit dem wir über diese Zusammenrottung Rechenschaft ablegen könnten«), löste der Stadtschreiber die Versammlung auf. Paulus hat übrigens unmittelbar danach Ephesos verlassen. Und der ephesischen Silberschmiede einträgliches Geschäft mit den kleinen Tempeln und Artemis-Statuen blühte noch lange Zeit.

»Groß ist die Artemis von Ephesos!« Dieser Ruf war allerdings berechtigt. Weithin wurde die Fruchtbarkeitsgöttin verehrt. Und der Tempel, den die Ephesier ihrer Artemis, der angeblich »Vielbrüstigen«, errichtet hatten, gilt als eines der Sieben Weltwunder. Heute sind von dem vielbewunderten Artemision nur wenige Reste übrig. Der Engländer John Turtle Wood hat sie nach mehrjähriger Suche, die er 1863 auf eigene Kosten begonnen hatte, 1870 gefunden, weit außerhalb des jetzigen Ephesos-Grabungsgebietes, nördlich der Straße nach Selčuk, metertief unter Baumwollfeldern. Mit diesem eigentlich enttäuschenden Fund begann die Wiederentdeckung von Ephesos. Die wenigen kostbaren Bruchstücke des Tempels, von Reliefsäulen und anderen Teilen, wurden nach London ins Britische Museum geschafft. In Ephesos blieben nur ein paar Trümmer, tief im Sumpf und die längste Zeit des Jahres unter Wasser. Daß von der einstigen Herrlichkeit des Artemis-Heiligtums, auf dessen Aussehen und Funktion wir noch zurückkommen werden, so gut wie nichts erhalten blieb, hat eben die Ursachen, auf die man in solchen Fällen immer wieder stößt. Der Tempel bestand aus kostbarem Material, er war – in seiner letzten Form – ganz aus Marmor gebaut, und nach seiner Plünderung durch die Goten im Jahr 263 n. Chr. und der Zerstörung durch Erdbeben benutzten die hier seit dem Mittelalter siedelnden Seldschuken die Ruine als Steinbruch. Dies hatten vor ihnen die inzwischen zu Christen gewordenen Ephesier auch schon getan; als sie in der ersten Hälfte des 5. Jahrhunderts auf dem nordöstlich der alten Stadt gelegenen Hügel Ayasoluk zu Ehren des Apostels Johannes eine große Kirche in Kreuzform bauten, nach dem Vorbild der Apostelkirche in Konstantinopel, nahmen sie den Marmor von der Tempelruine. Zu der Zeit war Ephesos schon nicht mehr die bedeutende Hafen- und Handelsmetropole.

Solange sie ihre Artemis verehrt hatten, war es den Ephesiern trotz häufig wechselnder politischer Konstellationen in diesem Spannungsfeld von Griechen, Lydern, Persern eigentlich immer gutgegangen. Das war auch unter den Attaliden und vor allem unter den Römern so, denen der letzte Attalide die Stadt Ephesos zusammen mit Pergamon 133 v. Chr. vererbte. Wie Pergamon blühte auch Ephesos, das nun Hauptstadt der Provinz Asia wurde, noch einmal auf. Seine Hafenanlagen wurden erweitert, es erhielt zwei neue Gymnasien, neue Markthallen, ein neues Stadion, und das Theater wurde modernisiert. Die Römer ließen eine große Wasserleitung anlegen, die noch unter Constantius II. repariert wurde, sie verschönerten Plätze und Straßen, etwa die Kureten-Straße, die alte Hauptverkehrsader der Stadt, die als einzige in Ephesos noch schräg verläuft, während alle anderen nach dem rechtwinkligen Raster angelegt sind, das durch den Stadtplaner Hippodamos von Milet so berühmt geworden ist. Die Kureten-Straße war gewissermaßen das »Who's who« von Ephesos. Dort standen, inzwischen von den Österreichern wieder ausgegraben und zum Teil restauriert, auf Sockeln die Statuen verdienter Bürger und hoher Beamter. Hier entstand auch, zu Ehren Kaiser Trajans, die bereits im Kapitel über Pergamon erwähnte Brunnenanlage, das Nymphäum, dessen Fassade in so stark verkürzten Höhenproportionen wiederaufgestellt wurde, daß sie ausgesprochen kläglich wirkt, so als sei sie von oben mit Gewalt zusammengedrückt worden.

Um so großartiger ist der Eindruck der in voller Höhe restaurierten zweistöckigen Fassade der nach ihrem Stifter benannten Celsus-Bibliothek. Sie bildet den optischen Abschluß der Kureten-Straße, dort, wo sie auf den alten Markt trifft. Erst diese durch vorspringende Tabernakel und zurücktretende Nischen reich gestaltete Fassade, ein einzigartiges Beispiel hadrianischer Architektur, vermittelt dem heutigen Besucher eine Ahnung von der einstigen Schönheit dieser Großstadt, von der Größe und Pracht ihrer öffentlichen Gebäude. Die Wiederherstellung, geleitet von Hermann Vetters und Friedmund J. Hueber vom Österreichischen und Volker Michael Strocka vom Deutschen Archäologischen Institut, war nur durch großzügige finanzielle Hilfe aus der Wirtschaft möglich. Auch ursprünglich, um 120 n. Chr., war die Celsus-Bibliothek aus privaten Mitteln entstanden. Unter dem Bibliothekssaal steht noch heute der Sarkophag ihres Spenders, des Prokonsuls Tiberius Julius Celsus, von dessen Geld sie errichtet und mit zwölftausend Büchern oder Schriftrollen bestückt wurde. Celsus vermachte ihr außerdem eine Dotation von 25 000 Denaren, aus deren Zinsen Neuanschaffungen, Reparaturen und Personal bezahlt werden sollten. Aber dann kam die Inflation und machte diese Pläne, die weit in die Zukunft gehen sollten, zunichte. Wie die Archäologen herausfanden, reichte das Geld schon

Restaurierung der Fassade der Celsus-Bibliothek in Ephesos.

bald offenbar nicht einmal mehr, das schadhaft gewordene Dach zu reparieren. Vermutlich wurde das Gebäude dann von einem Privatmann erworben, der es zu einem Wohnhaus umbauen ließ. Reiche Leute, die sich so etwas leisten konnten, scheint es in Ephesos immer gegeben zu haben.

Vor drei Jahrzehnten begann Professor Vetters, der Leiter des Riesenprojekts Ephesos, das erste in dieser Stadt entdeckte Wohnviertel freizulegen, dessen großzügige Appartements jetzt wieder begangen werden können und die in diesem Buch (im Kapitel über das Wohnen der wohlhabenden Griechen und Römer) bereits beschrieben wurden. Die 120 bis 300 Quadratmeter großen Wohnungen lagen terrassenförmig übereinander am etwa 350 Meter hohen Bülbül-Hügel. Von da konnten ihre Bewohner große Teile der Stadt übersehen, bis hinunter zum Hafen und ans Meer. Damals, vor zwei Jahrtausenden, ging das Meer noch bis an die Stadt. Heute ist es zehn Kilometer entfernt: die Folge der Versandung durch den Kaistros-Fluß, der immer wieder ungeheure Massen Sand und Geröll von den Bergen herunterschwemmt. Mit diesem Problem sind die Ephesier nicht fertiggeworden. Ihr Hafen versandete mehr und mehr, bis er am Ende völlig verlandet und für

Schiffe nicht mehr befahrbar war. In diesem sich immer weiter ausdehnenden Sumpfgebiet gediehen aber Myriaden gefährlicher Mücken, die für die Ephesier zu einer tödlichen Bedrohung wurden. Das von Mücken übertragene Sumpffieber machte den Menschen das Leben hier schließlich unerträglich, nachdem schon lange zuvor, in den Jahren 358 und 365, starke Erdbeben in der Stadt große Schäden angerichtet hatten. Der Philosoph Heraklit hatte richtig prophezeit, als er hier lehrte: Nichts ist seiend, alles ändert sich unaufhörlich, alles gleitet vorüber und schlägt fortwährend in sein Gegenteil um.

Dies bewahrheitete sich in besonders eindrucksvoller Weise am Schicksal des anfangs erwähnten Artemis-Tempels, dessen spärliche Reste mehrere Meter tief in diesem Sumpfgebiet entdeckt und wieder an den Tag gebracht wurden und der einst vor allem wegen seiner Größe weltberühmt war und sogar – wie erwähnt – als eines der Sieben Weltwunder bestaunt worden war. Heute steht da eine aus vielen Bruchstücken und diversen Trommelfragmenten zusammengestückelte Säule, die eher ein Memento mori verkörpert, als daß sie auch nur die geringste Vorstellung von der Kolossalität, der Pracht und dem Reichtum vermitteln könnte, die dieses Heiligtum einst auszeichneten. Der Artemis-Tempel war 50 Meter breit und gut 100 Meter lang, und sein von sehr vielen Säulen getragenes Dach erreichte eine Höhe von nahezu 25 Metern. Wer jemals auf der Akropolis von Athen den berühmten Parthenon bewundert hat, den »Jungfrauen-Tempel« der Zeus-Tochter Athene, den die Athener vor zweieinhalb Jahrtausenden ihrer Schutzgöttin errichteten, war gewiß von seiner Größe beeindruckt. Doch der Parthenon ist nur 67 Meter lang, also viel kleiner als der sehr viel ältere Tempel der Artemis zu Ephesos!

Daß der Artemis-Tempel derart gewaltig war, ist aus antiken Beschreibungen bekannt; ebenso, wann er entstand, und daß es an seiner Stelle zuvor schon sehr viel ältere Heiligtümer zur Verehrung der Artemis gegeben hatte, ursprünglich vielleicht auch für Kybele, die kleinasiatische, vorphrygische Berggöttin, deren primitives Baumidol hier in den Kaistros-Niederungen einst von den Amazonen umtanzt und mit seltsamen blutigen Riten verehrt wurde. Die Ephesier hielten ihre Stadt für eine Gründung der Amazonen, und Artemis, für die es unendlich viele Deutungen gibt, wird manchmal als Priesterin der Amazonen verstanden. In den griechischen Sagen waren es vor allem diese kriegerischen Tempelfrauen der Artemis, die hier bei Ephesos den Landeversuchen der griechischen Kolonisten lange Zeit heftigen und erfolgreichen Widerstand entgegensetzten, was bei den Griechen offenbar einen unvergeßlichen Eindruck hinterließ.

In der Neuzeit hat diese sagenhafte Verbindung der Amazonen mit Artemis zu dem Versuch geführt, die vielen Brüste, mit denen das Kultbild der Artemis behängt zu sein scheint, als Brüste der Amazonen zu deuten, die diese sich abgeschnitten und ihrer Priesterin geopfert haben sollen, um besser mit Pfeil und Bogen kämpfen zu können. Aber dies ist nur einer von vielen Deutungsversuchen der immer noch rätselhaften »Vielbrüstigkeit« der Artemis, und es ist nicht der überzeugendste. Daß es sich bei den zahlreichen länglich-rundlichen Gebilden, die die erhaltenen Artemis-Standbilder in Brust- oder manchmal in Bauchhöhe tragen, überhaupt um Brüste handelt, ist fraglich, ja einigermaßen unwahrscheinlich. Höchst unwahrscheinlich ist zumindest, daß Artemis als – was zuerst der christliche Kirchenvater Hieronymus im 5. Jahrhundert schrieb – »vielbrüstig« zu verstehen sei, daß also diese auffälligen, merkwürdigen Gebilde ihre eigenen Brüste darstellen sollten. Das ist aus mehreren Gründen unwahrscheinlich, vor allem aber deswegen, weil die körpereigenen Teile der Statuen ursprünglich in einer anderen Farbe gehalten waren als Kleidung, Schmuck, Angehängtes; ursprünglich bestanden sie aus verschiedenen Materialien, die Körperteile zum Beispiel aus Holz, das gegen Austrocknung häufig mit Öl bestrichen wurde und dadurch mit der Zeit immer dunkler wurde. Doch nie haben die »Brüste« dieselbe Farbe wie das Gesicht, der Hals, die Arme, Hände und Füße. Überdies ist bei mehreren Artemis-Statuen deutlich erkennbar, daß diese Gebilde, von denen sich Phantasie und Scharfsinn von Generationen von Forschern herausgefordert fühlten, an das Gewand der Göttin angeheftet waren.

Aber was sie darstellten, darüber sind die Forscher bis heute nicht einig. Gegen Tierbrüste, überhaupt gegen die Annahme von Brüsten spricht das Fehlen von Brustwarzen, gegen Eier sprechen Form und Größe, auch gegen Straußeneier, die ebenfalls in die Diskussion gebracht wurden. Früchten – einige Interpreten dachten an Datteln, andere an Weintrauben, wieder andere an Nüsse oder Eicheln – gleichen diese Gebilde ebensowenig, allenfalls ließe sich eine Ähnlichkeit mit Auberginen feststellen, den »Eierfrüchten« der in Südostasien heimischen Nachtschattenpflanze Solanum melongena. Nachdem 1956 in Ephesos drei große Statuen der Artemis wieder ans Licht geholt worden waren, nahm sich der österreichische Archäologe Robert Fleischer dieses Themas nochmals an, indem er alle bis dahin vorgebrachten Deutungen überprüfte. Er kam zu der Überzeugung, daß keiner der zahlreichen Erklärungsversuche »wirklich zu befriedigen« vermöge und daß »Ursprung und Bedeutung« der sogenannten Brüste »nach wie vor unklar« seien.

Dies veranlaßt Werner Ekschmitt in seinem Buch »Die Sieben Weltwunder« zu der Anmerkung: »Das Fazit war also ratlose Resignation. Und doch müßte man es eigentlich als einen Skandal der Archäologie und des allgemeinen Menschenverstandes ansehen, daß ein Gebilde in so vielen Wiedergaben deutlich vor uns steht und doch kein Mensch imstande sein soll, herauszufinden, was es ist.« Aber ist es denn wirklich ein Skandal oder nicht vielmehr ein überzeugendes Beispiel dafür, wie schwierig es für Archäologen und Historiker sein kann, die Wirklichkeit herauszufinden, besonders dann, wenn sie ihnen offen vor Augen zu stehen scheint?

Ekschmitt erwähnt dann den überraschenden Deutungsversuch des Schweizer Archäologen Gérard Seiterle, nach dem es sich bei den merkwürdigen Beuteln um Stierhoden gehandelt habe, die der Göttin an bestimmten Festen als Fruchtbarkeitssymbole dargebracht wurden. Diese Deutung hat vor allen anderen den großen Vorzug, daß Stierhoden im Aussehen, in Form und Größe, völlig mit den Gebilden an den Statuen übereinstimmen, was Seiterle auf überzeugende Art deutlich machte, indem er eine Replik der Artemis-Statue mit echten Stierhoden versah. Doch wurde der Einwand erhoben, daß solche Opfergaben einen regelrechten Stierkult voraussetzten, der weder für Artemis noch für ihre Vorgängerin bezeugt sei. Indessen ist durch Inschriften überliefert, daß der »Großen Göttermutter«, der kleinasiatischen Vorläuferin der Artemis, Stierhoden dargebracht wurden, und dieser Brauch könnte durchaus auf Artemis übertragen worden sein.

Ob Artemis zu Recht die Vielbrüstige genannt werden kann, ist höchst zweifelhaft. Wahrscheinlich stellten die rätselhaften Gebilde gar nicht Brüste, sondern angehängte Früchte dar. Aber welche? Der Schweizer Archäologe G. Seiterle versah eine Replik der Artemis (rechts) mit echten Stierhoden; die Ähnlichkeit ist frappierend.
Links: die alabasterne Artemis Ephesia (Nationalmuseum in Neapel) mit Gesicht, Händen und Füßen aus Bronze.

Aber Seiterle geht weiter. Er interpretiert die im Jahre 1965 entdeckte große Altaranlage des Artemisions, die 35 Meter westlich vom Artemis-Tempel lag, etwa 20 mal 40 Meter groß, mit einem Innenhof von 15 mal 32 Metern und einer dreieinhalb Meter breiten Rampe, die auf eine erhöhte »Schlachtbank« führte, als Kultstätte für die an bestimmten Festtagen veranstaltete Opferung oder eigentlich Schlachtung der Stiere. Ihr Fleisch wurde geröstet, gegrillt oder gebraten und an die Mitglieder der Kultgemeinde verteilt, während man die ursprünglich hölzerne Artemis-Statue mit den Hoden der geopferten Stiere behängt habe, um sie, die Fruchtbarkeitsgöttin, immer wieder – so vermutet Seiterle – fruchtbar werden zu lassen, indem sie auf diese Weise gewissermaßen besamt worden sei.

Nun, so könnte es gewesen sein, obwohl die schriftlichen Quellen dafür keine Hinweise enthalten. Aber sie geben eben überhaupt keine Hinweise darauf, wie sich der Artemis-Kult in Ephesos abgespielt hat. Sie sagen eigentlich auch nur wenig über Artemis selber, und so ist trotz der inzwischen kaum noch übersehbaren modernen Forschungsliteratur immer noch dunkel, wer die ephesische Artemis eigentlich war, woher sie kam, was ihre bedeutendsten Eigenschaften waren, welche besonderen Fähigkeiten sie besaß, wie und auf welchen Gebieten sie den Menschen half und warum sie so sehr verehrt wurde. Zwar ist bekannt, daß Artemis die Tochter des Zeus und der Leto war, Zwillingsschwester des Apollo, die unnahbare Jungfrau, die bogenbewehrte Jägerin und zugleich eine Todesgöttin. So eingeengt aber stellte sie sich erst den Griechen dar. In Wahrheit hatte sie schon eine lange Geschichte, als die Griechen sie kennenlernten, und aus der Vergangenheit blieb viel an ihr hängen.

Sie war auch die archaisch-grausame, tierwürgende und Tiere zerreißende Gottheit, die sogar Menschenopfer gefordert hat, und manche Gelehrte wollten in ihr vor allem die blutgierige »Schlächterin« und Tiertöterin sehen, andere hingegen die Frauen- und Heilgöttin, eine Erscheinungsform der jungfräulich-maternalen Gottheit mit den umfassenden Eigenschaften einer Fruchtbarkeitsspenderin und Schützerin von Mensch und Tier. Dies war eigentlich die persische Göttin Anahita, die unter König Artaxerxes II. für das ganze Perserreich (im ersten Drittel des 4. Jahrhunderts v. Chr.) zur Reichsgottheit erklärt wurde und in Baktrien und Indien und von den Griechen in Kleinasien unter dem Namen Artemis-Anaitis verehrt wurde. Als göttliche Tierherrscherin war sie schon früher unter verschiedenen Namen noch in vielen anderen Ländern bekannt, die zusammen ein weites Gebiet umfaßten, von Mesopotamien und dem Land der Hurri über Ugarit, das minoische Kreta bis nach Griechenland, Italien und Spanien. Als Artemis Tauropolos war sie auch Göttin der Stiere; an diese Funktion knüpft das Heiligtum in Tauris, wohin Iphigenie gerettet wurde und wo sie der Artemis als Priesterin dienen mußte. Tierherrscherin ist Artemis immer geblieben, so noch als römische Diana, die mit ihren Nymphen jagend auf den Bergen umherzog. Doch war sie zeitweise und wohl vor allem in Ephesos zugleich mehr, nämlich auch Geburtshelferin, tötende und lebengebende Muttergöttin, Herrin der freien Natur, Spenderin des Lebens, Fruchtbarkeitsgöttin, der die Menschen Früchte und andere Gaben der Natur als Dankgeschenke brachten.

Jedoch ist dies alles nicht eindeutig umrissen und nur schwer greifbar, vor allem für die Artemis von Ephesos. Fest steht eigentlich nur, daß die Artemis-Kulte sehr alt sind und daß Artemis, wie schon gesagt, eine lange Vergangenheit hatte. Und auch Ephesos hatte eine lange und bewegte Vergangenheit: Archäologische Funde aus mykenischer Zeit erlauben den Schluß, daß hier schon um 1200 v. Chr. eine Siedlung bestand. Die ersten Bewohner mögen Karer und Phönizier gewesen sein, die den Ort befestigten und wohl auch schon der Göttin Kybele eine Verehrungsstätte einrichteten. Ende des 11. Jahrhunderts eroberten griechische Kolonisten die Siedlung und legten dann für sich selber, sieben Stadien weiter westwärts, eine neue Stadt an. Nach Darstellung des Genealogen Pherekydes, der in der ersten Hälfte des 5. Jahrhunderts v. Chr. in Athen lebte und sich bemühte, alle historischen Überlieferungen einschließlich der Sagen und Mythen in ein Ordnungssystem zu bringen, wurde der Kolonistenzug der ionischen Griechen von dem Athener Androklos angeführt, einem Sohn von König Kodros von Athen. Der Sage nach war also Androklos, der später bei der Sicherung der ionischen Siedlung Priene im Kampf gefallen sein soll, der Gründer von Ephesos.

Die Lage an der Mündung des Kaistros, die fruchtbare Ebene

und der natürliche Hafen sowie gute Verbindungswege ins Landesinnere mit Anschluß an den alten Handelsweg nach Persien waren günstige Voraussetzungen für eine glückliche Entwicklung der Stadt. Schon bald waren die Ephesier so wohlhabend, daß ihre Stadt ein lohnendes Ziel räuberischer Überfälle wurde. Im 7. Jahrhundert wurde Ephesos von den Kimmeriern erobert und zum Teil zerstört. Die Kimmerier waren ein nomadisches Reitervolk und bedrohten auf ihrem Weg vom Gebiet am Schwarzen Meer, wo sie von iranischen Skythen verdrängt worden waren, nach Süden und Westen das Reich von Uratu und das Reich der Assyrer und vernichteten das Phrygische Großreich unter seinem König Midas, überfielen weiter westlich Lydien unter König Gyges und plünderten mehrere griechische Städte in Kleinasien. In Ephesos zerstörten sie damals, um das Jahr 645 v. Chr., auch das Artemision, und zwar eine seiner ersten und ältesten Anlagen.

Die Reste dieses Artemisions aus dem 7. Jahrhundert wurden zu Beginn unseres Jahrhunderts von dem englischen Archäologen D. G. Hogarth und dem Architekten A. E. Henderson unter den Resten des großen Artemis-Tempels entdeckt. Das bedeutet, daß sich das Heiligtum der Artemis von Ephesos immer an derselben Stelle befunden hat. Unter dem von den Kimmeriern zerstörten Heiligtum fanden die Engländer sogar noch Spuren dreier Vorgängerbauten des Artemisions, auch sie aus dem 7. Jahrhundert.

Bei den Ausgrabungen dieser vier ältesten Kultanlagen kamen etwa dreitausend Kleinfunde an den Tag, die unter den verschiedenen Fundamenten gewesen waren, nicht zufällig, sondern offenbar als Weihgaben zu den Grundsteinlegungen: Schmuck aus Gold und Silber, Perlen, Münzen aus Elektron (einer Mischung aus Silber und Gold), und unter den ältesten Fundamenten fanden sich Statuetten aus Elfenbein, Bronze, Ton und Holz, elfenbeinerne und hölzerne Schalen, zahlreiche kleine Gegenstände aus Bergkristall, Bernstein, Bronze. Und dann der wohl bedeutendste Fund: ein kleiner Krug mit 19 Münzen aus Elektron, deren Besonderheit darin liegt, daß sie aus dem ältesten Stadium lydischer Prägung stammen. Die Lyder wurden von Herodot, dem Begründer der griechischen Geschichtsschreibung, der etwa von 490 bis 420 v. Chr. lebte, in seinem neunbändigen Geschichtswerk als »die ersten Menschen« bezeichnet, »von denen wir wissen, daß sie

Gold- und Silbermünzen geprägt und verwendet haben«. Jedenfalls spricht dieser Fund dafür, daß Geld in Ephesos schon früh eine wichtige Rolle gespielt haben dürfte. Es wurden bei den Ausgrabungen der Vorläufer des Artemisions noch weitere Münzen gefunden, insgesamt 93 Elektron- und 7 Silbermünzen. Hogarth, der Ausgräber, meint sogar, daß eine Reihe weiterer Münzen von den Arbeitern unterschlagen worden seien. Die Münzen sind übrigens sehr klein, die meisten zwischen 4 und 5 Millimeter, die größte 15,5 Millimeter im Durchmesser. Weitaus die meisten tragen Prägezeichen, zum Beispiel eine Löwenklaue oder Köpfe von Löwen, Pferden, Falken, Greifen. Diese Prägungen garantierten einen bestimmten Edelmetallwert.

Schon bald nachdem die Kimmerier Ephesos geplündert und es wieder verlassen hatten, begannen die Ephesier mit dem Neuaufbau ihres Artemis-Heiligtums. Es wurde doppelt so groß wie die Vorgängerbauten. Schon in der Zeit von 630 und 625 aber ließ der ephesische Tyrann Pythagoras diese Anlage durch eine noch größere ersetzen, nachdem das Orakel in Delphi ihm dies als Buße für eine Freveltat geraten hatte. Dieses Artemision erhielt vermutlich erstmalig einen Tempelbau, in dessen Cella das hölzerne Kultbild der Artemis aufgestellt wurde.

Den Ephesiern schien auch diese große Kultstätte bald nicht mehr repräsentativ genug zu sein. Sie wollten den Bewohnern der Insel Samos nicht nachstehen, die in der ersten Hälfte des 6. Jahrhunderts v. Chr. der in der ganzen griechischen Welt so überaus verehrten gnädigen Himmelsgöttin Hera, Schwester und Gemahlin des Zeus und Schutzgöttin der Ehe, einen gewaltigen Tempel aus Stein errichteten, den bis dahin größten in der griechischen Welt, 103 Meter lang, 51 breit, mit einer doppelten Ringhalle von 8 (auf der Rückseite 9) zu 20 Säulen, dazu (wie bei allen griechischen Tempeln außerhalb gelegen) ein neuer großer Altar vor der Eingangsfront des Tempels. Die Ephesier entschlossen sich, ihrer Artemis ein Haus errichten zu lassen, das den Hera-Tempel auf Samos möglichst noch in den Schatten stellen sollte.

Als Architekten gewannen sie den berühmten Theodoros, den Erbauer des Hera-Tempels, von dem Plinius der Ältere behauptete, er habe das Winkelmaß, die Wasserwaage und die Drehbank erfunden, und der auch als Erzgießer erfolgreich war und eine neue Methode des Bronzegusses entwickelte, möglicherweise den Guß aus der verlorenen Wachsform. Vielleicht hat Theodoros den Ephesiern auch nur – so stellte es im 3. Jahrhundert n. Chr. der griechische Schriftsteller Diogenes Laertios dar – bei der Fundamentierung ihres Tempels geholfen. Der sumpfige Untergrund war ja für ein so gewaltiges Bauwerk einigermaßen problematisch, und nach dem Rat des Theodoros soll die gesamte Grundfläche zunächst mit einer dicken Schicht Holzkohle belegt worden sein, über die eine Schicht von Ziegenfellen gebreitet wurde, als Isolierung gegen aufsteigende Feuchtigkeit, und erst darauf wurde das gewaltige Fundament gelegt. Denkbar ist auch, daß Theodoros den Ephesiern für den Artemis-Tempel den Entwurf geliefert hat. Das neue Artemision wurde jedenfalls dem Hera-Tempel von Samos ziemlich ähnlich, aber es wurde prächtiger, schon weil es aus Marmor gebaut wurde.

In beiden Fällen handelte es sich um den Dipteros, einen Tempel mit doppelter Säulenreihe. Das ist ein verhältnismäßig seltener und besonders aufwendiger Bautyp mit mindestens acht Frontsäulen Breite, dessen Cella allseitig von zwei, an den Schmalseiten unter Umständen von drei Reihen Säulen umgeben ist. Beide Tempel zeichneten sich durch eine auffallende Besonderheit aus: An ihren westlichen Schmalseiten, wo es in die Cella ging, zu den Kultbildern, standen zwei Reihen von jeweils acht, auf den Rückseiten aber zwei Reihen von jeweils neun Säulen. Fast gleich waren auch die Grundmaße. Der Tempel der Artemis wurde 103 Meter lang und 50 Meter breit. Da die Cella so groß wurde, daß sie ohne innere Stützsäulen nicht zu überdachen gewesen wäre, blieb sie ohne Dach, bildete also einen inneren Hof. Doch wurde ihre Vorhalle überdacht, wozu acht Säulen erforderlich waren. Die Säulen waren 19 Meter hoch, scheinen aber unterschiedlich in der Stärke gewesen zu sein, und mit Sicherheit waren sie auf unterschiedliche Weise kanneliert; nur ein Teil von ihnen war mit Skulpturenschmuck versehen.

Diese Unterschiede werden durch Herodots Angabe erklärbar, wonach die meisten Säulen dieses Tempels von dem reichen Lyderkönig Kroisos gestiftet wurden, dessen Reichtum noch heute sprichwörtlich ist. Inschriften an ausgegrabenen Säulenfragmenten bestätigen, daß sie von Kroisos stammen, dem letzten König

Wie der Artemis-Tempel zu Ephesos aussah, ist nicht ganz sicher, hier ein älterer Rekonstruktionsversuch.

der Lyder. Sein Vater Alyattes hatte die Kimmerier aus Kleinasien vertrieben, und als Kroisos ihm 560 v. Chr. auf dem Thron folgte, war seine erste militärische Aktion die Eroberung der kleinasiatischen Griechenstädte mit Ephesos, wo man eben mit dem Bau des Artemisions begonnen hatte. Angeblich hatte Kroisos als Kronprinz vor Artemis ein Gelübde abgelegt, das er nun einlöste, indem er den Tempelbau finanziell großzügig unterstützte, der deswegen später »Kroisos-Tempel« genannt wurde. Der Tempel war noch im Bau, als der Perserkönig Kyros d. Gr. Kleinasien mit Ephesos eroberte und Kroisos gefangennahm und absetzte, ihn vielleicht gar töten ließ (im Jahr 547 oder 546 v. Chr.). Aber auch die Perser verehrten Artemis, und so ging der Bau am Artemision weiter. Hundertzwanzig Jahre haben die Ephesier bis zu seiner Vollendung gebraucht. In dieser Zeit kam es zum Aufstand der kleinasiatischen Griechenstädte gegen die Perserherrschaft, an dem sich die Ephesier jedoch nicht beteiligten – zu ihrem Glück. Denn die Perser bestraften die Aufständischen und zerstörten die große Handels- und Hafenstadt Milet und das berühmte milesische Heiligtum zu Didyma (im Jahr 494 v. Chr.), aber Ephesos verschonten sie. Und nicht zuletzt infolge des Niedergangs von

Milet hat Ephesos in der folgenden Zeit noch wesentlich an Bedeutung, Größe, Einfluß und Reichtum gewonnen.

Daß die Ephesier auch jetzt schon reich waren, als sie den Kroisos-Tempel bauten, kann nicht bezweifelt werden; sonst hätten sie ein derart kostspieliges Unternehmen kaum wagen können. Wie unvorstellbar teuer ein solcher Bau gewesen sein muß, läßt sich an einem Beispiel verdeutlichen, das der Archäologe Albert Rehm errechnet hat: Beim Wiederaufbau des von den Persern zerstörten Didyma, wo der gewaltigste aller Tempel der abendländischen Antike entstehen sollte (worauf wir noch zurückkommen werden), beliefen sich die Kosten für eine einzige Säule, das heißt fürs Zuschlagen, Transportieren, Aufrichten und Verdübeln, auf 39000 Drachmen. Für einen solchen Betrag hätten ein Spezialarbeiter oder ein Lehrer weit länger als ein Jahrhundert arbeiten müssen.

Der Artemis-Tempel zu Ephesos soll nach Angaben von Plinius 127 Säulen gehabt haben, doch halten die Ausgräber diese Zahl für zu hoch. Nach der von ihnen für wahrscheinlich gehaltenen Rekonstruktion (von A. Bammer) war der Kroisos-Bau von 106 Säulen umstanden. Dies war, schreibt Werner Ekschmitt, der »älteste griechische Tempel, von dem wir wissen, daß sein Architrav nicht aus Holz, sondern aus Marmor bestand. Die riesigen, über zwanzig Tonnen schweren Blöcke mußten aus dem Landesinneren herbeigeschafft werden. Das erforderte Transportvorrichtungen, die es bei den Griechen bis dahin nicht gegeben hatte, so daß sie allgemein Bewunderung erregten. Noch viel größer aber war die Leistung, die gewaltigen Blöcke auf die Kapitelle in 19 Meter Höhe zu heben. Winden und Seile schienen dazu so wenig imstande, daß die Legende aufkam, Artemis selbst habe sie an ihre Stelle gebracht.« Wie sie wirklich dorthin gesetzt wurden, weiß man nicht.

Dieser mit Hilfe von Kroisos finanzierte Bau, der in der Literatur als das ältere Artemision bezeichnet wird, galt noch nicht als Weltwunder. Damit war erst sein Nachfolger, das jüngere Artemision, gemeint. Dieser Tempel, die letzte Ausführung des ephesischen Artemisions, entstand, nachdem der Kroisos-Bau im Jahr 356 v. Chr. einem Feuer zum Opfer gefallen war. Bei dem Feuer soll es sich um Brandstiftung gehandelt haben, gelegt von einem Mann namens Herostratos, der unter der Folter gestanden haben soll, diesen Frevel am Artemis-Heiligtum aus Ruhmsucht begangen zu haben, damit sein Name unsterblich werde. Daraufhin hätten die Ephesier verboten, jemals seinen Namen zu nennen, und dieses Verbot sei auch beachtet worden, bis der griechische Geschichtsschreiber Theopompos (geboren 378/77 auf der Insel Chios) den Namen in die Literatur einführte. Möglicherweise ist das Ganze eine literarische Erfindung. Und interessanter ist zweifellos die Frage, wie denn ein steinerner Tempel das Opfer von Flammen werden konnte – und da ist Ekschmitts Hinweis, daß das Innengebälk und die Decke aus Zedernholz bestanden und an den Wänden vielleicht Schmuckteppiche hingen, eine plausible Erklärung.

Für das jüngere Artemision, das Weltwunder also, mit dessen Bau die Ephesier unmittelbar nach der Brandkatastrophe begannen, wurde der Grundriß vom älteren übernommen, auch die Größe der Grundfläche von etwa 50 mal 103 Metern. Dennoch gab es einige Veränderungen. Der neue Tempel wurde höher gesetzt, indem aus den Trümmern des Vorgängers ein 2,70 Meter hohes Podest geschaffen wurde, dreizehn Treppenstufen hoch. Seine Grundfläche war länger und breiter als die des eigentlichen Tempels, auf der untersten Stufe rundum 11 Meter, oben auf der Plattform noch etwa vier Meter. Dadurch wirkte der Tempel jetzt größer, kam auch höher aus der Umgebung heraus, obgleich seine Säulen etwas kürzer waren als die des älteren Baus, statt 19 nur 17,65 Meter. Aber sie erhielten alle denselben Durchmesser und dieselbe Art der Kannelierung. Und – auch diese Angaben wieder nach Rekonstruktionen des österreichischen Archäologen und Ingenieurs Anton Bammer – es wurden 11 Säulen mehr als zuvor, ingesamt 117 verbaut. An der Eingangsfront standen nun drei Reihen mit 8, an den Längsseiten zwei Reihen mit 21 Säulen, alle auf 1,84 Meter hohen Kuben, die mit Skulpturen versehen waren. Und alles bestand wieder aus Marmor. Dieser Artemis-Tempel, dessen genaues Aussehen allerdings trotz der Rekonstruktionen, die aufgrund der archäologischen Funde und der literarischen Zeugnisse entstanden, nicht wirklich zu erfassen ist, auch nicht die genaue Anzahl der Säulen, stand unversehrt bis zum Jahr 262 n. Chr., als er von durchziehenden Goten geplündert und zum Teil zerstört wurde.

Als die Ephesier eben mit dem Bau dieses Weltwunders von

Noch die Ruine des Apollo-Heiligtums zu Didyma, des größten griechischen Tempels, ist höchst eindrucksvoll.

Tempel begonnen hatten, fingen auch die Bürger von Milet an, ihr großes Heiligtum von Didyma, das dem Apollo gewidmet war und das die Perser 494 v. Chr. gebrandschatzt hatten, ehe es ganz vollendet gewesen war, wiederaufzubauen. Seit der Zerstörung Didymas und der ganzen Stadt Milet, als Strafe, weil Milet führend am Aufstand der Griechenstädte in Ionien gegen die persische Vorherrschaft beteiligt gewesen war, hatten sich die politischen Verhältnisse in Kleinasien wieder geändert. Schon nach den ersten Siegen der Griechen über die Perser (480 und 479) hatten sich die meisten kleinasiatischen Griechenstädte von der persischen Vorherrschaft losgesagt, und nach dem letzten griechischen Sieg in der Zeit der Perserkriege, den die Flotte des Attischen Seebunds 448 bei Salamis errang, hatte Persien die Zugehörigkeit der Griechenstädte an der kleinasiatischen Westküste zum Attischen Seebund anerkannt. Mit dem Wiederaufbau Milets war schon bald nach 479 begonnen worden, und nun wurde auch der Neubau des berühmten Apollo-Heiligtums zu Didyma in Angriff genommen, mit dem Ziel, den größten aller Tempel zu errichten, der den Artemis-Tempel von Ephesos noch übertreffen sollte.

Seine Maße sind wahrlich gewaltig: Mit einer Länge von 110

Metern (das ist 5 Meter länger als heute übliche Fußballplätze!) und einer Breite von 60 Metern brauchte dieses Orakelheiligtum eine gut viermal so große Grundfläche wie der Parthenon zu Athen. Und es war höher, 7 Meter länger und 10 Meter breiter als der ephesische Artemis-Tempel und der Hera-Tempel auf Samos. Dieser Riesenbau wurde wirklich, wie es der griechische Geograph Strabo um Christi Geburt ganz einfach formulierte, »Größter unter den Tempeln«. Genauer müßte man allerdings sagen, er *sollte* der größte werden. Aber dieser gewaltige Dipteros mit seinem von einer doppelten Säulenreihe umgebenen und mit einer großen Säulenhalle versehenen 84 Meter langen Marmorkubus, innen fast 24 Meter hoch, der das eigentliche Heiligtum umschloß, wurde nie vollendet, trotz seiner 650jährigen Bauzeit, die allerdings mehrmals unterbrochen wurde.

Begonnen um die Mitte des 4. Jahrhunderts v. Chr., waren nach 200 Jahren die gewaltigen Mauern fertig. Erst dann wurden die 20 Meter hohen Marmorsäulen errichtet, die an der Basis einen Durchmesser von zweieinhalb Metern hatten und sich nach oben verjüngten. Allein 108 Säulen waren für die doppelte Ringhalle, zwölf weitere für den Eingangssaal vorgesehen. Von ihnen standen nach weiteren 400 Jahren etwa zwei Drittel. Dann gingen auch den römischen Kaisern, die hier in Didyma vollenden wollten, was die Griechen einst begonnen hatten, Macht und Geldmittel aus, und schließlich wurde der alte Plan aufgegeben, und alles blieb liegen. Inzwischen hatten sich längst andere Anschauungen durchgesetzt, und dann errichteten Christen in der Bauruine eine Basilika. Später, im 15. Jahrhundert, wurde alles durch ein Erdbeben zerstört, es blieb ein riesiger Trümmerhaufen, der immer wieder als Steinbruch ausgeschlachtet wurde, aber trotzdem nur zu einem Teil abgetragen wurde. Der größte Teil verschwand allmählich immer mehr unter angewehtem Sand, und um 1800 bauten Türken auf dem Hügel, aus dem noch zwei Säulen herausragten, eine Windmühle und einige Wohnhäuser. Auf uns wirkte selbst die inzwischen wieder sichtbare Ruine, die innerhalb eines Jahrhunderts von Archäologen freigelegt wurde, überwältigend und erinnerte uns durch ihre Kolossalität an ägyptische Tempelruinen, obgleich von den ehemals sehr vielen starken Säulen nur drei noch in voller Höhe stehen.

Erhalten sind auf dem siebenstufigen Unterbau, dessen Stufen nicht Treppenstufen, sondern höhere Absätze darstellen, noch viele, drei bis vier Meter hohe Säulenstümpfe. Der Tempel hatte die Form eines Dipteros mit 10 zu 21 Säulen. Erhalten ist die große Freitreppe im Osten, auf der man zum Tempel hinaufgeht und dann in einen Pronaos, einen Vorraum, kommt, für dessen Dach hier 12 Säulen standen. Seitlich links und rechts wird der Vorraum durch die vorgezogenen hohen Mauern der Cella begrenzt, nach hinten zum Tempelinneren hin durch einen anderthalb Meter hohen Sockel, über dem sich in der Mitte eine große Öffnung befindet, mit Seitenteilen aus Blöcken von einst 14 Meter Höhe und 70 Tonnen Gewicht. (Die Blöcke mußten aus den etwa 50 Kilometer entfernten Brüchen im Innern des Latmischen Golfs, der inzwischen verlandet ist, auf Kähnen nach Didyma verschifft und dann auf die 70 Meter hohe Baustelle geschafft werden.) Hinter jener Öffnung befindet sich ein recht gut erhaltener Saal, dessen einst fast 20 Meter hohe Decke von zwei korinthischen Säulen gestützt wurde. Sein Steinboden ist so hoch wie der den Vorraum begrenzende Absatz, liegt also anderthalb Meter höher als der Boden des Vorraums, von dem aus dieser Saal nicht zugänglich war.

Die Besucher, die nach Didyma ins Apollo-Orakel kamen, weil sie Rat suchten, konnten offenbar nur bis hierher gelangen, und vielleicht wurden ihnen die Orakelsprüche von Priestern aus dem höher gelegenen Saal herunter mitgeteilt. Der Saal war jedenfalls wie das ganze Innere des Tempels allein den Priestern des Heiligtums vorbehalten. Aber es gab und gibt noch heute Tunnelgänge, durch die der moderne Besucher vom Vorraum in das einst »Unzugängliche«, die Cella, den Innenhof oder Sekos oder in jenen Saal gelangt. Vom Saal führen zwei Treppenhäuser nach oben, ursprünglich wohl auf das Dach, jetzt auf die einst 24 Meter hohen Cella-Mauern, die bis zu einem Viertel ihrer ehemaligen Höhe gut erhalten sind, und nach unten in den großen freien Hof. Hierher führt von dem höher gelegenen Saal, einst durch drei große Portale, auch eine sehr breite, groß angelegte 24stufige Treppe.

In diesem großen, ungepflasterten und nicht überdachten Kulthof befand sich das Zentrum des Heiligtums, das zum Ausgangspunkt auch dieses Tempels wurde. Seinen heiligsten Kern stellten eine Süßwasserquelle und ein Lorbeerbaum dar.

An dieser Quelle – so überliefert es die Legende – hatte Leto, die schon in vorgriechischer Zeit verehrte Herrin der Quelle, von Zeus ihren Sohn Apollo empfangen. Geboren hat sie ihn auf der Insel Delos, wo aus diesem Grund ein anderes großes Apollo-Heiligtum entstand. Ein drittes gab es in Delphi, das sehr viel älter war als die Heiligtümer von Delos und Didyma, ursprünglich der Erdmutter Gaia zugehörig, der »Hüterin aller Weissagung«, bis Apollo sich gewaltsam in den Besitz von Quelle und Orakel brachte. Auch in Didyma griff der Zeus-Sohn persönlich ein, indem er einem Hirten, der die Quelle hütete, die Sehergabe verlieh. Das gilt als Gründung des Apollo-Orakels von Didyma, das dann an Bedeutung und Einfluß immer mehr zunahm.

Die Quelle wurde umzäunt, dann, um 700 v. Chr., mit Hofmauern umgeben, von denen die Archäologen, die diese Einrichtung als »Tempel I« bezeichnen, noch Spuren gefunden haben. Seit dem 7. vorchristlichen Jahrhundert war das Orakel von Didyma weltberühmt, was die kostbaren Weihgeschenke großer Herrscher bestätigen. Von dem Pharao Necho, der von 609 bis 595 regierte, heißt es beispielsweise, daß er sein Gewand, das er bei seinem Sieg über den König Josia in der Schlacht von Megiddo getragen hatte, dem Apollo von Didyma gestiftet habe. Und vom Lyderkönig Kroisos kam ein – so der Ausgräber Klaus Tuchelt – »wahrer Tempelschatz, der zum Bau einer Kriegsflotte für die Stadt Milet ausgereicht hätte«.

Das Heiligtum gehörte immer zu Milet, lag aber außerhalb der Stadt; ein 19 Kilometer langer Prozessionsweg führte dorthin. Mitte des 6. Jahrhunderts wurde mit einem großzügigen Neubau des Heiligtums begonnen: Es entstand ein großer, gut 50 Meter langer Tempel mit doppelter Säulenringhalle. Die Archäologen bezeichnen ihn als »Tempel II«. Die Arbeiten waren noch nicht ganz abgeschlossen, als Milet und Didyma von den Persern heimgesucht wurden (494 v. Chr.). Der Kultbau wurde geplündert und gebrandschatzt, aber wohl nicht völlig zerstört. Denn schon bald fanden wieder Prozessionen nach Didyma statt. Aber erst anderthalb Jahrhunderte später entschlossen sich die Milesier zum dritten Neubau ihres Apollo-Heiligtums, zum Tempel III. Dabei wurde die Form von Tempel II im wesentlichen beibehalten, aber – wie beschrieben – ins Riesenhafte gesteigert.

Mit dem Begriff »Orakel« wird dieses Heiligtum eigentlich nur unzulänglich definiert, sagt Professor Dr. Klaus Tuchelt, Erster Direktor des Deutschen Archäologischen Instituts in Berlin, der die Didyma-Grabung leitet. Statt Orakel verwendeten die Griechen den Begriff »chresmos«, dem »die Bedeutung ›Mangel‹ und ›Bedürftigkeit‹ von seiten der Menschen zugrunde liegt«, das heißt: »Der Mensch ›bedarf‹ des Rates. Er ›braucht‹ Auskunft, die er sich von dem Gott erbittet.« Dabei vermitteln »von Gott Besessene«: der Seher, der »mantis«, der Prophet oder häufig die Prophetin; ihnen war die Last übermenschlichen Wissens aufgebürdet.

Orakel und Mantik, mit deren Hilfe die Menschen versuchten, in außerrationaler Weise an der Allwissenheit der Götter teilzunehmen, um Kenntnis von den zukünftigen Ereignissen und Weisungen für ihr Handeln zu erlangen, gab es überall in der Antike. Und es gab viele Möglichkeiten, solche Weisungen und Voraussagen zu erfahren, so im Zeus-Tempel zu Olympia aus der Opferschau, anderswo aus dem Summen der Bienen, aus dem Vogelflug und überhaupt aus dem Verhalten der Vögel, aus dem Sprechen oder Nicken der Götterbilder, aus Träumen und Traumschlaf, aus Befragung Verstorbener im Totenorakel, dem Rauschen heiliger Bäume, dem Ruf heiliger Tauben, dem Loswurf, aus Quellen und von aus Erdspalten aufsteigenden Dämpfen und anderem mehr. Besonders großes Ansehen, manchmal verbunden mit politischem Einfluß, hatten die Orakel zu Dodona, das Inspirations-Orakel zu Ptoion in Böotien, das ekstatische Dreifuß-Orakel der Pythia zu Delphi, die Quellinspiration zu Didyma, das Fisch-Orakel von Sura in Lykien, das Hydromanteion im ionischen Klaros, wo aus den Bewegungen des Wassers geweissagt wurde. Und auch in Ägypten und in fast allen anderen Ländern gab es berühmte Orakel.

Wie die Orakel funktionierten ist nur andeutungsweise bekannt. In Didyma dürften die vorgebrachten Fragen vor allem politischer Art gewesen sein. Einige sind überliefert, zum Beispiel Fragen, die eine Entscheidung über Krieg und Frieden betrafen. Einmal fragte eine Stadt in Didyma an, ob sie Flüchtlinge, die bei ihr Schutz suchten, aufnehmen oder abweisen sollte. Vermutlich wurden die Fragen nicht mündlich vorgebracht, sondern in schriftlicher Form eingereicht. Und bekannt ist, daß sie von den

Tempelbeamten mit ihren Antworten archiviert wurden. Aber wie dies alles im einzelnen vor sich ging, dieses Fragen und Ratgeben, das wissen wir nicht, sagt Tuchelt. Ob da ein Seher oder eine Seherin an der Quelle saß und auf Fragen vielleicht nur Andeutungen von Antworten erahnte, die dann von Priestern erst genauer interpretiert werden mußten? Oder ging das »Orakeln« sehr viel nüchterner, bürokratisch-rationaler vor sich? Man darf wohl davon ausgehen, daß die so weithin und über eine sehr lange Zeit berühmten Orakel wie Delphi und Didyma Wissenszentren waren, in denen politische und allgemeine Lebenserfahrungen aus Vergangenheit und Gegenwart gesammelt und ausgewertet wurden. Unbekannt ist, wer ins Innere des Heiligtums durfte und ob jeder, der ein Problem vorbrachte, zur Entgegennahme der Antwort in den Tempel gerufen wurde.

Etwa zwei Jahrhunderte Forschung über Didyma, auch von Engländern und Franzosen, und seit einem Jahrhundert archäologische Grabungen – sollten da nicht alle Fragen beantwortet sein? Als Theodor Wiegand, der die deutschen Ausgrabungen 1906 in Didyma begonnen hatte (seit 1962 liegt die Grabung beim Deutschen Archäologischen Institut), im April 1911 an seine Frau schrieb: »Wir haben ein Monument allerersten Ranges, das sich in seiner Art neben der Akropolis in Athen sehen lassen darf...«, da hatte er recht. Aber er irrte, als er einige Jahre später meinte, die Arbeit in Didyma sei getan. Gewiß, der Tempel war ausgegraben; übrigens war er schneeweiß aus der Erde gekommen, während der Marmor heute schmutziggrau ist, an vielen Stellen schwarz, nicht durch Luftverschmutzung, sondern infolge Algenbefalls, gegen den nichts hilft und der den Marmor langsam zerfrißt.

Mehr als ein halbes Jahrhundert nach Wiegands Irrtum kam es hier zu überraschenden Entdeckungen, die – so Tuchelt – »in ihrer Bedeutung über Didyma hinausreichen«. Und zwar wurde am Tempel selber der Grundriß des Bauwerks im Maßstab 1 : 1 erkannt, das heißt: »Die Euthynterie des 60 mal 110 Meter großen Baus war gleichzeitig das überdimensionale Reißbrett, auf dem Markierungen in Gestalt von knapp 1 Zentimeter langen, flachen Kerben als Entwurfsraster für die Positionen der Ringhallensäulen, der Wände des Kernbaus sowie ihre Achse aufgetragen worden sind.«

Dies erkannte Lothar Haselberger im Zusammenhang mit seiner Entdeckung im Jahr 1979, daß die Innenwände des Kernbaus auf einer Fläche von 200 Quadratmetern von einem System feinster Ritzlinien überzogen sind. Weil dies nur bei einem bestimmten Lichteinfall sichtbar wird, war es seit der Freilegung des Tempels, also fast sieben Jahrzehnte lang, niemandem aufgefallen. Auf der vorgerötelten Fläche der Tempelwände ist die aufgehende Architektur im Maßstab 1 : 1 aufgetragen. Hiermit und mit zahlreichen überlieferten Bauurkunden von Didyma haben wir, sagt Tuchelt, »gleichsam ein aufgeschlagenes Buch über die Planungs- und Baugeschichte eines antiken Großbaus«. Wäre der Tempel vollendet worden, hätten wir es nicht, weil dann die Werkszeichnungen abgeschliffen worden wären.

Wohl noch bedeutender, zumindest folgenreicher für den zukünftigen Verlauf der Forschung, für ihre Zielsetzung, sind die Ergebnisse der jüngsten Grabungskampagnen in Didyma. Da wurde ein zweites Heiligtum freigelegt, dem des Apollo darin verwandt, daß es wie dieses in einem eingefriedeten Bezirk bestand, jedoch ohne Ringhalle war. Es ist ebenfalls schon in der Zeit um 700 v. Chr. entstanden, und genau wie das Apollo-Heiligtum lag es an einer Süßwasserquelle. Mehrmals wurde es umgebaut und erweitert, blieb aber immer an der Quelle. Süßwasserquellen waren selten in dieser wasserarmen Gegend – die meisten Quellen führten bitteres Wasser – und galten immer als etwas Besonderes, ja als heilig, und deswegen wurden sie geschützt, eingezäunt, ummauert, wohl damit nicht jeder Zugang zu ihnen hatte. Bei den Ausgrabungen dieses Heiligtums wurden zwei Felsbecken und drei Schachtbrunnen freigelegt. Die Schachtbrunnen waren bis in eine Tiefe von mehr als 20 Metern mit Hunderten von Tongefäßen ein und desselben Typs angefüllt. Über die Bedeutung dieses Fundes rätseln die Gelehrten noch. Einig sind sie sich inzwischen aber darüber, daß dieses Heiligtum, in dem Wasser eine zentrale Bedeutung gehabt haben muß, der Göttin Artemis geweiht war. In Didyma gefundene Inschriften berichten von Artemispriesterinnen, die hier solche Anlagen betreuten, die der Wasserversorgung dienten.

Ebenfalls aus steinernen Inschriften wußte man schon seit längerem, daß der Apollo-Tempel hier nicht das einzige Heiligtum

Aufgang zur Akropolis von Athen. Auch der berühmte Parthenon, der Tempel der jungfräulichen Athene – heute ein beliebtes Ziel von Touristen aus aller Welt –, war nicht nur Heiligtum, sondern zugleich Schatzkammer, Depositen- und Hypothekenbank.

war. Aber die Forscher hatten sich immer zu sehr auf diesen Riesenbau konzentriert, sagt Tuchelt, und hatten ihn dadurch von seiner antiken Umgebung und zugleich von seiner Geschichte isoliert. Dann aber deutete sich an und wurde neuerdings durch archäologische Funde erwiesen, daß der Apollo-Tempel den Mittelpunkt eines ausgedehnten Organismus darstellte. Aus Inschriften geht hervor, daß in Didyma außer für Apollo und seine Zwillingsschwester Artemis noch weitere Kultstätten bestanden, zu denen von Milet aus die Heilige Straße führte, mit ihrem fünf Meter breiten Steinpflaster, die erst zu einem kleinen Teil freigelegt werden konnte. So steht eine jahrhundertalte Grabung, die vor langer Zeit schon einmal für beendet erklärt worden war, heute wieder vor neuen Fragen und Problemen.

Aber auch viele alte und sogar sehr grundsätzliche Fragen sind ja noch keineswegs zufriedenstellend beantwortet. Unbekannt ist immer noch, was die Milesier eigentlich zu der gewaltigen Kraftanstrengung bewog, den Apollo-Tempel in solch gigantischen Maßen neu zu bauen, und erstaunlich ist vor allem, daß sich Jahrhunderte später sogar die römischen Kaiser an den Beschluß der Milesier gebunden fühlten und an dem Riesenunternehmen noch weiterbauen ließen, als an Orakeln längst überall Kritik geübt wurde und viele Philosophen, Dichter und Schriftsteller für den Orakelglauben der Menschen nur noch Spott übrig hatten. Aber die Kaiser bauten hier ja sogar noch, als schon die Goten ins Reich einfielen. Und daß die Ephesier ihrer Artemis den größten Tempel bauten, muß wohl noch andere Gründe gehabt haben als nur den, das große Hera-Heiligtum auf Samos in den Schatten zu stellen.

Gewiß spielten bei solchen Großbauten immer auch Prestigegründe eine Rolle, wie Professor Dr. Wolfgang Müller-Wiener sagte, Erster Direktor der Abteilung Istanbul des Deutschen Archäologischen Instituts, der in Milet viele Jahre lang gegraben hat. Er sagte es angesichts des großen Theaters von Milet, das er uns zeigte. Wie die Bürger von Samos und die von Ephesos ihr Prestige durch die Riesentempel steigerten, so wollten die Milesier ihr Ansehen mit Hilfe dieses Theaters und mehr noch durch den Apollo-Tempel zu Didyma steigern, den größten der Tempel, sagte Müller-Wiener. Reich waren sie ja, die Bürger von Milet, und zwar durch ihre Schafzucht und die Wollegewinnung, die

Herstellung von Tuch und vor allem durch den Verkauf des in der ganzen Welt so überaus begehrten und gut bezahlten Purpurfarbstoffs, den sie – wovon die Archäologen überall Spuren fanden – aus Purpurschnecken gewannen.

Doch selbst für die reichen Milesier muß der Bau eines so gewaltigen Marmortempels eine enorme finanzielle Belastung gewesen sein. Indessen gab es viele Möglichkeiten, zu Geld zu kommen. Beispielsweise brachten die zwei Prozent Ein- und Ausfuhrzölle auf Rhodos den Rhodesiern Millionengewinne, von denen zwar die Milesier nichts hatten, die aber andeuten, daß und auf welche Weise schon damals das große Geld verdient werden konnte.

Nun ist dies allerdings noch immer nicht die Antwort auf die Frage nach den eigentlichen Gründen für die Errichtung großer Tempel, doch deutet es in die Richtung, wo sie zu vermuten sind: Da geht es nicht bloß um Prestige, ebensowenig nur um kultische und religiöse Motive, sondern in erster Linie um ganz handfeste finanzielle Interessen. Tempel zu bauen, kostete zwar viel Geld, aber Tempel konnten noch sehr viel mehr Geld einbringen. Und eben dies sollten sie. Sie stellten nämlich nicht nur »Heiligtümer« dar, sie dienten keineswegs allein religiösen Kulten, sondern sie arbeiteten zugleich als Schatzkammern, als Depositenbanken, als Kreditinstitute. Das wird merkwürdigerweise in den meisten Fällen verschwiegen, wenn von antiken Tempeln die Rede ist, und deswegen ist es vielen Menschen völlig unbekannt.

In der überaus umfangreichen Literatur über Tempel, vor allem über die griechischen, also in Kunst- und Baugeschichten, in archäologischen Darstellungen, in Reiseführern, geht es um alles mögliche: um die Götter und Göttinnen, denen die Heiligtümer geweiht sind, um ihre Kultbilder, um die ihnen dargebrachten Opfer und Weihgeschenke, um die Priesterinnen und Priester, um Kultdienste und manchmal um recht rätselhafte Vorgänge wie Tempelschlaf und Tempelprostitution, um Orakel und Weissagungen, um heilkräftige Quellen und geheimnisschwangere Dämpfe, auch natürlich um ästhetische und baugeschichtliche Aspekte, um die Art der Säulen, die Tempeltypen, die Grund- und Aufrisse und noch hunderterlei Details. Nur von Geld ist so gut wie nie die Rede, allenfalls davon, daß Tempel viel Geld kosteten, aber nicht von dem Geld, das von ihnen eingenommen wurde.

Das hat mehrere Gründe. Einer liegt darin, daß die Archäologen in den Tempelruinen keinerlei Spuren von solchem Geld und von den Tempelschätzen fanden, weil man derartige Reichtümer natürlich nicht einfach zurückließ, als die Tempel zerstört und aufgegeben wurden. Ebensowenig fanden die Archäologen irgendwelche Aufzeichnungen der Tempelverwaltungen über die Schätze und Besitzungen der Heiligtümer, über ihre Einnahmen und Ausgaben, jedenfalls nicht in Griechenland. Auch das ist nicht verwunderlich, denn Papyros und Pergament haben sich in jenem Klima bei weitem nicht so gut erhalten wie in Ägypten, wo viele solcher Aufzeichnungen gefunden wurden. Aber der eigentliche Grund dafür, daß von den Geldgeschäften der griechischen Heiligtümer fast nie die Rede ist, am wenigsten in der deutschen Literatur, liegt tiefer. Er hat seine Wurzeln in dem bis heute nachwirkenden idealistisch überhöhten Bild, das Johann Joachim Winckelmann, der »Vater« der Archäologie und der vergleichenden Kunstgeschichte, im 18. Jahrhundert mit seiner leidenschaftlich-schwärmerischen Verehrung der griechischen Antike schuf und das besonders in Deutschland für das gesamte Geistesleben, für die humanistische Gymnasialbildung, für die historische, archäologische, kunsthistorische Forschung allzu lange prägendes Leitbild blieb. Mit Winckelmanns Deutung des griechischen Wesens und der griechischen Kunst als »edle Einfalt und stille Größe« entstanden jene Scheuklappen, die es vielen Gelehrten noch heute ermöglichen, an den nicht gar so edlen Realitäten des antiken Lebens vorbeizusehen. Das zeigte sich bei Olympia, das zeigt sich noch mehr bei den Tempelheiligtümern.

So unterschiedlich ihre religiösen Kulte und die Organisationen ihrer Priesterschaften immer gewesen sein mögen, eines galt wohl für alle Tempel und ihre Verwaltungen: Sie mußten von Einnahmen existieren. Die Einnahmen waren unterschiedlicher Art, sie bestanden in Opfern, Spenden, Geschenken, in besonderen Abgaben oder Steuern. Bis ins einzelne gehende Aufzeichnungen sind aus verschiedenen ägyptischen Tempeln überliefert, zum Beispiel aus Theben, dem reichsten ägyptischen Heiligtum, aus der Zeit um 1250 v. Chr. Von ihm gibt es eine Vermögensaufstellung, die (nach Adolf Ermann und Hermann Ranke: Ägypten und ägyptisches Leben im Altertum) so aussieht: Menschen 81322, Vieh

421 362, Gärten 433, Äcker ca. 2393 qkm, Schiffe 83, Werften 46, Ortschaften 65.

Das war erheblich mehr, als was die Vermögensaufstellungen der nächst kleineren Tempel Heliopolis und Memphis auswiesen. Theben, der große Tempel des Amun, erhielt auch von den Untertanen die meisten Abgaben, die genau aufgeführt sind, und zwar in einem Jahr: Gold 51 kg 833 g, Silber 997 kg 805 g, Kupfer 2395 kg 120 g, Kleider 3722 Stück, Garn 345 kg 345 g, Weihrauch, Honig, Öl 1047 diverse Gefäße, Wein und Most 25 405 diverse Gefäße, Korn 309 950 Sack, Gemüse 24 650 Bund, Flachs 64 000 Bund, Vögel von Vogelfängern 289 530, Rinder 866, Zinsgänse 744 Stück, hölzerne Schiffe 82 Stück. – Die Naturalien wurden vom Tempel, soweit sie nicht für die Verpflegung der Verwaltungsmitglieder verwendet werden konnten, zu Geld gemacht. Denn in dieser Aufzählung heißt es: Erlös von verkauften Abgaben, in Silber: 328 kg 155 g.

Für das Eintreiben, das Erfassen und das Verwahren des Tempelguts gab es eine umfangreiche Verwaltung mit Beamten in besonderen Abteilungen für den Schatz, für die Äcker, für die Kornspeicher und für die Rinder; der Amun-Tempel zu Theben, eine – wie die imposanten Ruinen noch heute zeigen – gewaltige Anlage, hatte eine eigene Bauverwaltung für Reparaturen und Neubauten, mit Architekten und mit Handwerkern und Künstlern aller Art, vom Goldschmied und Maler bis zum Steinmetz. Und um die Ordnung zu sichern, vor allem um sich vor Räubern zu schützen, verfügte der Tempel über seine eigenen Soldaten mit hohen und niederen Offizieren, für die es eine besondere Waffenkammer gab. In Ägypten, wo alles dem Pharao, dem Gott-König gehörte, jedes Gramm Gold und jeder Stein, war alles straff auf ihn hin organisiert, und so waren die hohen Tempelbeamten häufig zugleich Staatsbeamte; jedenfalls war es so im Neuen Reich. Aber je mehr der Pharao seinen Vätern, den Göttern, an Gold und Silber schenkte, das in den Tempeln verwahrt und von den Priesterbeamten verwaltet wurde, desto wichtiger, einflußreicher, mächtiger wurden die Priester, und sie brachten immer mehr Vorrechte des Adels an sich.

Eine vergleichbare Entwicklung vollzog sich in Palästina, im Reich der Juden, wo es allerdings nur einen einzigen Tempel gab.

Für die Juden existierte seit langem allein Jahwe, der eine Gott, der keine anderen Götter neben sich duldet. Ihm bauten sie ein Haus, nur das eine in ihrem ganzen Land, ja in der ganzen Welt: den Tempel zu Jerusalem. Zwar errichteten sie später an vielen Orten, auch im Ausland, Synagogen, doch waren dies Versammlungshäuser für die Gemeinden, in denen auch, häufig sogar überwiegend, Gottesdienst gehalten wurde, die indessen ebenso als Schulen dienen konnten, aber keine Gotteshäuser darstellten, keine Häuser für Jahwe. Sein Haus war der Tempel zu Jerusalem, erbaut vor nahezu drei Jahrtausenden auf dem Berg Moriah, dem Felsenberg.

Dieser Fels war den Juden heilig. Nach jüdischer Tradition war es diese Stelle der Erde (wo heute der moslemische Felsendom steht), auf die das erste Licht fiel, nachdem der Herr gesagt hatte: »Es werde Licht!« Von hier ging die Gottesfurcht aus zu allem Menschengeschlecht. Hier war der Erzvater Abraham bereit gewesen, dem Herrn seinen Sohn Isaak zu opfern. Und an dieser Stelle – so überliefert es die Chronik, das jüngste Geschichtswerk des Alten Testaments, entstanden in der zweiten Hälfte des 4. Jahrhunderts v. Chr. – war der Herr dem König David erschienen und hatte das Brandopfer angenommen, das David ihm darbrachte, um den erzürnten Herrn, der die Pest über Israel gebracht hatte, wieder zu versöhnen. Hier wollte David, der das kleine Juda durch Unterwerfung seiner Nachbarn zu einem Großreich gemacht hatte, das »vom Strom bis an den Bach von Ägypten« reichte, vom Euphrat bis an den Nil, dem Herrn den Tempel bauen, aber der Herr sagte ihm (zitiert nach der »Zürcher Bibel«): »Du sollst meinem Namen kein Haus bauen; denn du bist ein Kriegsmann und hast Blut vergossen...« Aber, fuhr er fort: »Dein Sohn Salomo, der soll mein Haus und meine Vorhöfe bauen; denn ihn habe ich mir zum Sohn erwählt.«

Und so gab David, der für den Tempelbau längst alles vorbereitet hatte, den Auftrag und zugleich die Thronfolge an Salomo weiter, er gab ihm, schrieb der Chronist, »ein Modell der Halle und des Tempels, der Schatzkammern, Obergemächer und innern Kammern sowie des Raumes für die [Bundeslade mit der heiligen] Deckplatte; ferner ein Modell von alledem, was er sonst im Sinne hatte, von den Vorhöfen des Tempels und all den Zellen ringsum, von den Vorratskammern des Gotteshauses und den Vorratskammern für die Weihgeschenke; auch [die Anordnungen betreffend] die Abteilungen der Priester und Leviten und alle Vorrichtungen des Tempeldienstes sowie [das Modell] von allen Geräten für den Tempeldienst.« Er gab ihm auch Geld und Gold, das er für den Bau vorgesehen hatte, und noch weiteres, offenbar aus seinem Privatbesitz, dazu, und er sagte zu Salomo (wieder, wie auch das weitere, zitiert nach der »Zürcher Bibel«):

»Ich aber habe nach bestem Vermögen für das Haus meines Gottes Gold beschafft zu goldenen Geräten, Silber zu silbernen, Erz zu ehernen, Eisen zu eisernen, Holz zu hölzernen, dazu Sohamsteine und Edelsteine zum Besatz, Malachitsteine und bunte Steine und allerlei andere Edelsteine und weiße Marmorsteine in Menge. Überdies, weil ich am Hause meines Gottes meine Freude habe, schenke ich, was ich als persönliches Eigentum an Gold und Silber besitze, für das Haus meines Gottes über alles hinaus, was ich bereits für das heilige Haus beschafft habe: nämlich dreitausend Talente Gold, Gold aus Ophir, und siebentausend Talente geläutertes Silber...« Und als David dann die Großen seines Reiches, die »Familienhäupter und Fürsten der Stämme Israels, die Anführer der Tausendschaften und Hundertschaften und die Oberbeamten des königlichen Hofes« fragte, ob nicht auch sie »eine Gabe spenden« wollten, da gaben sie »an Gold fünftausend Talente und zehntausend Dariken, an Silber zehntausend Talente, an Erz 18 000 Talente und an Eisen 100 000 Talente. Und wer Edelsteine besaß, der gab sie in den Tempelschatz«.

Vermutlich um 960 v. Chr. begann König Salomo mit dem Bau des Tempels, wie geplant auf dem Berge Moriah in Jerusalem. Der Chronist hat dieses große Unternehmen anschaulich ausgemalt (2. Chronik, 3–5): »Im vierten Jahre seiner Regierung, im zweiten Monat begann er mit dem Bau. Folgendes sind die Grundmaße, nach denen Salomo den Tempel Gottes baute: die Länge sechzig Ellen – die Elle nach altem Maß gerechnet – und die Breite zwanzig Ellen. Und die Halle vor dem Hauptraum des Tempels [d. i. dem Heiligen] war zwanzig Ellen breit an der Stirnseite des Hauses; ihre Höhe betrug zwanzig Ellen. Und er ließ sie inwendig mit reinem Golde ausschlagen. – Das Hauptgebäude täfelte er mit Zypressenholz und überzog dieses mit kostbarem Golde, und er brachte Palmen und Blumenketten darauf an. Er belegte das Haus mit kostbaren Steinen zur Zierde, und das Gold stammte aus Parvaim. Die Balken, die Schwellen, die Wände und die Türen des Hauses aber überzog er mit Gold und ließ Cherube auf die Wände gravieren. – Dann machte er das Allerheiligste; dessen Länge betrug, entsprechend der Breitseite des Hauses, zwanzig Ellen, und die Breite zwanzig Ellen. Er ließ es mit kostbarem Golde ausschlagen im Gewicht von sechshundert Talenten, und das Gewicht der Nägel betrug fünfzig Lot Gold. Im Allerheiligsten machte er zwei Cherube in kunstvoller Arbeit und überzog sie mit Gold... Die Flügel dieser Cherube maßen ausgebreitet zwanzig Ellen. Sie selbst standen auf ihren Füßen, das Antlitz nach dem Raume [des Heiligen] gekehrt. Und er machte den Vorhang aus blauem und rotem Purpur, Karmesin und Byssus und brachte darauf Cherube an. – Vor dem Hause machte er zwei Säulen, 35 Ellen hoch. Und er ließ Kettengewinde anfertigen, die er oben an den Säulen anbrachte, ferner hundert Granatäpfel, die er an den Ketten befestigte. Die Säulen richtete er vor dem Tempel auf, die eine zur Rechten, die andere zur Linken, und nannte die zur Rechten Jachin, die zur Linken Boas. – Weiter machte er einen ehernen Altar, zwanzig Ellen breit und zehn Ellen hoch. Und er machte das gegossene Meer, zehn Ellen weit von einem Rande bis zum andern, ringsum rund und fünf Ellen hoch; eine Schnur von dreißig Ellen Länge konnte es rings umspannen. Und rings um das Meer, untenhin, liefen Gebilde von wilden Gurken, ringsherum dreißig Ellen lang; die wilden Gurken aber bildeten zwei Reihen und waren beim Gusse mitgegossen worden. Es stand auf zwölf Rindern; drei waren nach Norden gewandt, drei nach Westen, drei nach Süden und drei nach Osten. Das Meer aber stand oben darauf, und das Hinterteil von allen war einwärts gekehrt. Seine Dicke betrug eine Handbreite, und sein Rand war gestaltet wie der eines Bechers, wie die Blüte einer Lilie; es faßte dreitausend Bath. Und er fertigte zehn Kessel an und stellte fünf zur Rechten und fünf zur Linken, daß sie zum Waschen dienten. Man sollte darin abspülen, was zum Brandopfer gehört; das Meer aber war für die Waschungen der Priester bestimmt. Dann machte er die zehn goldenen Leuchter nach der Vorschrift und stellte sie in den Tempel, fünf zur Rechten und fünf zur Linken. Und er fertigte zehn Tische an und stellte sie im Tempel auf, fünf zur Rechten und fünf zur Linken; auch machte er hundert goldene Sprengschalen. Dann legte er den Vorhof der Priester an und den großen Vorhof, ebenso machte er Tore für den Vorhof; die Tore überzog er mit Erz...«

Und dann beschrieb der Chronist, der dies alles niemals mit eigenen Augen gesehen haben konnte, noch die Kultgeräte, die für den Tempel angefertigt wurden, »den goldenen Altar und die Tische, auf denen die Schaubrote liegen, die Leuchter und die dazugehörigen Lampen, ... dazu die Messer, Sprengschalen, Schüsseln und Räucherpfannen«, auch sie alle aus »gediegenem Gold«.

Als der Tempel vollendet und eingerichtet war, wurden die Weihgeschenke hineingebracht, und das Gold und das Silber wurden »in den Schatzkammern des Gotteshauses niedergelegt«. Dann wurde die Bundeslade hierher gebracht, die Lade mit den Gesetzestafeln, auf denen einst jener Bund fixiert worden war, den der Herr mit Moses und dem israelitischen Volk geschlossen hatte, als sie aus Ägypten zogen. Zur Einweihung wurde ein großes Fest gefeiert, zu dem der König und die Gemeinde so viele Schafe und Rinder opferten, »daß man sie nicht zählen noch berechnen konnte«.

Als der Chronist dies beschrieb, gab es Salomos Tempel schon lange nicht mehr. Im Jahr 587 v. Chr. war Jerusalem von den Truppen des babylonischen Königs Nebukadnezar II. (605–562) erobert und der Tempel ausgeraubt und zerstört worden, als Strafe, weil sich die Juden in den langwierigen Kriegen zwischen Babylon und Ägypten auf die Seite Ägyptens gestellt hatten. Damals ließ Nebukadnezar viele Juden nach Babylon deportieren, vor allem Baumeister und Facharbeiter, die er bei dem gigantischen Ausbau seiner Hauptstadt brauchte, wo zum Beispiel das berühmte Ischtartor mit der Prozessionsstraße und das Stadtschloß mit den hängenden Gärten entstanden. Ein halbes Jahrhundert danach gab König Kyros den Juden die Erlaubnis, in ihre Heimat zurückzukehren, von der aber nur wenige Gebrauch machten; denn die meisten hatten sich inzwischen in Babylons jüdischen Kolonien gut etabliert. Inzwischen hatten sich auch die daheim gebliebenen Juden längst von den Kriegseinwirkungen erholt, aber erst jetzt erlaubte der Perserkönig Kyros ihnen, ihren zerstörten Tempel wiederaufzubauen. Dieser Zweite Tempel, der im Jahr 515 v. Chr.

fertig wurde, blieb sehr viel kleiner und bescheidener als der erste. Daß indessen für den Ersten Tempel wirklich derartige Mengen von Gold verbaut wurden, wie es in der Chronik behauptet wurde, ist höchst unwahrscheinlich. Bei jenen ja auffallend stereotypen Angaben »aus lauterem Gold« und vor allem bei den Gewichtsangaben dürfte es sich schlicht um literarische Übertreibungen handeln. Wie schon gesagt, hatte der Chronist das alles nie gesehen; es lag ja lange vor seiner Zeit. Und auch ältere Chronisten, von denen er manches übernommen haben mag, können das Innere des Tempels nicht aus eigener Anschauung gekannt haben, weil es nur Priestern zugänglich war. Ins Allerheiligste durfte sogar einzig der Hohepriester; allen anderen war das Betreten bei Todesstrafe verboten, selbst den Königen. Auch für den mächtigen Herodes, der den Zweiten Tempel aufs großartigste ausbauen ließ, gab es da keine Ausnahme. Dieser Ausbau des Tempels, die Erweiterung des Tempelplateaus, der Neubau der großen Säulenhallen und anderer Anlagen durch Herodes waren etwa im Jahre 10 vor Beginn unserer Zeitrechnung abgeschlossen. Was da nach angeblich nur knapp zehnjähriger Bauzeit entstanden war, wurde in der rabbinischen Literatur so gelobt: »Wer den Tempel des Herodes nie gesehen hat, hat nie in seinem Leben ein prächtiges Bauwerk gesehen.«

Herodes der Große, der von den Römern eingesetzte König der Juden, war ein sehr geschickter und überaus erfolgreicher Politiker, in dessen langer Regierungszeit das jüdische Volk einen dreißigjährigen Frieden erlebte und zu beträchtlichem Wohlstand kam. Er hatte das Land, das unter römischem Schutz stand, ohne jedoch von römischen Truppen besetzt zu sein, durch den Bau von Grenzfestungen gegen Einfälle der Araber geschützt, er hatte die Wasserversorgung wesentlich verbessert, hatte Land urbar machen lassen, hatte den Hafen Cäsarea anlegen lassen, hatte eine ganze Reihe von Städten gegründet und alte Städte ausgebaut und verschönert, nicht nur die Hauptstadt Jerusalem, wo er für sich und seine Familie einen großen Palast errichtete. Er ließ Theater und Sportanlagen bauen und im ganzen Land das Straßennetz verbessern. Und über all die Jahre betrieb Herodes eine ausgesprochen kluge, maßvolle Steuerpolitik, die sich für alle Berufe höchst positiv auswirkte, für die Bauern, die Handwerker, die Händler, vor allem die Exporteure und zugleich für ihn selber und für den Staat. Damals exportierte Palästina das beste Olivenöl in alle Welt, und es wurde reich dabei. So war genug Geld vorhanden, um dem römischen Kaiser Augustus in Rom großzügige Geschenke machen zu können und sich dessen Wohlwollen zu sichern; es konnten – wie bereits erwähnt – die Olympischen Spiele, die am Ende zu sein schienen, durch hohe Geldspenden noch für mehrere Veranstaltungen gerettet werden, und es konnte schließlich der Tempel auf eine Weise verschönert und vergrößert werden, daß er sich wieder mit dem sechshundert Jahre zuvor zerstörten Bau Salomos vergleichen ließ oder ihn sogar übertraf.

»Weil ich nun«, so soll Herodes in einer Ansprache an seine Landsleute gesagt haben, »durch Gottes Gnade zur Regierung gelangt bin, einer langen Friedenszeit mich erfreue, große Reichtümer mir gesammelt habe, bedeutende Einkünfte beziehe und, was das wichtigste ist, mit den Römern, den Herren der Welt, wie ich wohl sagen darf, in freundschaftlichem Verkehr stehe, so will ich mich bemühen, das, was unsere Vorfahren aus Not und weil sie unter fremder Herrschaft standen, nicht ausführen konnten, zu vollenden und dadurch Gott für die vielen Wohltaten, die er mir während meiner Regierung erwiesen hat, frommen Dank zu erstatten.«

So stellte es hundert Jahre später der jüdische Historiker Josephus Flavius dar, in seinen »Jüdischen Altertümern« (XV, 11,1), der aus Jerusalem stammte, und zwar aus einem Priestergeschlecht. Josephus schrieb, daß »das Volk« von dem Plan des Herodes durchaus nicht begeistert gewesen sei, weil viele ihn für undurchführbar gehalten hätten: »Sie befürchteten nämlich, der König möchte, wenn der Tempel abgerissen wäre, nicht die hinlänglichen Mittel besitzen, um das Werk, welches er sich vorgenommen, vollenden zu können, und es schien ihnen diese Gefahr um so größer zu sein, als ihnen der Bau in der Tat schwierig und kolossal vorkam.«

Dieser durchaus berechtigte Einwand kam aber wohl kaum vom »Volk«, das zu jener Zeit nicht viel zu sagen hatte; er dürfte von der Priesterschaft und ihrem Hohepriester gekommen sein, die in Jerusalem und im ganzen jüdischen Reich sehr mächtig waren und beträchtlichen Einfluß hatten, auch zur Zeit des Herodes. Josephus ist auf dieses Problem nicht weiter eingegangen, das ja die Frage aufwirft, wie denn die Juden während der Bauzeit ohne ihren Tempel ausgekommen sein sollen; der Tempel war ja unerläßlich für die im Pentateuch vorgeschriebenen Riten und Opfer. In der modernen Literatur zu diesem Thema wird diese Frage meistens dahingehend beantwortet, daß das eigentliche Heiligtum erst ganz zum Schluß erneuert worden sei, in den letzten anderthalb Jahren der Bauperiode. Hingegen heißt es in der von israelischen Gelehrten herausgegebenen Enzyklopädie »Die Bibel und ihre Welt«, daß Herodes den alten Tempel gar nicht abreißen, sondern ihn unverändert stehen und überbauen lassen habe: »Der Tempel des Herodes war über und um das bestehende kleine Gebäude errichtet. Er stand auf einer erhöhten Plattform und war von Säulen und schönen Toren umgeben. Der glänzend weiße Stein war nach allen Richtungen hin viele Meilen weit zu sehen. Herodes änderte nichts an der Größe des inneren Tempels, das heißt des Baues, den die Gemeinde nach dem Exil errichtet hatte... er änderte auch nichts an dem allgemeinen Grundriß, aber er verdoppelte die Fläche der Außenhöfe, indem er das Felsenplateau glättete und die steilen Südostschluchten auffüllte...«

Um das Plateau zu vergrößern, auf eine Fläche von 135000 Quadratmetern, mußte eine gewaltige Stützmauer errichtet werden. Im vorigen Jahrhundert haben britische Archäologen diese zum großen Teil noch erhaltene Mauer bis hinunter auf die Fundamente untersucht. Dabei stellte sich heraus, daß die Gesamthöhe des dort noch erhaltenen herodianischen Mauerwerks mehr als 40 Meter beträgt. Zu sehen sind die vorzüglich verarbeiteten riesigen Steine noch an der Südostecke der Plattform, vor allem aber an jenem Stück Westmauer, das als »Klagemauer« berühmt ist. Seit der Zerstörung des herodianischen Tempels im Jahre 70 n. Chr. durch die Römer beklagen fromme, also orthodoxe Juden an dieser Mauer den Verlust ihres Tempels.

Wie dieser Tempel und überhaupt die ganze Anlage ausgesehen hat, weiß man nicht, jedenfalls nicht im einzelnen und nicht mit Sicherheit, trotz zahlreicher Untersuchungen und einer ausführlichen Spezialliteratur zu diesem Thema. Zwar hat Josephus Flavius, der die Anlage noch aus eigener Anschauung kannte, eine längere Beschreibung gegeben, aber sie ist nicht sehr genau. Dennoch sei hier daraus zitiert, zumal sie in manchen Teilen von archäologischen Forschungen bestätigt scheint und weil sie einige interessante zusätzliche Informationen enthält; und schließlich deswegen, weil dies der Tempel war, den auch Jesus mehrmals besucht hat und wo er mit Geldwechslern und Verkäufern in Streit geriet und sie hinauswarf:

»Den ganzen Tempel umgab Herodes mit ungeheuren Säulenhallen, ... beide Säulenreihen ruhten auf jener Mauer... An der Nordseite der Einfriedigung war eine viereckige, sehr stark befestigte Burg, in der das priesterliche Gewand aufbewahrt wurde, das der Hohepriester anlegte, wenn er opfern wollte... Gegen die Westseite hin hatte die Einfriedigungsmauer vier Tore, von denen eines durch ein dazwischen gelegenes Tal in die Königsburg, zwei weitere in die Vorstadt und das vierte in die eigentliche Stadt führten. Eine große Anzahl von Stufen ermöglichte den Abstieg in das Tal und das Hinaufsteigen aus demselben. Denn die Stadt lag dem Tempel genau gegenüber und machte, gegen Süden von einer tiefen Schlucht umgeben, den Eindruck eines Theaters. Die vierte Seite der Einfriedigungsmauer nach der Südseite hin hatte ebenfalls in der Mitte Tore und eine dreifache königliche Säulenhalle, die sich der Länge nach von der östlichen zur westlichen Seite des Tales erstreckte... Das ganze Werk war eines der merkwürdigsten, welche die Sonne je beschienen hat. Denn über dem Tal, das so tief war, daß man, wenn man hinabsah, anfing schwindelig zu werden, war noch eine unermeßlich hohe Halle erbaut... Vier Reihen Säulen hatte man von einem Ende der Halle bis zum anderen einander gerade gegenüber aufgestellt; die vierte dieser Säulenreihen war in eine steinerne Mauer eingefügt. Die Stärke einer jeden Säule war so groß, daß drei sich einander bei den Händen fassende Menschen sie mit den Armen eben umspannen konnten. Die Länge betrug 27 Fuß, und jede ruhte auf einem doppelten Wulst. An Zahl waren ihrer im ganzen 162. Ihre Kapitelle waren in korinthischem Stil gehalten und stellten großartige und wundervolle Arbeit dar. Weil da nun vier Säulenreihen waren, teilten drei davon den Raum in Säulengänge. Zwei von diesen Gängen, die einander gegenüberlagen, waren ganz gleich ausgestaltet, so daß jeder von ihnen dreißig Fuß in der Breite, ein Stadion in der Länge und mehr als fünfzig Fuß in der Höhe maß. Der mittlere

Gang dagegen war eineinhalbmal so breit und zweimal so hoch und reichte an beiden Seiten über die anderen weit hinaus. Die Dächer waren mit tief in das Holz geschnittenen Bildwerken verziert, die mancherlei Formen aufwiesen; das mittlere Dach war höher als die beiden andern. Vorn auf den Kapitellen befand sich eine steinerne Wand, die mit eingesetzten Säulchen verziert und sehr exakt geglättet war, so daß, wer sie nicht gesehen, sich keine Vorstellung von ihr machen konnte, aber jeder, der sie sah, in staunendes Entzücken geriet. So also war die erste Einfriedigung des Tempels beschaffen. Nach innen zu befand sich unweit der ersten eine zweite, zu der man auf einigen Stufen emporstieg. Sie stellte eine steinerne Mauer dar, auf der geschrieben stand, daß jedem Fremden der Eintritt bei Todesstrafe verboten sei. Diese innere Einfriedigung hatte auf der Süd- und Nordseite je drei Tore, die gleich weit voneinander abstanden, und auf der Ostseite ein großes Tor, durch das diejenigen, die rein waren, mit ihren Frauen eintreten durften. Das innere Heiligtum dagegen durften Frauen unter keinen Umständen betreten. Endlich gab es noch einen dritten Raum, in welchen einzutreten nur den Priestern ge-

Im antiken Jerusalem – hier ein Modell – war einer der reichsten, wenn nicht der reichste Tempel der Welt (im Bild oben rechts).

stattet war. Dies war der eigentliche Tempel, und vor demselben befand sich der Altar, auf dem wir Gott die Brandopfer darbringen...«

Soweit die Beschreibung durch den Augenzeugen Josephus in seinen »Jüdischen Altertümern«. Manches mag aus späterer Zeit stammen, und im übrigen hat Josephus aus der Erinnerung geschrieben, als er bereits in Rom lebte und der Tempel längst in Schutt und Asche lag. Eine zweite Beschreibung gab er in seinem Werk »Über den Jüdischen Krieg«. Sie weicht in vielem von dieser ab. Und bis heute ist eine verläßliche Rekonstruktion der Anlage nicht gelungen. Unzweifelhaft aber war sie imposant. Und ebenso sicher ist, was auch aus der zitierten Beschreibung hervorgeht, daß der gesamte Komplex so gebaut war, daß er notfalls gut verteidigt werden konnte. Zusammen mit der Burg bildete er eine Festungsanlage, deren Zugänge leicht abzuriegeln waren.

Und das war bestimmt kein Zufall. Denn hier lagerten beträchtliche Werte an Geld und Edelmetallen. Eben dies dürfte der wahre Grund für den gewaltigen Ausbau der Tempelanlage durch Herodes gewesen sein, sicheren Platz zu schaffen für die angehäuften und sich noch ständig vermehrenden Schätze. Der Tempel zu Jerusalem war einer der reichsten der Welt. Er war nicht nur religiöses Heiligtum, sondern er hatte zugleich die Funktion einer Staatsbank. Nur scheinbar liegt darin ein unauflösbarer Widerspruch. Denn wo sonst konnten Schätze sicherer versteckt liegen als im Bereich des Allerheiligsten, das nur dem Hohepriester zugänglich war, während jedem anderen das Betreten bei Todesstrafe verboten war? Vorausgesetzt, daß dieses Verbot befolgt wurde, was aber wohl lange Zeit der Fall gewesen ist.

Nach Auffassung gläubiger Juden gibt es dieses Allerheiligste noch heute, und auch das Verbot gilt weiter, ganz unverändert, wie vor Jahrtausenden. Das Allerheiligste, das ein gläubiger Jude nicht betreten darf, liegt noch an derselben Stelle, dort, wo einst der Tempel stand, der eigentliche Tempel, und wo heute, seit tausenddreihundert Jahren, der moslemische Felsendom steht. Auch den Moslems ist die Stelle heilig, aber aus anderen Gründen, und sie ist für sie nicht mit jenem Tabu belegt. Die Moslems verehren sie, weil ihr Prophet Mohammed auf seinem Pferd Burak (das heißt Blitz) in einer Nacht von Medina bis hierher geritten sein soll, um dann von diesem Felsen aus in den Himmel aufzufahren. Beim Absprung hinterließ Burak zwei Hufabdrücke im Felsen, soviel Kraft brauchte er. Und fast hätte das Pferd dabei den ganzen Felsen weggedrückt, wenn nicht der Erzengel Gabriel ihn festgehalten hätte, wobei zwei Fingerabdrücke entstanden. Sie und Buraks Hufspuren ließ ich mir zeigen und auch den Schrein daneben, in dem drei Barthaare des Propheten verwahrt werden, bei denen die Moslems schwören, daß dies alles wahr sei.

Was mich mehr interessierte, hätten die moslemischen Wächter wohl kaum beantworten können, nämlich ob dieser Felsen schon zu Jesu Zeiten aus dem Niveau der gesamten Tempelanlage herausragte und ob er tatsächlich mit dem uralten jüdischen Opferaltar identisch sein könne. Dies fragte ich Yacov, einen jungen Historiker von der Jerusalemer Universität, der mich auf den archäologischen Spuren Jesu Christi durch das ganze Heilige Land begleitete. Yacov war draußen geblieben, und als ich ihm mit meiner Frage kam, hörte ich zu meiner Überraschung, daß er, ein Experte für die Zeit des Zweiten Tempels, sich diesen Felsen, das Fundament des jüdischen Heiligtums, noch nie angesehen hat und daß er nur unter einem Vorwand draußen geblieben war. Für ihn, den gläubigen Juden, gilt noch heute das uralte Verbot, das Allerheiligste zu verletzen, das ja hier im Felsendom noch sein muß, wenn die Tradition recht hat. Er scheut sich, es zu verletzen und damit gegen eines der ältesten Gesetze zu verstoßen, obgleich man dieses Gesetz eigentlich für überholt halten könnte, weil das Haus des Herrn hier schon lange nicht mehr steht. Der gläubige, gesetzestreue Jude aber argumentiert: »Bei uns kann ein einmal erlassenes Gesetz allenfalls von einer höheren Instanz geändert werden, einer höheren als jene es war, von der es erlassen wurde. Das gilt auch dann, wenn der ursprüngliche Grund inzwischen hinfällig geworden ist.« Dieses Gesetz könnte nur von Gott selber widerrufen werden.

Wenn heute ein junger, überaus kritischer Historiker das jahrtausendealte Gesetz auf diese konsequente Weise respektiert, obgleich er für seine Verletzung juristisch gar nicht belangt werden könnte, dann läßt das ahnen, welche Kraft und welche Ausstrahlung das Gesetz und das Heiligtum einst gehabt haben müssen, als es den Tempel noch gab. Diese Kraft manifestierte sich vor allem in der Tempel-Priesterschaft und dem Hohepriester. Der Beruf des Priesters war bei den Juden erblich (einen Zölibat gab es für Priester nicht), und alle Priesterfamilien waren sehr alt und führten ihre Herkunft auf Zadok zurück, den ersten Hohepriester aus der Zeit Davids. Die Angehörigen der Priesteraristokratie, die in der theokratischen Führerschicht den obersten Rang einnahmen, stellten die Partei der Sadduzäer dar, der auch viele wohlhabende Landbesitzer, Kaufleute und – in Zeiten der Königsherrschaft – aristokratische Hofleute angehörten. Es war die Partei der Herrschenden, der Reichen, die einen großen politischen Einfluß hatte; auch die Priester waren reich. Aber vor allem war der Tempel selber reich, und es war ja durchaus vernünftig, das vom Tempel eingenommene Geld und wohl auch die von den Königen eingenommenen Steuern, Zölle, Sonderabgaben, Tribute, Kriegsbeuten, soweit dies alles nicht sofort wieder in Umlauf gebracht wurde, im tabuisierten Tempelbereich vor Dieben und Räubern sicher zu verwahren. Und auch Privatleute konnten da ihr Vermögen deponieren. In den Schatzkammern des Tempels, schrieb Josephus im »Jüdischen Krieg«, waren »eine zahllose Menge Geld, Gewänder und andere Kostbarkeiten, kurz der ganze Reichtum der Juden aufgehäuft, da dorthin die Wohlhabenden ihren Besitz geschafft hatten«. Das »Haus des Herrn« war also auch eine Bank, ein Geldinstitut, was ich schon in meinem Buch »Die kleine Welt des Jesus Christus« dargestellt habe und hier in größerem Zusammenhang weiter ausführe.

Wie schon gesagt, war der Jerusalemer Tempel einer der reichsten der damaligen Welt. Er hatte beträchtliche Einnahmen. Aus einer Angabe im Jerusalemischen Talmud geht hervor, daß er direkt am Zehnten, den jeder von seinem Einkommen oder seinen Erzeugnissen abgeben mußte, beteiligt war. Da heißt es: »Anfangs wurde der Zehnte in drei Teile geteilt: ein Drittel für befreundete Priester und Leviten, eines für den Schatz und eines für die Armen und die Bundesbrüder in Jerusalem.« Das Drittel »für den Schatz« war für staatliche Ausgaben gedacht. Vermutlich wurden auch diese Gelder sowie Einnahmen der weltlichen Herrscher, etwa als Kopfsteuer oder in Form von Tributen von abhängigen Völkern, im Tempel verwahrt und verwaltet, und es wurde da auch vermehrt. Denn das Geld blieb nicht als totes Kapital liegen, sondern es wurde angelegt, zum Beispiel in Form von Krediten, für die der Tempel Zinsen nahm. Weiterhin verdiente der Tempel an seinem Grundbesitz, indem er ihn verpachtete. Wahrscheinlich ließ er sich auch für das Deponieren der Schätze aus Privatbesitz Gebühren zahlen. Weitere Einnahmen bestanden in Geschenken und Spenden von Gemeindemitgliedern, aber oft auch von ausländischen Herrschern. Und eine der Haupteinnahmequellen war das Sekel-Opfer oder »Sühnegeld«, die erste feststehende Steuer, die das Alte Testament erwähnt. Schon Moses hatte es von jedem männlichen Israeliten über zwanzig Jahre gefordert, in Höhe von einem halben Silber-Sekel. Einmal jährlich mußte es gezahlt werden. Es diente zum Bestreiten der Ritualausgaben, ursprünglich für die Stiftshütte, das »Zelt der Begegnung«, später für den Tempel, in dem das Zelt verwahrt wurde.

Das Gesetz schrieb es auch jedem männlichen Juden im Alter von über dreizehn Jahren vor, zum Passahfest, dem ältesten jüdischen Fest, alljährlich begangen am 14. Tag des ersten Frühlingsmonats, nach Jerusalem zu kommen und im Tempel »vor Gott zu erscheinen«, Opfer darzubringen und in der Stadt das Opferlamm zu essen. Zu jedem Passahfest kamen Gläubige nicht nur aus allen Teilen Palästinas, sondern aus der ganzen antiken Welt. Auch Jesus befolgte dieses Gesetz und ging nach Jerusalem in den Tempel, bezahlte das Sekel-Opfer und aß in der Stadt das Lamm. Für Unterkunft der Pilger wurde gesorgt, indem ihnen die Wohnhäuser der Jerusalemer Bevölkerung und auch die Häuser der umliegenden Dörfer geöffnet und noch rund um die Stadt Zelte aufgeschlagen wurden. Zum Passahfest brachte jeder das Geld in den Tempel, den halben Silber-Sekel. Die Tempelverwaltung legte Wert darauf, daß diese Abgabe in Form von Silbermünzen gezahlt wurde, wobei sie über lange Zeit die Tetra- und Di-Drachme aus Tyrus bevorzugte, weil ihr Silbergehalt ziemlich konstant war. Die tyrische Di-Drachme, die Doppeldrachme, war so beliebt, daß sie »Sekel des Heiligtums« genannt wurde. Weil nun viele Pilger, die zum Passahfest nach Jerusalem kamen, um im Tempel das Sekel-Opfer zu zahlen, mit fremden Währungen kamen oder einfach das Geld nicht passend hatten, saßen vor dem Tempel, in seinem äußeren Vorhof, Geldwechsler an ihren Tischen, bei denen die Pilger sich die erforderlichen Silber-Sekel eintauschen konnten.

Die Geldwechsler arbeiteten mit Genehmigung, wahrscheinlich sogar im Auftrag der Tempelverwaltung. Jesus aber hat sie vertrieben und ihnen vorgeworfen: »Steht nicht geschrieben: Mein Haus soll ein Bethaus sein...? Ihr aber hat es zu einer Räuberhöhle gemacht.« Doch meinte er gewiß nicht nur die Geldwechsler und die Verkäufer von Opfertauben, die er – wie es im Evangelium des Johannes heißt – mit Geißelhieben davonjagte und deren Tische und Sitze er umwarf, vielmehr dürfte er die gesamte Tempelpriesterschaft gemeint haben, einschließlich ihres Hohepriesters, die reichen Sadduzäer also, die vermutlich an den Geschäften der Wechsler und Taubenverkäufer beteiligt waren, die jedenfalls Darlehen vergaben gegen Zinsen, die das Land des Tempels verpachteten und die in den Augen vieler Leute, zum Beispiel der Essener, die sich ja sogar von ihnen losgesagt hatten, im Verdacht standen, korrupt zu sein und in die eigene Tasche zu wirtschaften. Sie scheinen auch sofort begriffen zu haben, wer hier gemeint war und daß ihnen dieser Angriff immerhin gefährlich werden könnte, zumal er von einem kam, in dem viele den Messias sahen; sonst hätten sie wohl nicht so schnell beschlossen, ihn auszuschalten, ihn töten zu lassen.

Der Tempel forderte auch von jenen, die im Ausland lebten und nicht jedes Jahr zum Passahfest nach Jerusalem kommen konnten, das Sekel-Opfer. Es lebten sehr viele Juden in anderen Ländern, große jüdische Gemeinden gab es in Ägypten, in Babylon, in Rom, in Athen und vielen anderen Städten. Josephus Flavius, der jüdisch-hellenistische Religionsphilosoph von Alexandria, ein Zeitgenosse Jesu, hat beschrieben, wie die vielen in Ägypten lebenden Juden das Geld für das jährliche Sekel-Opfer in besonderen Kassen sammelten und dann »die Edelsten aus jeder Stadt auswählten«, die das Geld nach Jerusalem brachten. Aus Kleinasien und Babylonien sind stark befestigte Zwischenschatzdepots für solche Geldtransporte in die Tempelstadt bekannt. Um die Transporte zu erleichtern, wurden die Silberstücke möglichst in Gold umgetauscht. Aber gefährdet blieben die Transporte allemal, denn sie waren natürlich kein Geheimnis. Und nur allzuoft wurden sie überfallen und ausgeraubt. Daß derartige Überfälle zumindest innerhalb des Römischen Reiches nicht mehr vorkamen, das erreichte Herodes, der Freund der Römer und des Augustus. Er brachte den Imperator dazu, daß er die Geldtransporte der Juden unter seinen persönlichen Schutz stellte. »Kein Wunder«, schrieb Josephus, »daß ein solcher Reichtum in unserem Tempel angehäuft war.«

Auch dies war kein Geheimnis, und mehrmals ist der Tempelschatz von ausländischen Eroberern geraubt worden; er lockte sie ja geradezu an. Unmittelbar nach dem Tode Herodes' des Großen rückte der römische Prokurator für Syrien, Sabinus, nach Palästina ein, um einen Teil des Schatzes zu beschlagnahmen. Das hat unter den Juden eine solche Erbitterung hervorgerufen, daß es – im Jahre 4 v. Chr. – zu einem Aufstand gegen die Römer kam, der fast das ganze Land ergriff und dann vom syrischen Statthalter Quintilius Varus (der einige Jahre später in Germanien seine Legionen verlor und nach dieser Niederlage Selbstmord beging) brutal niedergeschlagen wurde. Seitdem war das Verhältnis zwischen Juden und Römern äußerst gespannt, und es verschlechterte sich immer mehr, weil die Juden – anders als noch zu Lebzeiten Herodes' – nun auch an die Römer Steuern zahlen mußten. Die sich unter den Römern für die Juden mehr und mehr verschlechternde wirtschaftliche Situation ließ die uralte Hoffnung auf Erlösung durch den seit langem prophezeiten Messias im Volk mächtig aufleben. Das aber sah die Tempelpriesterschaft mit großem Mißtrauen, schon aus rein wirtschaftlichen und finanzpolitischen Gründen; es müssen durchaus nicht persönliche Interessen gewesen sein. Denn die Priester – so Heinz Schröder in seinem »Wirtschaftskommentar zum Neuen Testament – Jesus und das Geld« – mußten wegen der zentralen Stellung des Tempels gewisse Aufgaben wahrnehmen, die heute eine Zentralbank erfüllt: Die Tempelverwaltung hatte zum Beispiel »entscheidenden Einfluß sowohl auf den inneren Zahlungsverkehr als auch auf das Volumen und die Wechselkurse ausländischen (Münz-)Geldes. Die von ihr betriebene Währungspolitik Palästinas ruhte allein auf der Festlegung der Paritäten von Goldmünzen aus entfernten Ländern einerseits und andererseits den tyrischen Silberschekeln, die aus Syrien und Tyros selbst kamen.«

Dies mag nun freilich allzu modern interpretiert sein; man darf heutige Verhältnisse nicht einfach auf die Antike übertragen. Aber zweifellos haben die Tempelpriester die Staatsfinanzen überwacht und wohl auch eine Art Währungspolitik betrieben. In der nachherodianischen Zeit müssen sie bald eingesehen haben, daß ihr machtvolles Finanzsystem nur in Zusammenarbeit mit den römischen Behörden weiter funktionieren konnte; allein ein Ausfall der jährlichen Geldtransporte hätte die Tempeleinnahmen empfindlich schrumpfen lassen und jedenfalls die wirtschaftliche Situation des Landes noch mehr verschlechtert. Vielleicht war es nur diese notwendige Zusammenarbeit mit den römischen Behörden, die die Priesterschaft bei vielen in den Verdacht von Kollaboration und Korruption kommen ließ, möglicherweise zu Unrecht. Fest steht indessen, daß auch diese Zusammenarbeit das gespannte Verhältnis nicht mehr verbessern konnte. Weder den Tempelpriestern noch den von Rom ebenso abhängigen Nachfolgern des Herodes gelang es, die Römer auf Distanz zu halten und das jüdische Volk vor römischer Ausbeutung zu schützen.

Im Jahr 66 kam es unter Führung der Zeloten, einer römerfeindlichen Nationalpartei, erneut zu einem Aufstand, der nach anfänglichen Erfolgen an der gewaltigen römischen Übermacht scheiterte. Im Jahr 70 eroberte Titus, der Sohn Kaiser Vespasians, der neun Jahre später selber Kaiser wurde, nach fünfmonatiger Belagerung Jerusalem und ließ es zerstörten. Auch den Tempel, an dem noch die ganze Zeit seit Herodes gebaut worden war, bis er im Jahr 64 endlich vollendet war, ließ Titus zerstören, und den gesamten Tempel- und Staatsschatz sowie die Tempelgeräte ließ er nach Rom schaffen.

Die Kerntruppe der Aufständischen leistete den Römern noch bis 73 Widerstand, und zwar in der dadurch berühmt gewordenen herodianischen Felsenfestung Masada am Toten Meer, die erst in jüngster Zeit wiederentdeckt und 1963/65 von Freiwilligen aus aller Welt unter der Leitung des israelischen Archäologen Yigael Yadin ausgegraben wurde. Die Bevölkerung von Jerusalem wurde vertrieben, durfte aber in die zerstörte Stadt zurückkehren, wo die 10. römische Legion ihr Lager aufschlug. Das war das Ende des jüdischen Staates, und erst in unserer Zeit, im Jahr 1948, wurde er neu gegründet. Aber der Tempel ist bis heute nicht wieder aufgebaut worden.

Als der jüdische Tempel zerstört wurde, war der gewaltige Tempel der Artemis zu Ephesos in seinem Ansehen und in seinen

Funktionen noch ungebrochen. Auch er war, wie bereits angeschnitten, nicht nur ein Heiligtum, sondern zugleich eine Bank, ein Geldinstitut, und zwar von großer Bedeutung zumindest für Kleinasien. Der Artemis-Tempel von Ephesos trug in späterer Zeit, schreibt Werner Ekschmitt, sogar die Bezeichnung »Tameĩon koinón Asías – Allgemeine Kasse Kleinasiens«. Und die Funktion einer Depositenbank scheint er schon sehr früh ausgeübt zu haben, zum Beispiel im Jahr 546 v. Chr., als die Perser während ihres Eroberungsfeldzugs gegen Lydien hier Geld und Wertsachen deponierten. Und so um 400 v. Chr. soll der griechische Historiker Xenophon, der in führender Funktion an dem Zug der Zehntausend gegen den persischen Großkönig Artaxerxes II. teilnahm, jenen Teil seiner Kriegsbeute im Artemis-Tempel deponiert haben, den er der Göttin für den Fall eines erfolgreichen Verlaufs des Unternehmens versprochen hatte. Später ließ er sich das Deponierte nach Skillus ausliefern, seinem Wohnsitz ganz nahe bei Olympia, wo er, inzwischen von den Athenern verbannt, als Gutsherr und enorm produktiver Schriftsteller lebte. Das der Artemis gegebene Versprechen löste er ein, indem er ihr dort, 20 Stadien von dem großen Zeus-Tempel entfernt, an der Straße nach Sparta, ein Heiligtum errichten ließ, das dem Artemision von Ephesos im kleinen nachgebaut war. So jedenfalls stellte er selber es dar, in der Monographie »Anabasis«, seinem Bericht über die von ihm geleitete Rückführung der Zehntausend.

Der reiche Artemis-Tempel von Ephesos war nicht nur eine der sichersten und zuverlässigsten Schatzkammern, wo Städte, Könige, reiche Privatleute ihr Bargeld und ihre Edelmetallschätze deponieren konnten, sondern er war dank der Lage der Handelsstadt Ephesos zugleich eine Art Geldumschlagplatz zwischen Morgen- und Abendland, und er gab auch Kredite. Es ist überliefert, daß seine Zinssätze als besonders günstig galten. Der Höchstsatz lag bei 8⅓ beziehungsweise 7⅐ Prozent jährlich. Andere Tempel forderten mehr, Delphi zum Beispiel 9, Delos bis zu 10 Prozent. Die Zinshöhe war in den einzelnen Jahrhunderten recht verschieden, und von Fall zu Fall richtete es sich nach der allgemeinen wirtschaftlichen und politischen Lage, nach der Laufzeit des Darlehens, nach seinem Zweck und vor allem nach den Sicherheiten, die der Kreditnehmer bot (Grund und Boden, Barvermögen,

Schmuck, Fabriken, Sklaven), wer seine Bürgen waren, wer er selber war. Wenn der attische Staat »bei seinen Göttern lieh«, also einen Kredit vom Tempel der Athene nahm, dann geschah das meistens zu besonders günstigen Zinssätzen, normalerweise zu 6 Prozent, und wenn es für einen lebensnotwendigen Krieg geschah, sogar zu nur 1,2 Prozent. So war es 426/422 während des Peloponnesischen Krieges.

Um Kriege führen zu können, mußten die griechischen Städte oder Stadtstaaten sehr oft bei den Tempeln das dafür notwendige Geld in Form von Krediten aufnehmen. Sie selber verfügten fast nie über Reserven, hatten eigentlich gar keinen ordentlichen Staatshaushalt und nur selten regelmäßige Einnahmen. Die meisten lebten von der Hand in den Mund. Steuern waren bei den Griechen verpönt, freie Bürger wurden auf gar keinen Fall zu Steuern veranlagt. Nach einer weitverbreiteten Vorstellung in Griechenland erwartete der Bürger sogar, daß die Polis, die Stadt, seinen Unterhalt bestritt. Auch Xenophon, der in seiner Schrift »Über die Einkünfte« ein Wirtschaftsprogramm entwarf, erklärte dies zum Ziel seines Programms, nämlich, daß es den Bürgern ermöglicht werde, auf Kosten der Polis zu leben. Nur ist aber eben dies ein wichtiges Indiz dafür, daß die Städte es wohl nie fertig brachten, ihren Bürgern den Unterhalt zu finanzieren. Doch galt es offenbar wenigstens in der Theorie als nicht unmöglich; und zeitweise scheint es hier und dort wenigstens bis zu einer gewissen Grenze funktioniert zu haben. Allerdings waren ja die meisten Bürger nicht unvermögend; viele von ihnen besaßen Häuser, Grund und Boden, bäuerliches Land. Dies alles durften nur sie besitzen, die Bürger, die ihren Status durch ihre Geburt hatten, weil schon die Eltern und Großeltern Bürger gewesen waren. Allein die Bürger durften sich politisch betätigen, hatten eine Stimme in der Volksversammlung, durften vor Gericht auftreten. Und nur ihnen wurde es nicht verübelt, wenn sie nicht arbeiteten, sondern ihren Reichtum genossen und müßiggingen. So war es in Athen, aber in vielen anderen Städten ebenfalls.

Arbeiten mußten andere. Zum Beispiel die Sklaven, die das Silber, das Gold und anderes aus den Bergwerken holten. Und die Zugewanderten, die Metoiken. Die Sklaven besaßen theoretisch so gut wie gar keine Rechte; sie wurden gekauft und verkauft, wie man sie brauchte, um sie arbeiten zu lassen, nicht immer in Bergwerken, sondern ebenso in Werkstätten, in Fabriken, auf dem Land, auf den Schiffen, auf den Werften, in den Haushalten. Die Metoiken, die Zugewanderten, die Griechen oder Nichtgriechen sein konnten, galten zwar als Freie, hatten aber nicht die Rechte der freien Bürger, durften also keine Häuser und kein Land besitzen, hatten in der Politik und vor Gericht nichts zu sagen. Aber sie durften arbeiten und alle möglichen Geschäfte betreiben und Geld verdienen, vorausgesetzt, daß sie sich unter den Bürgern einen Patron suchten, der sie rechtlich vertreten konnte, und daß sie regelmäßig ihre allerdings nicht hohe Kopfsteuer zahlten; andernfalls konnten sie sofort als Sklaven verkauft werden.

Auch dieses Prinzip der Ungleichheit, das bei den Griechen ganz selbstverständlich war, wird rückschauend gern übersehen oder gar verdrängt. Weitverbreitet ist ja die ungenaue Vorstellung, die antiken Griechen seien Demokraten gewesen. Zwar ist es richtig, daß sie die demokratische Staatsform schufen, aber die Demokratie der griechischen Polis galt in Wahrheit allein für die Bürger. Und die Bürger lebten großenteils auf Kosten anderer, denen nach griechischem Menschenverständnis eben einfach nicht das Recht zukam, so zu leben wie sie. Um dies praktisch tun zu können, reichten nun aber weder die Steuern der Metoiken noch die Erträge aus den Silberminen und aus anderen Sklavenarbeiten, noch jene Gebühren, die die Athener zeitweise von den Handelsschiffen in Piräus erhoben. Tatsächlich mußten auch die Bürger selber zu ihrem Unterhalt und zum Gemeinwohl beitragen. Sie taten es mit Spenden, die manchmal allerdings erzwungen wurden. Am meisten aber taten sie es durch Teilnahme an Kriegen, entweder als Aktive, so wie Xenophon den Zug der Zehntausend mitmachte, oder durch finanzielle Unterstützung.

Auch dieser Aspekt wurde und wird in den allgemeinen, überwiegend politisch oder geistesgeschichtlich orientierten historischen Darstellungen vom antiken Griechenland allzuoft übersehen: Der Krieg war für die Griechen eine der meistversprechenden Methoden des Erwerbs. Und das galt nicht nur für die Welt Homers, die die Kriege ungeschminkt als Beutezüge zeigt, ohne indessen die Taten der Helden zu schmälern; das gilt genauso für spätere Zeiten. Immer wieder haben die Griechen Kriege geführt, nicht nur gegen »Barbaren«, sondern häufiger gegeneinander und immer mit dem Ziel, den anderen etwas wegzunehmen, sich an ihre Stelle zu setzen, sie zu vertreiben oder besser, sie zu unterwerfen und sie sich tributpflichtig zu machen. Hier zeigt sich wieder das Grundelement der griechischen Geschichte, daß die Griechen ganz selbstherrlich von der Ungleichheit der Menschen ausgingen. Die anderen, die ihnen selber und ihrer eigenen Gruppe in der Polis nicht gleich waren, hatten nicht dieselben Rechte und Ansprüche; also durfte man sie jederzeit bekriegen, auch wenn es griechische Nachbarn waren. Weiter oben sahen wir ja schon, daß Olympia von dem Zehnten aller Beute aus den Kriegen der Griechen, auch denen, die sie untereinander führten, jahrhundertelang gut finanziert werden konnte. Aber nicht nur Olympia lebte gut von Kriegen.

Daß die Tempel bereit waren, Kriege und Ausrüstungen wie etwa den Athener Flottenbau zu finanzieren, noch dazu bei niedrigsten Zinsen – auch das Zeus-Heiligtum von Olympia hat Kriege finanziert, ebenso der Tempel zu Delos –, führt zu der Frage, ob wohl die für die Tempelvermögen verantwortlichen Priester kriegerische Unternehmen ebenfalls für ein relativ sicheres Geschäft hielten. Aber die Quellen sind zu lückenhaft, um darauf eine Antwort geben zu können. Da sind allenfalls Vermutungen möglich, und zu vermuten ist wohl eher, daß die Tempel, die großen Kapitalzentren ebenso wie kleinere Heiligtümer, bei solchen Finanzierungen, die mit lebenswichtigen Fragen des Staates verbunden waren, nicht ganz frei vom Einfluß der herrschenden Politiker entscheiden konnte. Ja, möglicherweise waren die Heiligtümer gerade in ihren Funktionen als Banken zu enger Zusammenarbeit mit den politischen Führern der Poleis gehalten, nicht nur weil bei ihnen Staatsgelder deponiert waren, sondern weil ihre Beamten von Finanzen wahrscheinlich mehr verstanden als die Politiker. Letztendlich waren es doch wohl die Tempel, die die größere Macht hatten, eine doppelte Macht: die Macht der Götter *und* die Macht des Kapitals.

Ihr waren die Menschen durch Opfer verbunden, die sie den Göttern darbrachten. Durch ihre Opfer stärkten sie die Macht und unterwarfen sich ihr. Das geschah freilich in der Hoffnung, ja in der Gewißheit, dafür etwas Wichtiges, Lebensnotwendiges zu erhalten, nämlich Beistand, Schutz der Götter oder ihren Rat. Man opferte den Göttern, um sie gnädig zu stimmen, brachte ihnen einen Teil der Ernte dar, in der Hoffnung auf eine neue, vielleicht bessere Ernte, brachte ihnen Tieropfer und bat sie damit, für eine reichliche Vermehrung der Herden zu sorgen. Weit verbreitet war in nahezu allen Religionen die Vorstellung, daß die Götter sich durch das Annehmen einer Opfergabe zum Helfen verpflichteten.

Indem der Mensch Opfer darbrachte, leistete er zunächst einen Verzicht. Das heißt, er schränkte sich ein, er war nicht mehr – wie er es auf einer primitiveren Stufe einmal gewesen sein mag – von seiner eigenen unbegrenzten Kraft und Macht überzeugt. In diesem Verzicht sehen viele Denker und Wissenschaftler von Hegel bis zu Max Horkheimer und Theodor W. Adorno den Beginn von Kultur und Zivilisation und ihrer Entwicklung. »Die Geschichte der Zivilisation ist die Geschichte der Introversion des Opfers, das heißt die Geschichte der Entsagung«, schrieben Horkheimer und Adorno in ihrer »Dialektik der Aufklärung« (1948). Dabei betonten sie zugleich, daß sich in das Verhältnis von Opfergabe und Gegengabe, in diesen Tauschhandel von »Do ut des« (ich gebe, damit du gibst) schon früh listiger Betrug mischte. Dies hatte 2700 Jahre vor ihnen schon der griechische Dichter Hesiod erkannt. Er beschrieb in seiner Theogonie, wie Prometheus bei einem Opfer den Zeus betrog. Prometheus schlachtete ein Rind, zerlegte es und trennte Fleisch und Knochen und legte dies in zwei verschiedenen Haufen auf den Altar, die er aber mit dem Rinderfell zudeckte. Dann ließ er Zeus wählen, welchen Teil er als Opfer annehmen wolle. Zeus ging davon aus, daß die Teile gleichwertig seien. Er hatte Pech und wählte die Knochen, worüber er so wütend wurde, daß er den Menschen das Feuer entzog, das sie zum Kochen und Braten benötigten (doch Prometheus hat ihnen wieder zum Feuer verholfen).

Dieser listige Betrug wurde von da an immer wiederholt, er wurde – ohne daß Zeus oder überhaupt irgendein Gott oder eine Göttin noch jemals die Wahl hatten – zur Regel. Von den Hunderten von Rindern, die Zeus in Olympia während der Spiele geopfert wurden, erhielt er nur die Schenkel, ein paar Haare und einen Teil der Knochen, die für ihn verbrannt wurden, während die Menschen und auch die Priester das Fleisch bekamen, um es zu essen. Genauso war es in Ephesos, im Tempel der Artemis, wo ebenfalls Tieropfer dargebracht wurden – und wobei das Fleisch an die Menschen verteilt wurde. Nach demselben Muster ging auch jener zehnte Teil der Kriegsbeute, der dem Zeus in Olympia dargebracht werden mußte, ja keineswegs an ihn, sondern diente – wie im Kapitel über Olympia ausgeführt – der Finanzierung der Spiele. »Alle menschlichen Opferhandlungen, planmäßig betrieben, betrügen den Gott, dem sie gelten«, schreiben Adorno und Horkheimer: »Sie unterstellen ihn dem Primat der menschlichen Zwecke, lösen seine Macht auf...«

Aber dabei blieb es nicht, sondern – so heißt es bei den beiden Soziologen weiter – dieser Betrug an dem Gott »geht bruchlos über in den, welchen die ungläubigen Priester an der gläubigen Gemeinde vollführen«. Dies begann eigentlich schon mit der ungleichen Verteilung der Fleischstücke. Die Tempelpriester und Kultdiener nahmen sich die besten Stücke und mehr, als sie beim Opfermahl verzehren konnten. Aus einer ephesischen Inschrift geht hervor – darauf weist der Archäologe Anton Bammer hin, der seit 1965 die Ausgrabungen am Artemis-Tempel zu Ephesos leitet –, daß der erste Kultdiener des Tempels von jedem Opfertier den Kopf, die Zunge und das Fell bekam und daß der Herold, der Flötenspieler, der Trompeter, die während des Opfers musizierten, sowie der Eingeweidebeschauer und ein zweiter Kultdiener Anteile entsprechend ihrem Rang erhielten. Und Bammer folgert: »Der Tempel verdiente also an der Schlachtung und sicherte sich gleich die Kontrolle über das tierische Eiweiß und die Volksernährung.«

Wenn jemand ein Rind opferte, dann konnte er zum Opfermahl Verwandte, Freunde, Geschäftspartner, Politiker einladen. »Das geopferte Tier«, schreibt Bammer, »gewann dem Spender die Gunst der Götter, falls er daran glaubte, auf jeden Fall aber die Gunst derer, die er zum Schmause einlud (was oft dasselbe bedeutete). Tieropfer und Prestigegewinn standen also in engem Zusammenhang und waren damit politische Handlung. Fleisch war nicht nur eine Ware, die man kaufte oder verkaufte, sondern eine Gabe, die über den urtümlichen Weg von Gunst und Prestige zu den Konsumenten kam.«

Diesen Zusammenhang von Tieropfer, Prestigegewinn, Politik

und Machtstreben kann Bammer mit zwei weiteren ephesischen Inschriften belegen. Sie berichten, daß zwei namentlich genannte Tempelpfleger den Rat der Ephesier und zahlreiche Bürger sowie die Mitglieder des Vereins zur Förderung des Artemis-Tempels zu Opfermahlen ins Artemision einluden. Tempelpfleger waren keine Priester, sondern wohlhabende ephesische Bürger, die aufgrund ihrer gesellschaftlichen Stellung Mitglieder des Fördervereins waren und sich von ihrer Mitgliedschaft Vorteile versprachen. Hier werden wirtschaftlich-politische Verbindungen zwischen dem Tempel und den Reichen der Stadt und dem Stadtrat wenigstens andeutungsweise sichtbar. Daß die Tempelpriesterschaft dabei den gewichtigeren Einfluß hatte, ist nicht zu bezweifeln. Es waren immer die Tempel, wo sich die größeren Reichtümer häuften, denn sie fanden immer neue und vor allem effektivere Möglichkeiten, an den Opfern zu verdienen. Von den geopferten Tieren nur die besten Fleischstücke und die Felle zu bekommen, war ihnen bald nicht mehr genug. Das läßt eine phönikische Inschrift aus dem 3. Jahrhundert v. Chr. erkennen, die sich auf Tieropfer für den kanaanäischen Gott Baal bezieht. Da ist festgelegt, was ein Verehrer des Gottes, wenn er ihm opferte, dem Priester, also dem Tempel, abzugeben hatte: Beim Opfern eines Rinds zum Beispiel mußte er ihm nicht nur einen genau bezeichneten Teil des Schulterstücks überlassen, sondern außerdem noch zehn Silberstücke zahlen.

Im Prinzip lief es wohl überall so, und allerorten wurden die Tempel ständig reicher und mächtiger. Daß sie zugleich auch größer und prächtiger wurden, diente den Priestern als Mittel, um die Bevölkerung einzuschüchtern und unter Kontrolle zu halten, damit sie am Sinn der für die Tempel so überaus einträglichen Opfer nicht zu zweifeln anfing. Aber bereits vor zweieinhalb Jahrtausenden scheinen nicht alle Leute blindlings Vertrauen gehabt zu haben, zumindest nicht zu jedem Tempel und seinen Priestern. Der athenische Politiker Kleisthenes zum Beispiel, der den Athenern eine neue Verfassung gab, um 507 v. Chr., soll die Mitgift für seine Töchter nicht im Tempel zu Athen deponiert, sondern dem Tempel der Juno auf Samos anvertraut haben.

8. Kapitel

Gedanken im Theater von Milet

Über Kaiser Hadrian, die Milesier, die Perser und was Aristoteles über Krieg und Sklaven schrieb

Wer, wie wir, von Norden nach Milet reist, über die Dardanellen, den Hellespont (den der englische Dichter Byron einst durchschwamm), wer über Troja kommt und die eindrucksvolleren Ruinen von Assos gesehen hat, hoch überm Meer auf einem steilen Felsenkap gegenüber der griechischen Insel Lesbos... Wer zuvor Ephesos besuchte und Pergamon und auch »Kleinpergamon«, das geheimnisvolle, kaum bekannte Aigai, dessen Trümmer noch so daliegen wie vor anderthalb Jahrtausenden und wohin keine Straße führt... Wer das vollständig ausgegrabene Priene sah, eine nach dem Schachbrettmuster angelegte Stadt, der Alexander der Große einen wunderschönen Athene-Tempel stiftete, mit so ausgewogenen Proportionen, daß sie den folgenden Jahrhunderten als vorbildlich galten... Wer also über diese Stationen an diesen Ort kommt, aber ihn zunächst sogar noch links liegen läßt, um bei einem ganz bestimmten Sonnenstand zuvor noch die gewaltige Ruine des milesischen Apollo-Heiligtums in Didyma zu bewundern, der kann von den Überresten Milets, der einst hochberühmten, zeitweise bedeutendsten und einflußreichsten Großstadt dieser Region, nur enttäuscht sein.

Das griechische Milet ist so gut wie ganz verschwunden, und auch aus der römischen Zeit dieser sehr alten Hafenstadt, die im 2. vorchristlichen Jahrhundert ebenso wie Pergamon und Ephesos dem Römischen Reich eingegliedert wurde, sind von den großen Prachtbauten nur wenige Ruinen erhalten. Eine von ihnen ist das imposante zweigeschossige Markttor aus dem Anfang des 2. Jahrhunderts n. Chr. Am 8. November 1903 schrieb Theodor Wiegand, der im Oktober 1899 für die Berliner Königlichen Museen mit der Ausgrabung Milets begonnen hatte, an seinen Schwager, den Archäologen Hans Schrader, mit dem er vorher in Priene gegraben hatte: »Nun haben wir dann zu guter Letzt auch ein wundervolles Prachttor des Südmarktes aus späthellenistischer Zeit – aber prima! – gefunden, wie ein doppelter Triumphbogen. Alles geht fein zu rekonstruieren...« Zuvor waren die Ausgräber auf die Heilige Straße und das Heilige Tor gestoßen, auf Hallen und Märkte am Nordhafen, auf das Buleuterion, auf das Delphinion, auf das Nymphäum und schließlich auf den Südmarkt, den größten Markt in der ganzen Antike, und dort hatten sie die Trümmer des dreifachen Markttores mit der zweistöckigen Marmorfassade gefunden. Von dem Tor, das die Marktbesucher daran hindern sollte, mit Wagen auf den Markt zu kommen, waren deswegen noch so viele Teile vorhanden, weil das Tor im 6. Jahrhundert n. Chr. in die justinianische Stadtmauer einbezogen worden war und dadurch vor den Zerstörungen der folgenden Jahrhunderte gesichert war, bis es bei einem der Erdbeben des 10. oder 11. Jahrhunderts in sich zusammenfiel. Schon während der Grabungen wurde der Architekt Hubert Knackfuß mit der Untersuchung des Tores und seiner Rekonstruktion beauftragt.

Theodor Wiegand, damals Direktor der Antikenverwaltung der Berliner Museen (dreißig Jahre später war er Präsident des Deutschen Archäologischen Instituts), hoffte, das Tor nach Berlin schaffen und es da in einem Museum aufstellen zu können. Doch war dazu ein neuer Museumsbau erforderlich. Es gelang ihm, Kaiser Wilhelm II. für den Plan zu gewinnen. Der entscheidende Tag sollte der 25. März 1906 werden. Da war Wiegand – so hat er es in seinem Tagebuch festgehalten – »zur Frühstückstafel beim Kaiser und der Kaiserin befohlen... Nach dem Mahl ging der Kaiser mit mir in die Bibliothek und hier waren wir wohl eine Stunde allein... Dann zeigte ich Miletbilder und zuletzt die Reconstruction des Marktthores. Diese mit Nachdruck, so daß der Kaiser sehr schnell die Bedeutung und schoene Wirkung erfaßte. Hierauf trat ich mit meinem Plan hervor, diese Fassade nach Bln zu überführen, wo sie in dem künftigen Erweiterungsbau des Pergamonmuseums stehen müsse und dort wunderbare Wirkung thun müsse, wenn dieser Bau richtig angelegt werde. Ich bat zuletzt um die Autorisation, Schritte zur Gewinnung des Denkmals für Berlin thun zu dürfen und erhielt diese in aller Form und mit großem Beifall...«

Im nächsten Jahr wurde Wiegand mit der türkischen Regierung einig, und – so Volker Michael Strocka in seiner Arbeit »Das Markttor von Milet«, dem ich hier folge – »Sommer und Herbst 1907 vergingen über dem Verpacken der Fragmente in 533 Holzkisten und deren Verbringung an die Küste, wo die mehr als 750 Tonnen Marmor im Mai 1908 von dem Bremer Dampfer ›Athena‹ aufgenommen wurden...« Und nach noch mancherlei Widrigkeiten und zum Teil heftigen Kämpfen zwischen verschiedensten Gremien um die Museumskonzeption und die Frage, ob denn das Tor nicht besser im Freien aufgestellt werden solle (was aber für den Marmor gefährlich gewesen wäre), konnte endlich am 2. Oktober 1930 das neue Pergamonmuseum eröffnet werden, wo das Tor, fast 29 Meter breit, fast 17 hoch, als echter Durchgang zwei Räume miteinander verband. Im Zweiten Weltkrieg wurde es durch Bomben stark beschädigt. Doch ist es da heute, längst nochmals restauriert, wieder zu bewundern. Und wer es dort gesehen hat, wo noch viele andere Funde aus dieser Region ausgestellt sind, vor allem ja der berühmte Fries vom Altar zu Pergamon, der kann sich leichter vorstellen, wie Milet in römischer Zeit ausgesehen haben muß.

Hier in Milet ist von dem Tor ja leider nichts mehr zu sehen, aber auch im Berliner Pergamonmuseum wollte sich die von Wiegand prophezeite »wunderbare Wirkung« nicht so recht einstellen. Die Zeitläufte sind diesem Monument bisher nicht günstig gewesen, meint Strocka; zwar sei es immer wieder mal erwähnt worden, doch eher beiläufig, während die Zeitstellung und die künstlerische Qualität des Markttors, das immerhin zu den vollständigsten römischen Bauten zählt, nie eingehend behandelt wurden. Knackfuß hatte es, anders als Wiegand, als spätrömisch eingeordnet, in die Zeit Kaiser Marc Aurels, was dazu beigetragen haben mag, daß man dem angeblichen »Spätwerk« so wenig

Beachtung schenkte. Strocka, heute Direktor des Archäologischen Instituts der Universität Freiburg, kommt aufgrund einer sorgfältigen Stilinterpretation und durch Vergleiche mit anderen Bauwerken der kaiserlichen Architektur Kleinasiens zu dem Ergebnis, daß das Markttor von Milet nicht erst zur Zeit Marc Aurels errichtet wurde, sondern schon einige Jahrzehnte früher, nämlich in den zwanziger Jahren des 2. Jahrhunderts n. Chr. Und damit kommt das Bauwerk in ganz andere Zusammenhänge.

Denn das war die Zeit des Kaisers Hadrian. Ihm war das Markttor möglicherweise sogar zugeeignet, wofür der zum Tor gehörige Torso einer Panzerstatue spricht, die in der Nische über dem Mitteldurchgang stand und bisher anders interpretiert wurde. Sie stellt wahrscheinlich den Imperator Hadrian selber dar. Und Hadrian, dem wir bereits mehrmals begegneten, in Pergamon und in Ephesos, war nicht irgendein römischer Herrscher, sondern er war der erste Philosophenkaiser, der erste große Hellenist auf Roms Kaiserthron, im Osten verehrt als Gottherrscher, als Zeus Olympios, Panhellenios, Eleutherios. Erst mit Hadrian, dessen politisches Ziel die Pax Augustea war, der Weltfriede, begann die große Renaissance des Griechentums. Und nicht ohne Berechtigung hat man Hadrian den großartigsten Bauherrn der römischen Antike genannt. Von Kleinasien aus, das er von Feldzügen und Reisen gut kannte, hier in Milet, in der kolossalen Ruine des Theaters, das zu seiner und Trajans Zeit auf der kleineren griechischen Anlage neu errichtet wurde und das er bei seiner Reise hierher wohl auch besucht haben dürfte, wollen wir einen kurzen Blick auf sein Leben werfen.

Publius Aelius Hadrianus wurde am 24. Januar 76 n. Chr. in Spanien geboren, in Italica bei Sevilla. Mit etwa zehn Jahren kam er unter die Vormundschaft seines Verwandten Trajan, der damals in Spanien als Offizier die römischen Truppen befehligte, und des Acilius Attianus, eines sehr gebildeten Mannes. Vor allem durch letzteren erhielt Hadrian eine vielseitige Bildung, wobei ihn besonders die Gebiete Medizin, Mathematik, Musik, Gesang, Dichtung, Philosophie, Malerei und Skulptur interessierten. Schon früh erwachte Hadrians Liebe zu Griechenland, besonders zur griechischen Literatur, und er lernte – so heißt es – die Sprache Homers in solcher Vollkommenheit, daß ihm seine Mitschüler den Spitznamen Graeculus gaben, das Griechlein. Den Fünfzehnjährigen holte Trajan zu weiterer Ausbildung, besonders auch auf militärischem Gebiet, nach Rom, und vier Jahre später setzte er ihn im Rang eines Tribunen bei den Legionen an Donau und Rhein ein, wo Trajan das Imperium maius über beide Germanien verwaltete. Damals hat Hadrian gelernt, mit Legionären umzugehen, was ihm später vieles erleichterte. Hadrian war immer auch ein guter Truppenführer, stets respektiert von Soldaten und Offizieren.

Zwei Jahre nachdem sein Vormund Trajan Imperator geworden war, heiratete Hadrian dessen Nichte Vibia Sabina. In den folgenden Jahren begleitete er den Kaiser auf mehreren Feldzügen, auf den dakischen Kriegsschauplatz, wo er zweimal ausgezeichnet wurde, und im Krieg gegen die Parther; Trajan hat ja eigentlich während seiner ganzen Regierungszeit Kriege geführt. Im Sommer 117 wurde Hadrian Statthalter von Syrien. Als er das Amt eben übernommen hatte, erhielt er die Nachricht vom Tode Trajans am Schwarzen Meer, der dort immer noch in Kämpfe mit den Parthern verwickelt gewesen war. Der inzwischen 41jährige Hadrian wurde von dem in Syrien stehenden Heer zum Kaiser ausgerufen, nachdem er in seiner Residenzstadt Antiochia erklärt hatte, er sei zuvor von Trajan adoptiert worden, was aber möglicherweise nicht der Wahrheit entsprach; jedenfalls war von einer Adoption bis dahin öffentlich nichts bekannt. Hadrian hat dann zunächst ohne größere Schwierigkeiten die Nachfolge angetreten.

Schwierigkeiten machten einige höhere Truppenführer ihm aber, als er sofort nach Übernahme der Regierung von Trajans Eroberungspolitik im Osten abrückte, die er für verhängnisvoll hielt, weil sie die Staatsfinanzen übermäßig belastete. Und als Hadrian auf die so lange umkämpften Gebiete Assyrien, Mesopotamien und Armenien verzichtete und dann noch in der Armee die trajanische Führungsgarnitur ablöste, scheint es gegen ihn in Rom zu einer Verschwörung gekommen zu sein, während er im Osten noch mit Grenzsicherungen gegen Dakien zu tun hatte. Doch wurde die Verschwörung erstickt, indem der Gardepräfekt Acilius Attianus, der einst sein zweiter Vormund gewesen war, die (vielleicht nur angeblichen) Anstifter töten ließ. Als Hadrian endlich in Rom eintraf, im Juli 118, war die Stimmung dort noch ziemlich nervös. Hadrian erklärte, von dem Vorgehen des Gardepräfekten nichts gewußt zu haben, und um die erregte Stimmung zu dämpfen, gewährte er einen Steuernachlaß in Höhe von 900 Millionen Sesterzen und erweiterte Trajans Alimentationsstiftungen, das heißt, er vergrößerte den Etat der staatlichen Wohlfahrtseinrichtungen, und er veranstaltete Spiele von unerhörter Pracht.

Aber zugleich richtete er eine neue Behörde ein, mit einem Finanzanwalt an der Spitze, der von nun an Steuerhinterziehung und Bestechungen zu ahnden hatte. Und auf diese Weise nahm der Staat bald sehr viel mehr Steuern ein als zuvor, ohne daß der Steuersatz erhöht werden mußte. Hadrian kümmerte sich auch um andere Zweige der Verwaltung und um die Belange der kleinen Leute, auch der Sklaven und jener, die zum Proletariat gehörten, das auf Staatskosten lebte. Das wachsende Proletariat in der Millionenstadt Rom beunruhigte ihn, weil er sah, daß es immer schwieriger wurde, diese Riesenstadt in ihrem Drohnendasein am Leben zu erhalten, was seit jeher die Provinzen zu bezahlen hatten. Ihn, den Imperator, der selber aus einer Provinz stammte, störte das, und er nahm sich vor, das Mißverhältnis zwischen der Reichsmetropole und den Provinzen abzubauen.

Um zu sehen, wie den Provinzen zu helfen sei, wie er sie fördern könne, vor allem wie die Grenzregionen, die so oft unter Kriegen zu leiden hatten, gesichert werden könnten, ging Hadrian im fünften Jahr seiner Regierung auf Reisen durch das ganze Reich. Und bezeichnend für ihn und seine Absichten ist es, daß er nicht mit seinem Hofstaat reiste, sondern mit einer Reihe von Spezialisten, mit Geographen, Festungsbaumeistern, Architekten, Technikern und Finanzexperten, zu denen er aber auch Historiker, Philosophen und Künstler mitnahm.

Er fuhr zunächst durch Gallien nach Germanien, wo er den Limes inspizierte und ihn verbessern ließ, setzte dann über nach Britannien, wo er den noch heute nach ihm genannten Hadrianswall anlegen ließ, fuhr zurück nach Gallien, weiter nach Spanien und nach Mauretanien in Nordafrika, wo ein Aufstand niedergeschlagen werden mußte. Von da reiste er zu Schiff über Kreta nach Kleinasien, wo er in Ephesos an Land ging, das kurz zuvor wie auch Milet und einige andere Städte von einem Erdbeben heimgesucht worden war. Hadrian half durch Geldspenden aus der kaiserlichen Kasse, die Schäden zu beseitigen, er regte neue Bauten an und ließ alte erweitern, verschönern, umbauen, wie zum Beispiel das Theater von Milet. Einen ganzen Winter verbrachte er in Pergamon, wo noch am Trajaneum gebaut wurde. Als die Parther wieder einmal mit Krieg drohten, reiste Hadrian durch Lydien, Phrygien und Kappadokien nach Melitene, kurz vor der Grenze nach Armenien, wo es ihm gelang, die Kriegsgefahr durch Verhandlungen abzuwenden. Von da ging es dann in südlicher Richtung nach Syrien, wo er seine ehemalige Residenz Antiochia und die Wüstenstadt Palmyra besuchte, deren Ruinen der Anlagen aus römischer Zeit noch heute höchst eindrucksvoll sind. Für Palmyra scheint Hadrians Besuch von großer Bedeutung gewesen zu sein. Möglicherweise hat er ihr die Rechte einer »freien Stadt« zugestanden; es war wohl kaum Zufall, daß die Palmyrener damals ihre Stadt in »Tadmor Hadriana« umbenannten.

Hadrian reiste kreuz und quer durch das Römische Reich. Von den 21 Jahren seiner Regierungszeit brachte er mehr als die Hälfte außerhalb Italiens zu. Freilich ging es ihm dabei nicht allein ums Bauen, nicht nur um die Verschönerung der Provinzstädte, sondern in erster Linie um die militärische Sicherung der Grenzen, auch um die Verbesserung der Lebensbedingungen für die dort eingesetzten Truppen. Im Jahr 124, das mit Reisen durch ganz Vorderasien ausgefüllt war, begab Hadrian sich zwischendurch nach Pannonien an der Donaugrenze und gründete auf dem rechten Donauufer Aquincum als Legionslager und zugleich als Stadt, wo der Palast für den Statthalter und Wohnhäuser für Veteranen und Zivilisten, sowie mehrere Bäder, ein Amphitheater und eine Gladiatorenkaserne entstanden. Aquincum heißt heute Budapest, und im III. Bezirk haben Archäologen vieles wieder an den Tag gebracht. Eine andere Stadt gründete Hadrian einige Jahre später in der Provinz Thrakien, wahrscheinlich aufgrund einer schon bestehenden thrakischen Siedlung. Sie wurde nach ihm Hadrianopolis genannt. Auch sie hat sich rasch entwickelt. Es ist die jetzige türkische Stadt Edirne an der Grenze nach Bulgarien. Zuvor hatte er auch Athen besucht und dort mehrere Monate in der Gesellschaft von Philosophen und Gelehrten verbracht, wobei in ihm der Plan reifte, Athen zu einer Art Metropole des Geistes zu machen, wie Rom die Hauptstadt der politischen Macht war. Und er spendete den Athenern ein prächtiges Bibliotheksgebäude und gewährte Zuschüsse für den Bau eines neuen Gymnasiums, für einen Aquädukt zu besserer Wasserversorgung der Stadt und für den Bau von Heiligtümern für die Göttermutter Hera und für den griechischen Zeus.

Auch am Schwarzen Meer war Hadrian gewesen und hatte sich die dortigen griechischen Städte angesehen, von denen viele von Milet aus angelegt worden waren. Er war nochmals in Afrika gewesen, war wieder nach Ephesos und Milet gekommen und über Antiochia nach Judaea gereist. Das war im Jahr 130, und damals besuchte er das im Jahre 70 von Titus zerstörte Jerusalem, wo er einen vermutlich schon früher gefaßten Plan zu realisieren begann, der verhängnisvolle Folgen haben sollte. Er entschloß sich nämlich, Jerusalem zu einer römischen Kolonie zu machen und die noch immer in Trümmern liegende Stadt, in die nur wenige Juden zurückgekehrt waren, wieder aufbauen zu lassen – aber unter dem Namen »Aelia Capitolina«, der aus Hadrians Familiennamen und dem Namen des capitolinischen Jupiter von Rom zusammengesetzt war. Und wo einst der Tempel gestanden hatte und wo sich für die Juden noch immer das Allerheiligste befand, sollten zwei Statuen errichtet werden, eine Jupiter- und eine Kaiserstatue.

Nach Darstellung in den antiken Geschichtsquellen habe dieser Plan in den Augen der Juden eine so unerträgliche Schändung des heiligen Tempelbezirks dargestellt, daß es daraufhin zu jenem zweiten großen Aufstand gegen die Römer gekommen sei, unter dem Anführer BarKochba. Wie der erste, gut sechzig Jahre zuvor, wurde auch er blutig niedergeschlagen, und wieder, aber jetzt vollends, wurde Jerusalem zerstört. Der Kaiser verbot den Juden, es wieder aufzubauen, ja bei Todesstrafe auch nur in die Nähe des Trümmerfeldes zu kommen.

Noch bevor dieser zweite Jüdische Krieg gegen die Römer begonnen hatte, war Hadrian nach Ägypten gereist, wo er Alexandria und Theben besuchen wollte, zusammen mit seiner Frau Sabina und mit dem Jüngling Antinous, den er in Bithynien kennengelernt und sich zum Freund genommen hatte. Noch bevor sie Theben erreichten, ertrank Antinous im Nil, und der trauernde Hadrian gründete an der Stelle seines Todes ihm zum ewigen Gedenken die Stadt Antinoupolis, mit einem Tempel, in dem Antinous göttliche Ehren erwiesen werden sollten. Bis ins 19. Jahrhundert waren Bauten von Antinoupolis (in Mittelägypten bei dem heutigen Dorf Scheich Ibada, nahe bei der Stadt Roda, 270 Kilometer südlich von Kairo) recht gut erhalten – Straßenzüge, Kolonnaden, Triumphbogen, Theater, Zirkus, Hippodrom, mehrere Tempel –, aber unter Mehmed Ali wurden diese ungeheuren Steinmassen für die Anlage einer Zuckerraffinerie in Roda verbaut, und heute ist Hadrians Antinoupolis nur noch in Bodenspuren erkennbar.

Hadrian verließ Ägypten erst, nachdem er den Toten durch ägyptische Priester zur Wiederverkörperung des Gottes Osiris hatte erklären lassen und ihn auf diese Weise allen Bewohnern seines Reiches zu göttlicher Verehrung empfahl. Er ging noch nicht nach Rom, sondern wieder nach Athen, um dort zu überwintern. Erst im Jahr 134 begab er sich in die Hauptstadt, wo drei große Baukomplexe in Arbeit waren: das Athenaeum, sein Mausoleum (die spätere Engelsburg, die noch heute steht) und sein Wohnsitz bei Tibur, heute Tivoli, 25 Kilometer von Rom entfernt, die berühmte Villa Hadriani, deren geheimnisvolle Ruinen Jahr für Jahr Hunderttausende von Besuchern anziehen. Da entstand nicht nur eine große Villa, sondern auf 750000 Quadratmetern ließ Hadrian eine ganze Palastlandschaft entstehen, weitläufig um Säulenhöfe und Gärten gruppierte Wohnhäuser mit Prunksälen, Säulenhallen, Nymphäen, Thermen, Tempeln, Bibliotheken, mit einem Theater, einem Konzertsaal und mit vielen wertvollen Kunstwerken, die heute auf die bedeutendsten Museen Europas verteilt sind. Das alles war noch nicht ganz fertig, als Hadrian schwer krank wurde. Er starb im Alter von 62 Jahren am 10. Juli 138 in Baiae, dem Luxusbad für die reichen Römer bei Neapel.

Soweit also das Leben Hadrians, des Philosophenkaisers und »Gottesherrschers«, des Panhellenios, der mit seiner Bauleidenschaft für viele Städte in seinem Reich so viel Gutes bewirkt hat, vor allem in Kleinasien, auch für Milet, und an den wir uns hier im großen Theater von Milet, dessen Erweiterung zu seiner Zeit fertig wurde, erinnern. Die Vorderfront des milesischen Theaters ist 140 Meter breit. Die Sitzplätze, für etwa 25000 Zuschauer, liegen in drei Rängen zu je 18 Reihen in dem noch heute hochaufragenden Bauwerk, das viel zu kolossal ist, als daß es in der Vergangen-

Von der einst so großen und reichen ionischen Stadt Milet ist außer dem Theater kaum etwas erhalten.

heit als Steinbruch so hätte ausgebeutet werden können wie offenbar nahezu alles andere hier. Von hoch oben, wo die Sitzreihen nur noch andeutungsweise erhalten sind, kann man den größten Teil des ehemaligen Stadtgebiets übersehen.

Milet, bereits vor dreieinhalb Jahrtausenden von kretischen Siedlern oder, der Sage nach, von Apollos Sohn Miletos gegründet, lag auf einer zwei Kilometer ziemlich spitz ins Meer hinausragenden Halbinsel, die an ihrer breitesten Stelle etwa tausend Meter maß. Schon in griechischer Zeit war dieses Terrain von der Stadt, die antiken Angaben zufolge damals 80 000 Einwohner gehabt haben soll, ganz und gar ausgefüllt und von Mauern umgeben. Vier natürliche Buchten dienten als Häfen. Eine, die Löwenbucht, so genannt nach zwei großen steinernen Löwen, die die Einfahrt flankierten – der Löwe war das milesische Wappentier –, reichte unmittelbar bis ans Theater. »Sie müssen sich vorstellen, daß direkt hier vor uns einer der Häfen lag, der sogenannte Theaterhafen, daß hier alles voller Leben war und daß man diesen gewaltigen Theaterbau, errichtet in strahlend weißem Marmor, schon von weither übers Meer sehen konnte, bei klarem Wetter sogar von der Insel Samos aus«, sagt Professor Dr.-Ing. Wolfgang

Müller-Wiener, Erster Direktor beim Deutschen Archäologischen Institut, Abteilung Istanbul.

Müller-Wiener, der an der Universität von Istanbul lehrt, gräbt hier seit drei Jahrzehnten, in letzter Zeit vor allem im nördlichsten Teil des Stadtgebiets, ganz an der Spitze der ehemaligen Halbinsel, um die herum schon lange nicht mehr Wasser, sondern, so weit man sieht, aufgeschwemmtes Land ist. Da stand einst, erhöht auf einem Felsen, ein Tempel. Wie zahlreiche dort gefundene Terrakottafigürchen, vor allem Terrakottaschweinchen, wahrscheinlich machen, war er der griechischen Erdmutter Demeter geweiht, der Göttin der Agrikultur und des Getreides.

Und auch mitten im ehemaligen Stadtgebiet wird seit längerem gegraben. Dort standen einst die Michaelskirche und daneben der Palast des Bischofs. Sie waren um 600 n. Chr. entstanden, nachdem Milet, wo schon der Apostel Paulus eine Zeitlang gewirkt hatte, in frühchristlicher Zeit Bischofsstadt geworden war. Dies blieb Milet bis ins 14. Jahrhundert, als seine Häfen durch die Sand- und Geröllmassen des Mäanders schon stark verlandet waren und die Stadt ihre einstige Bedeutung als Handelsmetropole längst verloren hatte. Inzwischen ist das Meer von hier zwölf Kilometer entfernt, weil sich der atmische Golf, in den die milesische Halbinsel früher hinausragte, ganz mit Sand und Geröll aufgefüllt hat. Unter den Türken gewann die Stadt, die dann Balat hieß, noch einmal eine gewisse Bedeutung, und zwar durch ihre Manufakturen. Aus den Anfängen dieser Zeit, dem Beginn des 15. Jahrhunderts, stammt die in ihrer Schlichtheit besonders schöne Ilias-Bey-Moschee, die nach dem Erdbeben von 1955 restauriert wurde. Im 16. Jahrhundert, als die Entfernung zum Meer schon so groß war, daß die Stadt von Schiffen gar nicht mehr anzulaufen war, verließen die Bewohner ihre hafenlose Stadt; der Hauptgrund war, genau wie in Ephesos, die Mückenplage, die in der zunehmend versumpfenden Umgebung entstanden war und für die Menschen wegen der von den Mücken übertragenen Malaria unerträglich wurde. Und dann verschwand auch die Stadt.

»Es ist ganz unvorstellbar«, sagt Müller-Wiener, »wie und wohin die ungeheuren Massen von Steinen, die hier über so viele Jahrhunderte verbaut worden waren, verschwinden konnten.« Aber er erzählt auch, wie er vor längerer Zeit einmal in einer kleinen türkischen Stadt einen Mann beobachtete, der auffallend gut behauene Steine zum Kauf anbot. Wie sich herausstellte, stammten die Steine aus dem viele Kilometer entfernten Aigai, aus »Kleinpergamon«, wohin – wie im vorigen Kapitel beschrieben – keine Straße, kaum ein Weg führt. Der Mann hatte die Steine von dort mit seinem Kamel geholt. Steine sind und waren zu allen Zeiten wertvolles Baumaterial.

Und Milet verschwindet noch immer, wenngleich nicht mehr auf solche Weise. Was übriggeblieben ist, auch vieles von dem, das die Archäologen mühselig wieder an den Tag gebracht haben, ist längst von Pflanzen überwachsen. Mannshohe Disteln und Massen von Tamarisken, dicht an dicht ein wildes Gestrüpp bildend, bis zu Busch- und Baumhöhe, wuchern hier als unverwüstliches »Unkraut«. »Tamarisken kann ich nicht mehr sehen, ich hasse sie geradezu«, sagt Müller-Wiener, und im Vorübergehen rupft er die kleineren, erst zwanzig, dreißig Zentimeter hohen Pflänzchen aus und legt sie bündelweise auf größere Haufen. Überall sahen wir Berge von ausgerupften Tamarisken, die den irgendwie rührenden, vielleicht tragischen, auf jeden Fall vergeblichen Versuch offenbarten, die Zeugen einer großen Vergangenheit vor diesem alles zudeckenden und durch sein Wurzelwerk zerstörerischen Bewuchs zu retten.

Vielleicht noch schlimmer als Disteln, Tamarisken und die zartvioletten Statizen, die daheim in Deutschland für Trockensträuße so begehrt sind und die hier den Ausgräbern als Material für Handbesen dienen, sind die Algen. Angetrocknet, aber keineswegs tot, bilden sie auf den Steinen, wie zum Beispiel auf der ganzen Fläche des Nordmarkts, dessen Bodenplatten noch vor wenigen Jahren ganz weiß und sauber waren, einen dicken, festen Teppich, der sich in großen Stücken abziehen läßt. Aber wer hat Zeit, das zu tun? Und etwa das gesamte Gelände mit Unkrautvernichter zu besprühen, wäre viel zu teuer und möglicherweise höchst gefährlich. Niemand kann sicher sein, daß chemische Mittel nicht auch den Stein angreifen, vor allem den empfindlichen Marmor, der ja eben wegen seiner Empfindlichkeit damals, in der Antike, nie ungeschützt Wind und Wetter und dem Befall von Algen und Flechten ausgesetzt blieb, sondern farbig bemalt oder zumindest regelmäßig mit Öl behandelt wurde. Die heute weitverbreitete

Vorstellung von strahlend weißen Tempeln und Marmorstatuen entspricht keineswegs der historischen Wirklichkeit. Die Statuen und Bauten der Antike waren bunt und farbenfreudig, auch die Bronzestatuen waren bemalt.

Seit gut 85 Jahren graben deutsche Archäologen in Milet. Das Ausgegrabene zu erhalten, fast immer und überall ein großes Problem, ist hier besonders schwierig und unerfreulich. Im Winter steht das Wasser des Mäanders manchmal anderthalb Meter hoch über dem Grabungsniveau, und überallhin trägt es jenen zähen Schlamm, der sich später, erst einmal angetrocknet, kaum wieder entfernen läßt. Aber daß große Gebiete des weitläufigen Grabungsfeldes in kurzer Zeit unter dem Schlamm und dem im Sommer anwehenden Sand wieder begraben werden, hat auch sein Gutes. Auf solche Weise wieder bedeckt, sind die Steine am besten geschützt; das weiche Material, mit dem in Milet vorzugsweise gebaut wurde, zerbröselt an der Luft langsam zu Sand. Auch so können Ruinen mit der Zeit völlig verschwinden, sich gleichsam auflösen. Manches decken die Ausgräber deswegen selber wieder zu, nachdem sie es freigelegt und dokumentiert haben. Zum Beispiel fast alle Mosaikböden, die dann zugleich vor Räubern, auch vor Besuchern geschützt sind. Auch sie, die Besucher, richten Schaden an. Nie werde ich Müller-Wieners resignierte Enttäuschung vergessen, als er uns die Räume im Unterbau des Theaters zeigte, die an den gedeckten Rundgängen liegen und von den Ausgräbern als Magazine benutzt werden, zum Glück nicht für die wertvolleren Funde: Drei große Räume waren aufgebrochen, die Schlösser geknackt, die eisernen Gittertüren standen offen, und die Magazine waren, vermutlich von Touristen, schon seit einigen Tagen als Klos benutzt worden.

Manches wird hier ganz mutwillig zerstört. Die erst kurz zuvor aufgestellten teuren Beschriftungstafeln, mit Hinweisen und Erläuterungen in Türkisch, Englisch, Deutsch, mit Grund- und Aufrissen der hier einst vorhandenen Bauwerke und Anlagen (gestiftet von deutschen Reiseunternehmen), waren von irgendwem als Ziele für Schießübungen mißbraucht worden, und zwar so oft, daß sie kaum mehr zu entziffern waren. Und erst da fiel mir auf, daß vor dem Theater zwar eine Eintrittskasse steht, daß aber jeder zu jeder Zeit auf das Grabungsgelände gehen kann. Denn das einst so gut befestigte Milet, das so manchem feindlichen Ansturm standgehalten hat, ist heute nicht einmal eingezäunt. Ein Zaun wäre unerschwinglich teuer.

An Milets einstigen Wohlstand erinnert hier außer dem Theater nichts mehr. Dabei war Milet einmal so reich, daß es viele neue Städte gründen konnte, 24 oder gar, wie Herodot behauptete, 80, bis hin ans Schwarze Meer. Damals, im 8. und 7. Jahrhundert vor dem Beginn unserer Zeitrechnung, soll es von allen griechischen Städten die höchste Bevölkerungszahl gehabt haben. Der Reichtum dieser mächtigen Handelsmetropole erwuchs zum großen Teil aus der Schafzucht und der Herstellung von Wollstoffen, die hier wohl auch gefärbt wurden, mit dem in der ganzen damaligen Welt überaus begehrten und teuer bezahlten Purpurfarbstoff, den die Milesier aus Purpurschnecken gewannen. Müller-Wiener: »Wir haben ganze Lagen von Purpurschnecken gefunden.« Daß Milet sehr reich gewesen sein muß, läßt sich schon deswegen berechtigterweise annehmen, weil sich die Milesier Mitte des 4. Jahrhunderts entschlossen, den im Jahr 494 v. Chr. von den Persern zerstörten Tempel zu Didyma wieder aufzubauen, und zwar größer denn je zuvor, größer auch – wie im vorigen Kapitel dargestellt – als den Tempel der Artemis zu Ephesos, womit sie also ein Weltwunder noch übertreffen wollten.

Das geschah übrigens zur Zeit des großen Alexander, der auf seinem Zug nach Persien über Milet kam und von dem man manchmal lesen kann, daß er den Milesiern zum Wiederaufbau ihres Apollo-Heiligtums zu Didyma sehr viel Geld gespendet habe. Aber das ist höchst unwahrscheinlich, denn Alexanders Kriegskasse war zu der Zeit, zu Beginn seines Feldzugs, im Jahr 334 v. Chr., noch keineswegs so gut gefüllt, daß er großzügige Geldgeschenke hätte machen können. Aber was er den Griechenstädten Kleinasiens, die damals wieder einmal unter persischer Herrschaft standen, schenken konnte, war die Freiheit, die Demokratie, die Befreiung von den Persern. Die Milesier waren hieran indessen zunächst gar nicht interessiert und wollten ihn und seine Truppen nicht in ihre Stadt lassen, und sie erklärten sich für neutral. Erst als Alexander seine Belagerungsmaschinen an die Mauern heranfahren ließ, setzten sich jene Bürger in Milet durch, die nicht auf seiten der Perser standen, sondern eine Rückkehr zur

Professor Dr.-Ing. Wolfgang Müller-Wiener in den Ruinen von Milet: »Es ist ganz unvorstellbar, wie und wohin die ungeheuren Massen von Steinen, die hier über so viele Jahrhunderte verbaut worden waren, verschwinden konnten.«

Demokratie anstrebten, und sie übergaben ihm die Stadt. Auch dieser Verlauf spricht gegen die Annahme, Alexander habe für den Tempel von Didyma Geld gegeben.

Aber es ist denkbar, daß er Apollo, dem Herrn des Heiligtums, gelobt hat, ihm von der Kriegsbeute, wenn er sie denn mit seiner Hilfe machen sollte, einen angemessenen Anteil zu opfern. Damals in Milet hat Alexander sich um seine Finanzlage sogar ernsthaft Sorgen gemacht, obgleich er bei der Eroberung von Sardis wenige Wochen zuvor Schätze und Bargeld eingenommen hatte. Aber auch das reichte nicht, um weiterhin die ganze große griechische Flotte unterhalten zu können, von der er sein Heer bis nach Milet hatte begleiten lassen. Von Milet aus schickte er sie bis auf zwanzig athenische Schlachtschiffe zurück, nicht weil er eine Flotte nicht mehr gebraucht hätte (wie oft behauptet wird), sondern – so sein Biograph Robin Lane Fox und so schon vor anderthalb Jahrhunderten Johann Gustav Droysen – weil er die ungeheuren Kosten für ihren Unterhalt zu der Zeit nicht aufbringen konnte. Sieben Monate später, nachdem er inzwischen genügend Beute gemacht hatte, heuerte er sie wieder an.

Milet war nicht nur eine reiche und bedeutende Handelsmetropole, es war zugleich ein geistiges Zentrum. Im 6. Jahrhundert v. Chr. lehrte hier der Naturphilosoph Thales, hochgeehrt und offiziell ausgezeichnet mit dem Titel eines Sophos, eines Weisen. Doch ist von seiner Lehre wenig an Gesichertem erhalten. Zwar ist Thales von Milet heute jedem Gymnasiasten ein Begriff, und zwar wegen des mathematischen Satzes vom »Thaleskreis«, daß jedes Dreieck, das einem Halbkreis über dem Durchmesser einbeschrieben werden kann, rechtwinklig ist. Doch stammt dieser Satz gar nicht von ihm. Und ob er, wie in allen Handbüchern zu lesen ist, gelehrt hat, daß das Wasser die Ursubstanz der Welt sei und wie er das eigentlich gemeint hat, steht ebensowenig fest. Der zwei Jahrhunderte nach ihm lebende Aristoteles vermutete, Thales habe angenommen, die Erde befinde sich schwimmend auf dem Wasser. Vielleicht war Thales der erste griechische Denker, der nicht mehr an die Autorität des Mythos glauben mochte und die Entstehung der Welt auf natürliche Kräfte zurückführte und damit die ionische Naturphilosophie und ihre Schule begründet hat.

Auch der Historiker Hekataios, einer der ältesten griechischen

Prosaiker, von dessen Werk zahlreiche Fragmente erhalten sind, lehrte in Milet. Und weiter lehrten da die Naturphilosophen Anaximander, Schüler und Nachfolger des Thales, und dessen Schüler Anaximenes. Anaximander vermutete als Urstoff alles Seienden das »Apeiron«, das die dynamischen Gegensätze warm–kalt, feucht–trocken aus sich hervorbringe. Schon vor zweieinhalb Jahrtausenden lehrte Anaximander, dem die erste griechische Erdkarte und die Erfindung der Sonnenuhr zugeschrieben werden und der sich Gedanken über Größe, Abstände und Bahnen der Gestirne machte, daß der Mensch ursprünglich, im Wasser lebend, Fischgestalt gehabt habe. Und weiter war er der Meinung, daß die Erde langsam austrockne; möglicherweise hatte schon ihn beunruhigt, daß sich das Meer von Milet mehr und mehr zurückzuziehen schien.

Sein Schüler Anaximenes, der um 527 v. Chr. in Milet gestorben ist, nahm die Luft als das Ursprungselement an und erklärte die anderen Elemente aus der Verdünnung der Luft – so das Feuer – oder aus ihrer Verdichtung – so Wasser und Erde. Und – so sagt es der klassische Philologe Heinrich Dörrie – »da nach alter Vorstellung auch die Seele ein Lufthauch ist, gewann Anaximenes als erster einen Ansatz für die Parallel-Stellung von Mensch und Kosmos: Wie die Seele den Menschen regiert und zusammenhält, so umfängt die Luft die ganze Welt«.

Weil Milet so reich war, haben immer wieder fremde Herrscher und Völker versucht, es zu erobern. Den lydischen Königen ist dies nie gelungen. Aber mehrmals geriet die Stadt unter persische Herrschaft. Solche Wechsel waren durchaus nicht immer existenzgefährdend. Einmal aber war dies doch der Fall und ging über eine übliche Plünderung weit hinaus, ja es kam zu einer Katastrophe, und zwar mit dem bereits erwähnten Strafgericht, das die Perser um das Jahr 494 v. Chr. über die Milesier kommen ließen, weil diese sich von der Perserherrschaft losgesagt und auch andere ionische Städte zur Teilnahme an ihrem Aufstand überredet hatten. Da wurde die Stadt zerstört, und die Milesier wurden vertrieben. Herodot schrieb nur wenige Jahrzehnte danach: »Die meisten Männer wurden von langhaarigen Persern erschlagen, ihre Weiber und Kinder zu Sklaven gemacht und ihre Heiligtümer, der Tempel und das Orakel in Didyma, geplündert und verbrannt.«

Die Milesier wurden an den Tigris deportiert, die alte Stadt Milet hatte aufgehört zu existieren.

Dennoch war auch das noch nicht das Ende von Milet. Oder genauer, es wurde ein neuer Anfang gemacht, und zwar schon bald, nach etwa fünfzehn Jahren. »Die Frage der Rückkehr der Milesier und des Wiederaufbaus ihrer Stadt war lange umstritten«, schreiben die Archäologen Wolfram Hoepfner und Ernst-Ludwig Schwandner, die in Milet und mehr noch in einer Reihe kleinerer ionischer Städte gemeinam mit griechischen Archäologen untersucht haben, wie die Menschen damals wohnten und nach welchen Gesichtspunkten sie ihre Städte planten und anlegten – und auf deren Forschungsergebnisse bereits im vierten Kapitel dieses Buches aufmerksam gemacht wurde. Über Milet heißt es nun in ihrer jüngsten Publikation (»Haus und Stadt im klassischen Griechenland«):

»Funde der neuen Ausgrabungen haben jedoch erbracht, daß die Deportierten nach der schicksalhaften Wende, nach dem Sieg der Griechen bei Salamis, aus dem Orient zurückkehrten: gleich nach 479 v. Chr. muß mit dem Wiederaufbau von Milet begonnen worden sein... Das neue Milet wurde im Bereich der Halbinsel auf den Trümmern des alten errichtet. Vielerorts stießen die Ausgräber auf die dicke von den Persern verursachte Brandschicht, auf den ›Perserschutt‹. Man hatte die Ruinen eingeebnet und auf dieser Schuttschicht einen neuen Anfang gemacht.« Und besonders wichtig ist ihre Feststellung: »Dieser rigorose Neubeginn hatte die Aufhebung der alten Eigentumsverhältnisse zur Voraussetzung. Sicher haben neue Siedler aus anderen Gebieten an der Stadtgründung teilgenommen, die gleich nach 479 v. Chr. ins Werk gesetzt wurde.«

Wie bereits im vierten Kapitel dieses Buchs dargestellt, bringen Hoepfner und Schwandner den Neuaufbau Milets ganz wesentlich mit Hippodamos von Milet in Zusammenhang. Sie vermuten, daß der berühmte Milesier, der gegen Ende des 6. Jahrhunderts geboren wurde, in Milet auch seine Ausbildung erfahren hat, und – so fahren sie fort – »es ist überliefert, daß er der naturwissenschaftlich beeinflußten ionischen Naturphilosophie nahestand. Bei der Zerstörung der Stadt... wird er schon ein erwachsener Mann gewesen sein, und wir können annehmen, daß er damals mit seinen

Landsleuten an den Tigris deportiert wurde. Stimmt die Vermutung, hätte er 15 Jahre seines Lebens im Orient verbracht, dort auch gelernt und wäre 479 v. Chr. in seine Heimat zurückgekehrt. – Der Wiederaufbau von Milet nach 479 v. Chr. läßt deutlich neue Regeln und einen Fortschritt im Städtebau erkennen, und wir glauben, die ordnende Hand des Gesellschaftstheoretikers und Stadtplaners Hippodamos zu spüren.«

Wie die Grabungen erkennen ließen, war auch das alte Milet schon nach einem rechtwinkligen Raster angelegt. Das neue Schachbrettmuster von Hippodamos – wenn es denn wirklich von ihm stammt – ist in der Richtung um ein weniges verschoben, und es hat kleinere Insulae. Jede Insula bestand aus 6 genau gleich großen Reihenhäusern auf Grundstücken von jeweils 260 Quadratmetern Größe und war genau 29,4 Meter breit und 52 Meter tief. Die Insulae waren voneinander durch Straßen getrennt. Hoepfner schätzt, daß für das neue Milet damals etwa 300 Insulae, also 1800 Häuser geplant waren, für eine Bevölkerung von 15000 bis 18000 Menschen.

Aber da bleiben noch viele Fragen offen. Zum Beispiel weiß man nicht, wie weit sich die Wohnstadt nach Süden ausgedehnt hat. Und vor allem weiß man nicht genau, wer nun eigentlich in diesen Häusern gewohnt hat. Nach allem, was wir über die griechischen Verhältnisse in den Poleis, auch der klassischen Zeit, wissen, kann sich die demokratische Gleichverteilung, von der Hoepfner hier ausgeht und die von verschiedenen Philosophen als Ideal gepriesen wurde, nur auf jene bezogen haben, die überhaupt das Recht hatten, Häuser und Grundstücke zu besitzen. Das konnten nur die freien Bürger und die Krieger sein. Aber wo wohnten die Metoiken, die als Handwerker, Händler, Seefahrer arbeiteten oder sonstwie Geld verdienten, etwa auch als Bankiers, oder die Fabriken hatten, in denen sie Sklaven arbeiten ließen, oder Schürfrechte in Bergwerken gepachtet hatten? Und wo wohnten die Sklaven, die von den Griechen »andrapodon« genannt wurden, »(ein Ding) mit menschlichen Füßen«, und so mit anderen Teilen der Kriegsbeute oder des herrschaftlichen Besitzes, wie Vieh oder unbelebte Wertsachen, auf eine Stufe gestellt wurden? Wo waren die Fabriken, die Handwerksbetriebe? Für Milet, wo Häuser aus der klassischen Zeit noch nicht ausgegraben wurden, ja überhaupt keine Wohnhäuser, blieben diese Fragen jedenfalls offen. Und unbeantwortet scheint mir letztendlich auch die grundsätzliche Frage zu sein, ob mit dem Neuaufbau von Milet tatsächlich, wie Hoepfner es für eine Reihe kleinerer Städte jener Zeit gezeigt hat, auch hier schon Demokratie verwirklicht wurde, ja ob die Bürger dies überhaupt wollten.

Und selbst wenn es so gewesen sein sollte, daß hier wie in jenen anderen Siedlungsstädten, auch im zweifellos von Hippodamos neuerbauten Piräus bei Athen, das von griechischen Intellektuellen immer einmal wieder propagierte Ideal der »Isonomia«, der »Gleichverteiltheit«, erreicht wurde und damit so etwas wie Demokratie entstand, dann dürfte es nur für kurze Zeit bestanden haben. Nicht die Gleichheit, sondern die Überzeugung von der Ungleichheit der Menschen stellte ein Grundelement der griechischen Geschichte dar, sagen Michael Austin und Pierre Vidal-Naquet, die in England beziehungsweise in Frankreich antike Wirtschafts- und Sozialgeschichte lehren. Die Ungleichheit wurde »in der Praxis niemals ernsthaft in Frage gestellt«, ja sie ist noch zunehmend hervorgehoben worden, als man die Vorstellung vom freien Bürger entwickelte; denn gerade zu der Zeit waren Sklaven, die man als Ware auf dem Markt kaufen konnte und die (zumindest theoretisch) völlig rechtlos lebten, notwendiger denn je. Die Freiheit der einen war ohne die Versklavung der anderen gar nicht möglich, ja für Griechen schlechterdings nicht vorstellbar; in ihren Augen schienen diese beiden Extreme keineswegs widersprüchlich zu sein, sondern sie ergänzten und bedingten einander: »Es ist daher nicht verwunderlich, daß Sklavenarbeit in der einen oder anderen Form in allen Epochen der griechischen Geschichte zu finden ist und daß niemand ihre Notwendigkeit ernsthaft in Zweifel zog.«

Auffallenderweise ist hiervon in deutschen Darstellungen der griechischen Geschichte nur selten die Rede, obgleich die antiken Griechen selber dies alles keineswegs verschwiegen haben. In welchem deutschen Schulbuch könnte man wohl lesen, daß die Athener ihren großen und entscheidenden Sieg bei Marathon (490 v. Chr.) über ein zahlenmäßig viel stärkeres Perserheer keineswegs allein mit ihren schwerbewaffneten Hopliten, die freie Krieger waren und sich ihre teure Kriegsausrüstung selber kaufen mußten, und mit einer Hilfstruppe aus der kleinen Stadt Plataia erkämpft haben, sondern vor allem mit Sklaven? Weil es um die Sicherheit des Staates ging und – was ihnen durch die Zerstörung Milets vier Jahre zuvor deutlich genug vor Augen gebracht worden war – um die eigene, auch die persönliche Existenz, hatten die Athener erstmals Sklaven zu Kriegsteilnehmern gemacht. Bevor sie die Sklaven in den Kampf schickten, hatten sie ihnen allerdings die Freiheit gegeben. Unter der Führung von Miltiades siegten neuntausend Athener und tausend Plataier so überzeugend über die Perser, daß diese mit ihrer Flotte zwar noch bis vor Athen fuhren, dann jedoch nach Persien zurückkehrten. Als die Athener noch auf dem Schlachtfeld ihre gefallenen Helden beisetzten, da begruben sie die toten Sklaven zusammen mit den toten Plataiern an einem anderen Ort als ihre eigenen Gefallenen.

Übrigens könnte auch jener unbekannte, aber gleichwohl unsterblich berühmte Marathonläufer, der die Siegesnachricht in das etwa 42 Kilometer entfernte Athen brachte und dort tot zusammenbrach, ein Sklave gewesen sein, jedenfalls war er – wenn er nicht überhaupt nur eine literarische Erfindung ist – wohl kaum ein schwerbewaffneter Hoplit. Für ihren überraschenden Sieg dankten die Athener den Göttern, indem sie ihnen in die großen Heiligtümer Weihgeschenke schickten, auch natürlich nach Delos, das bedeutendste griechische Apollo-Heiligtum. Delos aber war, wie wir bereits im vorigen Kapitel sahen und wie es schon der russische Althistoriker und Archäologe Michail I. Rostovtzeff formulierte (der seit 1925 an der Yale University lehrte), nicht nur Heiligtum, sondern es war zugleich »die Hauptverrechnungsbörse der alten Welt und ihr Hauptsklavenmarkt«. Tausende von Sklaven konnten da an einem Tag mit Schiffen angeliefert, ausgeladen und versteigert werden. Die meisten kamen aus dem Osten, aber es konnten auch Griechen sein, freie Bürger gar, die das Opfer von Piratenüberfällen oder einfach Kriegsbeute geworden waren.

Das Schicksal, Sklave zu werden, konnte jeden treffen. Der Philosoph Platon zum Beispiel soll einmal – dies beschrieb, allerdings erst sechshundert Jahre später, Diogenes Laertios, und der Altphilologe Ulrich von Wilamowitz-Moellendorff hatte keine Bedenken, es für wahr zu halten –, Platon also soll um das Jahr 387 v. Chr. auf der Rückfahrt von seiner ersten sizilischen Reise gefangengenommen und zum Sklaven erklärt worden sein. Das soll auf der Insel Ägina geschehen sein, die von seinem Schiff, das ihn nach Athen bringen sollte, angelaufen wurde und die sich mit Athen im Kriegszustand befand. Als Platon auf dem Markt von Ägina als Sklave zum Kauf feilgeboten wurde, habe ein Freund ihn dort erkannt und losgekauft.

Etwas Ähnliches passierte gut drei Jahrhunderte später dem 33jährigen Cäsar auf der Fahrt nach Rhodos. Bei der kleinen Insel Pharmakussa, 30 Kilometer südwestlich von Milet, geriet er in die Hand von Seeräubern, die ihn nur gegen ein hohes Lösegeld wieder freilassen wollten. Vierzig Tage blieb Cäsar in ihrer Gewalt, bis das geforderte Geld aufgebracht war. Wieder frei, fuhr Cäsar nach Milet, charterte hier mehrere Schiffe mit Besatzungen, spürte die Piraten auf und ließ sie ans Kreuz schlagen.

Aber obgleich theoretisch jeder auf solche oder ähnliche Weise zum Sklaven werden konnte – so wurde beispielsweise im Jahr 211 v. Chr. die gesamte Einwohnerschaft von Ägina versklavt und ein Jahr später an Attalos II. von Pergamon verkauft –, hat, wie schon gesagt, in der ganzen Antike niemand die Notwendigkeit von Sklaverei und Sklavenarbeit jemals ernsthaft in Frage gestellt. Niemand – so sagt es Finley – hat auch nur einen Moment vergessen können, daß Sklaven »doch grundsätzlich etwas anderes waren«. Nur in der Zeit am Ende des 5. und zu Beginn des 4. Jahrhunderts v. Chr. gab es einmal eine – so schreiben Austin und Vidal-Naquet – »zaghafte geistige Strömung, die keinen wahren Unterschied zwischen Griechen und Barbaren erkennen wollte und versicherte, Sklaverei sei nichts anderes als eine Konvention, die theoretisch nicht zu rechtfertigen sei«.

Daran mag Aristoteles gedacht haben, als er in seiner »Politik« das Thema aufgriff, aber nur um eine solche Auffassung, der auch sein ehemaliger Schüler Alexander der Große zuneigte, zu widerlegen. Aristoteles behauptete, daß ganz im Gegenteil die Antithese von Herren und Sklaven naturbedingt sei, daß die einen von Natur aus Herren seien und die anderen eben zu Sklaven geboren. Es ist schon interessant, seine Argumentation nachzulesen; denn da zeigt sich nicht nur, daß sie keineswegs stichhaltig ist, sondern daß es auch in späteren Jahrhunderten bis in die Neuzeit und in die Gegenwart hinein nie eine andere Rechtfertigung für Sklavenarbeit und Sklaverei gegeben hat als diesen eigentlich aberwitzigen »Beweis«, den der griechische Philosoph vor etwa 2300 Jahren erdacht hat, vermutlich in Athen, das ja sehr viele Sklaven für sich arbeiten ließ und wo er elf Jahre lang an dem von ihm gegründeten Lykeion lehrte.

Aristoteles war überzeugt: »Der Sklave ist ein Besitzstück und ein lebendiges Werkzeug«, er ist Teil eines »vollständigen Hauses«, das einem Freien gehört. Um ein »befriedigendes Leben, ... überhaupt ein Leben führen« zu können, braucht der freie Bürger Werkzeuge, »teils leblose, teils lebendige«, und der Sklave sei »gewissermaßen ein Werkzeug, das viele andere Werkzeuge vertritt«. Wenn indessen die Werkzeuge von selber arbeiten könnten, wenn zum Beispiel »die Weberschiffchen selber webten und die Zitherschlägel von selber die Zither schlügen, dann freilich bedürfte es für die Meister nicht der Gehilfen und für die Herren nicht der Sklaven«.

Schon in der Antike – auch das zeigt sich hier – gab es ein Energieproblem. Und die wesentlichen Energieträger waren Tiere, vor allem Ochsen, auch Pferde, aber in erster Linie Menschen oder vielmehr »Menschenfüßler«, also Sklaven. Als Kaiser Nero auf die Idee kam, den sechs Kilometer langen Isthmos von Korinth zu durchstechen, konnte er das übrigens wohldurchdachte und gut vorbereitete Riesenprojekt erst beginnen, nachdem ihm sein Feldherr Vespasian Tausende versklavter Juden nach Korinth geschickt hatte, die bei der Niederschlagung des ersten jüdischen Aufstands gegen die Römer gefangengenommen worden waren. Das Unternehmen ging gut voran, wurde aber aufgegeben, weil Nero schon bald starb.

Aristoteles untersuchte weiterhin die Frage, ob es wirklich von Natur solche Menschen gibt, deren »Lebensaufgabe ausschließlich auf die Verwendung des Körpers« begrenzt und für die es besser ist, die Sklaven anderer zu sein. Er hat dies bejaht und seine Antwort damit begründet, daß die Seele den Körper regiert und »daß es für den Leib naturgemäß und zu seinem eigenen Nutzen ist, von der Seele regiert zu werden«; er fügte hinzu: »Gleichberechtigung oder gar das umgekehrte Verhältnis wäre für alle Teile schädlich.« Aristoteles versuchte seine Argumentation plausibel zu machen, indem er auf das Verhältnis des Menschen zu den Tieren und das des Männlichen zum Weiblichen hinwies: »Die zahmen Tiere sind besser von Natur als die wilden, und für sie alle ist es besser, wenn sie von Menschen regiert werden, denn das gereicht ihnen zu ihrer Erhaltung. Desgleichen ist das Verhältnis des Männlichen zum Weiblichen von Natur so, daß das eine besser, das andere geringer ist und das eine regiert, das andere regiert wird.«

Genauso sei es auch im Verhältnis der Menschen zueinander, meinte Aristoteles: »Alle diejenigen, welche so weit von anderen abstehen wie der Leib von der Seele und das Tier vom Menschen – in diesem Falle befinden sich aber alle die, welche ihre Aufgabe im Gebrauch ihrer Körperkräfte finden und bei denen dies ihre höchste Leistung ist –, diese, sage ich, sind Sklaven von Natur, für die es besser ist, wenn sie auch tatsächlich als solche regiert werden, geradesogut wie von den vorher genannten Gegenständen das Entsprechende gilt.« Und Aristoteles schloß seine Überlegung: »Daß also ein Teil der Menschen durch die Natur selbst zu freien Leuten und ein anderer zu Sklaven bestimmt ist und daß es für die letzteren gerecht und zuträglich ist, auch wirklich Sklaven zu sein, ist hiermit bewiesen.«

Etwas mehr Schwierigkeiten machte dem Philosophen die Antwort auf die Frage, die sich möglicherweise auf einen jeden ganz persönlich beziehen und das ganze System aus den Angeln heben konnte, nämlich mit welchem Recht ein im Krieg oder von Piraten gefangener freier griechischer Bürger zum Sklaven erklärt und als solcher behandelt werden konnte. Ihn einfach jenen zuzuzählen, die von Natur aus als Sklaven galten, erschien offenbar einer Reihe von Juristen und Philosophen als ungerecht, obgleich das Gesetz eben dies vorsah. »Das betreffende Gesetz«, schrieb Aristoteles, »besteht ... in der allgemeinen Übereinkunft, daß die im Kriege Überwundenen Eigentum der Sieger« sind.

Doch fuhr er fort: »Gegen dieses Recht nun erheben viele unserer Rechtstheoretiker die so oft gegen die Staatsredner anhängig gemachte Anklage auf Gesetzwidrigkeit, indem es doch arg sei, daß, wenn einer nur die Macht dazu habe, einen anderen zu überwältigen, und keinen anderen Vorzug vor ihm als den dieser größeren Macht besitze, dennoch der Überwältigte ihm gehorchen und als Sklave dienen solle. Und so sind denn hierüber die Meinungen geteilt auch unter den Philosophen.« Dann verteidigte er die bei den Griechen übliche Praxis auf eine Weise, die nahezu jegliche Form von Machtpolitik rechtfertigen konnte, indem er argumentierte, »daß bis zu einem gewissen Grade eben die Tugend (areté), sobald sie sich im Besitz der erforderlichen Mittel befindet, dasjenige ist, was am meisten die Macht dazu verleiht, andere zu überwältigen, und daß immer der Sieger dem Besiegten nach irgendeiner Richtung hin an Trefflichkeit überlegen ist...«

Indessen konnte Aristoteles nicht einfach den auf der Hand liegenden Einwand beiseite schieben, daß die Ursache eines Krieges »möglicherweise« einmal »eine ungerechte« sein könne, weswegen einige Leute meinten: »Den, der ganz unverdientermaßen der Sklaverei anheimfällt, wird man doch wohl nicht als einen Sklaven bezeichnen wollen. Denn sonst würde die Folge sein, daß Leute von der anerkannt alleredelsten Abkunft als Sklaven und Sklavensprößlinge angesehen werden müßten, wenn sie zufällig gefangen und verkauft werden.« Die Anhänger dieser Meinung, schrieb Aristoteles, lösten das Problem nun aber so, daß sie »solche Menschen« nicht als Sklaven gelten lassen wollten, wohl aber dann, wenn es sich um Barbaren handelte.

Die so urteilen, argumentierte Aristoteles nun weiter, »suchen damit in der Tat nur nach dem Begriff des Sklaven von Natur, wie wir ihn von vornherein aufgestellt haben, denn sie sehen ein, daß es notwendig ist, zwischen Leuten zu unterscheiden, die überall Sklaven, und solchen, die es nirgends sind«. Und er verdeutlichte das mit einem Vergleich: »Steht es doch ebenso auch mit dem Adel: Sich selbst halten sie nicht nur bei sich zu Hause, sondern überall für adelig, die Barbaren aber nur in deren Land. Kurz, es gilt dabei die Voraussetzung, es gebe einen Adel und eine Freiheit in unbedingtem und eine andere nur in bedingtem Sinne... Wer nun so urteilt, der bestimmt den Unterschied zwischen Sklav' und frei, adelig und unadelig nach keinem anderen Maßstab als nach dem der Tugend und Schlechtigkeit, denn er geht offenbar davon aus, wie von einem Menschen auch wieder ein Mensch und von Tieren ein Tier, so müßten von tauglichen Menschen auch wieder taugliche herkommen. Die Natur strebt zwar nach diesem Ziel, vermag es aber in vielen Fällen nicht wirklich zu erreichen.«

Danach kam Aristoteles zu seinem zusammenfassenden Schluß:

»Daß nun also der ganze Streit einen gewissen Grund hat und daß nicht alle, die tatsächlich frei oder Sklaven, es auch von Natur sind, ist hiernach klar, ebenso aber auch, daß die Natur diesen Unterschied so ausgeprägt hat, daß ihn ganz bestimmte Menschen an sich tragen, unter denen es zuträglich und gerecht ist, für den einen Teil, Sklave zu sein, und für den anderen, Herr zu sein, wenn anders immer der regierende Teil diejenige Herrschaft ausüben und der regierte sich ihr unterwerfen muß, auf welche beide gegenseitig von Natur angewiesen sind, mithin die Herrschaft des Herrn über den Sklaven.«

Und wer nun noch skeptisch war, den beruhigte der Philosoph mit dieser Bemerkung: »Ein Mißbrauch der Herrschaft ist für beide Teile gleich schädlich, denn was dem Teil zuträglich ist, das ist es auch dem Ganzen, und was dem Leibe, das auch der Seele; der Sklave ist aber gewissermaßen ein Teil seines Herrn, nämlich gleichsam ein besonderer und für sich bestehender beseelter Körperteil desselben, und daher besteht denn auch ein Verhältnis des gemeinsamen Vorteils und gegenseitiger Neigung zwischen beiden, sofern die Natur selber sie für diese Verbindung bestimmte, während dann, wenn nur das Gesetz und die Gewalt sie in dieselbe brachte, das Gegenteil der Fall ist.«

Das ist weder logisch noch auf befriedigende Weise überzeugend, und Aristoteles wäre hier leicht zu widerlegen gewesen. Aber offenbar wollte eben dies gar niemand tun. So schwach seine Argumente auch waren, mit denen er im Grunde ja das gesamte System der griechischen Sklavenwirtschaft verteidigte, so sehr entsprachen sie der Meinung der Freien und Herrschenden, die – wie Aristoteles es dargelegt hatte – ein »befriedigendes Leben, ... überhaupt ein Leben« ohne »teils leblose, teils lebendige Werkzeuge« gar nicht führen konnten. Den »Beweis« für die Rechtmäßigkeit des Verhältnisses von Herren und Sklaven hat Aristoteles nicht erbracht. Er blieb bei der bloßen Behauptung, daß Sklaverei naturgewollt sei und daß sie nicht auf purer Gewalt beruhe. Aufschlußreich ist zudem, daß Aristoteles die Frage, ob denn nun ein in Kriegsgefangenschaft geratener freier griechischer Bürger als Sklave verkauft werden dürfe oder nicht, gar nicht beantwortet hat.

In Wahrheit war eben dieses ganze System der Sklaverei für die

Griechen jener Zeit kein wirkliches Problem, und keineswegs sollte es durch diesen Einzelaspekt erst zu einem Problem gemacht werden. Für Aristoteles ging es, wie schon gesagt, um nichts anderes als um die Rechtfertigung eben dieses Systems. Und da ist es in höchstem Maße unwahrscheinlich, daß wirklich, wie er behauptete, »viele unserer Rechtshistoriker« und »auch Philosophen« von »Gesetzwidrigkeit« gesprochen haben sollten; zumindest sind in der antiken Literatur entsprechende Äußerungen nicht überliefert. Und wenn wirklich so viele Juristen und Philosophen jener anderen Meinung gewesen wären, dann – das darf unterstellt werden – hätte Aristoteles zumindest die berühmtesten von ihnen genannt oder sie wären uns unabhängig von ihm überliefert worden, was indessen nicht der Fall ist. Oder aber sie hätten ihn widerlegt. Vermutlich hat es sie gar nicht gegeben, und Aristoteles mag diesen besonderen Aspekt der Sklavenwirtschaft zum einen um der Systematik und der Vollständigkeit wegen, zum anderen jedoch in der grundsätzlichen Absicht mit behandelt haben, den gesamten Komplex der Sklaverei als naturgewollt hinzustellen und dabei zugleich zu zeigen, daß Sklaven, von jenen wenigen Sonderfällen abgesehen, eben anders waren, minderwertige Wesen, minderwertig an Herkunft, an Klasse, an Tugend.

Das war eine Feststellung, nichts weiter, nichts Besonderes, durchaus keine neue Erkenntnis, nichts anderes als eine Selbstverständlichkeit, die der allgemeinen Auffassung voll und ganz entsprach und die seit vielen Jahrhunderten galt und noch viele folgende Jahrhunderte gelten sollte, auch für die Römer und sogar noch für ihre christlichen Kaiser und für die antiken Kirchenväter. Gibt es eine andere Erklärung dafür, daß Aristoteles offenbar als einziger in der ganzen Antike das Thema der Sklaverei einer so ausführlichen Analyse unterzog? Und noch etwas: Wenn Aristoteles die Frage, ob die im Krieg gefangenen freien griechischen Bürger zu Sklaven erklärt werden dürften, nicht eindeutig beantwortete, dann kann es nur deswegen geschehen sein, weil eine genauere Analyse dieses Aspekts zwangsläufig – wie es sich ja bereits andeutete – zu einem weiteren Problem führen mußte, zu der Frage nach der Rechtmäßigkeit von Kriegen. Aber gerade dies sollte, durfte, konnte ebensowenig zu einem echten Problem werden wie die Sklavenwirtschaft. Krieg wurde – das hat Aristoteles ausdrücklich betont – grundsätzlich im Namen der Tugend geführt, Krieg war etwas Tugendhaftes, und die aktive Teilnahme am Krieg, am Kampf blieb lange Zeit Adligen und freien Bürgern vorbehalten; der Krieger genoß höchstes Ansehen.

Das ist auch in den Überlegungen des Hippodamos von Milet erkennbar, in seinem allerdings nur indirekt überlieferten Entwurf einer idealen Polisverfassung, mit der Aristoteles sich auseinandersetzte (in seiner »Politik«, 1268 a). Da ging Hippodamos von drei gleich großen sozialen Gruppen aus, und zwar waren dies Handwerker, Bauern und Krieger, die nach seiner Meinung je ein Drittel einer zehntausend Einwohner zählenden Polisbevölkerung stellen sollten. Die Krieger sollten von den Erträgen aus öffentlichem Land ernährt werden, und nur sie, die als einzige das Bürgerrecht hatten, durften Grund und Boden und Häuser besitzen, was bedeutete, daß die anderen Boden von ihnen pachten mußten und daß die Handwerker und Gewerbetreibenden, die nicht das Recht hatten, Häuser zu kaufen, in Häusern, die den Kriegern gehörten, zur Miete wohnen sollten.

Daß dies je irgendwo realisiert wurde, ist unwahrscheinlich. Aristoteles, der hundert Jahre nach Hippodamos lebte und sich über ihn mokierte, weil er angeblich »auch sonst in seinem Leben aus Ehrgeiz viel Übertreibung an den Tag legte, so daß er manchen einen geckenhaften Eindruck machte mit seiner Haarfülle und den kostbaren Schmucksachen«, tat ihn als unrealistisch ab. Dabei kritisierte er vor allem zwei Punkte. Einmal die Drittelung; Aristoteles meinte, daß der Wehrstand einer Polis wesentlich mehr als ein Drittel ausmachen müsse. Und mehr noch kritisierte er die Forderung des Hippodamos, es sollten außer den Waffenführenden auch die Handwerker und die Bauern am Zustandekommen der Verfassungsrechte teilhaben und Ehrenämter übernehmen können. Das lehnte Aristoteles strikt ab: »Es ist aber... unmöglich, daß sie an allen Ehrenämtern teilnehmen, vielmehr müssen die Stellen der Feldherren und der Wächter über die Bürger und überhaupt geradezu die wichtigsten Ämter ja doch notwendig aus den Waffenführenden besetzt werden.«

Aristoteles stufte also den Wehrstand noch bedeutend höher ein, als Hippodamos es ein Jahrhundert zuvor getan hatte, ja er ließ eigentlich keinen Zweifel daran, daß Bauern und Handwerker »nahezu Sklaven der Waffenführenden« seien. Das Demokratieverständnis der Griechen war eben von dem heutigen grundsätzlich verschieden, was sich auch dort zeigt, wo Aristoteles über die Lage und Einrichtung einer Polis schrieb. Da heißt es von der Agora (was heute oft unzulänglich und irreführend nur mit »Markt« übersetzt wird, während Aristoteles darunter einen »freien Markt« verstand, der »freigehalten werden muß von allen Handelswaren«), die also ein öffentlicher Platz war und Volksversammlungen diente: »Kein Handarbeiter (bánausos) noch Bauer, noch irgendein anderer Mann von ähnlichem Schlag muß denselben betreten dürfen, außer auf Vorladung von Behörden.«

Kriege und Sklaverei zusammen bildeten im antiken Griechenland die Grundlage für das Funktionieren der Wirtschaft und damit für das Leben der Bürger. Allerdings hat Aristoteles es abgelehnt, den Krieg um seiner selbst willen zu verherrlichen. Vielmehr erklärte er: »Der Krieg ist nur um des Friedens willen da«, so wie es die Arbeit nur der Muße wegen gebe, die Arbeit der anderen freilich. Und er hat die vielen griechischen Poleis und ihre Gesetzgeber kritisiert, die angeblich nach dem Vorbild der Lakedaimonier »kein anderes Ziel als Krieg und Sieg« gehabt hätten, um möglichst viele »Nachbarstaaten ihrer Herrschaft zu unterwerfen«. Aber gerade indem er – so schrieb er selber – »wiederholt gesagt« hat, »der Krieg hat im Frieden und die Arbeit in der Muße ihr Endziel«, lieferte er ein Indiz dafür, wie wenig seine Idealforderung der Wirklichkeit entsprach. In Wahrheit haben die Griechen unentwegt Kriege geführt, um Beute zu machen und Menschen als Sklaven zu fangen. Und es wäre falsch, Aristoteles zu unterstellen, daß er dies wirklich hätte ändern wollen; der Philosoph wollte lediglich das Führen von Kriegen veredeln, indem er ihm ein höheres Ziel gab.

Dies alles darf nicht aus modernen Moralvorstellungen bewertet oder gar verurteilt werden. Es geht hier nicht um Herabsetzung oder Verdammung. Dazu besteht überhaupt kein Anlaß. Aber es ist höchste Zeit, Korrekturen anzubringen. Daß vieles im Leben der alten Griechen und auch der Römer mit dem so lange gehegten und noch heute weitverbreiteten Idealbild nicht zusammenpaßt, sondern entschieden anders war, alltäglicher, menschlicher, dies zu wissen und es auch zu berücksichtigen ist unerläßlich, und zwar vornehmlich aus zwei Gründen. Einmal um ein richtiges, zumindest vorurteilsloses Verständnis der Antike überhaupt zu ermöglichen, und zum anderen, um nicht – wie es keinesfalls nur im Fall der Olympischen Spiele immer wieder geschieht – für die Gegenwart die Maßstäbe zu hoch zu schrauben, indem besonders die antiken Griechen in so vieler Hinsicht zu Vorbildern stilisiert werden, zu letztendlich unerreichbaren Idealen. Zwar hat Geschichtsschreibung zu allen Zeiten dahin tendiert, weit zurückliegende Vergangenheiten zu veredeln, sie zu vergolden, wodurch in allen Kulturen »Goldene Zeitalter« und »Paradiese« entstanden, Anfangszeitalter des reinen Glücks, aber dabei handelt es sich nie um Realitäten, sondern um Wunschträume, die gleichsam auf die Vergangenheit zurückprojiziert werden, weil die Gegenwart eben nicht als Zustand der Glückseligkeit empfunden wird. Diese nach dem gängigen Motto »Früher war alles viel besser« verherrlichten Vergangenheiten bergen indessen immer die Gefahr überhöhter Maßstäbe für die Gegenwart, deren Menschen dadurch moralisch ins Unrecht gesetzt werden und denen Schuld zugewiesen werden kann – wie dies beispielsweise in der christlichen Lehre durch Adams Erbsünde geschieht, durch die der Mensch seine Unschuld und zugleich die Unsterblichkeit verlor. Überhöhende Verherrlichung der Vergangenheit und Abwertung der Gegenwart lagen auch in Winckelmanns Auffassung vom Wesen griechischer Kunst und griechischen Lebens als »edle Einfalt und stille Größe«, die von der Wirklichkeit so weit entfernt ist.

Und wie bereits deutlich gemacht, wirkt diese Auffassung noch immer nach. So wird zum Beispiel von manchen Historikern versucht, die griechische Sklavenwirtschaft zu beschönigen, indem sie unterstellen, daß es den Sklaven damals recht gut ging, weil das Verhältnis zwischen Herrn und Sklaven im allgemeinen gut gewesen sei. Als Hauptargumente für diese Meinung werden genannt: die damals gegebene Möglichkeit, Sklaven freizulassen, von der aber nicht oft Gebrauch gemacht wurde, und das Fehlen »ernstzunehmender Sklavenaufstände«; vor allem dies werfe für das klassische Griechenland »ein bezeichnendes Licht auf die allgemein milde Behandlung der Sklaven in dieser Zeit«, meint W. L. Westermann (in »The Slave Systems of Greek and Roman Antiquity«).

Aber daß dieser Schluß durchaus nicht zwingend ist, zeigt die Geschichte der Judenverfolgung bis hin zum Holocaust; aus der Tatsache, daß es von seiten der Juden nur selten zu Aufständen, auch nur zu Widerstand gekommen ist, während der nationalsozialistischen Herrschaft ein einziges Mal, im Warschauer Ghetto, wird hoffentlich niemals der Schluß gezogen werden, es müsse den Juden in Deutschland wohl immer passabel ergangen sein. Daß die Unterdrückung von Minderheiten, ja sogar die Unterdrückung großer Mehrheiten durch kleine herrschende Minderheiten nur sehr selten Aufstände hervorruft, zeigt sich ja deutlich in der Gegenwart und in der jüngsten Vergangenheit.

Die Möglichkeit, Sklaven die Freiheit zu schenken, ist ebenfalls kein Indiz für eine allgemein gute Behandlung der Sklaven. Denn erstens kam sie, wie der Hamburger Althistoriker Jochen Bleicken in seinem Buch »Die athenische Demokratie« zeigt, bei den Griechen nur selten vor, ganz anders als bei den in diesem Punkt sehr viel großzügigeren Römern. Und zweitens war sie bedingt: »Der Freigelassene wurde mit der Freilassung nicht Bürger, sondern Fremder«, der den Metoiken nachgestellt blieb, schreibt Bleicken; »alle Freigelassenen blieben an ihren Freilasser gebunden, den sie auch offiziell als ihren Patron (Prostates) anzuerkennen hatten, und die meisten von ihnen waren durch die umfangreichen Freilassungsbedingungen besonders hart an den Patron gefesselt, der sie bei Nichteinhaltung ihrer Pflichten mittels Privatklage auch wieder in den Sklavenstand zurückzubringen vermochte.«

Die Gruppe der Freigelassenen stellte zum Beispiel in Athen neben der großen Menge der Sklaven nur eine kleine, nicht auffällige Minderheit dar. Die Engherzigkeit der Athener und auch anderer Griechen im Hinblick auf die Freilassung von Sklaven dürfte »damit zusammenhängen, daß man in der Enge der Stadt die Freigelassenen, die als Fremde zumindest nach dem Tode des Freilassers unabhängig waren, nicht zu stark werden lassen wollte.«

Freilassung und Loskauf kamen wohl vor allem gefangenen und versklavten Griechen zugute, aber kaum den Nachkommen von Sklaven, die also schon im Sklavenstand geboren worden waren, und ebensowenig jenen, die als Sklaven gefangen worden waren, was nicht nur im Krieg möglich war, sondern ebenso auf speziellen Sklavenjagden von Seeräubern und Sklavenjägern, die regelmäßig für Nachschub im Sklavenhandel sorgten. Die meisten Sklaven, heißt es bei Bleicken, »kamen aus dem Hinterland der Kolonisationsgebiete in Illyrien, Thrakien, Kleinasien und dem Schwarzmeergebiet, waren also Illyrer und Thraker vom Balkan, Skythen aus Südrußland, Kolcher aus dem westlichen Kaukasusgebiet sowie Bithyner, Paphlagonier, Lyder, Phryger und Karer aus dem kleinasiatischen Hinterland. Durch Handel und Krieg gab es auch Sklaven aus den Gebieten des persischen Großreiches, wie Iraner und Syrer, und sogar aus dem fernen Malta kamen sie.«

Weitaus die meisten Sklaven besaß Athen, das ja überhaupt die meisten Einwohner hatte, aber auch die anderen Griechenstädte lebten mit Hilfe von Sklaven. Zwar wird man sie nicht als klassische Sklavenhalterstaaten bezeichnen können, die nur von Sklaverei gelebt hätten, aber – so fragt Bleicken – »spielt es keine Rolle, daß nicht die ganze, aber doch ein beträchtlicher Prozentsatz der Arbeit von Sklaven getan wurde...? Ist es unwichtig, daß Vornehme und Wohlhabende sich gerade durch den Besitz von Sklaven größere Vermögen und völlige persönliche Unabhängigkeit erwarben?« Und M. I. Finley weist darauf hin, daß auch der Philosoph Platon nicht etwa ein Gegner des Systems war, sondern daß vielmehr »die Theorie einer der Natur entsprechenden Sklaverei nachweislich in seinem Werke zugrunde gelegt ist«. Finley kommt zu der Überzeugung: »Jedermann war der Meinung, daß die Einrichtung geschützt werden sollte«, weil anders die Gesellschaft gar nicht hätte überleben können.

Dies galt indessen auf der anderen Seite zugleich für die überwältigende Mehrheit der Sklaven selber, die sich – so nochmals Finley – den gegebenen »Bedingungen auf die eine oder andere Weise anpaßte, egal ob passiv oder mürrisch oder bereitwillig oder, wie es wohl gewöhnlich war, mit einer Mischung von beidem«. Mit »bereitwillig« meinte er »all die Millionen Sklaven, die besonders in den Städten anzutreffen waren und die, nach ihrem Verhalten zu urteilen, die Werte des freien Mannes offenbar akzeptierten – sie alle, von denen, die als Räuber, Zuhälter, Spitzel und Intriganten dienten bis hin zu denen, die in treuer Pflichterfüllung in den Haushalten, Werkstätten und Büros ihrer Herren arbeiteten, in der Hoffnung, schließlich freigelassen zu werden, selbst um den nicht selten gezahlten Preis, ihre Kinder als Sklaven zurücklassen zu müssen. Diese Sklaven hatten offensichtlich die Bedeutung und Notwendigkeit dessen gelernt, was Plinius ›virtus‹ nannte, und sie verhielten sich entsprechend, jeder so gut er konnte. Wie anders hätten die Sklaven überleben können als mit Hilfe von Kompromissen und Anpassung? Und wie hätte sonst aus der Sicht der Sklavenbesitzer das ganze System und damit die Gesellschaft überleben können?« – Dies aber und die »Unbekümmertheit der Unterdrückung und Ausbeutung«, von der Finley schreibt, wollen viele Historiker und Archäologen noch in heutiger, angeblich so vorurteilsfreier Zeit einfach nicht wahrhaben.

Aber es hilft nichts, hier die Augen zu verschließen, und dafür besteht ja auch gar kein Grund. Und ebensowenig sollte man in der antiken Sklaverei etwa einen humanitären Fortschritt sehen, wie es manchmal mit Hilfe jener Theorie versucht wird, derzufolge die Sklaverei den angeblich zuvor allgemein geübten grausameren Brauch, im Krieg die Besiegten ausnahmslos zu töten, abgelöst habe. Dahinter steht die Idealvorstellung von einer sich zunehmend verfeinernden Moral und einer stetig wachsenden Humanität in der Menschheitsgeschichte. Tatsächlich dürfte es in jenen Zeiten, als es weder Völker- noch Menschenrechte gab, nicht um Humanität, sondern um Energie gegangen sein. Mit der Arbeitskraft von Sklaven ließ sich, wie bereits gezeigt, der schon damals wachsende Energiebedarf am leichtesten decken.

Das war auch in Ägypten so, von dem weitaus die meisten Ägyptologen immer wieder versichern, es habe dort keine Sklaven gegeben. Dies gilt allenfalls für einen begrenzten Zeitraum der ägyptischen Geschichte, wie es neuerdings der Ägyptologe Wilfried Seipel, Dozent an der Universität Konstanz, darstellt. Die Monumentalbauten wie Tempel und Pyramiden und auch die innere Kolonisation des Landes »führten zu einem kaum abdeckbaren Bedarf an Arbeitskräften, der zu Beginn des Alten Reiches in einen echten Mangel übergehen sollte«, schreibt Seipel; »so lag es nahe, die auf Feldzügen nach Nubien gemachten Kriegsgefangenen als Arbeitskräfte einzusetzen, ja sogar eigene Razzien durchzuführen, die der Erbeutung zusätzlicher Arbeitskräfte dienten.« Erhaltene Inschriften und Aufzeichnungen zeugen noch heute davon, wie verdienstvoll es für Feldherren war, das Nubierland »zerhackt« und dort »zum Lobpreis des Königs« große Mengen von

Gefangenen gemacht zu haben. Einmal ist zum Beispiel von 7000, in einer anderen Inschrift von 17000 Nubiern die Rede, die als Gefangene nach Ägypten gebracht wurden, und ebenso wurden gegen andere Völker Kriege geführt, mit dem erklärten Ziel der Gewinnung von Arbeitskräften. Seipel: »Auch im Mittleren, vor allem aber im Neuen Reich wurde die Produktionskraft der ägyptischen Wirtschaft hauptsächlich durch den Einsatz von Kriegsgefangenen aufrechterhalten.« Die Gefangenen wurden staatlichen und Tempelverwaltungen zur Verfügung gestellt, zum Einsatz in Werkstätten, aber auch in der Armee und bei der Flotte.

Waren diese Kriegsgefangenen nun Sklaven oder Fremdarbeiter? Dazu nochmals Seipel: »Während man im Alten Reich von einer verhältnismäßig raschen Integration der nubischen Gefangenen sprechen kann, die allmählich den Status von Fremd- oder Gastarbeitern einnahmen, wurden im Mittleren Reich die an die Stelle der Nubier getretenen Asiaten, die als ›Unfreie‹ auch einen bedeutend schlechteren sozialen Status innehatten, sehr viel langsamer integriert. Seit dem Neuen Reich ist in einigen Fällen das Einbrennen von Brandstempeln als Eigentumsmerkmal bei Kriegsgefangenen belegt, was sie als ›Sklaven‹ ausweist.«

Also gab es auch in Ägypten Sklaven. Und ob die angebliche Integration von Kriegsgefangenen als »Fremd-« oder »Gastarbeiter« soweit ging, daß diese Menschen, wenn sie es wollten, wieder in ihre Heimat und zu ihren Familien zurückkehren konnten, diese Frage wird von Seipel gar nicht erst gestellt. Die Antwort wäre wohl eindeutig: Sie konnten eben nicht jederzeit nach Hause gehen, denn sonst wäre ja dieses ganze System nicht effektiv gewesen. Doch haben die Ägypter wie schließlich auch die Griechen und mehr noch die Römer irgendwann erkannt, daß das System besser funktionierte, wenn den Sklaven die Arbeits- und Lebensbedingungen nicht allzusehr erschwert, sondern ihnen gewisse Aufstiegschancen oder gar die Freilassung in Aussicht gestellt wurden. Dadurch wuchs allerdings die Gefahr der Überfremdung. Sie wirkte sich bei den Ägyptern vor allem im militärischen Bereich aus, wo immer mehr Libyer eingesetzt wurden, die in den Offiziersstand aufsteigen konnten. Dies fand seinen Höhepunkt in der Machtübernahme durch das libysche Militär am Ende der Ramessiden-Zeit. Ähnliches vollzog sich im Römischen Reich mit dem Aufstieg von Germanen bis in höchste Militär-, Verwaltungs- und Regierungsstellen.

Bei den Griechen hat es solche Überfremdung nicht gegeben, möglicherweise deswegen nicht, weil sie vorsichtiger waren und – vielleicht mehr als wir heute – rechtzeitig an unerwünschte Nebenwirkungen dachten, auch in ihrer »Energiepolitik« mit Sklaven und Metoiken. Und weil sie nicht nach Wachstum strebten, nicht einmal nach Veränderungen, die nach den Vorstellungen Platons und anderer nur Verderbliches zur Folge haben könnten. Platon sah ja sogar Handel und Seefahrt mit Mißtrauen. In seinem »Staat«, der freilich ein Idealstaat war, ein Utopia, gründend in Platons Lehre von den vier Kardinaltugenden Weisheit, Tapferkeit, Besonnenheit und Gerechtigkeit, warnte er ausdrücklich davor, Städte zu nahe an die Küste zu setzen. Denn das verführe zu Seefahrt und Handel, wodurch alle möglichen Bedürfnisse geweckt würden und schließlich auch Gold und Silber in die Stadt komme, was man wohl »das größte Unglück, das einen Staat treffen kann«, nennen könne. Dem Philosophen schwebte die autarke Stadt vor, deren Bürger sich vor allem durch den Landbau ernährten und wo Handwerker nur in dem dafür erforderlichen Rahmen arbeiten sollten: »Wir verlangen aber, daß weder Gold und Silber im Staat sei noch auch ein eifriger Erwerb durch ein handwerksmäßiges Treiben und Wucher und auch nicht durch schimpfliches Aushalten, sondern durch das, was der Landbau hergibt und erzeugt.« Von den Bürgern, die nach Platon in vier Vermögensklassen eingeteilt sein sollten, sollte jeder seine Landparzelle haben, und die Anzahl der Parzellen der Familien sollte konstant bleiben, damit das soziale Gleichgewicht gewahrt werde.

Platons Land-Stadt-Gesellschaft, die konsequent als eine Gesellschaft des Gleichgewichts und des Nullwachstums gedacht war, in der sich nichts verändern sollte, war nun freilich nicht realisierbar. Und zweifellos erschien sie durchaus nicht allen als überhaupt erstrebenswert. Aber ein wichtiger Aspekt in Platons Staat findet sich auch bei anderen Denkern. Es war der Wunsch nach Übersichtlichkeit. Angestrebt und in vielen Fällen verwirklicht wurden von den Griechen kleinere bis mittelgroße Städte mit – so forderte es Platon – 500 Häusern und 5000 Einwohnern oder – so Aristoteles – mit allenfalls 10000 Einwohnern.

Großstädte wie Athen, Ephesos und Milet blieben Ausnahmen. Daß sie Großstädte waren, ist nicht zu bezweifeln, aber *wie* groß sie waren und wie viele Menschen dort lebten, weiß man nicht. Sich da viele Hunderttausende Einwohner vorzustellen, wie es manchmal für Athen und Milet behauptet wird, ist durch archäologische Erkenntnisse nicht begründet. Zwar sind erst Teile dieser Städte ausgegraben worden, doch wenn die Archäologen Hoepfner und Schwandner den Hippodamischen Wiederaufbau Milets aus der Zeit nach 479 v. Chr. für eine Bevölkerung von 15 000 bis 20 000 Menschen schätzen, dann dürften jene Vorstellungen sicherlich abwegig sein, wenngleich der Wiederaufbau weder über frühere noch über spätere Ausdehnungen der Stadt sichere Auskünfte gibt. Da müßte noch sehr viel mehr gegraben werden, um verläßliche Antwort zu bekommen. Und sie kann nur von der Archäologie kommen; auf Zahlen aus antiken Schriftquellen ist jedenfalls kein Verlaß.

Dies gilt grundsätzlich, und ein besonders anschauliches Beispiel, das mit der Geschichte der Stadt Milet eng verbunden ist, stammt von Herodot, dem »Vater der Geschichtsschreibung«. Es betrifft das Perserheer, mit dem Xerxes I. 480/479 v. Chr., also zwanzig Jahre nach dem ionischen Aufstand, zu dem die Milesier unter ihrem Tyrannen Aristagoras die kleinasiatischen Griechenstädte gegen die Perser angestiftet hatten, gegen die Griechen zog, mit dem Ziel, ganz Griechenland zu unterwerfen. Wie wir bereits gezeigt haben, war auch dieser dritte und letzte persische Angriffsfeldzug, den die Perser nach dem ionischen Aufstand gegen Griechenland führten, wie schon die ersten beiden Versuche nicht erfolgreich. Zwar konnten die Perser den Paß der Thermopylen, den König Leonidas mit sechs- bis siebentausend Spartanern verteidigte, umgehen und nach Athen vordringen und es zerstören – aber nachdem die griechische Flotte unter Themistokles der persischen Flotte bei Salamis eine Niederlage beigebracht hatte und die Perser auch zu Lande, bei Plataia, geschlagen wurden, zogen sich die Perser nach Kleinasien zurück. Dort wurde die persische Restflotte gegenüber der Insel Samos bei der Halbinsel Mykale, etwa zwanzig Kilometer nördlich des zerstörten Milet, auch noch geschlagen, und danach gaben die Perser den Plan der Eroberung Griechenlands auf.

Um nun diese Reihe wirklich entscheidender griechischer Siege, durch die das Verhältnis zu den Persern von Grund auf geändert wurde, in ihrer Bedeutung ganz groß herauszustellen, hat Herodot die persische Armee sehr viel größer gemacht, als sie tatsächlich sein konnte. Dabei gab er eine »genaue« Zahl an. Herodot behauptete, sie habe alles in allem, mit Schiffsmannschaften, mit Fußvolk, mit Reiterei und Troß, aus »fünfhundertachtundzwanzigmal zehntausend und dreitausendzweihundertzwanzig«, also 5283220 Mann bestanden. Diese Zahl, von der Herodot verschwieg, wie er sie errechnet oder woher er sie übernommen hatte, nahm der deutsche Historiker Hans Delbrück in seiner »Geschichte der Kriegskunst im Rahmen der politischen Geschichte« (Band I Altertum, 1911) kritisch unter die Lupe. Ausgehend von der damaligen deutschen militärischen Marschordnung, nach der ein Armeekorps von 30000 Mann ohne Fuhrpark beim Marsch eine Strecke von drei Meilen einnahm, kam Delbrück zu dem Ergebnis: »Die Marschkolonne der Perser wäre also 420 Meilen lang gewesen, und als die ersten vor Thermopylä ankamen, hätten die letzten gerade aus Susa jenseits des Tigris ausmarschieren können.« Vielleicht hätte die Marschkolonne sogar noch länger sein müssen, denn die Griechen hatten keine Straßen, so daß die Perser nicht so dicht aufmarschieren konnten wie neuzeitliche Soldaten.

Daß die von Herodot angegebenen gut fünf Millionen Mann drastisch übertrieben waren, läßt sich auch auf andere Weise verdeutlichen. Nach Schätzungen lebten damals im ganzen Perserreich allenfalls zehn Millionen Menschen; weit mehr als die Hälfte von ihnen waren Frauen, Kinder und Greise. Das heißt, im Perserreich gab es gar nicht so viele Einwohner, daß Xerxes gut fünf Millionen kriegstauglicher Männer hätte aufstellen können. »Wir müssen uns klarmachen«, schrieb Delbrück, »und mit aller Bestimmtheit den Satz festhalten, daß es eine Selbsttäuschung ist, Zahlen wie den Herodoteischen Wert beizumessen.«

Vorsicht ist ebenso bei anderen antiken Zahlenangaben angebracht. So ist auch die von Ktesias-Diodor genannte Stärke der Xerxes-Armee von 1,2 Millionen Mann noch viel zu hoch. Nach Delbrücks Schätzungen kam Xerxes mit allerhöchstens 45000 bis 55000 Kriegern und einem Troß von 100000 bis 200000 Mann nach Griechenland. Viellleicht liegt auch diese Schätzung noch zu hoch. Delbrück kam für die Zeit der Perserkriege zu dem Ergebnis, »daß die Zahlenangaben der Griechen gar keinen Glauben verdienen, auch nicht den allergeringsten«, und er folgerte, »daß wir auch aus ihnen nicht entnehmen können, ob die numerische Überlegenheit auf seiten der Griechen oder der Perser« war.

So gesehen sind in der Geschichte noch viele Fragen offen, auch solche, die nicht auf Zahlen beruhen, sondern auf scheinbar ganz eindeutigen Aussagen, wie zum Beispiel daß eine Stadt zerstört wurde. Das schreibt sich so leicht hin: »Und dann wurde Milet von den Persern zerstört«, und das ist ja immer wieder so hingeschrieben worden, seit Jahrtausenden, auch von sehr vielen anderen Städten, von Festungen, von Tempeln, aber so gut wie nie ist im einzelnen beschrieben worden, wie zerstört wurde, wer zerstörte, wie weit eine Zerstörung gegangen ist. Das war sicher von Fall zu Fall recht verschieden, aber die formelhafte Aussage ist nahezu immer dieselbe: »... wurde zerstört«. Und da können völlig falsche Vorstellungen entstehen, selbst bei Ereignissen, die nicht so weit zurückliegen wie die Zerstörung Milets und leichter nachprüfbar sind. Ein neuzeitliches Beispiel ist die Bastille, die berühmte Festung von Paris, von der es in zahllosen Geschichtsbüchern heißt, daß sie zu Beginn der Französischen Revolution, am 14. Juli 1789, »vom Volk erstürmt und zerstört« worden sei, ja daß eben damit die Große Revolution begonnen habe. Die wenigsten werden sich darunter vorstellen können, wie das vor sich gegangen ist. In Wahrheit ist es zu einer Erstürmung der Bastille gar nicht gekommen, weil sie von der Besatzung nach entsprechenden Verhandlungen an die Aufständischen übergeben wurde, und die »Zerstörung« begann erst geraume Zeit später und zog sich über viele Monate hin. Es waren auch nicht die Erstürmer, die »Helden der Bastille«, die das verhaßte »Bollwerk des Despotismus« einrissen, sondern es waren fünfhundert mit Spitzhacken und anderen Werkzeugen ausgerüstete Arbeiter des Bauunternehmers Palloy, den der »Ständige Ausschuß« der Revolutionäre mit dieser Aufgabe betraut hatte und der seinen Arbeitern pro Tag 45 Sous zahlte. Übrigens hatte die königliche Regierung schon Jahre zuvor den Abriß der Bastille ins Auge gefaßt, weil diese alte Festung längst keine Bedeutung mehr hatte, am Ende nicht einmal mehr als Gefängnis taugte, vielmehr höchst unrentabel war.

Wieweit Milet, wieweit Didyma zerstört wurden, das ist noch keineswegs völlig geklärt. Die Antwort steckt nicht in den überlieferten Schriftquellen. Sie kann allein von der Archäologie kommen. Und die Archäologie könnte auf noch viele offene Fragen, diese Stadt betreffend, Antwort geben, doch müßte dafür noch viel gegraben werden. Als Archäologen hier zu graben begannen, im Jahr 1899, ging es zunächst um die Frage, ob dies wirklich das einst so berühmte Milet war. Dann fand man nach und nach sämtliche Besiedlungsschichten: nach der seldschukischen die osmanische, die byzantinische, die römische, die griechische und schließlich sogar die mykenische.

Die immer neue Überbauung des durch Kriege und Erdbeben zwischendurch Zerstörten brachte und bringt für die Ausgräber immense Probleme; um Älteres zu finden, müssen sie Jüngeres wegnehmen, aber erst nachdem dies Stein für Stein dokumentiert wurde. Das ist höchst arbeits- und kostenaufwendig, und manchen erscheint es gar als langweilig. Gerade hier, wo über Jahrtausende hin immer Menschen lebten, sind sensationelle Schatzfunde kaum zu erwarten. Und so fließen die so sehr benötigten Finanzhilfen für dieses Projekt besonders dürftig. Es ist manchmal sogar schwer, sagt Müller-Wiener, für Milet genügend Ausgräber zu finden. Hier sind die Arbeitsbedingungen allerdings auch besonders hart. Das auf einem Hügel gelegene Grabungshaus wirkt zwar idyllisch, hat aber kein eigenes Wasser; das Wasser muß in einem Tankwagen aus dem benachbarten Dorf geholt werden.

In Milet zu arbeiten, ist mitunter geradezu mörderisch. Als wir an einem Sonntagnachmittag um drei Uhr – es war nicht im Hochsommer, sondern im beginnenden Herbst – in dieser tiefliegenden Ebene ankamen, auf die viele Stunden lang die Sonne herabgebrannt hatte, drückte die Luft mit bleierner Schwere; das ist hier häufig so, während in Troja, in Assos, in Aigai, auch im südlicheren Didyma nahezu immer ein erfrischender Wind geht. Zwischen den überwachsenen Steinen von Milet war es zu einer Zeit, zu der die Ausgräber wochentags mit ihrer dreistündigen Nachmittagsschicht beginnen, so unerträglich stickig, daß wir den großen Rundgang erst einige Stunden später machten. Milet, die einst so lebensvolle Großstadt am Meer, ist heute härtester archäologischer Alltag.

9. Kapitel

Makedoniens alte Hauptstadt Aigai

... wo Philipp II. ermordet wurde
und wo der Archäologe Manolis Andronikos
wahrscheinlich dessen Grab gefunden hat

Etwa anderthalb Jahrhunderte nach den Feldzügen der Perser gegen die Griechen, bei denen die Stadt Milet, das Heiligtum zu Didyma und Athens Akropolis zerstört worden waren, wollten die Griechen unter der Führung des Makedonenkönigs Philipp II. nochmals Rache an den Persern nehmen. Im Sommer 336 v. Chr. waren die Kriegsvorbereitungen abgeschlossen. Der »heilige« Feldzug der verbündeten Griechen gegen die Perser wurde ausdrücklich als Rache motiviert, als Rache vor allem für den persischen Einfall unter Xerxes. Eine starke griechische Vorausabteilung von zehntausend Mann war bereits nach Kleinasien übergesetzt. Die Zeichen schienen auf Sieg zu stehen. Auf die Frage nach dem Ausgang des Unternehmens hatte die Priesterin des Delphischen Orakels dem Makedonenkönig, den die Griechen zu ihrem Obersten Feldherrn ernannt hatten, diese Antwort übermitteln lassen: »Bekränzt harrt der Stier; das Ende ist nah, der Opferpriester ist zur Hand...«

Der etwa 47jährige Philipp, dieser schwarzbärtige, vielfach verwundete Haudegen und erfolgreiche Diplomat, der in zwanzig Jahre langen Kämpfen die Makedonen und – nicht weniger gewaltsam – die ewig zerstrittenen Griechen geeint und sich von ihnen zum lebenslänglichen Hegemon und Bundesfeldherrn hatte wählen lassen, zweifelte nicht daran, daß mit dem »bekränzten

Stier« der jetzt regierende Perserkönig gemeint war und mit dem »Opferpriester«, der jenem den Todesstoß versetzen würde, er selber. Doch ehe Philipp sich zu dem prophezeiten Todesstoß aufmachte, gab er daheim, in Aigai, der alten makedonischen Hauptstadt, ein mehrtägiges Fest, zu dem er Verwandte, Freunde und viele Politiker aus nahezu allen griechischen Staaten geladen hatte. Anlaß war die Vermählung seiner Tochter Kleopatra mit dem König des benachbarten Epirus. Höhepunkt der Festlichkeiten sollten Spiele und Wettkämpfe und eine Aufführung im Theater sein, beginnend mit einer feierlichen Prozession. Als Philipp, begleitet von seinem neuen Schwiegersohn und seinem 20jährigen Sohn Alexander, das Theater betrat, wurde er so überraschend von einem seiner Leibwächter mit einem Dolch angefallen, daß seine Begleiter zu spät begriffen, was da vor den Augen der Gäste geschah. Der König lag tot auf der Erde, ermordet, Philipp II. von Makedonien, der Hegemon aller verbündeten Griechen und – so eine zeitgenössische Quelle – »der vortrefflichste aller Männer; seinesgleichen war in Europa niemals erblickt worden«.

Dieser Mord, der die Welt veränderte – denn nun kam Alexander an die Macht, der Große, der Welteroberer –, ist nie aufgeklärt worden, obwohl der Mörder gefaßt wurde. Eine von vielen Versionen ist, daß Olympias, Philipps erste Frau, die Mutter Alexanders, den Mord inszenieren ließ. Sie war ein Jahr zuvor von Philipp verstoßen und aus der Hauptstadt verbannt worden, als Philipp Kleopatra-Eurydike heiratete, die ihm eine Tochter und wenige Tage vor seinem Tode einen Sohn gebar. Olympias habe gefürchtet, daß dieser jüngste Philipp-Sohn ihren geliebten Alexander um die Thronfolge hätte bringen können. Freilich kann das Hofklatsch gewesen sein. Doch immerhin ließ Olympias, die nach Alexanders Machtübernahme an den Hof zurückkehrte, die beiden Kinder aus Philipps jüngster Ehe töten, und deren Mutter, Kleopatra-Eurydike, zwang sie zum Selbstmord.

Dies alles ist aus schriftlichen Quellen bekannt, wenngleich keineswegs sicher. Eines hat man bis vor kurzem nicht gewußt: nämlich wo die makedonische Stadt Aigai, in der Philipp ermordet wurde und in einem Mausoleum seine Ruhe fand, eigentlich lag. (Mit dem weiter oben im Pergamon-Kapitel beschriebenen Aigai in der kleinasiatischen Landschaft Aiolis hat die makedonische

Stadt nichts zu tun.) Lange Zeit hatte man Makedoniens altes Aigai mit dem heutigen Edessa gleichgesetzt, und so steht es auch in allen einschlägigen Handbüchern und Lexika. Aber dann machte der griechische Archäologe Manolis Andronikos, Professor an der Universität Thessaloniki, einen – so sagten es einige seiner Fachgenossen – der »bedeutendsten archäologischen Funde seit der Entdeckung Mykenes durch Heinrich Schliemann«. In dem Dorf Vergina, etwa 55 Kilometer westlich von Thessaloniki und 50 Kilometer nördlich des Olymps (und 40 Kilometer südlicher als Edessa) stieß er unter einem 13 Meter hohen und gut 100 Meter breiten, mit Bäumen bewachsenen Hügel auf eine unversehrte Grabanlage. Ihre beachtlichen Außenmaße – die Fassade mit der Eingangstür zur Vorkammer ist 5,5 Meter breit, ihre gesamte Tiefe beträgt außen 9,5 Meter, ihre Höhe 5,30 Meter – ließen erkennen, daß dies die größte aller bisher gefundenen etwa fünfzig makedonischen Grabanlagen ist, die alle aus zwei Räumen bestehen, dem Hauptraum und einem kleineren Vorraum.

Es war der 8. November 1977, als Andronikos im Beisein mehrerer von ihm herbeigerufener Experten das Grab öffnen ließ. Andronikos und alle Anwesenden waren aufs äußerste gespannt, was da ans Licht kommen würde, mehr als zwei Jahrtausende, nachdem hier eine vermutlich besonders bedeutende Persönlichkeit beigesetzt und die Anlage für immer geschlossen worden war. Alle bis dahin entdeckten makedonischen Gräber waren zuvor von Grabräubern aufgebrochen und geplündert worden; hier war offenbar noch niemand gewesen. Um beim Eindringen möglichst keinen Schaden anzurichten, stieg Andronikos nicht von der Fassadenseite durch die nur gewaltsam zu öffnende Tür, die in den Vorraum führte, in das Grab ein, sondern von oben, indem er den beim Bau des Hauptraums zuletzt eingesetzten Gewölbestein, den Schlußstein, entfernen ließ. Durch die dadurch entstandene Öffnung konnte er zunächst die Hauptkammer von oben inspizieren und sie dann auf einer Leiter betreten. Später schrieb er:

»Minutenlang verschlug es uns die Sprache: Im völlig unberührten Grab gab es eine Fülle von Totengaben aus Bronze, Gold und Silber, wie ich sie nie zuvor gesehen hatte. An der linken Wand lehnten die bronzene Schutzdecke eines Schildes mit dem sternförmigen Wappen des makedonischen Reiches, ein kupferner

Dreifuß, ein Beinschienenpaar mit Goldauflage, der erste überhaupt gefundene makedonische Kriegshelm, zwei Schwerter und verschiedene Gefäße. Rechts am Boden lagen zahlreiche Vasen und vergoldete Gefäße sowie Gegenstände des täglichen Gebrauchs aus Leder und Elfenbein. Vor der Wand stand ein Sarkophag aus Marmor.«

Form und Größe des Sarkophags – nahezu einen Kubus darstellend: 70 Zentimeter hoch, 61,5 Zentimeter lang – ließen vermuten, daß er eine Urne mit der Asche des Verstorbenen enthielt. Als Andronikos ihn mit Hilfe zweier Mitarbeiter öffnete, sahen sie sich jedoch – so berichtet er – »mit etwas konfrontiert, das ihre abenteuerlichsten Vorstellungen übertraf und das sie nicht hatten erwarten können, weil es etwas Vergleichbares bisher nicht gab«.

Der größere der Goldschreine aus dem Königsgrab in Vergina.

Der Sarkophag enthielt einen reichverzierten Schrein aus reinem Gold, 40 mal 34 mal 17 Zentimeter groß, 7790 Gramm schwer. In dem Schrein lagen, ursprünglich in purpurfarbenen Stoff gehüllt (von dem noch Spuren enthalten waren) und bedeckt mit einem wundervollen Kranz aus goldenen Eichenblättern und Eicheln, die Knochen des Toten, und zwar ohne eine Spur von Asche. Der Tote muß also auf dieselbe Weise beigesetzt worden sein wie bei Homer die berühmten Helden Achill und Hektor: verbrannt auf einem Holzstoß, aus dessen Asche nach dem Verlöschen des Feuers Verwandte und Freunde die unverbrannten Knochen heraussuchten, sie in Wein wuschen und dann »die bleichen Gebeine niederlegten in goldener Truhe, eingehüllt in weiche und purpurfarbene Gewänder...«

»So wurden Könige beigesetzt«, sagt Andronikos. War er also hier in Vergina auf ein Königsgrab gestoßen? Auch weitere Funde sprachen dafür. Zum Beispiel ein goldenes Diadem, ein goldenes Pektoral und andere Gegenstände aus Gold und Silber. Vor allem ein wunderbar mit Gold und Elfenbein verzierter Schild, ein eiserner Küraß mit goldenen Verzierungen, ein eiserner Helm, eiserne Speerspitzen, ein ebenfalls mit Gold verziertes eisernes Schwert; Eisen galt zu jener Zeit als sehr wertvoll. Zu jener Zeit heißt: im 4. vorchristlichen Jahrhundert. Das ergaben sorgfältige Untersuchungen aller im Grab gefundenen Gegenstände; Andronikos ist überzeugt, daß sie aus der Mitte des Jahrhunderts stammen, das heißt aus der Zeit Philipps II.

Die Art der Knochenbeisetzung, die kostbaren Beigaben, zu denen eine Reihe silberner Trinkgefäße und Kannen gehören, sowie bronzene Kessel für die Bereitung eines Bades und ein bronzener Lampenfuß, besonders aber das mehrmalige Vorkommen des makedonischen Wappens, dazu deutliche Hinweise auf Herakles, auf den die Makedonen ihre Dynastie zurückführten, berechtigen zu der Annahme, daß Andronikos auf ein makedonisches Königsgrab gestoßen ist. Auf irgendeines? Der inzwischen 69jährige Archäologe, der vor diesem aufsehenerregenden Fund 25 Jahre lang in und um Vergina gegraben hatte, ist heute mehr denn je überzeugt, das Grab Philipps II. und seiner letzten Frau gefunden zu haben, gut 2300 Jahre nach ihrer Beisetzung.

Denn dies war die zweite große Überraschung dieser wirklich sensationellen Grabung: Auch in dem 3,66 mal 4,66 Meter großen Vorraum der Grabanlage, der vom viereinhalb Quadratmeter größeren Hauptraum durch eine Mauer mit einer geschlossenen Marmortür getrennt war, hatte eine Beisetzung stattgefunden, und zwar eine derselben Art wie die zuerst entdeckte. Auch hier stand ein marmorner Sarkophag (ein Meter mal 0,56 mal 0,68 Meter), der ebenfalls einen rein goldenen Schrein enthielt, ganz ähnlich dem anderen, nur etwas kleiner und weniger verziert, aber – wie der andere Goldschrein – mit dem Stern des makedonischen Königshauses versehen. Und auch er enthielt sauber gereinigte Knochen, eingehüllt in Tücher aus Gold und Purpur, auf denen ein bewundernswerter goldener Kranz aus Blättern und Blüten von Myrten lag, besetzt mit Zikaden und winzigen Vögeln.

Wie im Hauptraum haben sich auch hier nicht alle Grabbeigaben erhalten. Die hölzernen Möbel, vermutlich eine Liege, ein Sessel, ein Tisch, sind zu Staub zerfallen. Übrig blieben die Beschläge, wie zum Beispiel zwei goldene Medusenhäupter und mehrere vergoldete Silberbleche mit mythologischen Darstellungen. Und die ursprünglich wohl auf dem Tisch ausgebreiteten Beigaben waren auf den Boden gefallen: ein wundervolles goldenes Diadem aus Blüten, Blättern, Rosetten und Palmetten, offenbar für eine Frau, ein vergoldetes Pektoral, eine goldene Schnalle mit einer goldenen Flechtschnur.

Andronikos ist überzeugt, daß dies das Grab von Kleopatra-Eurydike ist, die Philipp II. ein Jahr vor seinem Tode heiratete. Ob Olympias, Philipps erste Frau und Mutter Alexanders d. Gr., deren Kinder umbringen ließ und Kleopatra-Eurydike wirklich zum Selbstmord gezwungen hat, kann dahingestellt bleiben; nicht zu bezweifeln aber ist, daß Kleopatra bald nach Philipp starb. Insofern ist es gut vorstellbar, daß sie im Vorzimmer seines Grabmals beigesetzt wurde, wie Andronikos meint. Für seine These spricht auch das Ergebnis einer anthropologischen Untersuchung der Knochen: Bei denen aus dem Hauptraum handelt es sich um die eines Mannes zwischen vierzig und fünfzig Jahren, bei denen aus dem Vorraum um die einer Frau zwischen 23 und 27 Jahren. Das paßt sowohl auf Philipp II. wie auch auf Kleopatra-Eurydike.

Zu seiner Meinung, die er indessen lange Zeit nur als Vermutung vorbrachte, allenfalls in Anführungszeichen, kam Andronikos schon sehr früh, sich jedoch zunehmend sicherer fühlend aufgrund immer mehr Indizien. Zu diesen gehört ein allerdings nicht im Haupt-, sondern im Vorraum gefundenes Paar vergoldeter Beinschienen, das da neben einem vergoldeten Köcher, der viele Pfeile enthielt, an die zum Hauptraum führende Tür gelehnt war. Das Besondere der Beinschienen ist ihr beträchtlicher Größenunterschied. Die Schiene für den rechten Unterschenkel ist 41,5 Zentimeter hoch, die für den linken nur 38 Zentimeter. Diese

Differenz von dreieinhalb Zentimetern und außerdem ein Unterschied im Durchmesser von fast einem Zentimeter lassen an Philipp II. denken, von dem aus schriftlichen Quellen bekannt ist, daß er hinkte, weil er infolge einer oder mehrerer Verwundungen ein kürzeres Bein hatte.

Schon in den ersten Tagen nach der Öffnung des Grabes, nachdem der wertvollste Fund, der Goldschrein mit den Knochen und dem Eichenkranz, nach Thessaloniki in Sicherheit gebracht und nachdem zunächst einmal alles in situ fotografiert worden war, fand Andronikos am Boden des Hauptraums mehrere kleine Köpfe oder eigentlich nur Gesichter, geschnitzt aus Elfenbein, etwa drei Zentimeter hoch, hinten flach, wie abgeschnitten, aber die Gesichter ganz individuell dargestellt, wohl als lebensechte Porträts historischer Personen. In einem erkannte Andronikos sofort – aufgrund anderer überlieferter Darstellungen – Philipp II., in einem anderen aufgrund der typischen Kopfhaltung, die ebenfalls von anderen Darstellungen und von einer antiken literarischen Beschreibung bekannt ist, dessen Sohn, den jungen Alexander, und in einem dritten vermutet er die Darstellung von Olympias, Alexanders Mutter.

Gefunden wurden vierzehn solcher Gesichter, nicht alle unversehrt und nicht alle identifizierbar. Gefunden wurden noch kleinere elfenbeinerne Gestalten, offenbar aus der Mythologie. Sie alle – so deutet es Andronikos – bildeten einst einen reliefartigen Fries, der auf einer der Längsseiten der zu Staub zerfallenen Liege angebracht war und die makedonische Königsfamilie umgeben von Göttergestalten zeigte. Die Porträts von Philipp und Alexander, die noch (oder gerade) in vielfacher fotografischer Vergrößerung, in der sie durch die Weltpresse gingen, eine erstaunliche Lebendigkeit ausstrahlen, sind für Andronikos ein besonders gewichtiges Indiz dafür, daß dies das Grab Philipps II. ist.

Weitere Indizien sind für ihn außer der Größe der Grabanlage und ihrer besonders kostbaren Ausstattung auch die von den Ausgräbern konstatierte große Hast, in der das Grab offenbar errichtet und nur notdürftig ausgeführt wurde. Die Grabung ergab, daß der Hauptraum mit Philipps Überresten und den Beigaben bereits verschlossen wurde, als der Vorraum und die Fassade der gesamten Anlage noch gar nicht vorhanden waren. Sie wurden erst anschlie-

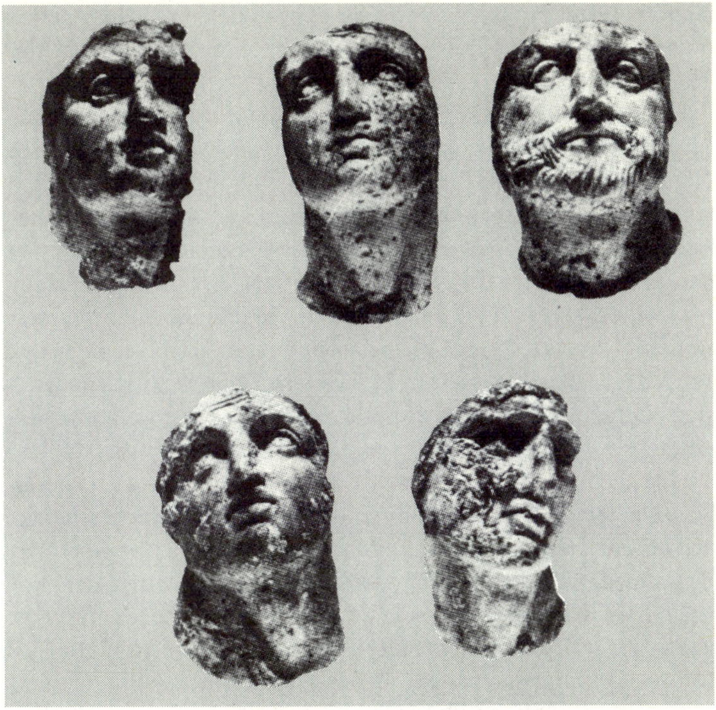

Die Elfenbeinköpfchen aus Vergina, die (oben, von links) Olympias, Alexander und Philipp darstellen.

ßend errichtet, und für sie stand wohl mehr Zeit zur Verfügung; so wurde der Vorraum besser verputzt als der Hauptraum. Und schon gar nicht war genügend Zeit, die Wände des Hauptraums auszumalen, wie es in anderen makedonischen Gräbern geschah, zum Beispiel im »Grab der Persephone« und im später ebenfalls von Andronikos entdeckten und freigelegten »Prinzengrab«. Die Eile, in der »Philipps Grab« fertiggestellt wurde, führt Andronikos auf die besonderen Umstände nach Philipps Ermordung zurück. Alexander, der die Nachfolge nicht ohne Schwierigkeiten antreten konnte, sah sich gezwungen, möglichst bald nach Pella zu kommen, in die eigentliche Hauptstadt Makedoniens, aber in Aigai mußte er zunächst den toten Vater beisetzen. Und daß er dies nach homerischem Vorbild tat, entsprach ganz und gar seiner Liebe zu

Homers Epen und seiner Verehrung ihrer Helden, meint Andronikos und zählt auch dies zu den Indizien für die Richtigkeit seiner These.

Ein anderes Indiz war ihm bereits bei der Suche nach den Gräbern in dem großen Tumulus aufgefallen, noch bevor er auf dieses Grab stieß. Da waren viele zerschlagene Grabstelen, vermutlich von hier einst beigesetzten wohlhabenden und besonders angesehenen Bürgern. Sämtliche Stelen, die teils bemalt und fast alle beschriftet sind und die Namen der Verstorbenen nennen, konnten mit Sicherheit in die Zeit zwischen 350 und 280 v. Chr. datiert werden. Daraus folgt, daß dieser große Grabhügel mit seinen etwa 110 Metern Durchmesser und 14 Metern Höhe erst nach dem ersten Viertel des dritten vorchristlichen Jahrhunderts aufgeworfen wurde.

Und damit löst sich folgendes Problem. Von Plutarch wissen wir, daß der Molosserkönig Pyrrhos 274/273 v. Chr. die alte makedonische Hauptstadt Aigai eroberte und dabei vieles zerstören ließ. Eine Einheit von Galatern, einem keltischen Stamm, der nach Kleinasien gekommen war und wegen seiner Raubzüge gefürchtet war – 277/76 plünderten Galater auch das Apollo-Heiligtum in Didyma –, soll damals sogar die alten Königsgräber zerstört und geplündert haben. Bei Plutarch (Pyrrhos, 26) heißt es: »Als Pyrrhos Aigai genommen hatte, behandelte er die Einwohner mit großer Härte und ließ eine Besatzung von Galatern, die unter ihm dienten, in der Stadt. Die Galater, die ein Volk von unersättlicher Geldgier sind, machten sich daran, die Gräber der dort beigesetzten Könige zu erbrechen, plünderten die Schätze und warfen die Gebeine mutwillig durcheinander. Dies schien Pyrrhos leicht und achtlos aufzunehmen, sei es, daß er es aufschob, weil er andere Geschäfte hatte, sei es, daß er es aus Furcht ganz unterließ, die Barbaren zu bestrafen. Das brachte ihn bei den Makedonen in üblen Ruf.«

Diese Angabe von Plutarch war für viele Archäologen und Historiker ein Hauptargument gegen Andronikos, weil es ihr zufolge die Königsgräber gar nicht mehr geben könne. Andronikos aber meint, daß die Zerstörung in Wahrheit nicht so weit gegangen sei, sondern daß ihr Einhalt geboten wurde (denn zumindest das von ihm entdeckte Grab war ja unzerstört geblieben) und nur ein Teil

Ausgrabung der Königsgräber in Vergina:
Im Sommer 1979 war der Tumulus schon fast abgetragen.

des Friedhofs verwüstet wurde. Und weiter interpretiert er seine Grabungsfunde dahingehend, daß noch während der Herrschaft des Makedonenkönigs Antigonos Gonatas (276–239) der große Hügel über den Königsgräbern aufgeworfen wurde, um sie nicht ein zweites Mal der Gefahr einer Zerstörung auszusetzen, wobei die zerschlagenen Grabsteine einfach liegenblieben beziehungsweise mit verwendet wurden.

Das klingt plausibel. Dennoch wollten viele seiner griechischen Fachkollegen ihm nicht folgen, jedenfalls zunächst nicht. Dann müßte ja, zögerten sie, Vergina die alte makedonische Hauptstadt Aigai sein, und in diesem Punkt wollten sie nicht umlernen. »Aber Vergina ist Aigai«, antwortete Andronikos: »In ein paar Jahren werde ich die ganze Hauptstadt ausgegraben haben.«

Wenig später, im Sommer 1979, besuchte ich zum erstenmal seine Grabung. Die meisten der in Vergina gefundenen Schätze konnte ich in einem neu eingerichteten Museum in Thessaloniki bewundern, dazu zahlreiche andere wertvolle Funde aus der makedonischen Vergangenheit. Es lohnt sich schon ihretwegen, dorthin zu fahren. An der Grabungsstelle selbst war nicht viel zu sehen. Aus Furcht vor Grabräubern hatte Andronikos alles vergittern und völlig abdecken und noch dazu mit Schildern umstellen lassen, daß nicht fotografiert werden dürfe. Und wachsame Dorfbewohner, die hier von Tabak- und Baumwollanbau leben, hinderten die schon damals in Scharen anreisenden Touristen daran, selbst nur den noch vorhandenen Teil des Tumulus zu fotografieren.

Etwas außerhalb des Dorfes jedoch, höher gelegen als der Gräberhügel, war und ist noch heute etwas sehr Wichtiges zu sehen: die freigelegten Reste eines großen Palastes. Der englische Altphilologe N. G. L. Hammond, Professor für Griechisch an der Bristol University, war schon zehn Jahre zuvor allein aufgrund philologischen Quellenstudiums zu der Überzeugung gekommen, daß dies der alte makedonische Königspalast war und daß Aigai nicht bei Edessa, sondern hier bei Vergina gelegen haben muß. Das hatte eigentlich den Anstoß gegeben, in Vergina nach Königsgräbern zu suchen.

Der Palast von Vergina war indessen nicht jene makedonische Königsresidenz, die in den literarischen Quellen als so überaus eindrucksvoll beschrieben wird und wo Philipp residierte und wo Alexander aufwuchs, mit dem Philosophen Aristoteles als Hauslehrer. Denn Aigai diente schon vor Philipps Zeiten nicht mehr als politische Hauptstadt. Das Regierungszentrum war ins verkehrsgünstige, nördlichere Pella verlegt worden, von dem schon Sokrates sagte, als man ihm vorschlug, seinem Todesurteil durch die Flucht dorthin zu entgehen: »Den König zu schauen wird niemand je nach Makedonien reisen, doch viele würden von weither kommen, um nur seinen Palast zu sehen.« In Pella (nördlich der Straße von Thessaloniki nach Edessa) wird seit 1957 gegraben, doch ist die königliche Residenz, wo einst der makedonische Kronschatz verwahrt wurde, bisher nicht gefunden worden.

Trotz der Verlegung des Regierungssitzes nach Pella hatte das alte Aigai nicht völlig an Bedeutung verloren. Es behielt eine sakrale Funktion und diente weiterhin als Begräbnisplatz der Könige und für festliche Spiele, sogar noch nach seiner Zerstörung durch Pyrrhos, nach der es noch einmal wiederaufgebaut wurde. Und der Königspalast von Vergina diente den makedonischen Herrschern als Sommerresidenz. Hier, wo als erster der französische Archäologe Léon Heuzey gegraben hatte, bereits im Jahr 1861,

Die Reste des alten makedonischen Königspalastes von Aigai. In unmittelbarer Nähe wurden die Ruinen weiterer Bauwerke gefunden, so die eines kleinen Tempels und eines Theaters – Indizien dafür, daß hier Makedoniens alte Residenz lag.

und wo der griechische Archäologe K. A. Rhomaios, der Lehrer von Andronikos, 1937/38 weitergegraben hatte, entdeckte Andronikos inzwischen rund um die Palastruine Fundamente anderer Gebäude, die Reste eines Turms, der Stadtmauer sowie Spuren einer Akropolis, die Ruinen eines kleinen Tempels und eines Theaters. Für ihn ist es das Theater, in dem Philipp ermordet wurde. Es scheint allerdings recht klein gewesen zu sein, und nur die erste Sitzreihe war aus Stein gearbeitet, Kalkstein; für weitere Reihen vermutet Andronikos entsprechende Holzkonstruktionen.

Auch bei der Grabung im großen Grabhügel, die ich nach einigen Jahren ein zweites Mal besuchte, auf Einladung der griechischen Regierung und vom Ausgräber selber durch die Grabung geführt, war Andronikos weiterhin erfolgreich. Viele von den nahezu gänzlich zerfallenen oder stark korrodierten Funden waren inzwischen sorgfältig restauriert worden, wobei zunächst kaum geahnte Einzelheiten ans Licht gekommen beziehungsweise zusammengesetzt worden waren, wie zum Beispiel die Elfenbeinschnitzereien auf Philipps Schild. Und vor allem: Andronikos hatte unter dem inzwischen fast ganz abgetragenen Hügel ein zweites unversehrtes Grab geöffnet, das (von ihm so genannte) »Prinzengrab«, nicht ganz so groß wie das »Philipps-Grab«, aber sorgfältiger ausgeführt. Die Wände des Vorraums waren mit einem Fries bemalt, der höchst lebendige Szenen eines Wagenrennens zeigt. Zu sehen sind 21 zweispännige und zweirädrige Pferde-Rennwagen mit ihren Fahrern, die gleichsam rund um den Raum rasen, die Pferde weiß, die Wagen rot mit goldfarbenen Rädern, die Fahrer in zartgetönten Gewändern, dies alles auf blauem Hintergrund.

Die in diesem Grab gefundenen Waffen – Speerspitzen, Reste eines Schildes und eines Küraß, vergoldete Beinschienen – deuten auf einen Mann. Auch diesen Toten hatte man verbrannt, seine nicht völlig verbrannten Gebeine aus der Asche genommen, gereinigt und sie nicht in einen goldenen Kasten, sondern in eine silberne Urne getan. Über der Urne hing ein goldener Eichenblätterkranz. Die Ausgräber fanden auch hier schöne Silbergefäße zur Aufbewahrung und zum Trinken von Wein, ebenso einige kleine elfenbeinerne Figuren, die ursprünglich, wie im Philipps-Grab, zum Fries an einer hölzernen Liege gehörten. Andronikos glaubt, daß hier ein sehr junger makedonischer Prinz beigesetzt wurde, der – was eine Analyse der Knochen ergab – im Alter zwischen 13 und 16 Jahren gestorben war.

Die Historiker N. G. L. Hammond und Peter Green, die über die Grabungen in Vergina geschrieben haben, halten es für möglich, daß es sich um Alexander IV. handelt, den nachgeborenen Sohn Alexanders des Großen und seiner baktrischen Frau Roxane, die nach Alexanders Tod nach Makedonien zu Olympias gekommen waren. Damals war Alexander IV. zusammen mit Alexanders Halbbruder Philipp Arridaios als Thronfolger anerkannt worden, um 310/309 aber hatte der Diadoche Kassander, der selber König von Makedonien werden wollte (und es im Jahr 305 wurde), ihn und Roxane umbringen lassen. Zu der Vermutung der beiden Historiker schrieb Andronikos in seinem 1984 erschienenen Buch »Vergina – The Royal Tombs and the Ancient City«, in dem er über seine Grabungen bisher am ausführlichsten berichtete, er selber könne keine andere Interpretation von solcher Wahrscheinlichkeit anbieten, doch möchte er sich hier zurückhalten und die Entscheidung dieser Frage den Historikern überlassen.

Passen würde es freilich, ja es wäre geradezu das i-Tüpfelchen dieses riesigen Puzzles, das Professor Andronikos aus so vielen kleinen Einzelteilen zusammengesetzt hat. Und zweifellos kann alles so gewesen sein, wie er es aufgrund der Indizien erschließt – aber es *muß* nicht so gewesen sein. Indizien allein sind noch keine Beweise. Indizien sind zwar Tatsachen, aber dennoch nur Anzeichen, von denen auf das Vorhandensein anderer Tatsachen, um deren Nachweis es eigentlich geht, geschlossen werden kann. Nicht alle von Andronikos gezogenen Schlüsse sind zwingend. So könnte zum Beispiel das Indiz der Hast, mit der Philipps Grab errichtet wurde, auch zu dem Schluß führen (der allerdings ebensowenig zwingend, aber doch möglich wäre), daß dieses Grab gerade nicht für Philipp gebaut wurde. Denn Philipp war ein derart angesehener und zugleich ständig gefährdeter Herrscher, dabei ausgesprochen traditionsbewußt und stets auf die Erhaltung seiner Macht und seiner Dynastie bedacht, daß man es für unwahrscheinlich halten könnte, daß der Mittvierziger nicht längst sein Mausoleum hatte errichten lassen – und dies doch wohl in perfekter Ausführung und auf eine Weise, die die Frage nach der Zugehörigkeit erübrigt hätte. (Übrigens ist Andronikos auf die Frage, warum die Königsgräber keine Namen tragen, während dies bei den zerstörten Grabsteinen nahezu immer der Fall war, in seinem Buch nicht eingegangen.)

Ob die kleinen Elfenbeinköpfe, die Andronikos als Porträts von Philipp, Olympias und Alexander identifiziert hat, mehr für oder mehr gegen die Annahme sprechen, daß hier Philipp beigesetzt wurde, scheint mir ebenfalls eine offene Frage zu sein. Wahrscheinlicher als der Schluß auf Philipp könnte der Schluß auf jemanden sein, der nicht einer der vierzehn Dargestellten der königlichen Familie ist, wohl aber zu ihr gehört haben mag und dessen Zugehörigkeit oder enge Verbundenheit zur Königsfamilie durch deren Porträts angedeutet werden sollte. Er könnte später gelebt haben als Philipp.

Wenn man der literarischen Überlieferung folgt – und grundsätzlich spricht nichts gegen sie –, nach der Philipps junge Witwe Kleopatra-Eurydike von Olympias völlig ausgeschaltet, ja zum Selbstmord gezwungen wurde, dann kommt die Frage auf, ob für Kleopatra eine derart aufwendige Beisetzung nach homerischem Vorbild, wie sie durch die Funde bezeugt ist, als wahrscheinlich anzunehmen ist. Weder von Olympias noch von ihrem Sohn Alexander, der – als Olympias von Philipp verstoßen wurde, zu seiner Mutter hielt und mit ihr zusammen für einige Zeit die Hauptstadt verließ – war Kleopatra je als Königin anerkannt worden.

Und die unterschiedlich großen Beinschienen, die in diesem Vorraum gefunden wurden, lassen sie auf Philipp schließen? Nach der literarischen Überlieferung hinkte Philipp infolge einer Verwundung durch einen Speer, der ihn in der Hüfte getroffen hatte. Kann das die Verkürzung eines Unterschenkels zur Folge gehabt haben?

Bei der Einnahme von Methone im Jahr 354 verlor Philipp das rechte Auge – so überliefert es der antike Schriftsteller Justinus M. Junianus aufgrund der verlorengegangenen 44bändigen »Historiae de Philippicae« des in augusteischer Zeit lebenden Geschichtsschreibers Pompeius Trogus, die er zu einem großen Teil abschrieb. Andronikos schreibt von »Verlust der Sehkraft« (was nicht ganz dasselbe sein muß, weil dabei der Augapfel erhalten geblieben sein kann), und er meint, an dem dreieinhalb Zentimeter hohen Elfenbeinköpfchen erkennen zu können, daß der Künstler das rechte Auge deutlich als blind dargestellt habe; es sei weiter geöffnet als das linke (was indessen für Blindheit durchaus kein Indiz ist), und da sei sogar eine Narbe zu erkennen. Aber hier dürfte Andronikos mehr vermuten, als wirklich zu sehen ist. Überdies ist es ganz unwahrscheinlich, daß der Künstler einen solchen Schaden, etwa gar eine leere Augenhöhle, dargestellt haben würde.

Diese Anmerkungen sollen keineswegs ein grundsätzliches Fragezeichen hinter Andronikos' Gesamtinterpretation andeuten. Sie sollen eigentlich nur verdeutlichen, wie überaus schwierig es ist, archäologische Funde einigermaßen sicher einzuordnen; und daß da manchmal mehrere Interpretationen möglich sein können, wenn nicht unumstößliche Beweise, etwa in Form eindeutiger Inschriften, gefunden wurden. Eben dies war hier bisher nicht der Fall, aber als sicher darf angenommen werden, daß Manolis Andronikos die Ruinen der alten makedonischen Hauptstadt Aigai und drei königliche Gräber gefunden hat, wahrscheinlich auch das Grab Philipps des Zweiten. Und die Grabungen in Aigai sind ja noch keineswegs abgeschlossen.

10. Kapitel

Der berühmte Laokoon ist kein Original

Die Unterwassergrabung vor Baia im Golf von Neapel zwingt zum Umdenken in Kunst- und Kulturgeschichte

Um verstehen zu können, was der Archäologe und Kunsthistoriker Professor Dr. Bernard Andreae im Golf von Neapel vor dem modernen Städtchen Baia, wo einst das antike römische Luxusbad Baiae lag, unter Wasser entdeckt hat, »muß man sich in Gedanken«, sagt er, »wie ein neuer Odysseus auf eine Zickzack-Reise durch die Alte Welt begeben«. Mit Odysseus hat diese Unterwassergrabung sehr viel zu tun, vor allem mit dem einäugigen Riesen Polyphem, den Odysseus auf seiner Irrfahrt überlistete, ebenso mit dem römischen Kaiser Claudius, mit dessen Nachfolger Nero und mit Laokoon und ein wenig auch mit Pilzen.

Pilze sind eine wahre Götterspeise, sagte Nero einmal. Er spielte damit auf den Tod seines Vorgängers und Adoptivvaters Claudius an, der an einem Pilzgericht gestorben war und dann in die Schar der Götter aufgenommen wurde. Nicht zufällig starb Kaiser Claudius ausgerechnet an seiner Lieblingsspeise. Es war Mord! Und die Mörderin war Agrippina, seine vierte Frau, die Mutter Neros. Indem sie ihrem Mann ins Jenseits verhalf – sie ließ den Pilzen Gift zusetzen und, als dies nicht ausreichte, sondern bei Claudius nur starke Krämpfe bewirkte, einen Arzt den Rest besorgen –, realisierte sie ihr Traumziel, nämlich ihren aus früherer Ehe stammenden Liebling Nero auf dem Kaiserthron zu sehen.

Das geschah – wie Tacitus berichtet – im Oktober des Jahres

54 n. Chr., in dem Städtchen Sinuessa an der Via Appia südlich von Rom. Claudius, der erst als etwa Fünfzigjähriger Kaiser geworden war, ein linkischer Einzelgänger, eigentlich ein Gelehrter, der noch die etruskische Sprache verstand und sogar eine etruskische Grammatik verfaßte, war bei seinem Ende 63 oder 64 Jahre alt. Als er sich nach seinem Tod den Göttern im Olymp vorstellte, tat er dies mit den Worten: »Gleich von Ilion trieb mich der Wind zur Stadt der Kikonen.« Das war überraschend: Von Ilion? Von Troja also kam er? Nicht von Rom, wo er doch dreizehn Jahre lang als Imperator geherrscht und noch eben sein Lieblingsgericht genossen hatte? Und in die Stadt der Kikonen habe der Wind ihn getrieben? Wer war er denn, daß er sich mit derart konfusen Angaben im Jenseits einführte?

Daß er dies so getan habe, behauptete in einer Satire der jüngere Seneca, Philosoph, Dichter, Advokat und Erzieher des jungen Nero. In seiner »Apokolokynthosis«, einer »Verkürbissung« (statt einer Apotheosis, einer Vergöttlichung) ließ er Claudius im Olymp genau die Worte sagen, mit denen sich Odysseus (in Homers »Odyssee«) bei den Phäaken vorstellt: »Gleich von Ilion trieb mich der Wind in die Stadt der Kikonen.«

Seneca – so deutet es heute Bernard Andreae, seit einigen Jahren Erster Direktor beim Deutschen Archäologischen Institut in Rom – hat also gewußt, wie sehr sich Kaiser Claudius mit Odysseus identifizierte, dem klugen, mutigen, listenreichen Helden der Odyssee, der nach dem Trojanischen Krieg auf dem Heimweg von Ilion so viele gefährliche Abenteuer bestanden hatte. Und deswegen hat Seneca den Claudier »verkürbist«, veräppelt, lächerlich gemacht; er wollte zeigen, daß Claudius es offenbar nötig hatte, sich mit Odysseus zu identifizieren, weil er als Claudier eben doch nicht ganz so vornehm war wie die Julier, der andere Zweig des julisch-claudischen Herrscherhauses. Die Julier mit Gaius Julius Cäsar leiteten ihre Herkunft von Aeneas ab, dem lange vor Odysseus aus Troja gekommenen Helden, und seinem Sohn Julius; Aeneas galt als Sohn der Göttin Aphrodite. Odysseus war nur ein Mensch.

Eifersüchteleien, Familienstreitigkeiten, Machtkämpfe, ausgefochten mit Mord und Totschlag, dazu politische Satiren – dies alles seit fast zwei Jahrtausenden verweht, versunken, kaum noch relevant, erhält plötzlich gewichtige Bedeutung. Denn hier liegt der Schlüssel zum Verständnis eines der faszinierendsten archäologischen Unternehmen der Gegenwart. Schon am Telefon hatte Andreae mir gesagt, es sei »eine Bombe«, was er und seine italienischen Kollegen vor Baia bei Neapel unter Wasser entdeckt, teils schon freigelegt oder geborgen hatten und was alles daraus folgte. Als ich ihn einige Tage später auf seiner Grabung besuchte, im Oktober 1981, gab er die Begründung: Diese höchst mühselige Unterwasser-Freilegung einer römischen Kaiservilla, bei der mehrere lebensgroße Marmorstatuen von höchster künstlerischer Qualität gefunden wurden, ist der Schlüssel zur Lösung jahrhundertealter Probleme und Streitfragen der griechisch-römischen Literatur- und Kunstgeschichte, vielleicht der Menschheitsgeschichte überhaupt.

Davon war nicht nur Andreae selber, der einige Jahre zuvor durch seine Rekonstruktion der berühmten Marmorfiguren von Sperlonga Aufsehen erregt hatte, schon damals überzeugt. Ebenso waren es die anderen Mitglieder des Teams, erfahrene Spezialisten, die sich zu diesem Unternehmen zusammengefunden hatten: Professor Fausto Zevi, Chef der »Soprintendenza Archeologica delle Provincie di Napoli e Caserta« (in deren Auftrag die Grabung erfolgte), Dr. Antonio D'Ambroso, *der* italienische Experte für Unterwasser-Archäologie, Professor Dr. Piero Alfredo Gianfrotta vom »Istituto di Topografia Antica« der Universität Rom, Dr. Antonio di Stefano, der die technische Leitung hatte, während Andreae – damals war er Ordinarius an der Universität Marburg – die wissenschaftliche Leitung des Unternehmens wahrnahm.

Die Stimmung auf dem Schiff »Lisetta«, von dem aus die Grabung erfolgte, war auch noch wenige Tage vor Abschluß der ersten Kampagne, zu der ich kam, ganz hervorragend, obgleich Tag für Tag härtester Einsatz verlangt worden war, und dies noch dazu in einer der am schlimmsten verdreckten Buchten des ganzen Mittelmeers, eben der berüchtigten Bucht von Neapel. Genauer: ganz oben in ihrem Nordwestzipfel, gegenüber der Insel Ischia, nahe bei Pozzuoli, zwischen den Landspitzen Punta dell'Epitaffio und Punta Castello, wohl fünfzig Meter vor der Küste.

»Es läßt sich nicht vermeiden, daß wir von dem Wasser immer wieder etwas in den Mund kriegen und manchmal auch schlucken«,

Auf dem Schiff »Lisetta«, von dem aus die Unterwassergrabung vor Baia erfolgte. Vorne links Professor Dr. Bernard Andreae, der Initiator und Leiter des Unternehmens, das zu einer Odyssee durch die griechische und römische Antike wurde und zu überraschenden Erkenntnissen führte.

sagte Andreae. »Wir«, das waren die Taucher vom »Centro di Studi Subacquei Napoli« (das die Grabung durchführte) und die leitenden Archäologen, von denen mindestens einer immer unten vor Ort sein mußte. Getaucht wurde nicht in einer Taucherglocke, sondern schwimmend mit Flossen, Brille, Schutzanzug (gegen Auskühlung) und mit Sauerstoffflaschen. Als Andreae wegtauchte, war er in nur fünfzig Zentimeter Tiefe schon nicht mehr auszumachen. Freilich behinderte der in der hellen Sonne bunt schimmernde Ölfilm auf der spiegelglatten Oberfläche die Sicht von oben; auch mögen an jenem Oktobertag besonders viele Schwebstoffe und Dreck im und auf dem Wasser getrieben haben, denn tags zuvor hatte ein stürmischer Südwest das Meer aufgewühlt.

Sehr tief mußte nicht getaucht werden. Die Ruine liegt etwa sechs bis sieben Meter unter dem Wasserspiegel. Daß dieses Gebäude und weite Teile der antiken Stadt, die sich noch gut zweihundertfünfzig Meter meerwärts erstrecken, seit anderthalb Jahrtausenden unter Wasser sind, führen die Wissenschaftler auf ein noch nicht völlig geklärtes geologisches Phänomen zurück, den sogenannten Bradyseismus. Das ist ein langsames Absinken und zeitweises Wiederaufsteigen der auf flüssigem Magma schwimmenden Erdrinde. Abkühlen des Magma hat Absinken, neue Erhitzung, die in diesem vulkanischen Gebiet keine Seltenheit ist, ein Aufsteigen der Erdrinde zur Folge. Dem Ausbruch des Monte Nuovo von 1538 ging eine Küstenhebung um fünf Meter voraus, gefolgt von Wiederabsenkung. Und vor einigen Jahren hob sich die Küste vor Pozzuoli über einen Zeitraum von 300 Tagen täglich um einen Zentimeter, und erst kürzlich hat sie sich stark gehoben. Früher war dieses Ab und Auf fälschlich mit dem Steigen und Sinken des Meeresspiegels erklärt worden. Das aber wies schon Goethe als einen völlig »desperaten« Erklärungsversuch zurück, nachdem er sich angesichts der von Meeresmuscheln angefressenen Säulen des »Serapistempels« von Pozzuoli (der in Wahrheit ein antiker Supermarkt war) über die beträchtlichen Höhenunterschiede der Muschelspuren Gedanken gemacht hatte. Doch die richtige Erklärung des Phänomens konnte Goethe (in seinen Schriften zur Geologie) noch nicht geben.

Bernard Andreae betont, daß sein Unternehmen eine Grabung unter Wasser war, »die erste in der Geschichte der Archäologie«, wie er sagt. Das bedeutet, hier wurde nicht nur – wie sonst in der Unterwasserarchäologie – geborgen, etwa ein gesunkenes Schiff oder Figuren, Schätze, Gefäße. Zwar geschah dies hier auch, nämlich mit den in diesem Gebäude einst stehenden Statuen. Aber wesentlich ist ihm, daß hier genau wie bei Grabungen auf dem Land ein in Rasterfelder aufgeteilter Komplex Schicht um Schicht aus Sand und Trümmern freigelegt wurde. Das erfolgte freilich nicht mit dem Spaten, sondern mit Druckwasser beziehungsweise durch Absaugen. »Dies ist übrigens viel angenehmer als an Land unter sengender Sonne im Staub zu arbeiten«, sagt Andreae; »man schwebt wie schwerelos über dem Grabungsfeld, hat ständig einen guten Überblick, und unter Wasser wiegt alles nur halb so schwer...«

Die Druckluft wurde vom Schiff aus über Schläuche an das Arbeitsfeld geführt, wo die Taucher das Geröll locker machten, es abräumten und in große Säcke schoben. Täglich wurden acht volle Säcke von einem auf dem Schiff montierten Kran an Deck gehoben, deren Inhalt dann noch einmal sorgfältig geprüft wurde. Größere Trümmerstücke oder Teile von Statuen wurden in große Eisenkästen an Bord gehievt. Das meiste, das auf diese Weise heraufkam, war Schutt, der gleich wieder ins Meer geworfen wurde. Besondere Fundstücke, wie an jenem Morgen die Hand einer kleinen Figur, brachten die Taucher direkt nach oben.

Damals war erst ein Teil der Kaiservilla bis hinunter auf die marmornen Bodenplatten freigeräumt. Aber erkennbar war schon ein 18 Meter langer und 9,50 Meter breiter »Apsidensaal«. Die Ausgräber nennen ihn so, weil er an einer Seite mit einer großen halbrunden Apsis schloß und an den Längsseiten noch je fünf Nischen hatte, in denen einst Statuen standen. Der Apsidensaal war zu einem kühlenden, mit Wasserspielen ausgestatteten Nymphäum ausgebaut, wie es die reichen Römer der Kaiserzeit so liebten; dorthin konnten sie sich an heißen Tagen mit ihren Gästen zurückziehen, um zu entspannen, zu baden, vor allem auch zu essen. Dieses Gebiet zwischen Misenum (dem wichtigsten Hafen und Stützpunkt der römischen Kriegsflotte seit Kaiser Augustus) und Pozzuoli (dem führenden Hafen für den ganzen römischen Orienthandel) war vor zwei Jahrtausenden mehr als heute ein bevorzugtes Kur- und Erholungsgebiet. Neben Cumae galt beson-

Etwa so mag – aufgrund der Forschungen Bernard Andreaes – der Apsidensaal in der Villa des Claudius in Baiae, wo der Kaiser den Gästen sein politisches Programm darstellte, ausgesehen haben.

ders Baiae als ausgesprochenes Luxusbad. Seine ausgedehnten Thermen mit dem größten erhaltenen Kuppelbau der Antike geben noch als Ruinen einen großartigen Eindruck. In Baiae hatten Lucullus, Pompejus, Cäsar ihre Sommervillen. Und auch der Dichter Horaz zog Baiae allen anderen Badeorten der Welt vor.

Was ausgerechnet dieses Stück Küste so beliebt werden ließ, war nicht allein die Schönheit der Landschaft, die selbst moderner Zersiedelung noch standhält, es waren vor allem die heißen Quellen. Nicht zufällig hatten sich griechische Einwanderer diesen Küstenstrich als eines der ersten Gebiete von ganz Italien als neue Heimat ausgesucht, so um die Mitte des 8. vorchristlichen Jahrhunderts. In Erinnerung an Phlegra auf der Halbinsel Chalkidike, wo in mythischer Urzeit die Götter über die Giganten gesiegt hatten (was auf dem berühmten Altar von Pergamon dargestellt ist), nannten sie dieses fruchtbare vulkanische Hügelland mit seinen dreißig Explosionskratern, den Kraterseen und den Solfataren, die

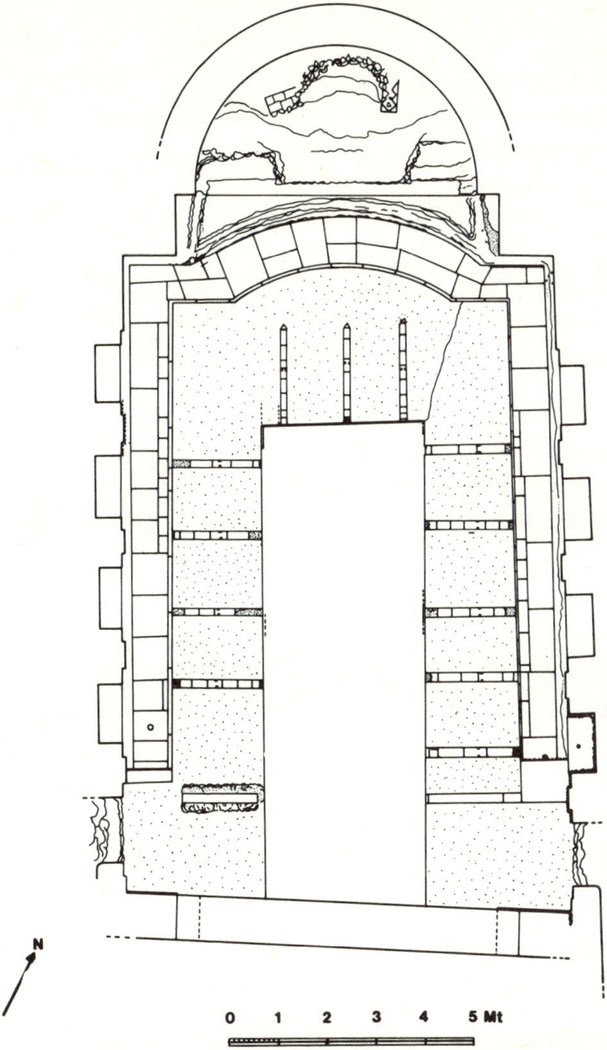

Der Apsidensaal des Kaisers Claudius im Grundriß. An der Nordseite (oben) stand die marmorne Polyphem-Gruppe, die zeigte, wie Odysseus und der Weinschlauchträger dem Riesen Wein anboten.

noch heute mit ihren Wasserdampf- und Schwefelausdünstungen von vulkanischer Tätigkeit zeugen (der einzigen auf dem europäischen Festland), Phlegräische Gefilde. Vor nahezu zweihundert Jahren fand der Italien-Reisende Goethe hier »die wundersamste Gegend von der Welt« und skizzierte sie so:

»Unterm reinsten Himmel der unsicherste Boden. Trümmer undenkbarer Wohlhäbigkeit, zerlästert und unerfreulich. Siedende Wasser, Schwefel aushauchende Grüfte, dem Pflanzenleben widerstrebende Schlackenberge, kahle, widerliche Räume und dann doch zuletzt eine immer üppige Vegetation, eingreifend, wo sie nur immer vermag, sich über alles Ertötete erhebend...«

Die Villa, deren Reste hier unter Wasser ausgegraben wurden, gehörte – so kombiniert Andreae – dem Kaiser Claudius, geboren 10 v. Chr., von den Prätorianern zum Imperator ausgerufen, nachdem sie seinen verhaßten Vorgänger im Jahr 41 n. Chr. ermordet hatten, und 13 Jahre später von seiner vierten Frau vergiftet. Claudius war ein Neffe von Tiberius, dem Adoptivsohn und Nachfolger von Kaiser Augustus. Tiberius und Augustus hatten ihn für die Thronfolge nicht vorgesehen, ihn vielmehr von jeder politischen Tätigkeit ferngehalten. Aber Claudius, der körperlich schwächlich war und in der Jugend oft kränkelte und nur seinen Studien lebte, war bei Caligulas Tod der einzige noch lebende männliche Angehörige des Kaiserhauses. Als Imperator hat Claudius die Grenzen des Reiches erweitert und die Verwaltung verbessert, auch die Verkehrswege. Noch heute heißt ein Straßenzug nach ihm, die Via Claudia Augusta, die Claudische Straße, deren westliche Route von Ostiglia am Po über Verona, Meran-Obermais, Reschen- und Fernpaß nach Augsburg und weiter zur Donau verlief; ihr östlicher Zug ging vermutlich von Altinum (bei Venedig) über Feltre, Belluno zum Sextener Kreuzbergpaß, nach Westen zum Eisack-Tal und über den Brenner in die Nähe von Innsbruck.

Claudius' Fehler aber war, daß er seinen ehrgeizigen Frauen zu viel Einfluß ließ, besonders der dritten und der vierten. Die dritte war die berühmt-berüchtigte Messalina, die »Hure auf dem Kaiserthron«, die ihr unbequeme Leute kurzerhand beseitigen ließ und auch an der Verbannung des Philosophen Seneca schuld war. Die vierte Frau, die Messalinas Stelle einnahm, nachdem diese im

Jahr 48 hingerichtet worden war, war Agrippina die Jüngere, Caligulas Schwester. Sie hatte nichts anderes im Sinn, als ihrem aus einer früheren Ehe stammenden Sohn Nero den Kaiserthron zu sichern. Deswegen hat sie ihren Onkel Claudius überhaupt nur geheiratet, und deswegen hat sie ihn (im Jahr 54) mit Hilfe eines vergifteten Pilzgerichts auf den Weg ins Jenseits gebracht (worüber sich die antiken Geschichtsschreiber einig sind, was indessen noch kein Beweis ist).

Ihr Sohn Nero, der von Claudius vier Jahre zuvor adoptiert worden war und erst seitdem Nero Claudius Cäsar hieß, war zu der Zeit 16 Jahre alt und seit einem Jahr mit Octavia verheiratet, der inzwischen etwa 13jährigen Tochter des Kaisers Claudius aus dessen Ehe mit Messalina. Octavia spielt bei dieser Ausgrabung eine Schlüsselrolle. Übrigens war Nero ein durchaus vielversprechender junger Mann, noch ganz unter dem Einfluß seines Lehrers und Beraters Seneca stehend. Und das erste Jahrfünft seiner Regierungszeit hat er – auch darin sind sich die antiken Geschichtsschreiber einig – mit Milde und Umsicht regiert, ja noch im Jahr 62 konnte Nero seine Vorgänger kritisieren, weil unter ihnen die Ausgaben des Staates höher gewesen waren als die Einnahmen, während er bis dahin dem Staat jährlich sechzig Millionen Sesterzen hatte schenken können. Aber nach den guten Anfängen und nachdem Seneca sich vom Hofe zurückgezogen hatte, wurde alles anders. Da war es auch, daß er sich in die schöne Poppaea Sabina verliebte, der er vermutlich die bereits im Kapitel übers Wohnen beschriebene Villa von Oplontis einrichtete. Um Poppaea zu heiraten, hat er Octavia verbannt, die sich in der Verbannung das Leben nahm. Seine Ehe mit Poppaea dauerte nur kurze Zeit; im vierten Jahr brachte Nero seine Frau durch einen brutalen Fußtritt zu Tode. Einige Jahre zuvor hatte er seine Mutter umbringen lassen, weil sie zu viel Einfluß auf seine Regierung zu nehmen versuchte, und noch früher seinen Halbbruder Britannicus.

Diese und andere bekannte Gestalten der römischen Geschichte, ihre Schicksale, ihr Ehrgeiz, ihre Ängste und Machtbesessenheit, ihr maßloser Hunger nach Leben, ihre Ausschweifungen und Brutalitäten, ihre Welt- und Menschenverachtung, ihre – wie Goethe sagte – »undenkbare Wohlhäbigkeit« steigen aus den Ruinen der Kaiservilla von Baiae vor uns auf. Man meint, sie vor sich zu sehen, in dem marmornen Nymphäum, aber herauszufinden, wem diese Villa, die – wie die Grabung ergab – irgendwann bei einem Erdbeben einstürzte, später ins Meer absackte und da noch weiter zerstört wurde, vor fast zweitausend Jahren gehört hat, war schwierig. Es gelang mit detektivischer Kleinarbeit, vor allem anhand der Statuen.

Daß an dieser Stelle Statuen lagen, hatten Taucher schon 1969 entdeckt, und damals wurden mit Hilfe der italienischen Kriegsmarine zwei Marmorfiguren geborgen. Der Kopf der einen, ursprünglich fast zweieinhalb Meter hohen Figur war von Bohrmuscheln völlig zerstört. Und der anderen, etwas kleineren Figur hatten die Muscheln das Gesicht zerfressen. Zunächst gab man diesen Statuen keine besondere Bedeutung. Aber dann erkannte Bernard Andreae in den zwei Marmorfiguren von Baiae einen Odysseus (in der Figur ohne Kopf) und einen seiner Gefährten, den sogenannten Weinschlauchträger. Und damit identifizierte er sie zugleich als zwei wichtige Figuren der in der griechischen und römischen Kunst überaus beliebten Polyphem-Gruppe. Diese Gruppe wurde seit dem 7. vorchristlichen Jahrhundert über viele Jahrhunderte hin immer wieder dargestellt, zunächst auf Vasen und Schalen, in der Malerei, als Reliefs und Mosaiken, dann auf Tonlampen und Gemmen, als Kleinbronzen, als Marmor- und Terrakottaplastiken, auch in der Dichtung.

Der Polyphem-Gruppe liegt eines der dramatischsten Ereignisse aus Homers »Odyssee« zugrunde, nämlich die Szene, in der sich Odysseus mit seinen Gefährten, die sich auf der Fahrt von Troja zurück in die Heimat verirrt hatten und in die Gewalt des Kyklopen Polyphem geraten waren, wieder befreiten. Der einäugige, menschenfressende Riese Polyphem, Sohn des Meerebeherrschers Poseidon, hielt Odysseus und seine Männer gefangen, und zwar in seiner Höhle, wo er mit seinen Schafen und Ziegen hauste. Er hatte den Ausgang von innen mit einem gewaltigen Felsblock verschlossen, den nur er, der kräftige Riese, wieder beiseite rollen konnte. Polyphem zu töten, so überlegte Odysseus, wäre also keine Lösung, da die Gefangenen ohne ihn den Ausgang nicht öffnen konnten. Die Zeit drängte, denn schon hatte Polyphem von Odysseus' zwölf Gefährten sechs gefressen. Da kam Odysseus auf die rettende Idee, den Riesen betrunken und blind zu machen. Das Blenden geschah mit einem zugespitzten und angeglühten Holzpfahl, den die Männer dem betrunkenen Kyklopen ins Auge rammten. In die Freiheit gelangten die Gefangenen dann unter den Bäuchen der Schafe und Ziegen, als der blinde Polyphem seine Tiere zum Grasen aus der Höhle lassen mußte.

Die bildliche Darstellung dieses Ereignisses hatte nun nicht etwa einen nur unterhaltenden Sinn. Vielmehr verehrten wie die Griechen auch die Römer den listenreichen Odysseus als Vorbild. Auch sie sahen den Sinn des Lebens ja keineswegs allein im Luxus. Vielmehr waren gerade die Römer stets um jene Tugenden bemüht, die Odysseus besonders in dieser Szene realisierte und durch die er sich gegen die Widrigkeiten des Schicksals, ja sogar gegen die Launen der Götter behauptete. Das waren Mut, Unerschrockenheit, Mannhaftigkeit, verbunden jedoch mit Klugheit, kühler Überlegung, Tüchtigkeit. Lange Zeit war dies ein römisches Lebensideal.

Auf Andreae wirkten die Figuren von Baiae wie ein Alarmzeichen. Denn einige Jahre zuvor hatte Andreae in Ephesos, eine zu Wasserspeiern umgearbeitete Figurengruppe als ursprüngliche Polyphem-Gruppe interpretiert und seine Interpretation auf eine zwar mühsame, aber überzeugende Weise erhärtet. Gemeinsam mit den in Ephesos grabenden Österreichern fand er dann heraus, daß die Polyphem-Gruppe von Ephesos für einen großen Dionysos-Tempel auf dem dortigen Staatsmarkt vorgesehen war. Diesen Tempel hatte – wohl im Jahr 40 v. Chr. – Marcus Antonius, der Gegenspieler Octavians (des späteren Kaisers Augustus) in Auftrag gegeben, der sich in dem von ihm beherrschten Ostteil des Reiches als neuer Dionysos feiern ließ. Aber noch bevor der Tempel vollendet und die Polyphem-Gruppe in seinem Giebel aufgestellt war, wurden Antonius und Kleopatra von Octavian in der Seeschlacht bei Actium (31 v. Chr.) besiegt; sie flohen nach Ägypten und nahmen sich dort das Leben. Der Tempel zu Ephesos blieb nun wahrscheinlich zunächst unvollendet, wurde dann aber dem Sieger Augustus geweiht. Doch war er nun kein Dionysos-Tempel geworden, und deswegen war die auf den Weingott bezogene Polyphem-Gruppe nicht mehr brauchbar. Die Figuren blieben in der Werkstatt und fanden erst viele Jahre später als Brunnenfiguren Verwendung, nachdem sie, wie noch heute deutlich erkennbar, auf recht gewaltsame Weise mit Bleirohren versehen worden waren. Es ist schon erstaunlich, was Archäologen nach Jahrtausenden wieder an den Tag bringen.

Noch eine andere zunächst mißdeutete Skulpturengruppe hat Andreae als Darstellung von der Blendung des Kyklopen Polyphem erkannt, nämlich eine der überlebensgroßen Marmorgruppen, die 1957 in Sperlonga (120 Kilometer nördlich von Baia, ebenfalls an der Küste) in einer künstlich ausgebauten Grotte gefunden wurden. Sie gelten als die bedeutendste plastische Gestaltung des Odysseus-Mythos, und zu Recht nennt Andreae den Fund von Sperlonga eine der größten Entdeckungen der Archäologie unseres Jahrhunderts.

»Sperlonga« kommt vom lateinischen »spelunca«, Höhle. Diese Höhle mit den Skulpturen-Fragmenten war Teil einer Villa, die höchstwahrscheinlich Kaiser Tiberius gehörte. Weltweites Aufsehen erregten die Funde von Sperlonga nicht zuletzt wegen einer Inschrift. Sie besagte, daß die Skulpturen (oder doch wenigstens eine von ihnen) von den berühmten rhodischen Bildhauern Athenodoros, Agesandros und Polydoros stammen, den Meistern der 1506 im Goldenen Haus des Nero wiederentdeckten Laokoon-Gruppe, die heute im Vatikan steht und über die seit Lessings berühmter Schrift »Laokoon oder über die Grenzen der Malerei und Poesie« (1766) Generationen von Wissenschaftlern geschrieben haben.

Das war freilich eine Sensation. Aber gerade sie verführte die italienischen Ausgräber zu dem vorschnellen Schluß, eine zweite oder gar die wirkliche Laokoon-Gruppe gefunden zu haben. Und so stellten sie im neuerrichteten Sperlonga-Museum aus den Fragmenten neben anderen Gruppen auch eine unter dem Namen »Kinder des Laokoon« zusammen. In Wahrheit handelt es sich aber, wie Andreae nachweisen konnte, um eine Darstellung der Blendung des Polyphem.

Den Nachweis führte Andreae, nachdem er zusammen mit dem Restaurator R. Wihr vom Landesmuseum Trier und mit Hilfe der Glasfaser-Kunststoff-Industrie ein Verfahren gefunden hatte, das von den Originalteilen Abgüsse aus glasfaserverstärktem Expoxidharz ermöglichte. Die so gewonnenen sehr leichten Abgüsse erlaubten eine weitgehende Rekonstruktion der Polyphem-

So wurde sie auf dem Meeresgrund vor Baia gefunden, die Statue der Octavia, Tochter von Kaiser Claudius und Messalina, die dem Nero zur Frau gegeben wurde. Sie wurde in dem Puzzle von Baiae zu einer Schlüsselfigur (siehe auch Abbildung Seite 281).

Gruppe aus der Tiberius-Grotte. Sie steht heute in der Universität Bochum, wo Andreae damals lehrte.

Dies alles ist wichtig, um verstehen zu können, warum Andreae sich alarmiert fühlte, als 1967 in Baia ebenfalls ein Odysseus und einer seiner Gefährten, der Weinschlauchträger, auftauchten. Und er setzte alles daran, den Fundort genau zu erforschen. Aber mehr als ein Dutzend Jahre vergingen, bis er auch die Italiener von der Wichtigkeit solcher Nachforschungen überzeugt und zugleich die Finanzierung des Unternehmens gesichert hatte (die schließlich von italienischen Stellen, größtenteils aber von der Fritz Thyssen Stiftung, Köln, übernommen wurde).

Und dann fand er in der Claudius-Villa von Baiae, deren Nymphäum wahrscheinlich nach dem Vorbild der Tiberius-Grotte von Sperlonga gebaut wurde, die lebensgroße Marmorstatue einer Frau, ganz hervorragend gearbeitet. Erkennbar an der Haarfrisur, die bei Mitgliedern des Kasierhauses immer charakteristisch gestaltet war, handelt es sich um Antonia Minor, die Mutter von Kaiser Claudius und von Germanicus, die Großmutter von Kaiser Caligula. Sie war die jüngere Tochter von Marcus Antonius und dessen Frau Octavia, der Schwester des Kaisers Augustus und also eine Nichte von Augustus. Verheiratet war sie mit Drusus, und somit war sie die Schwägerin von Kaiser Tiberius. Von ihrem Enkel Caligula, den sie erzogen hatte, erhielt sie den Titel Augusta. Doch als Caligula schließlich ihrer Mahnungen überdrüssig wurde, zwang er seine 73jährige Großmutter im Jahr 37 n. Chr. zum Selbstmord.

Antonia hat also viele Jahre inmitten des julisch-claudischen Kaiserhauses gelebt, und zwar nicht ohne Einfluß. Sie hat den auf Capri lebenden Tiberius über die Machenschaften seines Prätorianer-Chefs Seian aufgeklärt, was zu Seians Sturz und Hinrichtung führte (und übrigens auch zum Sturz des vor allem durch das Neue Testament berühmt gewordenen Seian-Anhängers Pontius Pilatus in Palästina). Antonia ist eine Schlüsselfigur für die Lösung dieses riesigen Zusammensetzspiels um die Grabung von Baiae.

Die andere ist – wie schon gesagt – Octavia. Auch ihre Marmorstatue fanden die Archäologen in der Claudius-Villa, auch sie von höchster künstlerischer Qualität und gut erhalten. Octavia ist als Kind dargestellt, als Mädchen im Alter von etwa fünf Jahren. Kein

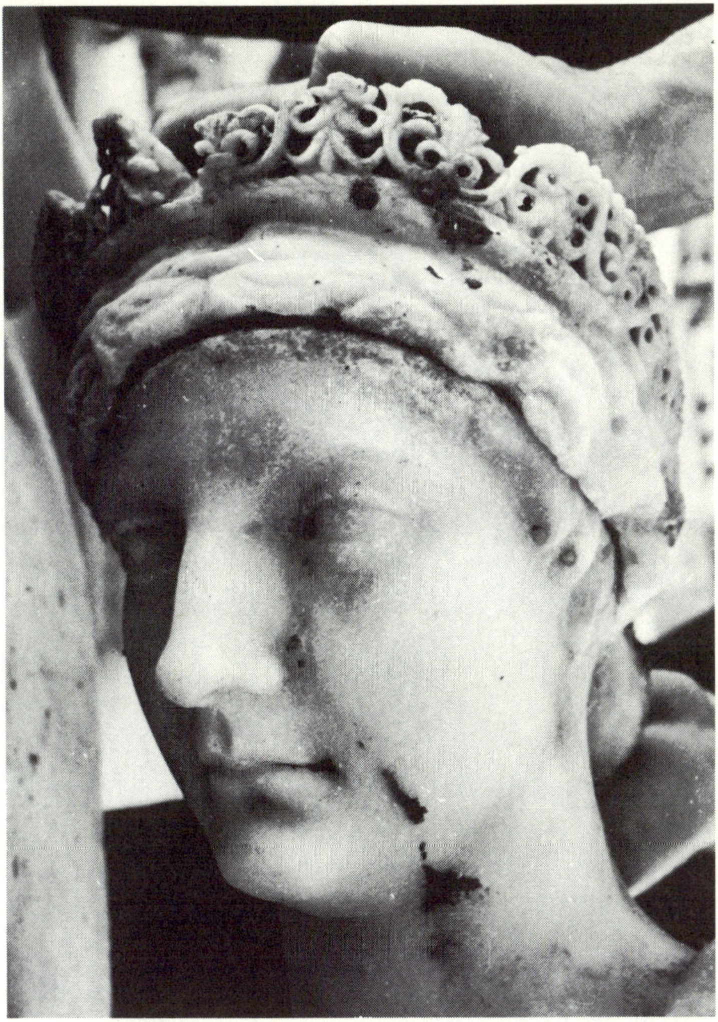

Sie war die zweite Schlüsselfigur bei der Unterwassergrabung vor Baia: die lebensgroße Marmorstatue der Antonia Minor, der Mutter von Kaiser Claudius. Antonia Minor war eine Nichte von Kaiser Augustus und hatte im julisch-claudischen Kaiserhaus viel Einfluß.

Die Statue der etwa fünfjährigen Octavia, der Tochter des Claudius, nach der Bergung aus dem Meer. Octavia wurde Nero zur Frau gegeben, der sie später verbannte, als er Poppaea heiratete, und Octavia nahm sich dann das Leben.

Zweifel, sagt Andreae, daß dies Octavia ist, zu der Zeit das einzige kleine Mädchen am kaiserlichen Hof. Octavia war – wie schon gesagt – Claudius' Tochter aus der Ehe mit Messalina und wurde dem Nero zur Frau gegeben. Während Erwachsene wie hier die Antonia Augusta gewissermaßen alterslos dargestellt wurden, porträtierte man Kinder in ihrem jeweiligen Alter. Deswegen war es möglich, das Entstehungsjahr der Octavia-Statue zu errechnen. Andreae kam dabei auf das Jahr 45 n. Chr. Mit dieser Jahresangabe gewann er zugleich einen festumrissenen Zeitraum für die Entstehung oder wenigstens den Ausbau dieser Kaiservilla. Dies heißt weiter, daß auch der künstlerische Stil dieser Figuren, also der Antonia oder der Octavia, aber auch des Odysseus und des Weinschlauchträgers, noch in diese Zeit, in die erste Hälfte des ersten nachchristlichen Jahrhunderts, eingeordnet werden kann.

Dies alles fand Andreae schon sehr früh heraus. Was davon zunächst noch Vermutungen und Interpretationen waren, konnte in den folgenden Grabungskampagnen in Baia mehr und mehr erhärtet werden. Und als ich die Grabung ein zweites Mal besuchte, in der vierten Kampagne im Herbst 1982 – ein Jahr später konnte sie abgeschlossen werden –, war das Bild der kaiserlichen Villa nahezu lückenlos zu rekonstruieren. Wie die Grotte des Tiberius bei Sperlonga lag auch sie einst unmittelbar am Meeresufer, und auf einem Kanal konnte man in den großen gewölbten Apsidensaal hineinfahren. Der Kanal endete in einem rechteckigen Bekken, schreibt Andreae, »um das man sich auf Ruhebetten mit marmornen Lehnen zum Speisen lagerte; auf der Wasserfläche ließ man die Speisen in Schüsseln mit der Form von Wasservögeln herumfahren«.

Was den Freunden, den Verwandten, allen Gästen des Kaisers Claudius in diesem Nymphäum-Triklinium geboten wurde, das war mit den Schlemmermahlen, dem Luxus, der Prachtentfaltung zugleich ein politisches Programm, war Selbstdarstellung und Nachweis eigener Legitimation. Das Problem der Legitimation bestand für Claudius vor allem am Anfang seiner Regierung, eben deswegen, weil er ein Claudier und kein Julier war. Schon sein Onkel Tiberius hatte unter diesem Manko zu leiden, und noch heute wird Tiberius als orgienfeiernder Wüstling verleumdet, obwohl er einer der redlichsten Männer auf Roms Kaiserthron war.

Auch er, ein reiner Claudier, hatte sich Odysseus zum Vorbild genommen. Und seine Grotte zu Sperlonga mit der großen Polyphem-Gruppe und einer zweiten Szene aus der Odyssee, in der Odysseus sein Schiff an dem menschenverschlingenden Ungeheuer Skylla vorbeisteuert, war für Claudius das Muster für sein Nymphäum in Baiae.

An einem der letzten Tage der vierten Grabungskampagne wurde in Baia ein Torso gefunden, bei dem es sich wahrscheinlich um Augustus handelt (wofür eine Reihe von Indizien spricht). Das heißt: Claudius, in dessen Adern auch julisches Blut floß, von seiner Mutter her, hat in dem Triklinium zunächst jene seiner Vorfahren aufgestellt, die seine eigene Verflechtung mit den Juliern demonstrieren konnten: Seine Mutter Antonia und den Dynastiegründer Augustus. Wahrscheinlich daneben dessen Frau Livia, die die Großmutter des Claudius und allerdings »nur« eine Claudierin war. Außerdem wohl seinen Vater Drusus. Auf der anderen Seite des Saales standen als Garanten für die Zukunft zwei Kinder des Claudius: die fünfjährige Octavia und der ein Jahr jüngere Sohn Britannicus, den Claudius sich als seinen Nachfolger dachte.

Andreae: »Nach dem Alter der Kinder kann man die Errichtung des prächtigen Speisesaales ins Jahr 46 n. Chr. datieren.« Von Claudius' kleinem Sohn, das heißt von seiner Statue, wurde nur eine Hand gefunden, die einen Schmetterling hielt. Die zwei übrigen Nischen blieben schützenden Göttern vorbehalten, Statuen des Dionysos, der als Gott des Weines zum Helfer des Odysseus wurde, als dieser Polyphem betrunken machte.

Und in der halbrunden Apsis erhob sich das Kernstück des Ganzen, die Polyphem-Gruppe mit Odysseus, der den gefüllten Weinkrug in den Händen hält, mit dem Weinschlauchträger und mit dem Riesen (von dem nur zwei große Locken gefunden wurden; er selber – meint Andreae – scheint schon in der Spätantike abtransportiert worden zu sein). In dieser Gruppe verkörperte sich Claudius' politisches Programm: Er, Claudius, wollte der kühne, vorausschauende, listenreiche Politiker sein, der – wie Odysseus sein Schiff und seine Gefährten – den Staat und die Römer durch alle Klippen und Gefahren steuern wird. Das hatte auch Tiberius gewollt, auch er nach dem Vorbild des Odysseus; ja Tiberius hatte sich in seine Grotte in Sperlonga neben die Polyphem-Gruppe eine zweite große Skulpturengruppe aus dem Leben des Odysseus stellen lassen: Sie zeigte, wie Odysseus und seine Gefährten mit ihrem Schiff die gefährliche Durchfahrt zwischen Skylla und Charybdis meisterten.

Die Polyphem-Gruppen von Sperlonga und von Baiae unterscheiden sich dadurch, daß sie verschiedene Momente der Geschichte festhalten. Während in Sperlonga zu sehen war, wie Odysseus und seine Gefährten dem vom Wein betäubten Kyklopen den Holzpfahl ins Auge rammten, zeigte die Gruppe in Baiae, wie Odysseus und der Weinschlauchträger dem Riesen Wein anboten. Diese Szene ging der Blendung also unmittelbar voran. Andreae, der hier auf seiner nur scheinbar verwirrenden archäologischen Odyssee durch die Alte Welt noch keineswegs am Ziel war, sah, daß die Skulpturen von Sperlonga denen von Baiae auch im Stil nahe verwandt sind. Aufgrund stilistischer Kriterien konnte er sie derselben Zeit zuordnen, also dem ersten Viertel des 1. Jahrhunderts unserer Zeitrechnung. Da nun aber an den Sperlonga-Skulpturen die Meister der Laokoon-Gruppe, die Bildhauer Athenodoros, Agesandros und Polydoros, zumindest mitgearbeitet haben, muß auch der marmorne Laokoon in dieser Zeit entstanden sein. Das war eine Überraschung und bedeutete zunächst einmal: die berühmte Laokoon-Gruppe ist jünger, als bis dahin angenommen worden war.

Bis dahin hatte man die Laokoon-Gruppe ins 1. vorchristliche Jahrhundert datiert. Und die Datierung der Funde von Sperlonga schwankte zwischen dem 1. Jahrhundert n. Chr. bis weit zurück ins 2. vorchristliche Jahrhundert. Diese große Unsicherheit und die von einigen Kunsthistorikern und Archäologen angenommene frühe Datierung hatten allerdings einen plausiblen Grund: Der Stil der Skulpturen weist zurück in hellenistische Zeiten; es ist jener Stil, in dem auf dem berühmten Altar von Pergamon der Kampf der Götter mit den Giganten dargestellt ist. Der Pergamon-Altar aber entstand in der ersten Hälfte des 2. Jahrhunderts vor unserer Zeitrechnung.

Diesen Widerspruch löst Andreae so: All diese Skulpturen, die großartigen Odysseus-Gruppen von Sperlonga ebenso wie die Polyphem-Gruppe von Baiae, aber auch die berühmte Laokoon-Gruppe im Vatikan, die seit Jahrhunderten als eines der schönsten

Kunstwerke gilt und mit Sicherheit eine der meistbestaunten, meistbeschriebenen und auch meisterforschten Skulpturen ist, stellen keine Originalschöpfungen dar, sondern sind Repliken, Nachahmungen. Die Originale waren sehr viel älter. Und sie waren nicht aus Marmor, sondern aus Bronze, so wie die herrlichen Figuren, die vor einigen Jahren bei Riace in Kalabrien im Meer gefunden wurden und dann weltweit Aufsehen erregten.

Diese Erkenntnis ändert vieles, und in mancher Hinsicht muß umgelernt und umgedacht werden. Zum Beispiel in diesem Punkt: Die so lange Zeit als begnadete Künstler geltenden Bildhauer Agesandros, Polydoros und Athenodoros, von denen man übrigens nicht einmal wußte, wann sie lebten, waren also in Wahrheit tüchtige Steinmetzen, die zwar ihr Handwerk in höchster Vollendung beherrschten, aber nicht eigentlich kreativ arbeiteten. Es bedeutete weiter, daß die Römer sehr viel stärker noch als früher vermutet unter hellenistischem Einfluß standen, ja gewissermaßen stehengeblieben sind. Selbst die in Baia geborgene Statue der Antonia war nicht originär, sagt Andreae. Auch sie wurde einem sehr viel älteren Original nachgebildet, dem Standbild einer griechischen Göttin; nur der Kopf, die Frisur, das Diadem, die Gesichtszüge wurden neugestaltet, in Anlehnung an die wirkliche Antonia.

Aber wie war es eigentlich praktisch möglich, daß Bildhauer in Italien von Bronzefiguren, die in Griechenland oder vielleicht in Kleinasien standen, marmorne Nachbildungen schufen? Sie hatten doch keine Abbildungen, und selbst die hätten für so sorgfältige Arbeiten nicht ausgereicht! Ganz einfach, antwortete Andreae, sie hatten sich von den Originalen Gipsabdrücke beschafft. Und zum Beweis fuhr er mit mir zum Kustoden der Thermen von Baia. Da lagen in einem Magazin Gipsabdrücke von Teilen berühmter Bronzefiguren von der Akropolis zu Athen. Gefunden hatte man sie in Baia im Jahr 1954, wo italienische Archäologen 1941 mit der Ausgrabung des antiken Baiae begonnen hatten. Bis in die fünfziger Jahre wurde ein am Ufer terrassenförmig aufsteigender Ruinenkomplex von einst riesigen Gebäuden freigelegt, die sogenannten Thermen von Baiae. Bei diesen Grabungen mit dem Ziel, hier einen weiträumigen archäologischen Park entstehen zu lassen, kamen die Gipsfragmente zutage. Man fand sie in einem Kellerraum, der in der ersten Hälfte des ersten Jahrhunderts n. Chr. gebaut worden sein muß. Der nur etwa vier Meter lange und drei Meter breite Kellerraum am Hang, der als Unterbau einer Terrasse diente, war aber nicht etwa eine Bildhauer- oder Kopierwerkstatt. Dazu war er zu klein und zu niedrig, und er war mit den offenbar zuvor zerschlagenen Gipsfragmenten, die also schon Abfall waren, mit Erde aufgefüllt worden.

Zunächst wußten die Ausgräber mit diesem merkwürdigen Fund überhaupt nichts anzufangen. Und so lagen die Gipsteile über Jahre unbeachtet im Antiquarium von Baia. Erst zu Beginn der siebziger Jahre erkannte der damalige Ordinarius für Klassische Archäologie an der Universität Freiburg, Professor Walter-Herwig Schuchardt, ein profunder Kenner und Erforscher der griechischen Skulptur, die weitreichende Bedeutung der Gipsfragmente. Schuchardt kam zu der Überzeugung, daß es sich um Teile römischer Gipsabdrücke aus der kaiserlichen Zeit von sehr viel älteren berühmten griechischen Originalbronzen handeln müsse. Es vergingen noch etwa zehn Jahre, bis diese Theorie von Schuchardts Schülerin Christa von Hees-Landwehr in höchst aufwendiger Forschungsarbeit wissenschaftlich bestätigt werden konnte. Und dann wurde mit den zuvor nie öffentlich gezeigten Abgüssen in Freiburg von dem Freiburger Archäologen Professor Volker Michael Strocka und seinem »Freundeskreis der Archäologischen Sammlung der Albert-Ludwigs-Universität Freiburg« eine Ausstellung veranstaltet – »Griechische Meisterwerke in römischen Abgüssen« –, die ich mir ansah.

Inzwischen waren von den 430 Gipsfragmenten 60 einwandfrei identifiziert worden, und für 50 weitere ist die Zugehörigkeit zu bekannten Statuen zumindest wahrscheinlich. Dieses Zahlenergebnis schreibt sich so leicht hin. Aber die Sucharbeit, die dahintersteht, ist einfach unvorstellbar. Es mußten ja die oft kaum handgroßen, ganz unbekannten Stücke den entsprechenden Statuen oder deren Abgüssen an Ort und Stelle an- oder sogar eingepaßt werden, um sie ihnen mit Sicherheit zuweisen zu können. Das Ganze war ein riesiges Puzzle, bei dem aber niemand wußte, wozu die einzelnen Teile gehörten; ziemlich sicher war nur, daß sie zusammen kein Ganzes bilden konnten. 180 Teile waren so klein oder hatten so wenig originale Oberfläche, daß mit ihnen nicht gearbeitet werden konnte. Und dann blieben noch etwa 80 Fragmente übrig, die trotz ihres guten Erhaltungszustands – da waren zum Beispiel ganze Füße mit sorgfältig gearbeitetem Schuhwerk – nicht identifiziert werden konnten, und zwar wohl deswegen, weil es die Bronzen, nach denen die Abgüsse gemacht wurden, und auch Kopien von ihnen nicht mehr gibt.

Überhaupt sind ja, schreibt Christa von Hees-Landwehr in ihrem Ausstellungskatalog, dem ich hier folge, keine zehn Großbronzen aus der klassischen Zeit übriggeblieben. Es gab aber, wie aus Reisebeschreibungen damaliger Zeit, vor allem aus der »Beschreibung Griechenlands« von Pausanias (um 175 n. Chr.) hervorgeht, in den Heiligtümern »ganze Wälder von Statuen aus Marmor und Bronze«. Pausanias zählte schier endlose Reihen von Statuen auf, die er beim Besuch der Akropolis in Athen, des Apollo-Heiligtums in Delphi oder des Heiligen Hains in Olympia und an anderen Orten sah, wobei er immer wieder betonte, daß er die meisten gar nicht erwähne! Diese vielen Bildwerke, die in Griechenland die Heiligtümer und in den Städten die öffentlichen Plätze schmückten, auch im griechischen Kleinasien, also in Pergamon, Ephesos, Milet und im Orakel von Didyma, auf der Insel Rhodos, auch in den Griechenstädten Süditaliens, sind fast alle verlorengegangen. In Delphi wurden nur noch der Wagenlenker und ein geringer Rest seiner Pferde gefunden, in Olympia fanden die Ausgräber wenige Fragmente einiger Statuen, Hände, Füße, einige bronzene Haarlocken. Weitaus die meisten Statuen verschwanden in der Spätantike, als das Römische Reich zerbrach und die christliche Religion eingeführt wurde. Da wurden die Bronzen eingeschmolzen, und die Marmorstatuen endeten in den Kalköfen zur Gewinnung von Mörtel. Das war auch in Italien nicht anders. Daß das Reiterstandbild Kaiser Marc Aurels noch heute in Rom steht, ist die Folge eines Irrtums, sagt Strocka; lange Zeit wurde geglaubt, es stelle Konstantin den Großen dar, den ersten christlichen Kaiser.

Sich mit Statuen zu umgeben, wenn man nur mächtig und wohlhabend genug war, war nicht nur eine griechische, sondern ebenso eine römische Leidenschaft. Unter den Massen von Statuen gab es eine Reihe ganz besonders berühmter und weltweit beliebter. Sie waren allgemein bekannt, meist aus Beschreibungen und Erzählungen, mehr noch aus nachgebildeten Darstellungen auf Vasen und anderen Gefäßen oder als Kleinplastiken, oft auch aus eigener Anschauung. Denn schon damals waren die Menschen reiselustig, und besonders in der römischen Kaiserzeit gab es einen weitreichenden Tourismus. Bildungsbewußte Römer reisten nach Griechenland, nach Kleinasien, nach Ägypten. Und wieder daheim, wollten sie sich ständig an jenen wundervollen Meisterwerken erfreuen können und mit ihnen repräsentieren, die sie unterwegs bewundert hatten, an Darstellungen von Apollo zum Beispiel und von Athene, von Aphrodite und den Amazonen von Ephesos, von den berühmten Koren der Athener Akropolis, an der berühmten Athener Freiheitsgruppe der Tyrannenmörder Harmodios und Aristogeiton, an den überaus beliebten Skulpturengruppen aus der Homerischen Heldenwelt wie der Polyphem-Gruppe mit Odysseus und der Laokoon-Gruppe, an Darstellungen von Zeus und Herakles und vielen anderen Göttern und Helden. Die Originale waren freilich nicht zu haben, es sei denn durch Raub. Aber es war möglich, Kopien herzustellen.

Das Kopieren von Statuen war keine Erfindung der Römer, schreibt Christa von Hees-Landwehr, sondern gab es schon in griechischer Zeit. So haben die Herrscher von Pergamon das herrliche Standbild der Athena Parthenos, das der Bildhauer Phidias für den Parthenon in Athen geschaffen hatte, nachbilden lassen und in der Bibliothek von Pergamon aufgestellt. Aber erst die Römer kopierten in großen Mengen und machten das Kopierhandwerk zu einer Industrie. In der Spätzeit der Republik (seit etwa 100 v. Chr.) setzte die Kopiertätigkeit ein. Und als immer mehr führende Familien auf Repräsentation und Luxus Wert legten und in ihren weitläufigen Palästen, Villen und Gärten genügend Platz für Statuen und Skulpturengruppen hatten, erlebte die Kopierkunst einen ersten Höhepunkt in den langen Friedensjahren unter Augustus und einen zweiten unter dem hochgebildeten, Griechenland-begeisterten Kaiser Hadrian (117–138 n. Chr.). Mit der wirtschaftlichen Krise des 3. Jahrhunderts und dem damit verbundenen Schwund an Kultur ließ die Kopienproduktion schlagartig nach.

An Hand der Gipsfragmente von Baiae zeigt Christa von Hees-Landwehr, wie sorgfältig und bis in kleinste Einzelheiten hinein genau gearbeitet wurde. Die Kopien wurden mit Hilfe von Gipsabdrücken gemacht. Das war überaus mühsam; denn die Kunstwerke waren ja nicht von vornherein für derartige Abgüsse geschaffen. Viele Einzelteile, wie zum Beispiel Kopfschmuck, frei herabhängende Locken, Augenwimpern, abstehende Gewandteile machten umständliche Vorbereitungen erforderlich und erzwangen entsprechend viele Teilabgüsse. Zunächst wurden Negativformen gewonnen, aus ihnen dann die positiven Abgüsse, in Teilen, die zusammengesetzt werden mußten, gehalten von inneren Stützen aus Eisen, Holz oder Knochen. Die (negativen) Gußformen blieben an Ort und Stelle; sie konnten beliebig oft zu positiven Abgüssen verwendet werden. Und diese Gipsabgüsse wurden dann auf Bestellung an die Kopierwerkstätten geschickt. So auch an die Werkstatt in Baiae, die es da zweifellos gegeben hat.

Von den Gipsabdrücken, die haargenau den Originalen entsprachen, wurden dann von Bildhauern die Kopien gearbeitet. Dabei handelte es sich nicht um Nachgüsse in Bronze, sondern um Nachformungen in Marmor. Mit Greifzirkeln übertrugen die Bildhauer sämtliche Maße vom Gipsabdruck auf den Marmor. Daß die Römer in Marmor und nicht in Bronze kopieren ließen, mag einfach eine Mode gewesen sein. Sie fanden Marmor wohl schöner.

Beim Nacharbeiten in Marmor kam es schon aus rein technischen Gründen zu Änderungen. Während eine Bronzestatue sehr gut auf schmalen Füßen und schlanken Beinen stehen kann, weil das Material stabil genug ist, sind Marmorstatuen bruchgefährdet. Sie mußten deshalb an Stützen angelehnt werden, an Baum- oder Säulenstümpfe, um ihnen den nötigen Halt zu geben. Oft wurden aber außerdem die Beine etwas stabiler gestaltet. Und wenn die Beine mehr Masse enthielten, mußten auch Körper und Arme entsprechend rundlicher werden. Möglicherweise sprach dabei aber auch ein anderer Geschmack mit, eine Vorliebe der Römer für etwas fülligere Proportionen. Von Hees-Landwehr: »Die Veränderung des Volumens bei den römischen Kopien gegenüber den griechischen Originalen ist eine Erkenntnis, die erst durch die Untersuchung der Abgüsse von Baiae ermöglicht wurde.«

Die Abgüsse von Baiae führen aber zu noch sehr viel folgenreicheren Erkenntnissen. Das betrifft zum Beispiel die wohl berühmteste Statue des Gottes Apollo, genannt Apoll vom Belvedere (oder eigentlich *im* Belvedere), die die Menschen immer aufs neue begeisterte. Der Italienreisende Goethe hat sie in seinem Italienischen Tagebuch oft bewundernd erwähnt, und nicht nur Johann Joachim Winckelmann galt sie als Inbegriff der klassischen Kunst. Wann und wo die Marmorstatue gefunden wurde, ist unbekannt. Erst seit der zweiten Hälfte des 15. Jahrhunderts wird sie beschrieben, und Papst Julius II., der begeisterte Antikensammler, ließ den 2,24 Meter großen Apollo gegen 1510 im neuerbauten Belvedere-Hof aufstellen. Kunsthistoriker haben den Apoll im Belvedere dem griechischen Bildhauer Leochares zugeschrieben, der sowohl Bronzen- als auch Marmorskulpturen schuf, und zwar in der Zeit von etwa 365 bis 320 v. Chr., und der vor allem durch seine Götterbilder berühmt war, besonders durch den von einem Adler geraubten Ganymedes. Als Entstehungszeit des Apoll im Belvedere wurde in etwa das Jahr 330 v. Chr. angenommen.

Für die Marmorstatue trifft dies nun aber keineswegs zu. Die Funde von Baiae beweisen, daß dieser Apollo sehr viel jünger ist. Unter den Gipsabgüssen fanden sich nämlich drei Teile (ein Knie, ein Stück vom Unterleib, eine Hand), die – wiederum in Abgüssen – einwandfrei einem Abguß des Apoll im Belvedere eingefügt werden konnten. (Das gipserne Feigenblatt trägt der im Belvedere stehende Gott erst seit neuerer Zeit.) Und damit wird bewiesen, was bis dahin allenfalls vermutet werden konnte, nämlich daß der Apoll im Belvedere kein originäres Kunstwerk ist, sondern die römische Kopie einer nicht mehr erhaltenen griechischen Bronzestatue, die vielleicht um 330 v. Chr. geschaffen wurde. Die Marmorkopie dürfte in hadrianisch-antoninischer Zeit entstanden sein, das heißt zwischen 130 und 150 n. Chr.

Diese Jahreszahlen muß man einmal realisieren. Immerhin besagen sie, daß zwischen dem griechischen Originalkunstwerk und seiner römischen Kopie annähernd ein halbes Jahrtausend liegt! Da wird deutlich, wie sehr die Römer (und auch andere Völker) im Bann der griechischen Welt standen, welch ungeheure Kraft vom Hellenismus ausgegangen sein muß. Dies zeigt sich ebenso bei den Skulpturen aus der Villa des Claudius in Baiae wie denen aus der Tiberius-Grotte in Sperlonga. Ohne Zweifel sind auch sie marmorne Kopien von älteren Bronze-Skulpturen, entstanden im ersten Viertel des 1. Jahrhunderts n. Chr.

Für die Skulpturen von Sperlonga hatte Professor Andreae dies jedoch zunächst nur als Hypothese vorgetragen, und zwar in seinem 1982 erschienenen Buch »Odysseus – Archäologie des europäischen Menschenbildes«. Vier Jahre später bestätigte sich seine These, und Andreae schrieb: »Erst 1986 konnte gemeinsam mit B. Conticello der exakte Nachweis erbracht werden, daß die von den Laokoon-Künstlern signierte Skylla-Gruppe von Sperlonga die genaue Marmorkopie im Maßstab 1:1 einer berühmten bronzenen Skylla-Gruppe ist, welche der griechische Inselstaat Rhodos um 180 vor Christus als Denkmal für den Kampf gegen die Piraten gestiftet hatte. Diese Bronzegruppe wurde später nach Konstantinopel gebracht, wo sie erst 1204 im lateinischen Kreuzzug zerstört wurde. Nachbildungen in der Kleinkunst und ausführliche Beschreibungen zeigen, wie genau die Marmorkopie in Sperlonga mit dem Bronzevorbild übereinstimmt.«

Da – wie bereits dargestellt – die Entstehungszeit der Marmorskulpturen von Sperlonga erschlossen werden konnte, ergab sich nun auch die bis dahin unbekannte Lebens- beziehungsweise Wirkungszeit der rhodischen Bildhauer Athenodoros, Agesandros und Polydoros. Und da diese drei Meister auch die 1506 im Goldenen Haus des Nero wiederentdeckte marmorne Laokoon-Gruppe signiert hatten, steht nun auch die Entstehungszeit dieser Skulptur fest. Zugleich jedoch ist das der Beweis dafür, daß auch diese berühmte Laokoon-Gruppe, die über Jahrhunderte von vielen Kunstverständigen als eines der schönsten und reinsten Kunstwerke, ja oft als Kunstwerk der Kunstwerke überhaupt gepriesen wurde, kein originäres Werk ist, sondern eine in Marmor nachgearbeitete Kopie einer älteren Bronze.

Daß diese Skulptur so hoch eingeschätzt wurde, ist zu einem wesentlichen Teil auf das Urteil des römischen Admirals und Schriftstellers Plinius d. Ä. zurückzuführen. Es ist nur ein kurzer Satz in seiner Naturgeschichte, der aber immer falsch übersetzt und deswegen mißverstanden wurde und den Andreae jetzt richtigstellt. Plinius, der beim Ausbruch des Vesuvs 79 n. Chr. ums Leben kam, schrieb in seiner 37 Bücher umfassenden »Naturalis historia« auch über Farben (die man aus Pflanzen und Mineralien gewinnen konnte), über Erze und über Steine. In dem Kapitel über die Farben gab er einen Abriß über die antike Malerei, im Kapitel

Die 1506 im Goldenen Haus des Nero gefundene Laokoon-Gruppe (hier noch durch gestreckte Arme ergänzt), die Jahrhunderte hindurch als eines der reinsten Kunstwerke galt, ist kein Original, sondern – wie Funde in Baia ergaben – eine marmorne Replik einer älteren Bronze. (1960 wurde Laokoons falsch ergänzter rechter Arm korrigiert und zum Kopf hin abgewinkelt, und die ebenfalls ergänzten rechten Arme der Söhne wurden wieder entfernt.)

über die Erze einen über die Bronzeplastik, und im Kapitel über die Steine äußerte er sich über die Plastik in Marmor. Und da steht über die Laokoon-Gruppe der Satz: »Opus omnibus et picturae et statuariae artis praeferendum.« Dieser Satz wurde immer so verstanden, daß der Laokoon allen Werken sowohl der Malerei als auch der Bildhauerkunst vorzuziehen sei.

Aber kann Plinius das wirklich gemeint haben? Da liegt doch ein Widerspruch, schreibt Andreae: »Die Laokoon-Gruppe, die ja selbst eine Plastik ist, soll nicht nur allen anderen Plastiken, sondern auch allen Werken der Malerei vorzuziehen sein. Warum schreibt Plinius nicht gleich, die Laokoon-Gruppe sei allen anderen Kunstwerken vorzuziehen? Warum differenziert er, wenn er dies sagen wollte, zwischen Malerei und Plastik?«

Und dann gibt er die verblüffend einfache Antwort: »Man braucht den Text nur ganz genau und wörtlich zu übersetzen. Nach Auskunft der einschlägigen Fachlexika heißt *statuaria ars* nicht Plastik allgemein, sondern unzweifelhaft und ausschließlich Bronzeguß. Der Satz des Plinius lautet in exakter Übersetzung: »Diese Ausführung (zu ergänzen: in Marmor) ist allen anderen in Malerei oder Bronzeguß vorzuziehen.« Plinius will nur sagen, daß ihm die Version des Laokoon in Marmor besser gefällt als anderen, die er kennt, in Malerei oder Bronze. Dieses Geschmacksurteil des Naturwissenschaftlers und Admirals entsprach vollkommen dem Geschmack der römischen Kaiserzeit, »in der man die griechischen Bronzeoriginale in Marmor nachbildete, weil die Farbe des Marmors sensitiver und dem menschlichen Inkarnat ähnlicher wirkt als das schimmernde Erz«.

Das Schicksal Laokoons, erzählt von dem römischen Dichter Vergil in der »Aeneis«, seinem Epos von der Gründung Roms als eines neuen Troja, war damals ebenfalls ein beliebtes Thema. Als einziger Troer hatte der Apollo-Priester Laokoon gewarnt, das von den Griechen bei ihrem scheinbaren Abzug vor Ilion zurückgelassene hölzerne Pferd, das auf den Rat des Odysseus gebaut worden war, in die Stadt zu holen. Voller Mißtrauen hatte Laokoon dem Pferd eine Lanze in die Flanke gestoßen, wobei er meinte, das Klirren von Waffen zu hören. Als er und seine Söhne dann von zwei aus dem Meer kommenden Schlangen getötet wurden und die Schlangen danach unter dem Standbild der Athene verschwanden, deuteten die Troer Laokoons Tod als eine Strafe der Göttin für seinen Lanzenwurf. Sie fielen auf die List der Griechen herein, die das hölzerne Pferd als Weihgeschenk für die trojanische Athene deklariert hatten. Dies mag Torheit gewesen sein oder tragische Ausweglosigkeit – die Troer mußten es jedenfalls mit ihrem Untergang bezahlen.

Der Tod des Laokoon wurde zum Symbol des Untergangs einer mächtigen Stadt, ihres Herrscherhauses und ihrer Bürger, eines Untergangs, der aber doch nicht eindeutig unabwendbar war, sondern vielleicht hätte vermieden werden können, wenn man die Warnung, die Zeichen richtig verstanden hätte, wenn man so klug und listenreich gewesen wäre wie Odysseus, der mutige König von Ithaka. Kaiser Claudius wollte sein wie Oysseus, ja er wollte schließlich selber Odysseus sein: »Gleich von Ilion trieb mich der Wind...« In Odysseus – so sieht es Andreae – schuf die Dichtung die Gestalt eines heroischen Menschen, dessen Irrfahrten und Erlebnisse den Späteren als ein Abbild der Lebensreise des Menschen überhaupt galten. Anders als Achill, der Held der »Ilias«, der noch ganz abhängig ist von dem, was die Götter wollen, ein Objekt ihrer Launen, verkörpert Odysseus einen neuen Menschentypus: »Odysseus ist der erste sich selbst bestimmende, nicht mehr schlechthin dem Schicksal oder dem Willen der Götter unterworfene Mensch der Weltliteratur.« Am Anfang war Odysseus.

Wann aber war dieser Anfang? Wann entstand Odysseus? Andreae ist überzeugt, daß nur die Archäologie in der Lage ist, einigermaßen feste Daten für die bisher noch sehr umstrittene Entstehungszeit von »Ilias« und »Odyssee« zu liefern. Er sieht in der bildenden Kunst, in der Vasenmalerei, dieselben geistigen Voraussetzungen, wie sie einmal der Komposition der »Ilias« und dann auf ganz andere Weise dem Lebensgefühl der »Odyssee« entsprechen. Aufgrund solcher Strukturäquivalenzen vermutet er die Entstehung der »Ilias« um die Mitte des 8. Jahrhunderts v. Chr. und die der modernen »Odyssee« ein gutes halbes Jahrhundert später, wobei er zu der Überzeugung kommt, daß die beiden so sehr verschiedenen Epen wohl kaum von ein und demselben Dichter stammen können.

11. Kapitel

Sogar Träume werden wieder sichtbar

Wie ein Berliner Forschungsprojekt wenigstens auf Papier noch rettet, was in Pompeji unaufhaltsam verfällt

Vor zweitausend Jahren hatte niemand Angst vor dem Vesuv, weder die Einwohner des etwa sechs Kilometer entfernten Pompeji noch die von Herculaneum, Stabiae, Nuceria und ebensowenig die Besitzer der herrlichen Villen rund um den Golf von Neapel, wie zum Beispiel der Villa von Oplontis. Sie hatten einfach deswegen keine Angst, weil sie gar nicht ahnten, daß der hoch hinauf mit Bäumen bewachsene Vesuv, der ein Berg wie jeder andere zu sein schien und dessen Hänge sie mit Wein bepflanzt hatten, ein Vulkan war.

Auch das schwere Erdbeben im Jahre 62 n. Chr., das – wie wir heute wissen – von unterirdischen vulkanischen Vorgängen des Vesuvs ausging, die ganze Gegend bis hin nach Neapel erschütterte und in Herculaneum und Pompeji große Schäden anrichtete, brachte niemand mit dem äußerlich so friedlich daliegenden, etwa 1300 Meter hohen Berg in Zusammenhang. Und so kam dann die Katastrophe vom 24. August 79 n. Chr. für alle völlig überraschend, wenngleich vier Tage zuvor ein paar Erdstöße zu verspüren gewesen waren. Sie begann vormittags mit einer ohrenbetäubenden Explosion des Vesuvs, bei der ein großer Teil der Bergspitze weggerissen wurde. Wenig später wurde es Nacht über Pompeji, und es regnete Massen von Lapilli, jener fast Pingpongball-großen, leichten Bimssteine, auf die Stadt, denen Massen von feinem vulkanischen Aschenstaub, vermischt mit Steinblöcken, folgten. In kurzer Zeit wurden Straßen, Plätze, Dächer, Gärten unter der schnell wachsenden Schicht begraben. Immer mehr Pompejaner versuchten, der Katastrophe durch die Flucht zu entkommen; sie sahen, daß die Häuser keinen Schutz mehr boten, weil die Dächer unter der zunehmenden Last einbrachen. Viele blieben dennoch, weil die Straßen von den Flüchtenden verstopft waren, und suchten Rettung in den unteren Räumen ihrer Häuser. Dort jedoch erstickten sie an giftigen Gasen. Jahrhunderte später fand man ihre Skelette und im erhärteten Vulkanstaub die Abdrücke ihrer Körper. Etwa zweitausend Menschen starben innerhalb der Stadt, andere mögen noch auf der Flucht ums Leben gekommen sein – alles in allem wohl ein Viertel der Einwohner.

Als die Überlebenden Tage später zurückkehrten, war von der Stadt fast nichts mehr zu sehen. Aus der sieben bis acht Meter dicken Schicht grauweißer Asche und Lapilli ragten nur die obersten Teile der mehrstöckigen öffentlichen Gebäude am Forum hervor. Eine aus Rom entsandte Untersuchungskommission des Senats kam zu der Überzeugung, daß ein Wiederaufbau unmöglich sei. So blieb denn alles, wie es war, nur daß die Überlebenden auf eigene Faust nach ihren Häusern und darin zurückgelassenen Wertgegenständen suchten, wobei einige – wie Archäologen später erkannten – verschüttet wurden.

Mit der Zeit wurde das wenige, was von Pompeji an Steinen und Säulen noch sichtbar war, weggeschleppt und für andere Bauten verwendet. Und dann geriet Pompeji so sehr in Vergessenheit, daß bald niemand mehr wußte, wo genau die einst so lebensfrohe Stadt gewesen war. Der zeitgenössische römische Dichter Publius Papinius Statius hatte recht behalten, als er wenige Jahre nach der Katastrophe die rhetorische Frage stellte: »Werden künftige Jahrhunderte, wenn die Ernten wieder heranreifen und diese Wüste wieder grünt, glauben können, daß ganze Städte und deren Bewohner unter ihren Füßen liegen und daß die Felder ihrer Vorfahren in einem Flammenmeer versunken sind?«

Dies galt auch für das kleinere Herculaneum, das sogar völlig unter den vulkanischen Massen begraben wurde. Dort, nur drei Kilometer vom Vesuv entfernt, verlief die Katastrophe anders. Außer den herabregnenden Lapilli- und Aschenmassen ergoß sich vom Vesuv herunter in und über die Stadt ein vulkanischer Schlamm. Das veranlaßte die Einwohner zu sofortiger Flucht, so daß in Herculaneum nur wenige Menschen ums Leben kamen. Der Schlamm erkaltete zu einer steinharten Masse. Deswegen war es den Überlebenden und auch späteren Raubgräbern so gut wie unmöglich, nach zurückgelassenen Wertgegenständen zu graben. Bei späteren Vesuv-Ausbrüchen wurde das Gebiet von Herculaneum wie auch das von Oplontis noch zusätzlich von glühender Lava übergossen, und unter einer fünfzehn Meter starken Gesteinsschicht blieb es besser konserviert als Pompeji. Wie sich später zeigte, haben sich in Herculaneum auch Holz und sogar Stoffe und Leder erhalten, während sie in Pompeji unter den luftdurchlässigen Lapillischichten verfielen.

Zugleich mit diesen beiden Städten wurden noch weitere Ortschaften, wie zum Beispiel Stabiae und Nuceria, sowie zahlreiche Villen und Landgüter verschüttet. Gut eintausendsiebenhundert Jahre nach dieser Katastrophe im Golf von Neapel, 1787, bemerkte der Italienreisende Goethe dazu: »Es ist viel Unheil in der Welt geschehen, aber wenig, das den Nachkommen so viel Freude gemacht hätte. Ich weiß nicht leicht etwas Interessanteres.«

Die Freude der Nachkommen hatte bereits ein dreiviertel Jahrhundert vor Goethes Besuch der Ausgrabungsstelle von Herculaneum begonnen. Da war ein Bauer beim Bau eines Brunnens auf Bruchstücke kostbaren und offenbar bearbeiteten Marmors gestoßen. Das veranlaßte den österreichischen Kavallerie-Obristen Prinz d'Elboeuf – damals gehörte Neapel dem Hause Habsburg – an jener Stelle Grabungen durchführen zu lassen. Das heißt, er ließ in das erhärtete Lavagestein Stollen schlagen. Und zur Freude des Prinzen stießen die Arbeiter dabei auf drei nur wenig beschädigte lebensgroße Frauenstatuen.

Prinz d'Elboeuf ließ den Fund heimlich nach Wien schaffen, als Geschenk für den kunstliebenden Prinzen Eugen. Zugleich setzte er seine Suche nach weiteren antiken Statuen mit Erfolg fort, wobei es ihm ganz gleich war, was hier, fast zwanzig Meter unter der Erdoberfläche, einmal gewesen sein mochte; es ging ihm nur um den Besitz der Statuen. Zum Glück wurde er bald nach Frankreich versetzt, so daß er das alte Herculaneum, das er, ohne es zu wissen, angebohrt hatte, nicht weiter ausschlachten konnte.

Dies konnten jedoch, und zwar in viel größerem Umfang, einige Jahre später Karl III., König beider Sizilien, der in Neapel residierte, und seine aus Dresden stammende Frau Maria Amalia Christine, eine Tochter Augusts III. von Sachsen. Sie ließen den Ingenieur Rocco de Alcubierre, den Chef der königlichen Pioniertruppen, an jener Stelle weitergraben, wo Prinz d'Elboeuf die Statuen gefunden hatte. Im Oktober 1738 erhielt Alcubierre den Grabungsbefehl, im Dezember meldete der Pionier-Oberst, der von Zuchthäuslern tiefe unterirdische Laufgänge anlegen ließ, den Fund mehrerer überlebensgroßer Pferde aus Bronze, die allerdings zerbrochen waren, einer Reiterstatue und mehrerer großer Marmorstatuen. Und das wichtigste: Alcubierre fand eine Inschrift, aus der hervorging, daß man hier auf ein Theater gestoßen war, nicht auf irgendeines, sondern auf das Theater von Herculaneum.

Mit verstärktem Eifer wurden die Stollen nun weiter in das harte Gestein hineingetrieben. Die Ausbeute war beachtlich und bereitete vor allem dem königlichen Paar große Freude, das die Funde in die königliche Villa bei Portici oder in seinen Palast in Neapel bringen ließ. Auch die wundervollen Wandmalereien, von denen immer mehr gefunden wurden, kamen dorthin, nachdem man sie aus den Wänden herausgeschnitten hatte. Um sie vor dem Verblassen zu schützen, überzog man sie mit einem besonderen Firnis, der jedoch die Farben austrocknen ließ, wodurch viele der schönsten Bilder zerblätterten. Und so geriet Herculaneum in Gefahr, ein zweites Mal und endgültig zerstört zu werden. Für die Stadt, für die Häuser, die Straßen, die Geschäfte und Tavernen, dafür, wie die Menschen dort einst gelebt hatten, interessierte sich niemand. Es ging allein um die Ausbeute an schönen Kunstwerken. Was nicht schön, was nicht Kunst war, ließ man liegen, und die ausgeschlachteten Räume wurden wieder zugeschüttet. Selbst für Inschriften interessierten sich die Ausbeuter nicht. So wurden einmal große Metallbuchstaben einer Inschrift abgenommen und wahllos in einen Korb geworfen, noch ehe jemand sie gelesen hatte. Die Arbeiten Alcubierres waren fruchtbar für das königliche Museum, stellt der französische Archäologe und Historiker Pierre Grimal lapidar fest. Und wenn das antike Herculaneum dennoch nicht völlig zerstört wurde, so lag das vor allem an den ungeheuren Schwierigkeiten, in dem harten Lavagestein weiter vorzudringen. So blieb und bleibt den modernen Archäologen gerade in Herculaneum noch viel zu entdecken.

Als Goethe ein halbes Jahrhundert nach der Entdeckung des Theaters nach Herculaneum kam, notierte er, offensichtlich enttäuscht, in sein Tagebuch, am 18. März 1787: »Jammerschade, daß die Ausgrabung nicht durch deutsche Bergleute recht planmäßig geschehen; denn gewiß ist bei einem zufällig räuberischen Nachwühlen manches edle Altertum vergeudet worden. Man steigt sechzig Stufen hinunter, in eine Gruft, wo man das ehmals unter freiem Himmel stehende Theater bei Fackelschein anstaunt und sich erzählen läßt, was alles da gefunden und hinaufgeschafft worden.«

Inzwischen war auch von Pompeji mehr und mehr ans Licht gekommen. Dort hatte der neapolitanische Geistliche Martorelli 1748 mit Ausgrabungen begonnen und war zunächst auf Häuserviertel bei der Via di Nola und der Via di Stabia gestoßen. Aber erst seit 1763 wußte man aufgrund einer Inschrift, »res publica Pompeianorum«, daß es sich um Pompeji handelte. Auch dort geschah zunächst nichts anderes als räuberisches Nachwühlen. Das war in Pompeji sehr viel leichter als in Herculaneum, weil es keine Überschwemmung mit Schlamm und Lava gegeben hatte. Im Prinzip aber blieb die Methode die gleiche. Sobald eine Stelle ausgeschlachtet war, wurde sie wieder zugeschüttet.

Zu jener Zeit nahm daran niemand Anstoß, weil es eine wissenschaftliche Methode der Archäologie noch gar nicht gab. Auch Johann Joachim Winckelmann, der »Vater der Archäologie«, fand das Vorgehen im Prinzip durchaus richtig. Auch ihm kam es in erster Linie auf die Entdeckung antiker Statuen an. Für die Freilegung der Städte zeigte er überhaupt kein Interesse, ja er wandte sich ganz entschieden gegen entsprechende Vorschläge: »Was aber die Aufdeckung der ganzen Stadt angeht, so gebe ich denen, die dieses wünschen, zu überlegen, daß, da die Wohnungen durch die ungeheure Last der Lava erdrückt worden, man nichts als die vier Mauern sehen würde..., und zu was für Nutzen? Zerstörte alte Mauern zu sehen...«

Es hat lange gedauert, sehr lange, bis jene Archäologen sich durchsetzten, die anderer Meinung waren als Winckelmann. Bis dahin ist das Elend der Archäologie gerade in Pompeji, wo diese Wissenschaft ja zugleich ihre erste große Glanzzeit hatte, immer größer geworden. Nicht zu zählen sind zum Beispiel jene Malereien, die für das königliche Museum nicht gut genug schienen und die dann einfach zerschlagen wurden, zum Schutt kamen und jetzt ein für allemal verloren sind. Und von jenen, die ins Museum kamen, ist oft nicht mehr festzustellen, woher sie eigentlich stammen. Denn die Grabungsberichte der ersten Jahrzehnte – wenn die wenigen Notizen überhaupt so genannt werden können – waren höchst unzulänglich.

Die Ausbeutung von Pompeji erreichte erst unter den späteren Herrschern von Neapel ihren Höhepunkt. Sie schmückten sich mit Pompeji und seinen Schätzen, und häufig luden sie zu archäologischen Veranstaltungen: Da wurden dann sensationelle Entdeckungen arrangiert, indem wichtige und wertvolle Fundstücke wieder eingegraben und vor den staunenden Augen hoher Besucher erneut an den Tag gebracht wurden. Doch nicht alle Augenzeugen ließen sich von derartigen Sonderausgrabungen beeindrucken. Maximilian, der Bruder des österreichischen Kaisers Franz Joseph und spätere Kaiser von Mexiko, schrieb nach seinem Besuch im Jahre 1851: »Was aus Pompeji in die Glaskästen des Museo Borbonico geschafft wurde, zeigt uns freilich nur das Gerippe des einstigen Lebens; man hat diesen Dingen den Geist genommen...« Und über die Ausgrabungsstätte: »Der Totaleindruck ist... mehr der einer verwüsteten Brandstätte als einer sorgsamen Ausgrabung, und großartig ist er durchaus nicht; auch waren wir alle mehr oder minder enttäuscht.«

Besser wurde es erst nach der politischen Einigung Italiens durch den Grafen Cavour unter König Viktor Emanuel II. Der neue »König von Italien« betraute sogleich einen Wissenschaftler mit den pompejanischen Ausgrabungen, nämlich den Archäologen Giuseppe Fiorelli. Von da an, das heißt seit 1861, wurde nicht mehr wahllos, sondern systematisch gegraben, entsprechend dem Verlauf der Straßenzüge. Fiorelli machte einen Stadtplan und teilte das ganze Gebiet in Bezirke (Regiones) und diese wiederum in Gebäudekomplexe (Insulae) ein. Er begann sofort mit der Herausgabe eines Ausgrabungstagebuches. Er verbot das Heraussägen von Malereien, und er sorgte dafür, daß die jetzt an Ort und

Stelle verbleibenden Wandbilder vor Licht und Regen geschützt wurden. Er ließ den Schutt abtransportieren und nicht wieder in alte Grabungen zurückwerfen. Und er war es, der auf die Idee kam, die in der Asche erhaltenen Abdrücke der Toten, die bis dahin bei der Bergung der Skelette immer zerstört worden waren, mit Gips auszugießen, so daß einige Pompejaner noch heute in ihren Häusern oder in den Thermen genau so zu liegen scheinen, wie sie starben.

Durch die Grabungen, die Generationen von Archäologen aus vielen Ländern fortgesetzt haben und die noch keineswegs abgeschlossen sind, kamen nach und nach weite Teile des alten Pompeji unter dem Schutt hervor: die Häuser mit ihren Innenhöfen und Gärten; das Forum Triangulare mit den Ruinen eines dorischen Tempels; die Reste vom Tempel des Zeus Meilichios mit den tönernen Kultbildern von Jupiter und Juno; das Forum mit den öffentlichen Gebäuden, in denen sich das Verwaltungs- und Geschäftsleben abspielte; das Große Theater mit 5000 Plätzen, das in Pompeji schon gut hundert Jahre bestand, bevor Rom ein steinernes Theater erhielt; das Odeon, ein kleines überdachtes Theater für etwa 1500 Zuschauer, das dem Vortrag von Literatur und Gesang diente; das Amphitheater, das ebenfalls hundert Jahre älter war als Roms berühmtes, 72 bis 80 n. Chr. erbautes Kolosseum und das fast 20000 Besuchern Platz bot. Ausgegraben wurden auch die Gladiatorenkaserne, wo viele Skelette gefunden wurden; die öffentlichen Thermen, in denen die Pompejaner heiße und kalte Bäder nahmen und sich massieren ließen; die Palästren, in denen man sich vor allem in Faust- und Ringkämpfen übte; die Basilika, in der Recht gesprochen wurde; die gepflasterten Straßen mit den öffentlichen Brunnen; die Schenken, Garküchen und vielen Läden; die Stadtmauern, Stadttore und die Nekropole; nicht zu vergessen das Bordell (lupanar) und verschiedene andere Etablissements für die Liebe.

Freilich sind das alles nur noch Ruinen, leer und ausgehöhlt. Selbst da, wo noch hohe Säulen stehen (oder wieder aufgestellt wurden) und wo die Fassaden der Häuser noch zweistöckig sind und sich die Bemalung der Innenwände gut erhalten hat, braucht der Besucher viel Phantasie und Detailwissen, um sich das Leben, wie es sich hier bis vor etwa 1900 Jahren abgespielt hat, in seiner ganzen Fülle vorstellen zu können. Auf jeden Fall sollte er die Museen besuchen, vor allem das Archäologische Nationalmuseum in Neapel, wo viele der ausgegrabenen Gegenstände gezeigt werden: Betten, Tische, verschließbare Truhen, Kohlebecken zum Wärmen, Warmwassergeräte, Öllampen, Vasen, Gläser, Wein- und Ölamphoren, hölzerne Kästen, Statuen und Statuetten, Schmuck, Waagen und Gewichte, Öl- und Weinpressen, Siegelringe, chirurgische Instrumente, Münzen, Wachstäfelchen mit Abrechnungen und Quittungen, Nahrungsmittelreste, frisch gebackene Brote und vieles mehr.

Was wir heute über das Leben im alten Pompeji und Kampanien wissen, ist zum weitaus größten Teil das Ergebnis archäologischer Forschungen. Aus der Literatur ist bekannt, daß die ganze Küstenregion am Golf von Neapel die beliebteste Sommerfrische vor allem der Römer war. In luxuriösen Villen verbrachten sie hier die heißen Monate des Jahres. »Kampanien war ein Spielplatz der Reichen«, schreibt die englische Wirtschaftshistorikerin Patricia Vanags in ihrem Buch »Glorreiches Pompeji«; schon »in den letzten Monaten der Republik hatte jede römische Familie von Bedeutung Besitztümer in Kampanien.« Cäsars Schwiegervater besaß dort Ländereien, Cäsar selber eine Villa, die später in den Besitz des Augustus überging. Bei Pompeji hatte auch Cicero eine Villa, und Agrippa besaß ein Landhaus in Boscotrecase. Der meistgeliebte und meistbegehrte Platz am Golf von Neapel war Baiae, wo – wie im vorigen Kapitel dieses Buches dargestellt – Kaiser Claudius unmittelbar am Meer einen Palast besaß. Ein gut erhaltenes und besonders anschauliches Beispiel für die Großzügigkeit und den Luxus der Landhäuser in Kampanien und zugleich für den Reichtum der römischen Oberschicht jener Zeit ist eine 1929/30 ausgegrabene und restaurierte große Villa an der Peripherie des alten Pompeji, die »Villa dei Misteri«, mit vielen Räumen und wundervollen Wandmalereien, auf denen ein Mysterienkult dargestellt ist. Die Mysterienvilla weist starke Spuren des Erdbebens im Jahre 62 nach Christus auf, von dem auch Pompeji stark betroffen wurde und dessen Schäden bis zur großen Katastrophe noch nicht gänzlich ausgebessert waren.

Großzügig angelegte und reich ausgestattete Häuser gab es auch in Pompeji selbst. Aber Pompeji, schon im 8. Jahrhundert

v. Chr. von den italischen Oskern gegründet, im 6. Jahrhundert unter etruskischer Herrschaft, dann von den Samniten zu einer ersten Blüte gebracht, zeitweise unter griechischem Einfluß stehend, bis es zu Beginn des 1. Jahrhunderts v. Chr. römisches Gebiet wurde, war nicht etwa eine Anhäufung von Sommervillen reicher Römer. Es war kein Kurort, keine Schlafstadt. Pompeji war eine sehr selbständige und sehr lebendige Handels- und Industriestadt. Und es war reich.

Sein Reichtum gründete in der Fruchtbarkeit der Vesuvhänge und überhaupt dieser Landschaft. Da wurden Getreide, Gemüse und Obst angebaut, Bohnen, Linsen, Erbsen und Kichererbsen, Feigen, Datteln, Mandeln, Nüsse, Äpfel und Birnen. Wie überall in den Mittelmeerländern spielte auch für Pompeji der Anbau von Oliven eine große Rolle. Olivenöl war nicht nur ein Hauptnahrungsmittel, es wurde, in minderer Qualität, auch als Brennstoff für die Öllampen gebraucht. Außerdem diente es kosmetischen Zwecken und anstelle von Seife, die die Römer nicht kannten, zur Körperpflege.

Für die Gewinnung von Parfüm züchtete man Rosen. Dies taten zum Beispiel die beiden Brüder Vettius, denen in Pompeji eines der prächtigsten Häuser gehörte. Es war zum Teil zweistöckig, hatte viele Räume und zwei säulenumstandene Innengärten mit Brunnen und Wasserspielen, die für Kühlung sorgten. Berühmt ist das Haus der Vettier vor allem wegen seiner schönen Wandmalereien; einige zeigen Amoretten und Psychen, nicht bei der Liebe, sondern bei Tätigkeiten, wie sie damals zum pompejanischen Alltag gehörten: beim Herstellen und Verkauf von Goldschmuck, beim Binden von Kränzen, bei der Arbeit an der Ölpresse, beim Walken.

Den Vettiern gehörten in der Umgebung mehrere Landgüter, auf denen vor allem Wein angebaut wurde. Die Weine Kampaniens waren begehrt. Der Admiral und Schriftsteller Plinius d. Ä., der beim Ausbruch des Vesuvs ums Leben kam, als er mit seinen Schiffen zu Hilfe eilte – er war Chef der kaiserlichen Flotte von Misenum – hielt den kampanischen Falernum für den besten Wein Italiens. Aber auch die Weine von den Hängen des Vesuvs waren sehr beliebt, wenngleich Plinius warnte, daß sie sich nicht länger als zehn Jahre hielten, zu schwer seien und leicht Kopfschmerzen verursachten. Dies war allerdings kein Wunder; denn es handelte sich, wie Archäologen an Resten in großen Amphoren herausfanden, um Süßweine. Jedenfalls machten die Pompejaner mit ihren Weinen, die sie zum größten Teil exportierten, gute Geschäfte. Daß in den heimischen Tavernen nicht immer der beste Wein ausgeschenkt wurde, bezeugt ein Graffito, eine jener Wandkritzeleien, die in Pompeji schon damals so beliebt waren wie noch heute überall in Italien: »Du verdammter Wirt sollst in deinem Wein, der wie Pisse schmeckt, umkommen!«

Andere einträgliche Exportartikel waren Tuche. Die Pompejaner hielten große Schafherden; die Wolle wurde in einem langwierigen Prozeß von den Tuchwalkern zu Stoff verarbeitet. Die Tuchwalker, die sehr angesehene und reiche Leute waren, ließen diese Arbeit von Sklaven verrichten. Die Wolle wurde zunächst mit Pottasche und Harn in großen Becken gewalkt und dabei von Schmutz und natürlichem Fett befreit, dann gefärbt, gekämmt, gesponnen, gewebt. Man verwendete die Stoffe nicht nur für Kleidung, sondern ebenso für Wandbehänge, Decken und Kissen.

Die Schafe dienten auch der Fleischversorgung. Hierfür und zugleich für die Gewinnung von Milch und Käse wurden außerdem Ziegen gehalten. Es gab auch Schweine, sogar innerhalb der Stadt, wo sie mit der Abfallkleie der vielen Bäckereien gefüttert wurden. Außer Brot und Fleisch waren vor allem Fische und Meeresfrüchte wichtige Nahrungsmittel. Das wird auch deutlich auf vielen pompejanischen Mosaiken mit Fischmotiven.

Mosaiken sind in Pompeji in großer Zahl erhalten. Ein besonders eindrucksvolles Bodenmosaik, die »Alexanderschlacht«, zeigt den Sieg Alexanders des Großen über den Perserkönig Darius. Es befindet sich im Archäologischen Nationalmuseum von Neapel und stammt aus dem »Haus des Fauns«, dem mit knapp dreitausend Quadratmetern Wohnfläche wohl elegantesten Stadthaus Pompejis.

Das pompejanische Haus ist nicht typisch für allgemein römische Verhältnisse. Das römische Haus war um das Atrium herumgebaut, eine düstere Halle, deren Dach sich nach innen zur Mitte hin neigte und eine Öffnung hatte, durch die das Regenwasser in ein in den Fußboden gelassenes Bassin fiel und von dort in eine Zisterne geleitet wurde. Solche Atrien gab es auch in den pompejanischen Häusern, doch hatten sie zusätzlich, unter griechischem

Einfluß, große Peristyle, säulenumstandene Innengärten, auf die die wichtigsten Räume ausgerichtet waren. Zu diesen gehörte das *triclinium*, das Speisezimmer, das nach den *klinai* heißt, den an drei Seiten stehenden Liegen, auf denen man beim Essen lag. Die Innengärten mit ihren kühlenden Springbrunnen waren, wie an den von Wurzelsystemen hinterlassenen Hohlräumen erkennbar wurde (nachdem die Forscher sie mit Gips ausgossen), mit Büschen und Obstbäumen bepflanzt: Walnuß, Haselnuß, Granatapfel, Zitronen. Dazwischen standen bronzene und marmorne Statuen.

Die Bronzen waren nicht so dunkel, wie sie inzwischen durch Oxydation geworden sind, sondern hell poliert, so daß die Körper viel lebendiger wirkten. Und die Marmorstatuen waren bemalt. Heute sieht man meist nur noch Spuren der einstigen Bemalung, etwa bei der überlebensgroßen Panzerstatue des Marcus Holconius Rufus (im Archäologischen Nationalmuseum von Neapel): das Rot der Haare, das Braun der Augen, die Purpurfarbe des Mantels und auch das Schwarz der Stiefel. Überhaupt war das Bild antiker Städte sehr viel farbenfreudiger, als allgemein aufgrund der marmornen Ruinen vermutet wird. Auch die Fassaden der Marmortempel und die Figuren in den Tempelfriesen waren farbig.

Heute, nahezu 250 Jahre nach der Wiederentdeckung des antiken Pompeji, ist vieles von dem, das wieder ausgegraben wurde, längst erneut vom Verfall bedroht; manches ist sogar schon verfallen, weil die Mittel nicht reichten und sicher auch in Zukunft nicht reichen werden, alles so zu sichern, daß es erhalten bleibt. Dennoch: Wer heute durch die Ruinen der etwa 1200 Meter langen und 700 Meter breiten Stadt geht, durch die schmalen Straßen, in deren schwere Pflastersteine sich die Spuren der Wagenräder eingeschliffen haben, findet genügend Anhalt, um sich mit etwas Phantasie das Leben der Pompejaner von einst auszumalen.

Leicht erkennbar sind die Tavernen mit den vielen Weinamphoren, ebenso die zahlreichen Garküchen, wo Archäologen in den großen Gefäßen Reste der dort angebotenen Speisen identifizieren konnten. Und die Backstuben mit ihren Öfen – in einem fand man achtzehn zu Stein gewordene Brote – und ihren Getreidemühlen, von denen manche noch jetzt funktionieren. Dann die Brunnen an

Gepflasterte Straße in Pompeji mit den Resten der Häuserfassaden.

den Straßenkreuzungen, wo die Passanten Wasser schöpfen konnten, und die hier und da noch sichtbaren Wasserleitungen aus Blei, durch die das Wasser in Häuser und Gärten kam. Glücklicherweise war es so kalkhaltig, daß sich in den Rohren ein dicker Kalkmantel bildete, der die Pompejaner vor Bleivergiftungen schützte.

Unvergeßlich wirken die öffentlichen Thermen in der Nähe des Forums, deren Räume in sehr gutem Zustand sind und wo noch zwei (in Gips nachgegossene) Badesklaven liegen, so, wie sie hier vor 19 Jahrhunderten unter der Asche erstickten. Eindrucksvoll auch die beiden gut erhaltenen Theater und das große, 20000 Menschen fassende Amphitheater, wo es einmal bei Kämpfen zwischen pompejanischen und nucerianischen Gladiatoren unter den Zuschauern zu einer so blutigen Schlägerei kam, daß Kaiser Nero den Pompejanern die Veranstaltung von Gladiatorenspielen für zehn Jahre verbot.

Aber nicht nur das öffentliche Leben dieser Stadt und ihrer Bewohner haben die Archäologen wieder sichtbar werden lassen, sondern auch die private Sphäre der Pompejaner, die in ihren

Häusern und Innengärten vor nachbarlichen Einblicken völlig abgeschirmt war. Noch als Ruinen lassen die pompejanischen Häuser, die sich zur Straße hin ausgesprochen schlicht, ja abweisend gaben, den Wunsch ihrer einstigen Bewohner nach Souveränität des persönlichen Lebens erkennen. Aus der Öffentlichkeit des Forums, der Tempel, der Theater, der Geschäfte zogen sich die Pompejaner gern in ihre meist großräumigen und oft luxuriös eingerichteten Häuser zurück. Es gab in Pompeji – was allerdings nicht die Regel war – Stadthäuser mit Grundflächen von einigen tausend Quadratmetern (die Säulenhöfe mit einbezogen). Das »Haus des Labyrinths« zum Beispiel erstreckte sich über etwa zweitausend Quadratmeter, das »Haus des Fauns« sogar über dreitausend. Und wenn auch die meisten Häuser wesentlich kleiner waren, läßt sich doch sagen, daß die Pompejaner einen ausgeprägten Raumluxus trieben, von dem Jacob Burckhardt meinte, daß dies der größte Luxus überhaupt sei. Von der Straße aus war außer dem Eingang nichts zu sehen; anders als die Villen auf dem Lande hatten die pompejanischen Häuser, die sich seitlich und meistens auch mit der Rückfront direkt an die Nachbarhäuser anlehnten, nach außen keine Fenster. Licht und Luft erhielten sie von oben, durch das Atrium und den Innengarten, beziehungsweise durch den Säulenhof.

Diese abgeschlossene, verborgene Intimsphäre war auf ideale Weise geeignet, sich aus der öffentlichen Alltäglichkeit zurückzuziehen, um auszuruhen, gut zu essen, um zu baden, zu lesen, auch um ein wenig Sport zu treiben oder doch wenigstens spazierenzugehen im eigenen Säulenhof. Und um zu träumen! Zu träumen von einer noch schöneren, noch besseren, noch gesicherteren Welt. Und dies inmitten jener kostbaren Dinge, die heute meist nur in Museen bewundert werden können, wie Gold- und Silberschmuck, Statuen und Büsten aus Marmor oder Bronze, kunstvoll gearbeitete Möbel, darunter die großen hölzernen Ruhebetten, auf denen man beim Essen lag, die schweren, verschließbaren Schatztruhen, die marmornen Tische, die metallenen Feuerbecken und Samoware, die Ständer für die Öllampen, die wundervollen Gefäße aus Silber, Glas, Keramik, die Brunnen und Wasserspiele in den Gärten, die Papyrosrollen und die phantastischen Wandmalereien.

Diese Wandmalereien sind es, die die Sehnsucht der Pompejaner verraten, den Traum vom heilen, ungefährdeten Dasein, in dem es nur Schönheit, nichts Häßliches, nichts Böses gibt. Die Bilder scheinen die Wände der Häuser zu öffnen; es sind Ausblicke oder eigentlich Einblicke in eine andere Welt. Sie geben nicht etwa die schöne Umgebung der Stadt oder andere Naturansichten wieder, nicht den Vesuv, nicht das Meer, keinen Anblick von Neapel oder Rom. Es sind überhaupt keine realistischen Landschaftsdarstellungen. Vielmehr handelt es sich um gemalte perspektivische Architektur, die den Blick des Betrachters in eine unbekannte, geheimnisvolle Ferne zieht. So ist es jedenfalls bei dem Zweiten Stil der vier pompejanischen Stilepochen, der in den Jahren von etwa 80 bis 20 v. Chr. vorherrschte. Der ihm vorausgehende Erste Stil zeichnete sich durch plastische Wanddekorationen aus. Da wurden zum Beispiel Quader durch Stuckreliefs nachgeahmt, und schon dabei verwendete man viel Farbe. Der Zweite Stil übersetzte alles Plastische, alle aus der Wand vorspringenden Elemente durch malerische Perspektive.

Manche Kunsthistoriker haben dies als Ausdruck von Flucht gedeutet, als Wunschtraum, motiviert durch die unerfreulichen politischen Zustände gegen Ende der republikanischen Zeit, da dieser Stil groß in Mode kam. Andere verstehen die illusionistische Malerei, in der Profanes mit Sakralem durchmischt ist, als – so Professor Dr. Adolf H. Borbein, Archäologisches Institut der Freien Universität Berlin, früher Universität Marburg – »Evokation einer gesteigerten Realität«: die Bilder »schaffen eine sakrale Aura, die, psychagogisch gemeint, den Betrachter aus dem Alltag heraushebt«. Dabei werden jene Bezirke, in die der Betrachter über gemalte Mauern und Brüstungen, über zwar geschlossene, aber nur halbhohe Türen oder durch Scherwände hineinschaut, mit den *sedes quietae* der Götter im dichterischen Werk des Epikureers Lukrez gleichgesetzt, wo die Weisen fern der Unrast der Welt wohnen.

Der Dritte Stil (etwa 20 vor bis 50 nach Christus) nahm das optische Durchbrechen der Wände des Zweiten Stils wieder zurück: An die Stelle architektonischer Perspektiven traten Landschaftsbilder und Darstellungen aus der Mythologie. Der Vierte Stil (um 50 nach Christus), aus dem Rom Neros kommend, betonte wieder stärker die räumliche Illusion, nur daß jetzt nicht mehr reale Gebäude vorgetäuscht wurden, sondern Phantasiegebilde und Fabelwesen, Ranken und Girlanden; jetzt waren es unwirkliche Farben, die den Beschauer in immer geheimnisvollere Fernen lockten.

Indessen stehen solche und andere Interpretationsversuche noch keineswegs auf sicherem Fundament, weil nämlich die pompejanischen Wanddekorationen bisher nur ausschnitthaft vorliegen. Zwar gibt es im Nationalmuseum von Neapel Tausende großer und kleiner Wandgemälde von hier und aus Herculaneum, aber da sie aus den Wänden und damit aus der Gesamtdekoration herausgesägt wurden, sind sie isolierte Einzelelemente, die ohne ihren ursprünglichen Bezug zur komplexen Dekoration einen ganz anderen Sinn ergeben können. Das gilt für die Malereien aller pompejanischen Stile, letztlich auch für die recht zahlreichen »obszönen« Darstellungen, die größtenteils in den »verbotenen Zimmern« des Museums von Neapel versteckt gehalten werden; sie zeigen ohne jede mythologische Verbrämung Paare, die sich lieben, und sie wurden durchaus nicht nur im Bordell gefunden.

In allen vier Stilepochen wurde ein kräftiges, strahlendes Zinnoberrot bevorzugt, seither auch bekannt als Pompejanischrot. Es war umständlich und kostspielig aufzutragen. Seine Basis war eine Schwefel-Quecksilberverbindung aus Bergwerken in Kleinasien und Spanien. Es hielt sich nur an solchen Wänden, die nicht dem Sonnenlicht ausgesetzt waren; sonst wurde es in kurzer Zeit schwarz.

Dies ist auch heute ein Problem, mehr denn je, und es gilt für alle Farben, ja eigentlich für alles, was vom alten Pompeji ans Licht geholt wurde. Längst geht es nicht mehr in erster Linie darum, weitere Häuser auszugraben, sondern wie man das Ausgegrabene erhalten kann. Vor gut einem Jahrzehnt haben Wissenschaftler des Deutschen Archäologischen Instituts damit begonnen, einzelne Häuser Stein für Stein exakt aufzunehmen. Dazu gehört auch, die Wandmalereien, die zu einem großen Teil in einem elenden Zustand sind, wenigstens auf Papier wiederherzustellen. Wie da mit Hilfe besonderer Techniken Dinge wieder hervorgebracht werden, die völlig verschwunden zu sein schienen, grenzt ans Wunderbare. Davon konnte ich mich bei einem Besuch in Pompeji überzeugen, als ich den Wissenschaftlern bei ihrer Arbeit in der Casa del Principe di Napoli und in der Casa del Labirinto zusah.

Leiter dieses »Pompeji-Projekts des Deutschen Archäologischen Instituts Berlin«, das 1973 vom damaligen Ersten Direktor der Berliner Zentrale, Professor Dr. Helmut Kyrieleis, durch ein Abkommen mit der Soprintendenza Archeologica delle Provincie di Napoli e Caserta initiiert wurde, ist seit 1975 dessen Nachfolger Professor Dr. Volker Michael Strocka (jetzt an der Universität Freiburg). Bis dahin wurden in der Forschung, sagt Strocka, vor allem die figürlichen Bilder oder einzelne Themen und Gattungen von Darstellungen der pompejanischen Wandmalerei behandelt, die Dekorations-*Systeme* aber höchstens am Rande berücksichtigt, weil diese ja noch gar nicht erfaßt waren. Bei dem Berliner Projekt, das in der Ausgrabungsgeschichte einen Markstein darstellt, geht es darum, die pompejanischen Wanddekorationen, von den künstlerisch bedeutendsten Werken bis hin zur bescheidenen Durchschnittsarbeit, inventarmäßig zu erfassen.

Das ist sehr viel leichter gesagt als getan. Denn von allzu vielen Wandmalereien, die vor Jahrzehnten, als sie freigelegt wurden, noch in vollem Farbenglanz strahlten, sind nur noch Reste, ja manchmal nur winzige Spuren vorhanden, die mit dem bloßen Auge kaum zu erkennen sind. Da zeigt sich das große Elend von Pompeji von einer seiner traurigsten Seiten. Was hier nach und nach verfällt, was von der Sonne verblichen, vom Regen ausgewaschen ist, das hatte man einst für gut geschützt gehalten. Doch die kurzen Dachvorsprünge, die über solchen Wänden angebracht wurden, waren unzureichend. Und die metallenen Krampen, die durch den bemalten Putz geschlagen wurden, um ihn an der Wand zu halten, wirkten nach vielen Jahren als Ansatzpunkte weiterer Zerstörung. Um den längst erkennbaren Verfall aufzuhalten, fehlte es immer an Geld. Es ist wenig genug, was jetzt noch gerettet werden kann. In dem ersten bisher vorliegenden Dokumentationsband der Reihe »Häuser in Pompeji«, dem Band »Casa del Principe di Napoli« (1984), schreibt Strocka: »Von 450 in Pompeji freigelegten Häusern mag zwar rund ein Dutzend als genügend bearbeitet gelten, aber nur ein weiteres halbes Hundert ist heute noch hinreichend gut erhalten, daß eine wissenschaftliche Dokumentation den Aufwand lohnt.« Und weiter: »Das für Pompeji

In Pompeji sind heute – wie hier im »Haus des Labyrinths« – von den einstigen Malereien meistens nur noch Spuren zu ahnen. Archäologen machen sie (siehe Seiten 313 und 314) wieder sichtbar.

glimpflich abgelaufene Erdbeben vom November 1980 hat nochmals daran erinnert, daß die Ruinenstadt auch gegen eine plötzliche zweite Zerstörung nicht gefeit ist und daß man die wissenschaftliche Ernte einbringen sollte, solange noch Zeit ist.«

Die Mitarbeiter des Berliner Pompeji-Projekts entwickelten eine Methode, die es ermöglicht, selbst auf nahezu gänzlich ausgewaschenen Wandmalereien, die allenfalls in Andeutungen noch zu ahnen sind, die vor zwei Jahrtausenden gemalten Motive und Dekorationen wieder sichtbar werden zu lassen. Und dies nicht nur in den einstigen Umrissen, sondern sogar in seinen ehemaligen Farben. Die Methode, die fotografische und zeichnerische Techniken vereinigt, sieht in groben Zügen folgendermaßen aus:

Zunächst werden die mit Meßmarken versehenen Wände fotografiert, und zwar in einzelnen Ausschnitten, bei gleichbleibendem, eingemessenem Kameraabstand. Die verzerrungsfrei aufge-

nommenen Ausschnitte, die sich an den Rändern überschneiden, ergeben zusammengesetzt ein komplettes, maßstabgerechtes Bild der Wand in ihrem jetzigen Zustand, im Maßstab 1:5. Dieses exakte Foto einer Wand wird dann von einem Zeichner mit Bleistift durchgezeichnet. Dazu zieht der Zeichner für kleinteilige oder kaum mehr erkennbare Einzelheiten seine am Ort auf Transparentfolie genommenen Pausen heran, die dazu entsprechend auf 1:5 verkleinert wurden. Die Zeichnung wird schließlich mit Rapidograph auf verzerrungsfreier Kunststoffolie ausgeführt, verkleinert im Maßstab 1:20.

Gegenüber dem früher angewandten freien Zeichnen nach dem Original, das speziell ausgebildete Zeichner und einen sehr hohen Zeitaufwand erfordert und überdies nur subjektive, später nie mehr nachprüfbare Ergebnisse bringen würde, ermöglicht diese Methode durch das Einschalten technischer Hilfsmittel eine weit-

Wandmalerei im Speisezimmer der Casa del Principe di Napoli. Das Schwarz im Sockel ist pompejanischrot.

gehend objektive und einheitliche Wiedergabe; das Zeichnen ist hier ja ein Nachzeichnen fotografischer Meßaufnahmen. Da es sich bei den pompejanischen Wandmalereien nur in seltenen Fällen um individuelle Gemälde, vielmehr um Dekorationssysteme mit feststehenden, sich wiederholenden Elementen handelt – manchmal sind einander gegenüberliegende Wände eines Raums ganz gleich, nur spiegelverkehrt ausgemalt –, sind häufig auch Ergänzungen möglich. Sie werden auf der Zeichnung kenntlich gemacht. Die endgültige Zeichnung gibt, obwohl nur in Schwarzweiß, auch die Farben an, und zwar durch unterschiedliche Grauwerte. Das ist möglich, weil die Dekorationen größtenteils in wenigen gleichbleibenden Farben ausgeführt wurden. Wichtige

Ornamentdetails und figürliche Darstellungen werden außerdem in Farbfotos festgehalten.

Mehr als zehn Häuser sind inzwischen auf diese Art dokumentiert beziehungsweise in Arbeit. Und mit der Zeit dürfte das Projekt noch weiter ausgedehnt werden, was – so Strocka – der Erforschung Pompejis eine breitere Grundlage geben würde. Auch italienische und australische Archäologen arbeiten hier bereits nach dieser Methode und ihren genau festgelegten Richtlinien. Dabei geht es nicht allein um die Wandmalereien. Vielmehr werden, wie schon gesagt, jeweils die ganzen Häuser erfaßt: ihre genauen Grundrisse, ihre Baugeschichte, ihr Baubefund, ihre Stukkaturen, Mosaiken, Inkrustationen, auch die Architekturornamentik.

Eine derart umfassende Dokumentation einzelner Häuser erlaubt häufig sogar Rückschlüsse auf deren Bewohner und damit letztlich auf die Sozialgeschichte der Stadt oder doch wenigstens auf die soziale Situation in Pompeji zu jener Zeit. Die Casa del Principe di Napoli (die nur deswegen diesen klangvollen Namen erhielt, am 22. März 1889, weil der Principe an jenem Tag das gerade freigelegte Haus besichtigte), war ein eher bescheidenes Anwesen. Das schließt Strocka vor allem aus den Wandmalereien, die in den meisten Räumen recht sparsam waren, sowie aus der Gesamtwohnfläche, die mit 260 Quadratmetern weniger als ein Elftel des größten pompejanischen Hauses, der Casa del Fauno, betrug. Als es entstand, in der zweiten Hälfte des 2. Jahrhunderts v. Chr., war die Wohnfläche noch wesentlich kleiner. Erst in augusteisch-tiberianischer Zeit wurde das Haus erweitert, und zwar um einen Garten, einen Säulenhof und ein repräsentatives Triclinium, ein Speisezimmer also, das verhältnismäßig aufwendig ausgemalt wurde. Eigentlicher Zweck des Umbaus scheint nicht so sehr die Gewinnung von mehr Wohnraum gewesen zu sein, als vielmehr ein bequemeres Wohnen in mehr Luft und Licht. Denn zugleich wurde eine Einliegerwohnung abgetrennt, die aus drei Zimmern von insgesamt 57 Quadratmetern bestand. Sie wird an einfache Leute vermietet gewesen sein, meint Strocka, während der Hausbesitzer selber wohl zum unteren Mittelstand gehörte, vielleicht Handwerker oder kleiner Kaufmann war; zur Straße hin, die von der Porta di Vesuvio herabkam und sicher sehr belebt war, wurde ein Raum vermutlich als Werkstatt oder kleiner Laden benutzt.

Die dekorative Ausstattung, die zusammen mit der Erweiterung des Hauses erfolgte, gehörte der dritten Stilperiode an. Von ihr sind nur geringe Reste erhalten. In der zweiten Hälfte der fünfziger Jahre erhielt das Haus fast überall neue Wanddekorationen, die bis zum Untergang Pompejis unverändert blieben, obgleich sie beim Erdbeben im Jahr 62 beschädigt wurden. Daß man die Beschädigungen nur durch Grobputz provisorisch ausbesserte und die Wände in diesem Zustand immerhin 17 Jahre ließ, deutet nach Ansicht von Professor Strocka auf nachhaltig geschwächte Finanzkraft des Eigentümers. Nach dem Erdbeben von 62 wurde der Eingang zu der Werkstatt oder dem Laden zugemauert, »vielleicht weil der Ernährer der Familie umgekommen war und die Werkstatt geschlossen werden mußte«.

Von der Größe des Hauses, der Zahl der Zimmer und der Möglichkeiten, Betten zu stellen, kann auf die Zahl der Bewohner geschlossen werden. Strocka meint, daß hier wahrscheinlich zwei Familien wohnten, die des Hauseigentümers von wenigstens sechs bis höchstens zehn Personen und mindestens zwei, höchstens fünf Sklaven oder Gesellen, dazu die kleinere Familie in der Einliegerwohnung, insgesamt zwölf bis zwanzig Bewohner von drei Kategorien: »kleinbürgerliche Hausbesitzer, Mieter wohl der freigeborenen Unterschicht und Sklaven oder Lohnarbeiter«.

Bis zum Erdbeben im Jahr 62 lebte die Hauseigentümerfamilie in einem bescheidenen Wohlstand. In den eigentlichen Wohnräumen genügten ihr die einfachsten Wanddekorationen, nur im Triclinium sowie im Atrium und im Garten, wo Gäste empfangen wurden, scheint sie auf eine gewisse Repräsentation Wert gelegt zu haben. Doch blieben auch in Triclinium und Exedra, einem zum Garten hin offenen Raum, die Malereien durchaus konventionell und zeigen allgemein beliebte Motive: die Liebespaare Perseus und Andromeda, Adonis und Aphrodite, sowie die Schutzgötter der Lebensfreude und des Glücks, Bacchus und Venus.

Auffallend war in diesem Haus die Aufstellung der Laren, der Hausgötter Lares, Penates und Genius, die dies alles schützen sollten vor häuslichem Schaden, also auch vor Einbrechern und Dieben. Das Lararium, der Hausaltar, stand so, daß die Laren von dort aus in fast alle Räume des Hauses blicken konnten; für ihre schützenden Sehstrahlen gab es in den Wänden kleine Fenster als Gucklöcher, was an heutige elektronische Sicherheitsanlagen denken läßt. Aber die Laren waren weder ein Schutz vor Erdbeben und dem Vesuv noch vor Einbrechern und Dieben. Wie sehr die Pompejaner immer die Laren verehrt und an ihren Schutz geglaubt haben mögen, verlassen haben sie sich nicht auf sie, jedenfalls nicht auf sie allein. Das zeigen die vielen Schlösser, die sie an ihren Haustüren und an ihren Schatztruhen anbrachten, keine einfachen, sondern Sicherheitsschlösser. Und das wiederum deutet darauf hin – was indessen auch aus der antiken Literatur bekannt ist –, daß es schon im Römischen Reich viele Räuber, Einbrecher, Diebe gab, gegen die auch die guten Geister machtlos waren, damals wie heute.

Auch wir hätten uns auf dem Weg nach Pompeji nicht nur auf sie verlassen dürfen. Noch in Rom, wo wir für nur zehn Minuten unser Auto stehen ließen, im größten Verkehr vor dem Kolosseum, schlugen Ragazzi uns eine Scheibe ein und stahlen die Kamera mit sämtlichen Aufnahmen, die wir in den Tagen zuvor in vielen etruskischen Gräbern gemacht hatten. Und in Pompeji konnten wir dann nicht fotografieren. Als wir einige Jahre später ein zweites Mal nach Pompeji fuhren, machten wir um Rom einen großen Bogen und übernachteten 50 Kilometer östlich in dem Städtchen Subiaco, 400 Meter hoch in den Bergen, abseits vom großen Verkehr, wo Nero einst eine Villa besaß, der heilige Benedikt von Nursia in einer Höhle als Einsiedler gelebt haben soll und wo es das älteste Bildnis vom heiligen Franziskus gibt, dem Gründer der Bettelorden. Auch dort wurde uns das Auto aufgebrochen, und mit dem Autoradio stemmten die Diebe das ganze Armaturenbrett heraus. Das war das fünfte (und bisher letzte) Mal, daß uns in Italien das Auto geknackt wurde. Es war Leichtsinn, auf den heiligen Franziskus zu bauen; er ist nicht nur der Schutzpatron Italiens, sondern auch der Diebe.

12. Kapitel

Elektrobatterien aus der Zeit Cäsars und Kleopatras

Versuche an Funden aus Mesopotamien bestätigen, daß die Parther schon vor zweitausend Jahren Elektrizität kannten

Die Zuschauer eines Kleopatra-Films würden wohl in Hohngelächter ausbrechen, wenn sie mitansehen müßten, wie die ägyptische Königin ihren römischen Freund Cäsar beim Schein einer elektrischen Taschenlampe durch die nächtlichen Straßen Alexandrias oder ins Innere der Cheopspyramide führt. Elektrizität, würden sie sagen, war den Menschen vor zwei Jahrtausenden ja nun wirklich nicht bekannt! Und in der Tat kann jedes Lexikon bestätigen: Erst in der Neuzeit wurde sie entdeckt, um 1600 zunächst als »Reibungselektrizität«, nachdem bemerkt worden war, daß der Bernstein, den die alten Griechen »elektron« genannt hatten, nach dem Reiben leichte Körper anzieht; und noch später, 1789, meinte der italienische Arzt und Naturforscher Luigi Galvani bei seinem berühmten Froschschenkelversuch, die »tierische Elektrizität« gefunden zu haben, womit dann die Erforschung der Elektrizität eigentlich erst begann.

Nun wäre es freilich Aberwitz, Kleopatra mit einer Taschenlampe oder Cäsar mit einem elektrischen Rasierapparat darzustellen, aber schon zu ihren Zeiten haben zumindest die Gold- und Silberschmiede der in Mesopotamien lebenden Parther mit Elektrizität gearbeitet, die sie in gut handgroßen Batterien erzeugten; sie waren in der Lage, metallene Gegenstände auf galvanische Weise zu vergolden – etwa 1800 Jahre vor Galvani! Das wurde vor rund zehn Jahren von dem Archäologen und Ägyptologen Dr. Arne Eggebrecht nicht nur behauptet, sondern – zumindest als Möglichkeit – auch experimentell nachgewiesen, anläßlich der von ihm in seinem Hildesheimer Roemer- und Pelizaeus-Museum initiierten Ausstellung »Sumer – Assur – Babylon«, die später auch in Berlin gezeigt wurde, unter dem Namen »Der Garten Eden«. Nur weil er so unwahrscheinlich klingt, fällt es schwer, diesen Satz ohne Zögern hinzuschreiben: Die Experimente erlauben an der Richtigkeit von Eggebrechts Behauptung kaum noch Zweifel.

Die Ausstellung, die zuvor in Tokio, Oslo, Stockholm, Helsinki, Genf und Kopenhagen gewesen war, zeigte Teile einer solchen Elektrobatterie erstmals auch in Deutschland. Im Katalog wurden sie genau wie im irakischen Nationalmuseum von Bagdad, das sie mit anderen Leihgaben zur Verfügung gestellt hat, als »Apparat« geführt. Der Apparat, bestehend aus einer 18 Zentimeter hohen Terrakottavase, einem etwas kürzeren Kupferzylinder und einem oxydierten Eisenstab, mit Resten von Bitumen und Blei daran, war im Jahre 1936 von dem deutschen Archäologen Wilhelm König bei Ausgrabungen einer parthischen Siedlung bei Bagdad gefunden worden. Schon König kam auf die Idee, daß es sich bei dem Fund, der aus der Zeit um Christi Geburt stammt (und der kein Einzelstück blieb), um eine Strom erzeugende Batterie handeln könne. Und er vermutete, wie solche Batterien hergestellt worden waren: Dünnes Kupferblech wurde zu einem Zylinder von etwa zwölf Zentimetern Länge und zweieinhalb Zentimetern Durchmesser geformt und mit einer Lötmasse aus einer Zinn-Blei-Legierung verlötet. Den Boden des Zylinders bildete eine dicht schließende Kupferkappe, die nach innen mit Bitumen isoliert wurde. Oben wurde der Zylinder mit einem Bitumenpfropfen verschlossen. Durch diesen Pfropfen ragte, gegen das Kupfer isoliert, ein etwa elf Zentimeter langer Eisenstab tief in den Zylinder hinein.

Wenn eine solche Kupfer-Eisen-Konstruktion nun – was heute jeder Schüler aus dem Chemieunterricht weiß – mit einer sauren oder basischen Flüssigkeit aufgefüllt wird, hat man ein galvanisches Element, übrigens in genau derselben Kombination, die Galvani für das nach ihm benannte Element benutzte. Um den Kupferzylinder nach außen zu schützen, wurde er in die Terrakottavase eingelassen, befestigt und zugleich isoliert mit Hilfe von Bitumen. Dieses Bitumen war natürlicher Asphalt, manchmal auch als Erdpech bezeichnet, zum Beispiel in der Bibel, wo Noah es zum Abdichten seiner Arche benutzt. Große Asphaltvorkommen gab es im Land der Parther, aber auch in Palästina, wo Herodes der Große einen höchst lukrativen Export betrieb, nahezu in die ganze westliche Welt, vor allem jedoch nach Ägypten, wo man große Mengen des »Judenpechs« zum Einbalsamieren brauchte. Noch unbekannt ist, welche Säuren die Parther für ihre Batterien nahmen, doch weiß man, was ihnen allenfalls an Säuren zur Verfügung stand: nämlich Wein, Essig, Zitronensaft.

Daß die Batterie damit funktionierte, daß sie überhaupt funktionierte, hat schon 1957 der Amerikaner F. M. Gray, wissenschaftlicher Angestellter im Hochspannungslaboratorium der General Electric in Pittsfield (USA), bewiesen. Mit einer genauen Nachbildung des Apparats und unter Verwendung von Kupfersulfatlösung gelang ihm die Erzeugung von elektrischem Strom. Dieses Experiment hat Arne Eggebrecht in Hildesheim wiederholt, ebenfalls mit Erfolg. Auch Eggebrecht hat den parthischen Apparat nachbauen lassen. Als Batterieflüssigkeit nahm er den Saft frisch ausgepreßter Trauben. Die an ein Meßgerät angeschlossene Batterie gab Strom mit einer Spannung von 0,5 Volt ab.

Damit war erneut bewiesen, daß es sich bei diesem Apparat aus dem Ruinenhügel von Chujut Rabuah und bei einigen weiteren Kupferzellen, die in Seleukia am Tigris und im benachbarten Ktesiphon, der parthischen Hauptstadt, gefunden wurden, tatsächlich um elektrische Batterien handelt – aus der Zeit vor rund zweitausend Jahren. Offen war jedoch noch die Frage, wozu die Parther solche Batterien benutzten. Die in Hildesheim und in Berlin gezeigte Batterie stammt aus einem Haus, das etwas außerhalb der parthischen Siedlung lag und bei dem drei Tonschalen mit Zauberinschriften gefunden wurden. Es könnte also das Haus eines »Zauberers« gewesen sein, meinten einige Archäologen, eines Heilkundigen, der möglicherweise mit dem elektrischen Strom zu heilen versuchte. Aber für eine wie immer geartete Form von Elektrotherapie dürfte der Strom zu schwach gewesen sein.

Von Anfang an hatte man auch daran gedacht, daß solche Batterien zum Vergolden benutzt wurden. Und daß dies möglich ist, hat Eggebrecht ebenfalls experimentell nachgewiesen. Im Beisein von

Reste einer Strom erzeugenden Batterie aus der Zeit Cäsars, die die Parther möglicherweise zum Vergolden benutzten.

Fachleuten wurde die Stromquelle mit einer Galvanisierwanne verbunden, und innerhalb von zweieinhalb Stunden gelang es, eine kleine silberne Figur, die Replik einer parthischen Königsstatue, rundum zu vergolden: ein höchst eindrucksvolles Ergebnis. Doch warf es eine neue Frage auf, die erst noch beantwortet werden mußte, bevor man endgültig sagen kann, daß die Parther (und vielleicht auch schon die Griechen und die Ägypter) die galvanische Vergoldungstechnik beherrschten. Diese Frage ist, wie die Parther das fürs galvanische Vergolden erforderliche Goldzyanid gewannen, das in der Natur nicht vorkommt. Eine Möglichkeit, vielleicht die Antwort, fand der Galvaniseur Kurt Pengel, der an dem Experiment teilnahm: Bei der Herstellung von Blattgold, das seit jeher durch Hämmern von Goldblech zwischen Lederlappen geschieht, bewirkt schlecht gegerbtes, verrottendes Leder, daß sogar Gold oxidiert und also Goldzyanid entsteht. Daß eine Vergoldung ohne Goldzyanid nicht funktioniert, hat ein Versuch des Münchner Chemikers Wolfgang Schmidt erbracht.

Leichter zu beantworten ist die Frage, wer die Parther waren und ob man diesem indo-europäischen Reitervolk, das aus den Steppen zwischen Oxus und Iaxartes kam, so viel technisches Wissen zutrauen kann. Um 250 v. Chr. ließen sich die Parner – so hießen sie ursprünglich – am Ostufer des Kaspischen Meeres nieder, in der frühen achämenidischen Satrapie Parthien, nach der sie von da an Parther genannt wurden. Dort gründeten sie ihr Reich, das über nahezu fünf Jahrhunderte bestand, so lange wie kaum ein anderes im Alten Orient. Unter Mithridates I., einem ihrer bedeutendsten Herrscher, eroberten sie 141 v. Chr. Mesopotamien, das Zweistromland zwischen den Flüssen Euphrat und Tigris. Dort, wo lange vor ihnen die bedeutenden Hochkulturen der Sumerer, Assyrer und Babylonier gewesen waren, saßen sie in jenem Land, wo – nach der Schöpfungsgeschichte – einst das Paradies lag und wo Menschen zuerst seßhaft wurden, wo aber mit der Vertreibung Adams und Evas auch die Geschichte menschlichen Leidens begann. Es war jenes Land, aus dem Abraham stammte und das wie kaum ein anderes unser kulturelles Leben beeinflußt hat, aber dennoch in Vergessenheit geriet, ein Land der Wunder und entscheidender Erfindungen.

Dort erfanden die Sumerer das Rad, zunächst das aus mehreren Teilen zusammengesetzte Scheibenrad, wie es eine Standarte von Ur aus dem Jahre 2500 v. Chr. zeigt, auf der ein von Pferden gezogener Streitwagen dargestellt ist, später auch das Speichenrad. Dort entstanden frühe Stadtkulturen, und dort wurde vor mehr als 5000 Jahren eine Schrift entwickelt, anfangs in Bildzeichen, die später zur Keilschrift wurde, in der König Hammurapi vor 3750 Jahren einen Rechtskodex fixieren ließ, der 280 Rechtsgrundsätze für das tägliche Leben enthielt, wie zum Beispiel diesen: »Wenn ein Baumeister ein Haus für einen Bürger gebaut hat, so daß das Haus... zusammenbricht und so den Tod des Besitzers verursacht, so soll man den Baumeister töten.«

Dort wurden von hohen Türmen aus die Gestirne beobachtet, und ein Ergebnis solcher Beobachtung war die Einteilung des Jahres in 12 Monate zu 30 Tagen und die daraus hergeleitete Einteilung des Tages in 12 Stunden und in so viele Minuten, wie das Jahr Tage hatte, nämlich 360, womit zugleich die Gradeinteilung des Kreises gefunden war: Da die Sonne in einem Tag, also in 360 babylonischen Minuten, um die Erde einen Kreis zu schlagen schien, ließ sich ein Kreis in 360 Teile oder (wie wir noch heute sagen) Grade unterteilen.

Und dort wurden auch die Parther zur führenden Macht im Orient. Die politische, wirtschaftliche und kulturelle Bedeutung der parthischen Großmacht hing mit der geographischen Lage zusammen. Die Parther saßen an der berühmten Seidenstraße und kontrollierten mit zahlreichen Zollstationen fast den gesamten Handel zwischen China und Indien und andererseits auch einen großen Teil des Handels zwischen Rom und dem Fernen Osten.

Mit den Römern gerieten sie jedoch bald in Interessenkonflikt, und die parthischen Kriege haben die Römer viel Kraft gekostet. Die Römer haben die Parther stets als gleichwertige Macht anerkannt, besonders 53 v. Chr. nach ihrer großen Niederlage bei Karrhai, in der der Römer Crassus sein Leben und sein ganzes Heer verlor. Später bat Kaiser Caracalla einen parthischen König um die Hand seiner Tochter, um durch ein dynastisches Ehebündnis das Parther-Reich mit dem Römischen Reich zu vereinen. Als die Parther abwinkten, begann Caracalla einen neuen Parther-Krieg, der für ihn und Rom jedoch schlimm ausging.

Zu Unrecht sind die Parther in der Forschung lange Zeit als »hellenisierte Barbaren« unterschätzt worden, obwohl in den dreißiger Jahren der namhafte russische Historiker und Archäologe Michail Rostovtzeff vor allem auf die große Bedeutung der parthischen Kunst hinwies und in den Parthern die Erfinder der »Frontalität« sah. Das heißt, die Parther stellten schon sehr früh Figuren von vorn dar (doch waren sie damit nicht die ersten). Es ist an der Zeit – so der Göttinger Archäologe Klaus Schippmann –, »sich mit dem Gedanken vertraut zu machen, daß die Parther gleichberechtigt neben den Achämeniden und Sassaniden eine der drei großen altpersischen Dynastien waren«. Bedeutendes leisteten sie in der Architektur, vor allem im Tempelbau, wo sie – wie in Hatra und Assur – eine neue Deckenkonstruktion erfanden, nämlich das Tonnengewölbe über rechteckigem Grundriß.

Es scheint also durchaus berechtigt, den Parthern auch auf dem Gebiet der Metallverarbeitung großes technisches Können zuzusprechen, zumal schon ihre Vorgänger in Ur und Babylon bedeutende Metallurgen waren. Und allein die von den Parthern überlieferten Goldschmuckstücke beweisen ihr Können. Aber die begründete Vermutung, daß die Parther – und vielleicht auch andere Völker – bereits galvanisiert haben, wird nur durch weitere und umfangreiche Forschungen bestätigt werden können. Arne Eggebrecht plädierte schon damals dafür, dieses Problem mit einem gezielten Forschungsauftrag anzugehen. Dabei müßten zunächst die bisher bekannten vergoldeten Stücke noch einmal genau untersucht werden. Aus der antiken Literatur weiß man, daß damals die Technik des Feuervergoldens bekannt war. Dabei wird eine Gold-Quecksilber-Legierung in kaltem Zustand aufgetragen und dann das Quecksilber durch Erhitzen verdampft. Dieses Verfahren ist hernach mit bloßem Auge erkennbar, weil die Vergoldung ungleichmäßig ist und häufig Blasen aufwirft. Doch sind feuervergoldete Stücke aus der Antike bisher nicht nachgewiesen, sagt der englische Experte für antike Metallverarbeitung D. A. Oddy vom Britischen Museum in London. Bei der Prüfung einer antiken vergoldeten Silberfigur kam Oddy zu der Überzeugung, die Figur müsse in flüssiges Gold getaucht worden sein. Dies aber ist nach Auskunft von Hildesheimer Goldschmieden unmöglich: Das Silber würde beim Eintauchen in das heiße flüssige Gold seinerseits schmelzen. Auf Befragen gab Oddy zu, daß er zu seiner Überzeugung nicht auf experimentellem Wege gekommen war!

Ganz allgemein sei bisher versäumt worden, sagt Eggebrecht, festzustellen, ob goldene Figuren und Schmuckstücke wirklich, wie behauptet, aus massivem Gold sind. Im Hildesheimer Museum gibt es eine gut 2000 Jahre alte Osiris-Figur, die aus Gold zu sein scheint, in Wahrheit aber aus Silber und nur vergoldet ist. Erkennbar wurde dies, weil das Silber oxidiert war und die Oxidationsschicht nach außen durchgeschlagen war. Eggebrecht ist überzeugt, daß in den Museen viele angeblich goldene Exponate in Wahrheit nur vergoldet sind. Dies zu prüfen, mit Hilfe des spezifischen Gewichts, sei notwendig. Aber sein Vorschlag stieß bisher auf taube Ohren, was indessen kein Wunder ist, denn nur allzu wenige Museumsdirektoren möchten das Risiko eingehen, ihre für pures Gold geltenden Exponate als bloße Vergoldungen entwerten zu lassen.

Am Ende mag mancher fragen, ob denn das Wissen von einer so wichtigen Technik, vorausgesetzt, die Parther hätten es gehabt, einfach verlorengehen, beziehungsweise anderen, etwa den Römern, über so lange Zeit verborgen bleiben konnte. Dazu ist zu sagen: Auch anderes Wissen und andere Techniken gingen verloren, wie zum Beispiel die Erkenntnisse der erstaunlich hoch entwickelten altägyptischen Medizin, die Methode der vor Jahrtausenden in Mesopotamien durchgeführten Schädeltrepanationen und die im alten Indien angewandte chirurgische Technik, verstümmelte Nasen wiederherzustellen. Ein anderes Beispiel ist die von den Etruskern vollendet beherrschte Technik, aus Gold und Elfenbein künstliche Zähne herzustellen, die mit Schlaufen aus Golddraht an den natürlichen Zähnen befestigt wurden. Ganze Brücken aus drei bis vier Kunstzähnen wurden auf diese Weise eingefügt, und zwar so, daß sie herausnehmbar waren. Von den Etruskern, in deren Gräbern solche Funde gemacht wurden, haben die Römer diese Technik übernommen. Auch den Ägyptern war solcher Zahnersatz bekannt. Bei ihnen gab es Spezialisten für die Behandlung von Zahnkrankheiten, die es verstanden, locker gewordene Zähne wieder zu befestigen und hohle Zähne mit Füllungen aus Gemischen von Ocker, Steinmehl, Samenkörnern des Emmer, Malachit und Terebinthenharz versahen. All dieses Wissen und Können ging irgendwann verloren, wohl als sich die gesellschaftlichen Strukturen grundlegend veränderten und diejenigen, die solches Wissen besaßen, ihre Macht verloren. Denn es handelte sich dabei um Geheimwissenschaften, mit denen allein die Priester-Ärzte vertraut waren, die ihr Wissen nicht preisgaben.

So kann es auch mit dem Vergolden gewesen sein, das für den Augenschein ja eigentlich ein Goldmachen war: Kupferne oder silberne Stücke wurden mit Hilfe eines mysteriösen Apparats in goldene verwandelt. Das konnten nur Zauberer. Vielleicht war auch die naturwissenschaftlich sehr gebildete Kleopatra eine solche Zauberin: Immerhin wurde ihr nachgesagt, sie habe auf geheimnisvolle Weise Gold hergestellt. Möglicherweise beherrschten auch schon die Ägypter die galvanische Vergoldungstechnik. Ganz ohne Zweifel aber steht fest, daß die Parther zur Zeit Cäsars und Kleopatras elektrische Batterien gekannt haben. Und nicht zuletzt spricht die Reinheit ihrer Vergoldungen dafür, daß die Parther und vielleicht schon deren Vorgänger in Ur und Babylon auch galvanisiert haben.

13. Kapitel

Siebentausend Tonsoldaten schützen noch immer Chinas Ersten Kaiser

In Si'an, auf der zur Zeit spektakulärsten Grabung der Welt, wurden wir zu »Gefangenen der Volksrepublik China« erklärt

Wirklich aufregend sind archäologische Ausgrabungen eigentlich nur für Archäologen selbst und für unmittelbar beteiligte Augenzeugen. Nur sie erleben das prickelnde Gefühl, Dinge ans Licht kommen zu sehen, die vor Jahrhunderten oder gar Jahrtausenden gleichsam außerhalb des Zeitablaufs gerieten, aber dann, im Augenblick ihres Wiedererscheinens, zu neuem Leben erwachen. Das kann schon beim Fund einer Handvoll Scherben so sein, stärker sicherlich bei der Öffnung eines Grabhügels und noch stärker wohl, wenn gut erhaltene Ruinen von Häusern oder Palästen freigelegt werden. Kaum vorstellbar aber ist es, eine ganze lebensgroße Armee mit Mann und Roß und Wagen, mit ihren Generälen und sämtlichen Offizieren, die vor 2200 Jahren in Stellung gebracht wurde, um Leben und Reich eines Kaisers für alle Ewigkeit zu schützen, Mann um Mann ans Licht kommen zu sehen, insgesamt mehr als siebentausend unterschiedlich bewaffnete und uniformierte, fast zwei Meter große Figuren aus Terrakotta. Dies erlebte ich in China, 40 Kilometer nordöstlich der Zweieinhalb-Millionen-Stadt Si'an, die 900 Kilometer südwestlich von Peking liegt. Übrigens hätte es gar nicht der besonderen Einladung durch die Regierung der Volksrepublik China bedurft, die an die UNESCO, die United Nations Educational, Scientific and Cultural Organization, und an achtzehn Journalisten aus fast ebenso vielen

Ländern der westlichen Welt ergangen war. Denn zumindest theoretisch kann jeder diese zur Zeit zweifellos spektakulärste Grabung besuchen und den chinesischen Archäologen bei ihrer Arbeit zusehen.

Um dies zu ermöglichen, wurde über das Hauptgrabungsfeld (»Unterstand Nummer 1«) eine riesige Halle gebaut. Sie ist 240 Meter lang, 70 Meter breit, 22 Meter hoch, und von einem an den Innenseiten rundherum führenden Gang und mehreren querlaufenden Brücken aus können die Besucher auf das tiefer liegende Grabungsfeld hinuntersehen, wo – unabhängig von der Witterung – zu jeder Zeit gearbeitet werden kann. Zur Zeit unseres Besuchs, im Sommer 1980, während der Regenzeit, waren schon mehr als fünfhundert jener lebensgroßen Soldaten sowie die Reste mehrerer zweirädriger Streitwagen und eine Reihe ebenfalls lebensgroßer Pferde freigelegt worden. Inzwischen wurden gut noch einmal so viele Figuren ausgegraben. Bis alle etwa siebentausend Soldaten wieder so stehen, wie sie vor zwei Jahrtausenden aufgestellt wurden, werden noch einige Jahre vergehen.

Begonnen hatte dieses archäologische Abenteuer erst wenige Jahre zuvor, nämlich 1974, nachdem Bauern bei der Anlage eines Brunnens auf einen Hohlraum mit Teilen solcher Terrakottafiguren gestoßen waren. Herbeigerufene Archäologen hatten den Fund sogleich mit dem nur 1225 Meter entfernten und seit langem bekannten Grabmonument des »Ersten erlauchten Kaisers von China« in Zusammenhang gebracht.

Der Erste Kaiser von China, Ch'in Shi-huang-ti, lebte von 259 bis 210 vor Beginn unserer Zeitrechnung. Er war zwar der erste, der sich Kaiser nannte (wie nach ihm, bis zum Jahr 1912, 170 andere chinesische Kaiser) und der für sich den Status eines »Göttlichen« beanspruchte, aber er war keineswegs der erste chinesische Herrscher. Als er an die Regierung kam, als König Tsch'eng im Königreich Ts'in, hatten die Chinesen bereits eine zweitausendjährige Geschichte mit hoher Kultur hinter sich, und seit gut einem Jahrtausend besaßen sie eine Schrift und ein starkes Beamtentum. Seit etwa 1050 v. Chr. lag das Zentrum des chinesischen Reiches, das ungefähr das jetzige Nordchina umfaßte, nahezu beim heutigen Si'an. Die zentrale Regierung beruhte auf dem Feudalsystem: Der Herrscher vergab Teile des Landes Angehörigen seiner Familie zu Lehen. So entstand unter ihm, dem Lehnsherrn, eine Schicht von Vasallen, die ihm zur Treue verpflichtet waren und ihm Vasallendienste zu leisten hatten, wie zum Beispiel Kriegsdienst und Hofdienst, und ihm Tribute zahlen mußten.

Schon nach einigen Generationen begannen die Lehnsstaaten, die grundsätzlich so organisiert waren wie der Herrscherhof selbst, sich zu verselbständigen. Dies führte zunächst zu einer Schwächung der Macht des Herrschers, dann zu Zusammenstößen der verschiedenen Lehnsstaaten. Durch Eroberung von Neuland erstarkten die Lehnsherren an den Rändern des Reiches. Besonders stark, vor allem wirtschaftlich, wurde der Lehnsstaat Ts'i im Herzen der ostchinesischen Ebene, dessen Reichtum vornehmlich durch die Gewinnung von Salz entstand und durch ein Salzmonopol über lange Zeit gesichert war. Ein anderer mächtiger Staat war Tsin, der sich Mitte des 5. Jahrhunderts v. Chr. in drei Staaten spaltete. Einer von diesen war Ts'in, der zum militärisch bestorganisierten Staat heranwuchs. In Ts'in wurde auch die Verwaltung neu organisiert, wobei alle Reste des Lehnswesens verschwanden. Grund und Boden wurden frei verkäuflich, Klassenunterschiede zwischen Adligen und Gemeinen aufgehoben, Einwanderungen von Siedlern und Soldaten begünstigt. Unter der Regierung des jungen Königs Tsch'eng wurden nacheinander alle anderen chinesischen Staaten in blutigen Kriegen erobert und annektiert, als letzter, im Jahr 221 v. Chr., das Land Ts'i, das lange Zeit die führende Macht im Reich der Mitte gewesen war. Damit war China nach jahrhundertelanger Zersplitterung wieder geeint, und Tsch'eng nahm zum Zeichen seiner überragenden Herrscherstellung einen imperialen Titel an und nannte sich Ch'in Shi-huang-ti, was eigentlich Erster Göttlicher heißt, aber allgemein mit Erster, erlauchter Kaiser übersetzt wird, obgleich »Kaiser« ja erst von Cäsar kommt.

In Wahrheit steckt sehr viel mehr in diesem Titel, wie der britische Sinologe Arthur Cotterell in seinem Buch über Ch'in Shi-huang-ti ausführt: »König Tsch'eng nahm die beiden für die sagenhaften göttergleichen Könige der Urzeit reservierten Bezeichnungen huang und ti an und setzte davor das Wort shi = ›der Erste‹ und beanspruchte damit den Status eines ›Göttlichen‹, der eine neue Ära begründet.« Von dem sagenhaften Herrscher Huang-ti, der dem chinesischen Reich als erster eine bis dahin auf Erden unbekannte Ordnung gegeben hatte, war überliefert worden, daß er am Ende seines Lebens, als er seine Aufgabe erfüllt hatte, als ein Hsien, ein Unsterblicher, gen Himmel gefahren war. Auch Ch'in Shi-huang-ti wollte mit den Unsterblichen in Verbindung kommen, ja er wollte selber unsterblich werden.

Offenbar litt der Erste Kaiser an manischer Todesfurcht, und dies vor allem war es, was ihn nach Möglichkeiten suchen ließ, ewig zu leben. Jahrelang eilte er durch sein riesiges Land, jagte dahin auf den von ihm angelegten Schnellstraßen, in Wagen mit der von ihm für alle Wagen und Karren in ganz China genormten Spurenweite. Ch'in Shi-huang-ti schickte Expeditionen in unbekannte Regionen, um die legendären Inseln der Unsterblichen, von denen ihm erzählt worden war, suchen zu lassen, und er war selber ständig unterwegs, weil er das Elixier des ewigen Lebens finden wollte. In seinem Reich hat er alles genormt und vereinheitlicht: Maße und Gewichte, die Währungen, die Kalender, die Schriftformen, die Gesetze, die Moral. Und sogar die Menschen.

Und allen Menschen ließ er dieselbe Bildung zuteil werden. Andere Formen von Bildung verbot er. Im Jahr 213 v. Chr. ließ er – so heißt es – sämtliche Bücher, auch aus Privatbesitz, die nicht unmittelbar der militärisch-despotischen Verwaltungspraxis seines Einheitsstaates förderlich waren, verbrennen. Das traf vor allem die Konfuzianer. Und 460 konfuzianische Gelehrte ließ er sogar umbringen, was seinen späteren Bewunderer Mao Tse-tung nach gut zwei Jahrtausenden zur eigenen Verherrlichung ausrufen ließ: »Was zählt schon der Erste Kaiser? Er hat nur 460 konfuzianische Gelehrte lebendig begraben, wir aber 46000!«

Mao, der Erste Vorsitzende und Staatspräsident der Volksrepublik China, der erst vor gut einem Jahrzehnt in seinem Mausoleum auf dem 40 Hektar großen Tian-an-men-Platz, dem größten Platz Pekings, sein wahrscheinlich nur kurzes ewiges Leben begann – sein Ruhm ist längst im Verblassen –, sah in Chinas Erstem Kaiser seinesgleichen: den Einiger des Reiches, den Bändiger der menschlichen Natur. Und vielleicht hat Mao, den es ja ebenfalls nach Unsterblichkeit gelüstete und der um seine Person einen Führerkult aufbaute, um seine Stellung und sein späteres Andenken zu stärken, nicht ohne Neid gelesen, was der mißtrauische und stets Attentate fürchtende Ch'in Shi-huang-ti sich für sein ewiges Leben erdachte und realisieren ließ, nachdem er weder das ersehnte Elixier noch die Inseln der Unsterblichen gefunden hatte. Elf Jahre vor seinem Tod (im Alter von noch nicht 40 Jahren) ließ er bei seiner Hauptstadt Si'an den Bau seines Grabes beginnen.

Verglichen mit dieser zwei Quadratkilometer großen Mausoleumsanlage, bei der es sich nach alten Überlieferungen um eine gewaltige unterirdische Palaststadt handeln soll, wirkt das Grab Tut-anch-Amuns, des Goldenen Pharao, eher bescheiden – vorausgesetzt, daß die Angaben antiker chinesischer Historiker der Wahrheit entsprechen. Danach enthält das eigentliche Grabmal ein riesiges Bronzerelief. Es stellt das chinesische Reich dar, mit Bergen, Tälern, Ebenen, Flüssen, Kanälen, mit Städten, Palästen und der Großen Mauer, mit deren Bau Ch'in Shi-huang-ti begonnen hatte. Die Flüsse sind aus Quecksilber, und auf einem von ihnen soll der schiffsförmige Sarkophag des Kaisers schwimmen, noch immer – wie chinesische Archäologen vermuten – unberührt. Über die ganze Anlage, die – abgesehen von dem Sarkophag – bald nach des Kaisers Beisetzung ausgeraubt worden sein soll, wölbt sich eine kupferne Kuppel mit Nachbildungen der Gestirne. Und – so der hundert Jahre nach der Fertigstellung wirkende Historiograph Siaqian – es wurden überall Leuchter aufgestellt, die aus großen Reservoiren mit Fischtran gespeist wurden, um zu gewährleisten, daß sie für immer oder doch für eine sehr lange Zeit brennen.

Legende? Dichtung? Ausschmückende Übertreibungen? Dies wohl auch, wenn es beispielsweise heißt, die Bauarbeiter, die hier gearbeitet hatten, seien getötet worden, als das Monument, über dem ein fünfzig Meter hoher Erdhügel aufgetürmt wurde, vollendet war, und vor den Sargträgern habe man, als sie die Gruft wieder verlassen wollten, das schwere Jadetor zugeschlagen, damit sie nichts verraten könnten. Eine in der Tat unglaubliche Geschichte, wenn man bedenkt, daß etwa 720000 Menschen elf Jahre lang an der Anlage gearbeitet haben sollen. Und wieso verraten? Den Ort kannte ja jeder; noch jetzt ist der weithin sichtbar aus der Landschaft herausragende Hügel als der Tumulus des Ersten Kaisers bekannt. Das eigentlich Erstaunliche, ja für Besucher aus der schnellebigen westlichen Welt kaum Faßbare ist dies: Bis heute haben die Chinesen nicht versucht, das Hügelgrab zu öffnen. Nicht einmal Probegrabungen haben sie gemacht. Fehlt es ihnen an Geld? Oder vielleicht an methodischem Wissen? »Aber nein«, lächelten sie über solche Fragen, »wir haben doch viel Zeit; niemand und nichts zwingt uns, das Grab jetzt schon zu öffnen; auch die folgenden Generationen werden hier noch ausgraben können.«

Die Chinesen beschränken sich erst einmal auf die Ausgrabung der Armee des Ersten Kaisers, die ihn und seine Grabanlage schützen sollte. Viele der bereits ausgegrabenen Soldaten stehen jetzt ohne Kopf und alle mit leeren Händen da. Einst hielten sie Lanzen, Bogen, Standarten oder die Führungsleinen der Pferde. Die metallenen Waffen wurden ihnen geraubt, die hölzernen Lanzen und die ebenfalls hölzernen Wagen sind größtenteils verbrannt. Denn schon kurz nach des Ersten Kaisers Tod waren Rebellen in den unterirdischen Bereich der tönernen Armee eingedrungen und hatten dort Feuer gelegt. Dabei verbrannten viele der Stütz- und Deckenbalken, die die Geisterarmee gegen die Oberwelt abschirmten, und so stürzten die darüber aufgeschütteten Erdmassen auf die Figuren ein und warfen viele von ihnen um oder zerdrückten sie. An einigen Stellen wurden nach dem Abtragen der Erd- und Aschenschicht auf dem in fünf Meter Tiefe liegenden gepflasterten Boden nur noch Scherbenhaufen gefunden: Köpfe, Arme, Hände, Füße, zerbrochene Beine, eingedrückte Körper. Infolge der Plötzlichkeit dieser Verschüttung liegen die Scherben der zertrümmerten Figuren glücklicherweise meistens so nah beisammen, daß eine Restaurierung nicht allzu schwierig ist. Und restauriert werden sollen möglichst viele Figuren. Eines Tages soll diese siebentausend Mann starke Armee des Ersten Kaisers in etwa wieder so stehen, wie sie vor zweitausend Jahren in Stellung gebracht worden war – mit einem wesentlichen Unterschied jedoch: Sie wird sichtbar sein.

Ursprünglich war die Armee verborgen: Sie befand sich ja unter der Erde und stellte also eine Art magischer Geisterarmee dar. Indessen waren die Soldaten so aufgestellt, als könnten sie jederzeit aus den Unterständen herausmarschieren und zum Kampf eingesetzt werden. Die vermutlich rund 4000 Soldaten des »Unterstands Nummer 1« sind folgendermaßen formiert: neun 200

Meter lange Marschkolonnen von jeweils etwa 400 Mann in Vierergliedern stehen parallel nebeneinander, doch sind die einzelnen Kolonnen seitlich voneinander durch stehengelassenes Erdreich völlig getrennt. Oder anders gesagt: jede dieser Kolonnen wurde einst in einen entsprechend langen, etwa zweieinhalb Meter breiten und fünf Meter tiefen Schacht oder Korridor gestellt, den die Figuren so sehr ausfüllten, daß niemand an ihnen hätte vorbeigehen können.

Sechs dieser Kolonnen führen an der Spitze einen von vier nebeneinander gehenden Pferden gezogenen Wagen. Vier dieser Wagen sind Streitwagen, die mit jeweils einem Wagenlenker und einem oder zwei Kämpfern besetzt waren. Zwei Wagen sind Kommandofahrzeuge, auf denen Offiziere fahren, erkennbar an ihren Helmen und Rangabzeichen. Vor den Wagen bilden die eigentliche Spitze dieser sechs langen Marschkolonnen jeweils zwölf ungepanzerte Fußsoldaten, während an der Spitze der drei Kolonnen ohne Wagen jeweils 32 Speerträger marschieren.

Die neun parallel aufmarschierten Kolonnen sind ringsum, also an den Außenseiten des 210 mal 60 Meter umfassenden Areals, von vier Kolonnen eingefaßt, die diese ganze Truppe offenbar nach vorn und hinten und an den Flanken sichern sollen. An den Flanken stehen über die ganze Länge von 200 Metern (ebenfalls in fünf Meter tiefen, aber nur 1,25 Meter breiten Korridoren) lange Kolonnen in Doppelreihe, wobei die Soldaten der äußeren Reihen um 90 Grad gedreht sind, so daß sie nach außen blicken.

Das Gros dieser militärischen Einheit, die etwa einem Regiment entspricht, ist also auf insgesamt neun 200 Meter lange Korridore verteilt. Die Korridore sind nur am Anfang und am Ende miteinander verbunden, durch zwei quer verlaufende Korridore, in denen ebenfalls Soldaten stehen, und zwar jeweils in drei Gliedern über die gesamte Breite der Formation. In den vorderen drei Gliedern, die die Front des Regiments darstellen, marschieren annähernd 200 Bogen- und Armbrustschützen. Die drei Glieder am Schluß sichern die Einheit nach rückwärts.

Der Boden der Korridore, auf denen die 1,80 Meter großen Soldaten, die Pferde und die Wagen stehen, ist mit Ziegeln gepflastert. Das zwischen den Korridoren stehengelassene lößartige Erdreich (in Breiten von etwa zwei Metern) war vor zweitausend

Siebentausend überlebensgroße Tonsoldaten, die einst echte Waffen trugen, sollten Chinas Ersten Kaiser schützen.

Jahren mit kräftigen Holzbohlen abgestützt und verkleidet worden, die zugleich die 30 Zentimeter starke Holzbohlendecke trugen, die in gut drei Metern Höhe über die ganze Anlage verlegt wurde. Auf die Holzdecke wurden Matten aus Fasergewebe gelegt, und darauf wurde eine 20 Zentimeter starke Tonschicht aufgebracht, um das Eindringen von Wasser zu verhindern; und darüber wurde der aufgegrabene Boden in der ursprünglichen Höhe wieder aufgefüllt, in einer Stärke von anderthalb bis zwei Metern.

So war also diese ganze militärische Einheit ganz und gar unter der Erde in Stellung gebracht worden, voll bewaffnet und in farbenprächtigen Uniformen, doch für niemanden sichtbar und folglich auch nicht geeignet, irgendwen abzuschrecken. Es führten allerdings von den querlaufenden Korridoren an der Spitze und am

Schluß des Regiments jeweils fünf Rampen an die Erdoberfläche. Wie sie im einzelnen angelegt waren, ob es da verschließbare und bewachte Tore gab, wozu sie überhaupt dienten, ist noch unklar. Vermutlich brauchte man einen Zugang zu der Anlage, um sie von Zeit zu Zeit inspizieren und sie in Ordnung halten zu können. Doch hätte dafür wohl eine einzige Rampe oder ein Treppeneinstieg genügt. Zehn gut drei Meter breite Rampen geben eigentlich nur Sinn in der magischen Vorstellung, daß diese Armee des Ersten Kaisers zumindest die Möglichkeit haben müsse, notfalls jederzeit ins Leben und in diese Welt zurückkehren zu können – vielleicht gar unter der Führung von ihm, Ch'in Shi-huang-ti, über den es in der zeitgenössischen Literatur immer wieder heißt, daß er unentwegt daran gedacht habe, unsterblich zu werden. Zum Beispiel: »Der Kaiser konnte nirgends glücklich werden und befahl den Gelehrten bei Hofe, Gedichte über Unsterbliche und reine Wesen zu schreiben. Wohin er sich auch immer begab, er ließ diese Gedichte in Musik setzen und singen.«

Rampen, auf denen die Soldaten des Ersten Kaisers aus der Unterwelt wieder heraufmarschieren könnten, gehören auch zu drei anderen wiederaufgefundenen Unterständen beim Grab von Ch'in Shi-huang-ti. Unterstand Nummer 2, der nur wenige Meter vom Unterstand 1 entfernt liegt, außerhalb der großen Halle, hatte fünf Rampen. Hier sind in 20 parallelen Korridoren, die aber wesentlich kürzer sind als die Korridore des Unterstands 1, und in mehreren Verbindungskorridoren 1400 Krieger kampfbereit aufgestellt.

Anders als beim Unterstand 1 bildet der Grundriß dieser Formation kein Rechteck, sondern ist sehr viel komplizierter, entsprechend der versetzten Aufstellung dieser Kampfeinheit, die aus mehreren Untereinheiten verschiedener Waffengattungen besteht. Die größte Einheit in diesem Unterstand bilden 64 zweirädrige Streitwagen mit jeweils vier Pferden. Eine andere besteht aus einer Gruppe kniender Bogenschützen, um die herum Reihen ungepanzerter Speerträger stehen. Dies ist die Spitze dieser Truppe, die im übrigen aus Einheiten gepanzerter Kavalleristen und ihren Reitpferden (die sie an Zügeln führen) sowie aus gepanzerten Fußsoldaten und weiteren Streitwagen besteht. Hier wurden zwei hohe Offiziere gefunden, kenntlich an ihren reich geschmückten Rüstungen und ihrer Größe; der eine ist 1,96 Meter groß.

Unterstand Nummer 2 ist wesentlich kleiner als Unterstand 1. Unterstand 4 ist unvollendet und ohne Soldaten. Am kleinsten ist Unterstand Nummer 3. Hier stehen nur ein Streitwagen und 68 besonders große Figuren, von denen viele Offiziere sind. Die Archäologen vermuten, daß dies die Kommandozentrale für die ganze tönerne Armee darstellt und daß sich hier ihr Oberbefehlshaber befindet, der allerdings noch nicht identifiziert werden konnte. Eine Gruppe von Soldaten soll offenbar die hier eingesetzten Offiziere schützen; sie bilden vielleicht die Leibwache des Oberbefehlshabers. Sie sind 1,90 Meter groß, also zehn Zentimeter größer als die Soldaten in den Unterständen 1 und 2. Einige von ihnen tragen leichte Lamellenpanzer, die schnelle Bewegungen erlauben, andere tragen schwere Lamellenpanzer, die besonders für den Nahkampf geeignet sind.

Die siebentausend überlebensgroßen Tonsoldaten stellen wahrscheinlich eine Elite-Einheit des Ersten Kaisers dar, vielleicht seine Leibgarde. Auffallend ist, daß die Figuren nicht nach Schablonen gearbeitet wurden, jedenfalls nicht ihre Gesichter. Sie sind alle unterschiedlich modelliert, wohl nach lebenden Vorbildern, so daß trotz aller Ähnlichkeit in der stilisierten Art kein Soldat einem anderen völlig gleicht – was jedenfalls für die bisher ausgegrabenen gilt. Nach ihren Gesichtern sind sie Individuen; viele blicken ernst, manche lächeln, die meisten sind glatt rasiert, einige tragen Bärte. Unterschiedlich aufgrund ihrer Funktionen, ihrer Zugehörigkeit zu besonderen Waffengattungen und ihrer Dienstränge, ob sie Infanteristen, Kavalleristen, Streitwagenfahrer, Pferdeführer, Bogen- oder Armbrustschützen, Schwert-, Speer-, Lanzenträger sind, ob sie stehen oder knien, ist auch die Haltung ihrer Arme und Hände, unterscheiden sich Uniformen, Panzer, Helme, Mützen und Haarfrisuren.

Hergestellt sind sie aus einem schweren, harten, grauen Ton, der in der Nähe vorkommt und so fest ist, daß er sich zur Formung großer Figuren gut eignet. Er wurde bei verhältnismäßig hohen Temperaturen gebrannt. Die Körper sind aus einzeln angefertigten Teilen zusammengesetzt. Da die Soldaten etwa knielange Mäntel tragen, darunter weite wattierte Hosen und recht klobige

Stiefel, und jeder auf einer Platte steht, war es nicht schwierig, die Figuren standfest zu machen. Ihre Unterkörper sind massiv, wodurch der Schwerpunkt tief liegt, die aufgesetzten Oberkörper und die extra modellierten Köpfe sind hohl. Sämtliche Uniformteile, wie zum Beispiel die in Wirklichkeit aus Metallplättchen bestehenden Panzer, die Knöpfe, Nieten, Halstücher, Manschetten, Schnüre, Kordeln, ebenso die sorgfältig ausgeführten Haarfrisuren und Kopfbedeckungen, die Bärte, bei den Pferden die Mähnen und die hochgebundenen Schweife, kurz: alles war in Ton modelliert.

Nach dem Brennen wurden die Figuren in kräftigen Farben bemalt. Die Farben müssen erst vom Staub des gelblich-grauen Lößbodens befreit, teils auch neu aufgetragen werden. Erst dann wird deutlich, daß ein Teil der gepanzerten Fußsoldaten schwarze Panzer mit weißen Nieten, goldenen Knöpfen und purpurroten Schnüren trägt, dazu grüne Röcke mit blauen Mustern an Kragen und Manschetten und schwarze Stiefel. Eine andere Gruppe trägt braune Panzer mit roten und hellgrünen Nieten und orangefarbenen Kordeln, und ihre Röcke sind rot. Besonders in Kleinigkeiten zeigt sich, wie sorgfältig diese großen Figuren gearbeitet sind. Zum Beispiel ist bei den knienden Soldaten sogar das Profil ihrer Schuhsohlen dargestellt.

Die tönerne Armee war mit echten Waffen ausgerüstet, die ihr indessen – wie schon gesagt – von den eingedrungenen Rebellen abgenommen wurden, jedenfalls zum großen Teil. Einiges wurde aber doch noch an Ort und Stelle gefunden, so zum Beispiel allein im Unterstand 2, wo die knienden Bogenschützen postiert sind, mehr als 1400 bronzene Pfeilspitzen, außerdem viele Speerspitzen und Armbrustbolzen. Und in allen Unterständen fanden die Ausgräber bronzene Abzugseinrichtungen von Armbrüsten. Die hölzernen Teile haben sich nicht erhalten, sondern sind vermodert: die Pfeile, die Schäfte der Speere, die Streitwagen, die ledernen Zügel und Geschirre der Pferde. In einem noch provisorisch eingerichteten Museum an der Grabungsstelle ist ein rekonstruierter Streitwagen ausgestellt, bespannt mit vier Pferden. Seine zwei Räder haben einen Durchmesser von 1,80 Meter, sein Wagenkasten ist fast anderthalb Meter lang. Die Streitwagen haben jeweils eine Deichsel mit einem Querbalken und Schulterjochen für die

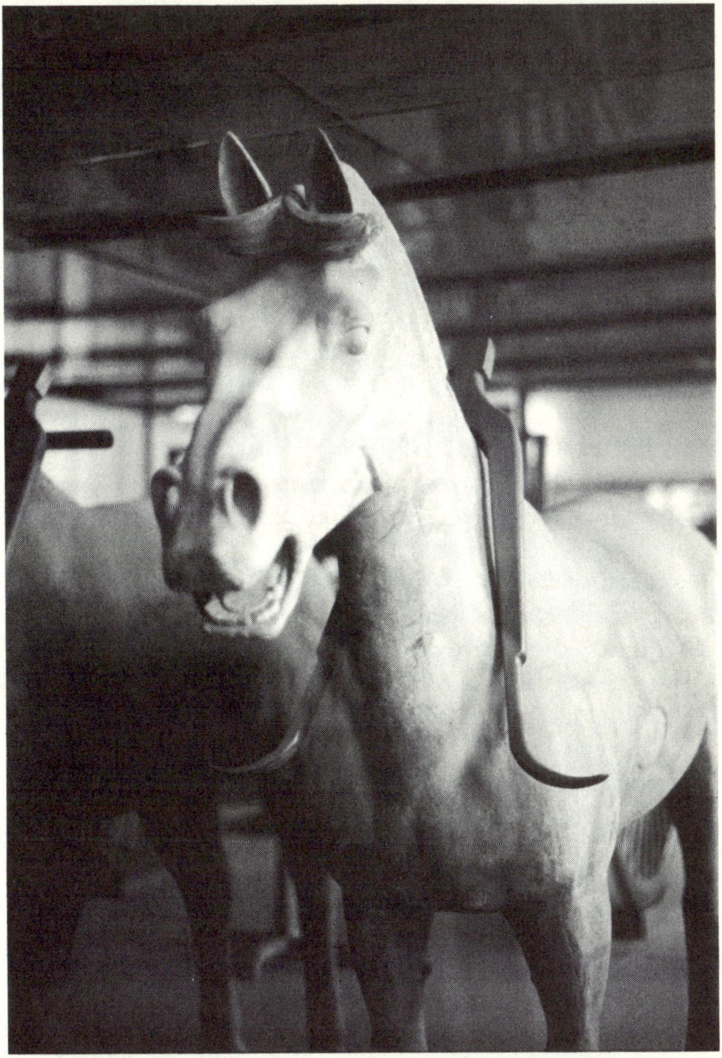

Zur tönernen Armee des Ersten Kaisers von China gehören auch Kavalleristen, die ihre Pferde am Zügel führen, sowie Kampfwagen, die von Pferden gezogen werden. Sichtbar war die Armee nicht; sie war unter der Erde aufgestellt, nahe beim Grab des Kaisers.

Pferde. Auch Waffen der Terrakotta-Armee des Ersten Kaisers werden da gezeigt: neben Speer- und Pfeilspitzen und Metallteilen von Armbrüsten auch Schwerter. Einige Bronzeschwerter waren, als man sie fand, noch so unglaublich scharf, sagt der leitende Archäologe, daß man mit ihnen ein Haar durchschneiden konnte; diese Bronzeschwerter haben Chromauflagen.

Es war schon ein erstaunlicher Aufwand, den Ch'in Shi-huang-ti für die Sicherung seiner Unsterblichkeit oder für seine eventuelle Wiederkehr investierte, wenngleich diese Investition im Vergleich zu jener für den Bau der Großen Mauer, den er begonnen und weit vorangetrieben hatte, um China vor den seit Jahrtausenden gefürchteten Angriffen der im Norden und Westen des Reiches lebenden Nomadenvölker zu schützen, gering gewesen sein dürfte. Allerdings hatte der Mauerbau, der wie so vieles von dem, was der Erste Kaiser an Reformen befahl, auf den Rat seines klugen und tatkräftigen Kanzlers Li Ssu zurückging, praktische Auswirkungen und positive Folgen für das Leben in China, während das Grabmal des Ersten Kaisers und die tönerne Armee, die es schützen sollte, doch eher einer persönlichen Marotte des Herrschers entsprungen sein dürfte.

Andererseits aber darf man so weit zurückliegende Vergangenheiten und die Lebens-, Gefühls-, Denkformen ihrer Menschen nicht mit dem Maßstab neuzeitlicher Vernunft werten. Und überdies: Zeigt sich nicht eben jetzt, daß der Erste Kaiser recht hatte, auf solche Weise für seine Unsterblichkeit zu sorgen? War er denn nicht erfolgreich auf diesem Weg? Wer würde heute noch von ihm und seinen Reformen reden, wenn nicht seine Armee wieder ans Licht gekommen wäre! Und noch heute, zwei Jahrtausende nach seinem Tod, ist diese Armee, obwohl angeschlagen und seit langem entwaffnet, in der Lage, ihn und sich zu schützen. Das wurde uns in Si'an auf recht eindrucksvolle Weise demonstriert:

Wie stets und überall in China, wo wir eine ganze Reihe von Grabungen besuchten, hatte es auch bei Si'an damit begonnen, daß uns heißer grüner Tee angeboten wurde, nachdem wir auf plüschigen Sofas und Sesseln, die ringsum an den Wänden eines großen kahlen Raums standen, mit Spucknäpfen davor, Platz genommen hatten. Aber anders als sonst, da man beim entspannenden Teetrinken ohne Hast erst einmal ausführlich über das Wetter und die Regenzeit geplaudert hatte und erst nach dem höflichen Austauschen von Freundlichkeiten wie zufällig auf den Zweck unseres Besuches gekommen war, kam hier in Si'an eine junge politische Kommissarin, die dem Chef-Archäologen nicht von der Seite wich, sofort zur Sache. Mit mißbilligenden Blicken auf unsere Fotoapparate und ohne die Spur eines freundlichen Lächelns, ganz gegen die Tradition und ohne Gesicht, wie unsere Dolmetscher aus Peking uns später sagten, erklärte sie: »Fotografieren ist nicht erlaubt.«

Das könne nur ein Irrtum sein, meinten wir und beriefen uns auf die Ministerin für Kultur und Bildung in Peking, die uns zwei Tage zuvor ausdrücklich bestätigt hatte, daß wir überall, auch in dieser Grabung, fotografieren dürften. Die Kommissarin winkte ab: »Peking ist weit.« Freilich könnten wir, worum wir gebeten hatten, versuchen, mit der Ministerin in Peking zu telefonieren, aber daß man sie jetzt erreichen könne, sei unwahrscheinlich, und ändern könne die Ministerin an dem Verbot ohnehin nichts. Als die Kommissarin uns dann zugestand, im Grabungsmuseum zu fotografieren, erklärten wir uns einverstanden. Sie indessen blieb mißtrauisch und ließ uns nicht ohne Kontrolle, sondern schickte eine Gruppe junger Chinesinnen mit in die Grabung, für jeden von uns eine Aufseherin. Heimlich zu fotografieren war unmöglich, wurde auch von niemandem versucht. Fotografiert wurde nur im Museum, was sie ja ausdrücklich erlaubt hatte. Aber überraschenderweise wurden wir von dort plötzlich in einen anderen Raum geführt, in dem einige rohe Holzbänke und Tische standen, auch Bottiche mit Tee, und dann wurden hinter uns von außen die Türen geschlossen. Sie wurden zwar sofort noch einmal geöffnet, aber nur um den Tee abzutragen.

Daß dies als Aufkündigung der Gastfreundschaft gemeint war, wurde nach einiger Zeit der Ungewißheit von der Kommissarin bestätigt. Sie kam und warf uns vor, im Museum auch solche Exponate fotografiert zu haben, von denen dies nicht erlaubt sei. Wir hätten uns nicht an die Verbotsschilder gehalten (indessen waren alle Beschriftungen im Museum nur chinesisch!). Und nun verlangte sie für jede Aufnahme, genauer für jede Belichtung, 50 Yuan, das waren 65 Deutsche Mark. Einige von uns, so habe sie von unseren »Begleiterinnen« erfahren, hätten ganze Filme ver-

Im Restaurierungszentrum der Grabung von Si'an werden zerstörte Figuren wieder zusammengesetzt und neu bemalt.

schossen. Für einen solchen Film von 36 Aufnahmen sollten gut zweitausend Mark bezahlt werden. Entweder zahlen, sagte sie und ließ es von ihren Dolmetschern übersetzen (nachdem sie unsere Dolmetscher aus Peking für befangen und abgesetzt erklärt hatte), oder alle belichteten Filme, auch die noch in den Kameras befindlichen, abgeben. Andernfalls würden wir als Gefangene der Volksrepublik China behandelt werden. Und sie forderte uns auf, ihr eine Antwort durch eine Abordnung mitteilen zu lassen, und verließ den Raum. In unserer Antwort lehnten wir sowohl die Zahlung als auch die Herausgabe der Filme ab und stellten ihr anheim, uns als Gefangene zu betrachten. Dies tat sie dann und ließ uns sagen, wir würden von Soldaten, die bereits unterwegs seien, abgeholt werden. Wir warteten gut zwei Stunden, ohne Tee und ohne die auf dem Hof befindliche Toilette aufsuchen zu dürfen. Dann wurden die Türen geöffnet, und wir durften weiterfahren, ohne Erklärung, ohne Abschied, ohne Entschuldigung.

Als wir am Abend beim Gouverneur der Provinz Shaanxi und

der Hauptstadt Si'an zu Gast waren, sagte unsere französische Kollegin von »Le Monde« ihm ganz offen, nicht nur sie fühle sich durch eine solche Behandlung beleidigt. Der Gouverneur, über den Vorfall längst unterrichtet, gab zwar der Kommissarin voll und ganz recht, erklärte sich jedoch zu einem »Freundschaftsangebot« bereit: Einer von uns dürfe am folgenden Tag in der Grabung eine Aufnahme machen. Nur eine? Ja, eine einzige. Und wenn sie mißlänge? Das sei unser Problem, sagte der Gouverneur; er könne nur eine Aufnahme gestatten. Als er merkte, daß uns dies wie eine neue Beleidigung vorkam, erweiterte er sein Zugeständnis, ohne es allerdings grundsätzlich zu ändern: Wir alle dürften noch einmal an die Grabungsstelle zurück und dort zwar nicht in der Grabung, wohl aber im Restaurierungszentrum fotografieren – soviel wir wollten; dies sei vor uns noch keinem Ausländer erlaubt worden. Wir nahmen das Angebot an. Einen schickten wir in die Grabung, und er durfte da wirklich nur ein einziges Foto machen, wozu die ganze große Halle von sämtlichen Besuchern verlassen werden mußte und dann so lange gesperrt blieb, bis er sein Foto geschossen hatte – streng bewacht, daß er den Auslöser auch wirklich nur ein einziges Mal betätigte. Und wir anderen fuhren ins Restaurierungszentrum und fotografierten die Restauratoren bei der Arbeit. Zum versöhnenden Abschied fanden sich alle zu einem Gruppenbildnis mit der diesmal freundlich lächelnden Kommissarin wieder zusammen.

Ist das kein Zeichen für die noch heute wirkende Kraft der Armee Ch'in Shi-huang-tis? Worauf sonst hätten sich die Kommissarin und der Gouverneur stützen können, als sie Empfehlungen der Regierung zu Peking so einfach vom Tisch wischten! Ohne die Soldaten des Ersten Kaisers wären sie kaum so mächtig. Kein Zweifel, Ch'in Shi-huang-tis Investitionen fangen an, Früchte zu tragen. Und dies war gewiß erst der bescheidene Beginn. Die Einwohner von Si'an träumen inzwischen von sehr viel größeren Renditen, für die allerdings zunächst noch beträchtliche Investitionen erforderlich sind. Nach einem Plan der Stadtverwaltung aus dem Jahr 1986 sollen in Si'an 14 neue Hotels gebaut werden, außerdem ein neuer Flughafen in der Nähe der Grabung und eine Schnellstraße dorthin, so daß die Touristen schneller und bequemer in das »am besten besuchte Museum der Welt«, wie man in

Si'an die Grabungshalle gern bezeichnet, kommen können. Angeblich bestaunen schon jetzt (je nach Saison) täglich zwischen 3000 und 3400 Menschen die Tonsoldaten-Armee. Es werden wohl noch sehr viel mehr sein, wenn eines Tages auch das Grab des Ersten Kaisers ausgegraben und zugänglich sein wird. Bis dahin werden jedoch noch viele Jahre, wahrscheinlich Jahrzehnte ins Land gehen.

In gewisser Weise war es ein Glücksfall, daß die Kommissarin so unnachgiebig am Fotografierverbot festgehalten hatte. Denn nur dadurch erhielten wir die Möglichkeit, den Chinesen beim Restaurieren zuzusehen. Sie restaurieren auf andere Art, als es heutzutage in Europa und Amerika geschieht. Die Chinesen, die die beschädigten Figuren mit viel Geschick und zweifellos ebensoviel Sorgfalt wieder zusammensetzen und sie dann in den ursprünglichen Farben neu bemalen, haben offenbar den Ehrgeiz, Ch'in Shi-huang-tis Totenwache so vollendet in ihrem einstigen Glanz erstehen zu lassen, daß sie wie neu aussehen wird und die fertig restaurierten Krieger ihre Blessuren gar nicht mehr erkennen lassen. Aber es wird gewiß ein überwältigender Anblick sein, wenn die siebentausend Mann hier wieder stehen werden, aufgefrischt und wieder in Waffen wie vor zweitausend Jahren.

Aber vermutlich – so sieht es jedenfalls neuerdings aus – wird bis dahin noch sehr viel mehr Zeit vergehen, als zunächst angenommen worden war. Ein im Herbst 1987 aus Si'an heimkehrender Besucher der Grabung berichtete mir, daß das Unternehmen ins Stocken geraten sei, ja, daß bereits freigelegte, aber noch nicht restaurierte Teile der Armee wieder mit Erde bedeckt würden; es heißt, daß die Soldaten des Ersten Kaisers die Luft in der Grabungshalle nicht vertragen. Gegen Touristen sind sie machtlos.

14. Kapitel

Auf den Spuren von Ramsesstadt

Im Nildelta wurde vor Jahrtausenden die Stadt Ramses' II. abgerissen und an anderer Stelle – falsch – wiederaufgebaut

Von den vielen Grabungen, die ich in den vergangenen Jahren besuchte, um sie zu beschreiben, ist diese wohl die merkwürdigste und zugleich abenteuerlichste, obwohl sie überhaupt nicht spektakulär ist. Hier im nordöstlichen Ägypten, im flachen Schwemmland des Nildeltas zwischen Tell el-Dab'a und dem Dorf Qantir, neunzig Kilometer Luftlinie von den großen Pyramiden bei Kairo, haben österreichische und deutsche Archäologen eine der größten Städte aufgespürt oder zumindest ihre Reste, genauer: ihre wenigen noch vorhandenen Spuren. Es handelt sich – davon sind die Ausgräber überzeugt – um die seit langem gesuchte »Ramsesstadt«, »Piramesse« oder – wie sie in der Bibel heißt – »Raamses«. Wo heute nichts als Felder und Bewässerungsgräben zu sehen sind und im Hintergrund die Häuser und der Friedhof des Dorfes, sollen vor dreitausend Jahren die Könige der 19. und 20. Dynastie residiert haben, sollen gewaltige Paläste, Tempel, Obelisken, Denkmäler, Archive gewesen sein, die Wohnhäuser der Beamten, die Kasernen für die Streitkräfte des Pharao, ein zoologischer Garten und viele Werkstätten, Läden, Magazine und Behausungen der Bevölkerung.

Und möglicherweise geschah es in dieser Stadt, die nach Ramses II. heißt, daß der kleine Mose von seiner levitischen Mutter in einem Schilfkorb auf dem Wasser ausgesetzt und von der Tochter des Pharao gerettet und aufgezogen wurde (wenn dies denn wirklich mehr ist als ein literarisches Bild). Mit einiger Gewißheit aber läßt sich sagen, daß von Ramsesstadt aus der Exodus erfolgte, der Auszug der Israeliten aus Ägypten unter der Führung des Mannes Mose, jener mühselige, historisch so folgenreiche Zug durch Schilfmeer und Wüstengebiet nach Palästina. Ob dies, wie vielfach vermutet, zur Zeit Ramses' II. geschah, ist ungewiß. Ohne Zweifel aber wurde die Stadt unter diesem Pharao, der von 1290 bis 1224 v. Chr. regierte und als Sieger von Kadesch (über die Hethiter) und als größter Bauherr Ägyptens in die Geschichte einging, gewaltig ausgebaut.

»Wir müssen uns die Ramsesstadt als eine große Stadtanlage vorstellen, die durch Kanäle und Seen aufgegliedert war. Dabei ist an einen Palastsee und an mehrere Hafenbecken zu denken, die durch eine oder mehrere Abgabelungen mit dem Hauptnilarm verbunden waren.« So stellt Manfred Bietak es dar, Leiter des Österreichischen Archäologischen Instituts in Kairo. Die in Papyri erwähnte, teils gar beschriebene Ramsesstadt hatte mehrere Tempelbezirke. Denn hier, an Ägyptens Ausfallstraßen zu Lande und zu Wasser nach Vorderasien, wo Ramses II. seine berühmten Streitwagentruppen, seine Infanterie und seine Kriegsmarine konzentriert hatte, wollte der Pharao (dessen 173 Zentimeter lange Mumie heute in Kairo verwahrt wird) auch die wichtigsten Reichsgötter und die für das nahe Vorderasien zuständigen Götter versammelt wissen. So blühten in Ramsesstadt, sagt Bietak, viele Götterkulte und vor allem »der Kult an Kolossalstatuen König Ramses' II.«. Die Stadt war Schauplatz großer Festlichkeiten: »Hier sind vor allem die Jubiläumsfeste Ramses' II. und III. hervorzuheben, für die aus ganz Ägypten Götterbarken zum Besuch herbeigeholt wurden.«

Professor Bietak schätzt die Ausdehnung von Ramsesstadt auf zehn Quadratkilometer. Er war es, der herausfand, daß sie gerade an dieser Stelle gelegen haben müsse; dies ist das Ergebnis langwieriger Untersuchungen und Berechnungen über die in Jahrhunderten und Jahrtausenden sich völlig verändernden Verläufe der Nilarme. Aber schon einige Jahre zuvor, 1954, war der damalige Direktor für Feldforschung im Egyptian Department of Antiquities, Dr. Labib Habachi, bei Grabungen in diesem Gebiet zu der

Von Ramsesstadt im Nildelta, unter Ramses II. großzügig ausgebaut, gibt es dort, wo sie ursprünglich lag, nur noch wenige Spuren. Die Archäologen sind überzeugt, daß die Stadt, wohl weil sie vom Nil bedroht war, abgerissen und an anderer Stelle wieder aufgebaut wurde.

Überzeugung gekommen, auf Ramsesstadt gestoßen zu sein. Irgendwo in oder bei Qantir hatte er blaue und türkisfarbene Fayencekacheln gefunden, die einer Papyros-Stelle über Ramsesstadt zu entsprechen scheinen, in der vom Palast mit seinen »leuchtenden Gemächern von Lapislazuli und Malachit« die Rede ist. Einige sind heute im ägyptischen Museum zu Kairo ausgestellt, andere in München und in New York. Ihren genauen Fundort hat der (inzwischen verstorbene) Ägypter, wohl aus Furcht vor Raubgräbern, nie genannt. Aber als 1966 auch Bietak hier zu graben begann, erhärtete sich Habachis Vermutung. Die Österreicher stießen auf weitere, ältere Spuren von Tempel- und Wohnanlagen, die der schriftlichen Überlieferung entsprechen, nach der sich Ramsesstadt aus der alten Hyksosstadt Auaris entwickelt hat.

In Zusammenarbeit mit dem Österreichischen Archäologischen Institut und der Ägyptischen Altertümer-Verwaltung graben bei Qantir seit 1980 auch deutsche Wissenschaftler, und zwar vom Hildesheimer Pelizaeus-Museum unter seinem Direktor, dem Ägyptologen Arne Eggebrecht, als Projektleiter und dem Ägyptologen Edgar B. Pusch als Grabungsleiter. In mehreren Kampagnen – bei der dritten sah ich einige Tage zu – brachten die Hildesheimer Grabungen, die von der Deutschen Forschungsgemeinschaft finanziert werden, weitere Indizien dafür, daß sich hier einst die große und prächtige Ramsesstadt erhob, die Metropole des nördlichen Ägyptens.

Zu sehen ist von ihr jedoch so gut wie nichts mehr. Mit den gigantischen Ruinen der älteren Hauptstadt Theben (bei Luxor und Karnak), etwa des großen Amun-Tempels Ramses' II. mit seinem riesigen Säulensaal und den 134 in 16 Reihen stehenden, 21 Meter hohen Sandsteinsäulen sind die Überreste von Ramsesstadt nicht im entferntesten zu vergleichen, jedenfalls nicht die hier gemachten Funde. Zwar berichtet Bietak im »Lexikon der Ägyptologie«, daß bei Qantir Reste eines 500 Meter mal 400 Meter großen königlichen Palastes erfaßt wurden, doch bestehen sie nur noch in den Fundamenten einst starker Mauern aus Nilschlammziegeln, von denen oft nicht einmal die unterste Ziegelschicht noch ganz erhalten ist. Ob es übrigens wirklich Mauern eines königlichen Palastes waren, kann nur vermutet, noch nicht bewiesen werden.

Aber das Abenteuerliche dieser Grabung liegt nicht zuletzt darin, daß neue Funde hier häufig zum Umdenken zwingen, zur Überprüfung der erarbeiteten Interpretationen, häufiger als auf reicheren Grabungen.

So wurde zum Beispiel vor einigen Jahren aufgrund von 23 gefundenen Knochen oder sogar nur Knochenteilen, die von Löwe, Elefant, Gazelle, Antilope, Giraffe, Pferd, Esel, Ziege stammen, angenommen, daß die Ausgräber auf Spuren des königlichen Tierparks von Ramsesstadt gestoßen seien. Dieser – so schrieb ich damals in der ZEIT – »recht mutige Schluß der Hildesheimer« aber scheint neuerdings, nachdem inzwischen mehr als tausendmal so viele Knochenfunde gemacht wurden, wieder in Frage gestellt. Weitaus die meisten neuen Knochenfunde stammen nicht von solchen Tieren, die in Menagerien gehalten wurden, sondern von Haustieren, vor allem von Rindern und Ziegen, auch von Schafen, Schweinen, Mulis, Eseln und Hunden. Indessen wurden auch noch Knochen von einer Giraffe und vom Nubischen Steinbock sowie von Damhirschen und vom Strauß gefunden, die auf den ersten Blick wieder an den Tierpark denken lassen, den es in Ramsesstadt ja wirklich gegeben hat. Aber einige dieser Funde sind so, daß die herangezogenen Experten Joachim Boessneck und Angela von den Driesch hier eine Trophäensammlung für möglich halten. Und einen anderen Teil der Funde, vor allem Hornstücke von Antilopen, konnten sie als Werkstattabfall identifizieren; das heißt, daß hier aus den Hörnern irgend etwas hergestellt wurde und daß vielleicht nur die Hörner hierher geliefert wurden, nicht aber die lebenden Tiere. Dies läßt auf Werkstätten schließen, und die Experten kommen jetzt zu dem Ergebnis: »Die vermutete Menagerie bestätigt sich somit nur bedingt.«

Auch andere Funde ermöglichen unterschiedliche Deutungen. Im übrigen gilt, daß bei dieser Grabung nicht so sehr Funde als vielmehr Befunde eine Rolle spielen. Denn anscheinend ist von Ramsesstadt an dieser Stelle nichts mehr vorhanden, das noch gefunden werden könnte. Eben dies macht die Grabung so schwierig, läßt sie merkwürdig rätselhaft, ja auf den ersten Blick unergiebig erscheinen. Und ganz von selbst stellt sich die Frage, wie wohl eine so große Stadt mit ihren aus Schriftquellen bekannten Riesenbauten, den Tempeln, dem Königspalast, den Kornkammern, den Verwaltungsarchiven und so vielen anderen steinernen Zeugen völlig verschwinden konnte.

Die Antwort gab Eggebrecht mir 25 Kilometer nördlich in der (für Touristen zur Zeit nicht zugänglichen) Ruinenstadt Tanis. Diese ehemalige Metropole des 14. unterägyptischen Gaues ist ein höchst eindrucksvolles Trümmerfeld mit gewaltigen Resten von Tempeln, mit Gräbern, Mauern, Säulen, Kolossalstatuen und mehreren riesigen Obelisken. In Tanis, noch in römischer Zeit bewohnt, später aber verlassen, vergessen, vom Wüstensand verweht, grub der Franzose P. Montet vor einem halben Jahrhundert Königsgräber der 21. und 22. Dynastie aus, deren Sarkophage, Mumien, Goldmasken, Schmuck im Ägyptischen Museum zu Kairo ausgestellt sind und die an Reichtum und Schönheit den berühmten Tut-anch-Amun-Schätzen gleichwertig, aber viel weniger bekannt sind. Montet war – wie die meisten Archäologen damals – überzeugt, daß Tanis in Wahrheit Ramsesstadt sei. Manches schien dafür zu sprechen, vor allem Statuen von Ramses II., aber auch die Größe der Stadt und die Lage an einem ehemaligen Nilarm und einem See.

Bisher ist nur der innere Kern von Tanis freigelegt, die Palast- und Tempelbezirke. Wo einst die Bevölkerung gewohnt haben mag, erheben sich Berge vom Aushub der Grabung, solche Massen von Keramikscherben, wie ich sie bis dahin für kaum vorstellbar hielt. Da liegen auf Schritt und Tritt alle möglichen Gefäße, auch Öllampen, Gläser (wenngleich nicht mehr unversehrt), Münzen, meist aus römischer Zeit. Noch immer graben in Tanis allein Franzosen, jetzt unter Montets Nachfolger Professor Jean Yoyotte, der sich einen ganzen Tag Zeit nahm, dieses riesige Unternehmen zu erläutern. Im Gegensatz zu seinem Vorgänger ist Yoyotte nicht der Meinung, daß Tanis mit Ramsesstadt identisch war (was noch in fast allen Reiseführern steht). Wie inzwischen auch andere Archäologen hält Yoyotte es für möglich, daß Ramsesstadt dort lag, wo die Österreicher und die Hildesheimer graben. Und ganz fest steht für ihn: Die Ruinen von Tanis, die meisten der hier freigelegten Steinbrocken, Säulen, Statuen, Obelisken stammen aus Ramsesstadt.

Das heißt: Irgendwann wurde Ramsesstadt aufgegeben, vielleicht – so Manfred Bietak –, weil der Pelusische Nilarm, an dem es lag, total versandete, vielleicht auch – so früher Labib Habachi –, weil ihr Gebiet von späteren Herrschern verfemt worden sei. Jedenfalls wurde die Metropole des großen Ramses zum Steinbruch, nicht allein für Tanis, auch für das nahegelegene Bubastis, das ich mir ebenfalls ansah, und für andere Deltastädte. Bis auf den Grund wurde Ramsesstadt abgebrochen, und was dann noch blieb an Steinfundamenten, verschwand später in Kalköfen, und die Nilschlammziegel wurden von Bauern (was erst neuerdings streng verboten ist) zu Ackerboden zerstampft oder zerpflügt.

Der Verdacht, daß Tanis mit den Steinen und Statuen von Ramsesstadt ausgebaut worden sei, kam schon vor Jahrzehnten auf. Denn bei der Grabung in Tanis wurde immer deutlicher (was nur Professor Montet nicht sehen mochte), daß dort nichts in seinem

Professor Jean Yoyotte, der Ausgräber von Tanis, und Dr. Arne Eggebrecht, der Ausgräber von Ramsesstadt, in den Ruinen von Tanis, das größtenteils aus Steinen von Ramsesstadt erbaut wurde.

ursprünglichen Verband steht: Die Ramses-Statuen stehen ganz beziehungslos, Inschriften waren umgeschrieben, die Obelisken wahrscheinlich nie aufgerichtet und einige sogar in Mauern verbaut worden. Die bei Qantir von Labib Habachi gefundenen Fayencekacheln und eine Stele mit der Aufschrift »Piramesse«, Bietaks Untersuchungen über die antiken Nilarm-Verläufe, die österreichischen und deutschen Grabungsergebnisse lieferten für diese rätselhaften Fakten den passenden Hintergrund und eine logische Erklärung. Aber sind sie bereits unwiderlegbare Beweise dafür, daß Ramsesstadt einst bei Tell el-Dab'a / Qantir stand? Zunächst sind es Indizien, allerdings gewichtige, mit annehmbaren Interpretationen. Und es gibt weitere Indizien.

Schon bei einer Begehung des Geländes waren Keramikfragmente, Kalkstein-, Granit-, Quarzitbrocken, Salbgefäße, Kalksteindeckel, Modeln gefunden worden. Nicht weit von der Hildesheimer Grabung liegen in einem Feld ein Sockel mit den Füßen einer Kolossalfigur und eine riesige Hand dieser Statue. Sie stellte, wie aus der Beschriftung hervorgeht, Ramses II. dar und mag vielleicht so groß gewesen sein wie die Ramses-Statuen in Luxor. Schon 1966 waren – so schreiben Eggebrecht und Pusch über die Grabung von Qantir – »oktogone Säulen mit der Titulatur Ramses' II. ans Tageslicht« gekommen. Bei ihren ersten Grabungen, 1980, stießen die Hildesheimer nur wenige Zentimeter unter der Erdoberfläche auf Fußböden aus luftgetrockneten Nilschlammziegeln, die teilweise noch mit großen gebrannten Platten belegt waren. Später fanden sie weitere Mauerfundamente, auch Säulenbasen, Türschwellen, Türpfosten mit der Titulatur Ramses' II., andere Architekturteile, Alabasterfragmente, Fayencerosetten, Pfeilspitzen, Schuppen von Panzerhemden und anderes mehr, aber alles in allem nicht viel.

Der wohl überraschendste Fund von Qantir besteht aus 42 marmornen, etwa handbreithohen durchbohrten Knäufen. Die Ausgräber hielten sie zunächst für Gefäßdeckel oder für Dolchgriffe, bis sie sie einwandfrei als Teile von Streitwagen identifizierten. Wie bei den in Kairo ausgestellten (anderswo gefundenen) Streitwagen deutlich erkennbar, sind es Jochgabelknäufe; das sind die Abschlußstücke an den Jochgabeln, die ein Verrutschen der Jochgabeln aus der Kreuzbindung am Joch verhindern.

In der Nähe der Grabungsstelle von Ramsesstadt zeigte Arne Eggebrecht mir die Füße einer Kolossalstatue. Aus einer Inschrift geht hervor, daß dies eine Statue Ramses' II. war.

Bei keiner anderen Ausgrabung in Ägypten wurden je so viele Jochgabelknäufe gefunden, sagt Eggebrecht. (Denkbar ist allerdings, daß sie anderswo angesichts reicherer Funde einfach nicht beachtet wurden und unerkannt in irgendwelche Magazine oder gar in den Schutt gerieten.) In Qantir kamen noch weitere Streitwagenteilchen ans Licht, zum Beispiel Bronzenägel, mit denen die Jochgabelknäufe ans Joch genagelt waren, und kleine Abschlußscheiben. Da Ramsesstadt aus schriftlichen Quellen als ein Hauptstandort von Streitwagentruppen bekannt ist, vermuten die Ausgräber, daß die Fundstelle der Wagenteile, einst ein offener Hof, »mit Streitwagen und Streitwagentruppen in Verbindung gebracht werden« müsse. Möglicherweise war dies ein Exerzierplatz für die Streitwagentruppe. Hierfür sprechen weitere Funde, die während der Grabungskampagne 1987 gemacht wurden, nämlich eine Radkappe und bronzene Pferdetrensen.

So fügt sich Teilchen an Teilchen zu einem großen Mosaik, wenngleich nicht ohne immer neue Schwierigkeiten. Die Annahme eines Exerzierplatzes stellt die frühere Vermutung, hier auf einen königlichen Palast gestoßen zu sein, wieder in Frage. »Sinnvoller und zweckmäßiger« sei es, meinen Eggebrecht und Pusch heute, »zunächst überhaupt auf den Begriff ›Palast‹ oder ähnliches zu verzichten«. Vielleicht sei bei dem Exerzierplatz ein Verwaltungstrakt mit einer Kommandantur gewesen, wozu auch Kleinmagazine und Reparaturwerkstätten gehörten. Werkstätten waren hier auf jeden Fall. Das beweist eine andere, höchst interessante Entdeckung von 1987. Und zwar wurde eine ganze Batterie von Schmelzöfen freigelegt, in denen Bronzelegierungen hergestellt wurden. Pusch schreibt in seinem Grabungsbericht, daß dabei auch »Proben von Metallteilen aller Art, Schlacken, Düsen und Düsenköpfen sowie Schmelztiegeln unterschiedlicher Form« und außerdem Reste von Sternöfen gefunden wurden. Er meint, daß in dieser Anlage etwa 300 Arbeiter nahezu gleichzeitig damit beschäftigt gewesen seien, das Rohmetall auf gießfähige Temperaturen zu erhitzen. Aber auch diese Funde verringern die Schwierigkeiten, vor denen die Ausgräber hier stehen, keineswegs.

Schwierigkeiten entstanden zunächst auch durch den Fund zweier rätselhafter Kalksteinblöcke. Als man sie als Modeln für die Herstellung von Kriegerschilden, genauer zum Formen der

Metallbeschläge für Schilde, identifizierte, schien das Rätsel noch komplizierter zu werden. Denn nach Form und Muster können es nur hethitische Schilde gewesen sein, deren Beschläge darauf geformt wurden, keinesfalls ägyptische. Die Lösung des Rätsels steckt in folgendem: Anders als Ramses II. es in seinen überlieferten offiziellen Berichten über seinen angeblich so gewaltigen Sieg bei Kadesch am Orontes in Syrien über die Hethiter, gegen die er im Sommer 1285 v. Chr. wahrscheinlich von Ramsesstadt aus aufgebrochen war, für alle Ewigkeit festhalten ließ, war der Pharao keineswegs der eindeutige Sieger jener Schlacht gewesen. Vielmehr mußte er sich nach der Schlacht und auch in Zukunft mit den Hethitern arrangieren. Später kam es zu einem Bündnisvertrag mit den Hethitern, den Ramses II. dadurch bekräftigte, daß er eine hethitische Prinzessin heiratete. Damals wurden Ägypten und Hatti, das Reich der Hethiter, als »ein Land« bezeichnet, und es ist wahrscheinlich, daß die hethitische Prinzessin Begleittruppen aus Hatti mitbrachte, die dann in Ramsesstadt stationiert blieben und dort auch ihre speziellen Werkstätten hatten.

Das klingt, wie alles andere auch bei dieser Grabung, plausibel. Dennoch sind bei dem Unternehmen Qantir/Ramsesstadt noch viele Fragen offen, und neue werden hinzukommen. Um alle beantworten zu können, endgültig, wird hier lange gesucht werden müssen. Doch die Zeit wird knapp. Das durch den Assuan-Staudamm veränderte Bewässerungssystem, steigendes Grundwasser und zugleich intensivere, tiefergehende Bearbeitung des durch Ausbleiben des Nilschlamms absinkenden Fruchtlandes zerstören die archäologisch relevanten Spuren. So wird die Arbeit der Archäologen im Delta zunehmend schwieriger und irgendwann aussichtslos sein. Und auch kostspieliger. Denn die Bauern, die hier den Archäologen ihre Äcker zur Verfügung stellen, fordern für den Ausfall ihrer Ernten von Jahr zu Jahr mehr Geld.

Die Frage, ob es den Ägyptern vor zwei, drei, vier Jahrtausenden technisch überhaupt möglich war, eine ganze Großstadt mit nahezu allen Bauten, vor allem den Pracht- und Repräsentiergebäuden, den Kolossalstatuen, den Obelisken abzureißen, um sie an anderer Stelle wieder aufzubauen, kann mit einem eindeutigen Ja beantwortet werden. Obgleich in Fülle vorhanden, war Stein in Ägypten als Baumaterial so begehrt, daß die Transportprobleme eben irgendwie gelöst werden mußten. Wie das geschah, fanden die Ägyptologin Rosemarie Klemm und ihr Mann, der Geologe Dietrich Klemm, erst vor kurzem heraus, und zwar im Rahmen ihres von der Stiftung Volkswagenwerk finanzierten Forschungsprojekts »Zur Herkunftbestimmung altägyptischen Steinmaterials«, dessen Ergebnisse sie 1985 in Ausstellungen in München und Hildesheim unter dem Titel »Die Steine der Pharaonen« der Öffentlichkeit vorstellten.

Dabei ging es vor allem um die Frage nach der Herkunft der verschiedenen in Ägypten verarbeiteten Gesteinsarten und damit zwangsläufig zugleich um Fragen des Transportes und der Transportwege. Mehr als vierhundert antike Steinbrüche haben die beiden Wissenschaftler innerhalb von vier Jahren aufgespürt, von denen die meisten bisher gar nicht bekannt waren. Etwa tausend Gesteinsproben brachten sie nach Hause, die sie dann mit naturwissenschaftlichen Methoden analysierten. Und in mehreren tausend Farbdias haben sie in den manchmal weit abgelegenen und schwer zugänglichen Steinbrüchen das Aussehen des Gesteins festgehalten, ebenso Reliefs, Zeichnungen, Spuren der Meißelführung (die in einzelnen Epochen unterschiedlich war), unfertige oder mißglückte Werkstücke, oft auch abgenutzte Arbeitsgeräte, auch Inschriften.

Viertausend Jahre alt ist diese in Stein geschlagene Inschrift, die in einem ägyptischen Steinbruch im Wadi Hammamat östlich von Theben die Zeit überdauerte: »Mein König sandte mich, den Erbprinzen und Wesir und Liebling des Königs, mit einer Armee von zehntausend Mann aus, um einen Block aus reinem, kostbarem Stein zu holen für einen Sarkophag, als Denkmal für die Ewigkeit... In meiner Armee waren Minenarbeiter, Handwerker, Steinbrucharbeiter, Künstler, Zeichner, Steinschneider... Ich gab jedem eine Lederflasche, eine Tragstange, zwei Krüge mit Wasser und 20 Brote täglich... Meine Soldaten kehrten ohne Verluste heim, nicht ein Mann starb, nicht eine Truppe wurde vermißt, nicht ein Esel starb, nicht ein Handwerker kam zu Schaden.«

Immer wieder schickten die Pharaonen Expeditionen in die bergige Wüste zu beiden Seiten des Nils, um besonders schönen oder besonders harten Stein zu suchen und ihn in manchmal riesigen Blöcken, Hunderte Tonnen schwer, in die Städte zu holen, für

Pyramiden, Totentempel, Stelen, Statuen, Sarkophage, Obelisken, für Gefäße und alle möglichen Geräte. Nur in Stein meinten die Ägypter den Traum vom ewigen Leben verwirklichen zu können. Das »Haus der Ewigkeit«, Wohnstätte für das Dasein nach dem Tod, in dem die Ägypter das eigentliche Leben sahen, mußte aus Stein errichtet oder in Stein hineingetrieben werden, während für Unterkünfte im kurzen Diesseits vergängliches Material genügte, also Holz, Schilf, Nilschlammziegel. Das eigentliche Ägypten, das für alle Zeiten Bestand haben sollte, wurde – wie es ein Kunsthistoriker formulierte – zum »Staat aus dem Stein«.

Das hat in der Antike schon die Griechen, für die Ägypten seit dem 7. vorchristlichen Jahrhundert ein beliebtes Reiseland war, tief beeindruckt. Voller Bewunderung gaben sie den vielen Schriften auf Mauern, Wänden, Stelen den Namen »Hieroglyphen«, das heißt »heilige in Stein gemeißelte Zeichen«. Auch die Römer, die noch bis in die Zeit des Augustus vorzugsweise mit Holz gebaut hatten (weswegen Roms Feuerwehr ständig im Einsatz war), ließen sich von Ägyptens Steinbauten stark beeindrucken. Ja, die Römer wollten bald ebenso bauen, und so holten sie sich aus den ägyptischen Steinbrüchen besonders schönes und kostbares Material für ihre Tempel und Paläste, auch für die Wohnhäuser der Reichen. Das veranlaßte den Philosophen und Naturforscher Plinius den Älteren zu einer nachdenklichen Klage über seine Zeitgenossen, weil sie Steine zu »Gegenständen unserer ausschweifendsten Üppigkeit« machten. Die Natur, schrieb Plinius, habe die Gebirge »nur für ihre eigenen Zwecke gebildet, teils um die Eingeweide der Erde durch feste Bande miteinander zu verknüpfen, teils um das Ungestüm der Ströme in Schranken zu halten...« Wir Menschen aber, fuhr Plinius fort, »durchschlagen die Gebirge und schleifen sie fort, und zwar zu keinem anderen Zweck als zur Befriedigung unserer Lust... Wir brechen sie zu tausend Arten von Steinblöcken... Schiffe werden der Steine wegen gebaut, und über die Fluten, den wildesten Teil der Natur hinweg werden Felsen hierhin und dorthin verbracht...« Und Plinius fügte noch ganz moderne Aspekte hinzu: »Erwäge jeder bei sich selbst, wenn er die Preise dafür hört, wenn er diese Massen hin- und herschleifen sieht, wie weit glücklicher das Leben ohne diese Dinge ist und daß Menschen dies nicht nur tun, sondern vor allem auch ertragen müssen...« Da nahm er Brecht vorweg, der fast zweitausend Jahre nach ihm fragte: »Wer baute das siebentorige Theben? / In den Büchern stehen die Namen von Königen. / Haben die Könige die Felsbrocken herbeigeschleppt?«

Vor dieser Frage aber steht die Frage, woher die Steine geschleppt werden mußten, aus welchen Steinbrüchen sie stammten. Bisher waren nur wenige Brüche bekannt, eigentlich nur die wegen ihres besonders begehrten Materials seit jeher berühmten. Bekannt war und ist zum Beispiel der Gebel Ahmar bei Kairo, von dem der sogenannte Quarzit stammt (eigentlich ein silifizierter Sandstein), den die Ägypter »Wunderstein« nannten, weil seine rote Farbe in vielen Variationen auftritt. Bekannt waren die Steinbrüche von Hatnub, östlich von Amarna, die früher »Goldhaus« hießen, weil da der überaus geschätzte Calcit-Alabaster vorkommt. Berühmt waren auch immer die Brüche des nubischen Sandsteins am Gebel Silsila, die das Material für fast alle Tempel Oberägyptens lieferten. Und vor allem die Steinbrüche bei Assuan, von wo der Granit stammt, auch der besonders begehrte Rosengranit, und wo noch heute der berühmte unvollendete Obelisk liegt, der mit seinen 42 Metern der größte aller Obelisken geworden wäre und wohin täglich große Scharen von Touristen geführt werden.

Was Rosemarie und Dietrich Klemm aus diesen und den etwa vierhundert anderen von ihnen aufgespürten antiken Steinbrüchen Ägyptens an Steinen mitbrachten, ist in vielerlei Hinsicht aufschlußreich. Es bildet die Grundlage einer Proben- und Analysenbank für Materialvergleiche. Damit kann die Materialherkunft von Bau- und Kunstwerken, auch von Museumsstücken genau bestimmt werden, was manchmal bei Datierungsfragen hilfreich ist, aber auch für sich selbst interessante Aspekte öffnet. So war es bisher eine offene Frage, woher die ungeheuren Steinmassen für die großen Pyramiden bei Gizeh stammen. Herodot, Begründer der griechischen Geschichtsschreibung und Ägypten-Reisender, hatte um 450 v. Chr. geschrieben, daß für die größte, die Cheopspyramide, Steinblöcke aus ganz Ägypten zusammengebracht worden seien. Das ist oft bestritten worden. Die von Rosemarie und Dietrich Klemm genommenen Proben und Analysen aber belegen deutlich, daß König Cheops um 2500 v. Chr. für sein gewaltiges Denkmal wirklich Material aus nahezu allen Kalksteingebieten Ägyptens verwenden ließ.

Das wirft freilich neue Fragen auf, Fragen des Transports zunächst. Während der 4. Dynastie, zu der König Cheops gehörte, wurden sechs Pyramiden errichtet, alle aus Kalkstein. Wie man erreichnet hat, wurden für diese sechs Pyramiden innerhalb von 80 Jahren zwölf Millionen Steinblöcke, jeweils 50 bis 120 Zentimeter lang, verbaut; das bedeutete auf 80 Jahre verteilt in ununterbrochener Folge etwa 400 Blöcke pro Tag, also durchschnittlich 40 pro Stunde oder alle anderthalb Minuten ein Block – mithin noch immer die gewaltigste von Menschen jemals erbrachte Bauleistung!

»Eigentlich wissen wir in vielen Fällen nur, *daß* die Ägypter die technischen Probleme, vor die sie das Bauen mit Steinen stellte, bewältigten – *wie* es ihnen gelang, bleibt dagegen meistens bis zu einem gewissen Grad unklar«, sagt die Ägyptologin Bettina Schmitz vom Hildesheimer Roemer- und Pelizaeus-Museum. Daß Bausteine, Architekturteile und Statuen mit Hilfe von hölzernen Rollen und Schlitten, gezogen von Menschen oder Tieren, transportiert wurden, ist durch altägyptische Darstellungen belegt. Vieles wurde mit Schiffen auf dem Nil transportiert, auch die bis zu 30 Meter langen Obelisken. Aber von den Steinbrüchen zum Nil und später vom Nil zu den Baustellen ging es über Land, wobei der Boden mit Nilschlamm gleitfähig gemacht wurde.

Schwer vorstellbar ist der Transport der berühmten »Memnon-Kolosse« in Theben-West, die einst den Eingang zum Totentempel Amenophis' III. flankierten, im Vorfeld der thebanischen Nekropole. Von dem Totentempel sind nur noch wenige Reste erhalten, aber die beiden riesigen, 15 Meter hohen Sitzfiguren wachen da noch immer, und kaum eine andere Denkmälergruppe Altägyptens hat Archäologen wie Laien gleichermaßen beschäftigt. Jede Figur besteht aus einem geschlossenen Block und hatte (im unbeschädigten Zustand) nach neueren Berechnungen ein Gewicht von 720 Tonnen. Aus Inschriften Amenophis' III. schien hervorzugehen, daß die Kolosse aus dem Sandsteinbruch Gebel Ahmar beim heutigen Kairo stammen; dann hätten sie 750 Kilometer weit transportiert werden müssen, entweder über Land oder zu Schiff, aber nilaufwärts, gegen eine starke Strömung.

Eine sorgfältige Materialuntersuchung der »Memnon-Kolosse« durch Rosemarie und Dietrich Klemm führte zu einem überraschenden Ergebnis. Die berühmten Kolosse stammen nicht aus dem Norden, sondern aus entgegengesetzter Richtung, und zwar aus einem Abbaugebiet nordwestlich von Assuan. Die Inschriften waren falsch interpretiert worden. Mit diesem Ergebnis läßt sich zugleich die Transportfrage leichter beantworten: Der Weg war also wesentlich kürzer, nämlich statt 750 nur gut 200 Kilometer, und es ging *mit* der Strömung.

Mit der Herkunft der verarbeiteten Steine erforschten die Wissenschaftler zugleich zahlreiche antike Steinbrüche. Auch dabei kamen sie zu neuen Ergebnissen. So entlarvten sie die in so vielen Ägypten-Reiseführern beschriebene Sprengmethode, nach der die Ägypter die Steinblöcke, auch den harten Granit, abgesprengt haben sollen, indem sie in den Fels getriebene hölzerne Keile mit Wasser tränkten und zum Quellen brachten, als Legende. Die in den Brüchen erhaltenen Spuren lassen deutlich erkennen, daß Kalk- und Sandsteinblöcke mit Metallmeißeln und Holzschlegeln aus den Felsen herausgeschlagen wurden, bis zum Beginn des Neuen Reiches (um 1500 v. Chr.) mit Kupfermeißeln, dann mit bronzenen und vom 6. Jahrhundert an mit eisernen. Ganz anders erfolgte der Abbau von Hartgestein wie Granit oder silifiziertem Sandstein (der fälschlich immer als Quarzit bezeichnet wurde). Da wurden – wie am unvollendeten Obelisken bei Assuan deutlich zu erkennen – mit scharfkantigen Steinhämmern aus dem sehr harten Dolerit mannsbreite Spalten geschlagen und der Block auf diese Weise ringsum freigelegt. Viel später, in römischer Zeit, setzte sich die Keilhochspaltung durch, bei der mit Meißeln eine Reihe von keilförmigen Löchern in das Gestein getrieben und der Block schließlich durch gleichmäßiges Einschlagen von Eisenkeilen in diese Löcher abgespalten wurde. Solche Dolerit-Hämmer, die schließlich kugelförmig abgenutzt waren, finden sich noch in vielen Steinbrüchen.

Etwa vierzig verschiedene Steinarten wurden in Ägypten verarbeitet. Alle kamen aus dem eigenen Land. Ägypten war mit Stein geradezu gesegnet; nur nicht mit Marmor. Manche Gesteinsarten mußten unter Tage in Galerien oder Stollen abgebaut werden. So kommt es, daß kein Steinbruch dem anderen gleicht. Die Arbeit in den Steinbrüchen war hart. Sie wurde nicht von Sklaven geleistet, sondern von den Einwohnern des ganzen Landes, die umschichtig zu Steinbrucharbeiten herangezogen wurden, im Mittleren Reich für 72 Tage im Jahr. Es war Arbeit für den Pharao. Ihm, dem Pharao, gehörte jeder Stein. Ihm allein, der Verkörperung des Staates. Wenn hohe Beamte sich steinerne Denkmäler, Häuser für die Ewigkeit, also Grabanlagen, bauen wollten, mußten sie warten, bis der Pharao ihnen die dazu nötigen Steine zuwies, was immer als besondere Ehrung galt. Jeder Stein, der aus dem Steinbruch kam, war beschriftet. Deswegen gehörten zu der Steinbruchexpedition stets auch viele Schreiber.

Alle Teilnehmer solcher Expeditionen wurden vom Pharao, also vom Staat, versorgt und entlohnt. Die Sorge für ihre Arbeiter haben die Pharaonen gern und oft dokumentiert. So ließ zum Beispiel der besonders baufreudige Ramses II. diese Rede an seine Arbeiter in Stein meißeln: »Oh, Ihr erlesenen Arbeiter und Handwerker, die ihre Hand kennen, welche mir Denkmäler meißeln in allen möglichen Formen der Anbetung, Arbeiten aus kostbarem Stein, treffliche Dinge; diejenigen, welche in den Granit eindringen und in Quarzit bohren ... Höret, was wir Euch sagen! ... Ich kenne Eure schwierigen und korrekten Arbeiten. Man jubelt bei der Arbeit nur, wenn der Leib voll ist. Deshalb sind Euch die Speicher mit Korn gefüllt, um nicht zuzulassen, daß Ihr auch nur einen Tag an Lebensmitteln Mangel habt; und deshalb fülle ich Euch das Vorratshaus mit allen guten Dingen, bestehend aus Brot, Fleisch und Kuchen zu Eurer Sicherung; Sandalen, Kleider, viel Salbe zum Salben Eurer Köpfe alle 10 Tage ... So mache ich dies alles, damit Ihr existiert und wirklich mit *einem* Herzen für mich arbeitet. Ich, der König von Ober- und Unterägypten, Sohn des Re, Ramses, begabt mit Leben.«

Nicht immer hat die Versorgung so gut geklappt, wie es die Pharaonen festschreiben ließen. Von einer Steinbruchexpedition Ramses' IV. kamen 900 von 9262 Männern nicht zurück – sie waren in der Ostwüste umgekommen. Vielleicht war die Zahl der Toten in Wirklichkeit noch größer. Vielleicht hat auch Ramses II. in seiner Inschrift die Verhältnisse geschönt. Darüber schweigen die Steine der Pharaonen. Aber auch für die schwere Arbeit in den Steinbrüchen und in den Goldminen gilt ebenso wie für die Arbeit der vielen Bauhandwerker, der Ziegelmacher, ja überhaupt für alle von den Königen geforderten Arbeiten, daß sie »keine Versklavung des Volkes bedeutete, sondern« – so der Ägyptologe Eberhard Otto – »daß ein ... großartiges System der staatlich organisierten und religiös fundierten Fürsorge dahinterstand. Es hat offenbar eine Art staatlicher Arbeitsverpflichtung bestanden, die vor allem die während der Überschwemmungsmonate brachliegenden Arbeitskräfte zu Bauvorhaben heranzog, zu einer Jahreszeit also, wo zugleich der Transport des Baumaterials, der in Ägypten immer zu Schiff erfolgte, am bequemsten durchzuführen war. Die Arbeitsleistung zu dieser Jahreszeit aber bedeutete, da sie gegen Entgelt erfolgte (Abrechnungen darüber sind erhalten), die wirtschaftliche Sicherstellung eines zahlenmäßig großen Teils der Bevölkerung.« (Es gab jedoch – wie schon im 8. Kapitel gezeigt – Kriegsgefangene, die wie Sklaven behandelt wurden!)

In der Praxis sah es nicht immer so rosig aus, wie Ramses II. es darstellen ließ. Manchmal kamen die Arbeiter mit den monatlich gefaßten Rationen nicht aus. Im sogenannten Turiner Papyros ist ein solcher Fall geschildert. »Wir sterben vor Hunger, und es sind noch achtzehn Tage bis zum nächsten Monat«, klagten dort Arbeiter und drohten: »Wir kehren nicht zurück, sagt dies euren Vorstehern.« Daraufhin prüften Beamte die Lage: »Wir gingen zu den Arbeitern, um sie anzuhören, und sie sagten uns wahre Worte.« Als dennoch nichts für sie getan wurde, drohten die Arbeiter, die Vorratsspeicher aufzubrechen, doch hielt einer von ihnen noch eine Ansprache an die Beamten: »Vom Hunger getrieben und vom Durst gequält, kommen wir. Wir haben keinen Stoff mehr, wir haben kein Öl, keinen Fisch und kein Gemüse mehr. Schickt zum Pharao, unserem Herrn, damit er uns Lebensmittel liefere.« Die Probleme wurden gelöst, indem sofort zusätzliche Rationen ausgegeben wurden und die Ausgabe von da an täglich erfolgte.

Zu solchen und ähnlichen Schwierigkeiten wird es immer wieder gekommen sein. Indessen zeigt die Darstellung zugleich, daß die ägyptischen Arbeiter sich nicht alles gefallen lassen mußten. Freilich, vom Lebensstandard der höheren Beamten und wohlhabenden Leute war der ihre weit entfernt.

15. Kapitel

»Es gibt kein Vernichten, es gibt kein Stören ...«

Von Grabungen auf Elephantine, vom diesseitigen und vom ewigen Leben der Ägypter, von Mumien und vom Mumifizieren

Daß Archäologen den Spuren der Lebenden nachforschen, daß sie nach Wohnorten statt nach Gräbern und Totentempeln suchen, ist in Ägypten nicht gerade die Regel, sondern eigentlich die Ausnahme. Das Projekt Ramsesstadt sowie die Erforschung altägyptischer Steinbrüche, wovon das vorige Kapitel handelte, sind solche Ausnahmen. Eine andere ist ein bedeutendes archäologisches Unternehmen auf der Nil-Insel Elephantine. Dort graben Wissenschaftler vom Deutschen Archäologischen Institut Kairo unter der Leitung von Professor Dr. Werner Kaiser, dem Ersten Direktor des Instituts, zusammen mit Kollegen des Schweizerischen Instituts für Ägyptische Bauforschung und Altertumskunde eine fünftausend Jahre alte Stadt aus, die Vorläuferin des modernen Assuan, und bauen eine der ältesten Kultstätten wieder auf.

Warum sie Elephantine heißt, die 1500 Meter lange und etwa 400 Meter breite Granitinsel im Nil bei Assuan, ist nicht sicher. Oft wird der Name auf die vielen rundlichen Blöcke aus schwarzem Granit zurückgeführt, weil sie so überraschende Ähnlichkeit mit Elefantenherden haben. Wahrscheinlicher aber ist eine andere Deutung: Das Wort Elefant meinte bei den alten Ägyptern (wie später bei den Griechen) ursprünglich Elfenbein und noch nicht das Tier, den Elfenbein liefernden Elefanten. Demnach hat Elephantine seinen Namen vom Elfenbeinhandel, der hier – 700 Kilometer südlich von den berühmten Pyramiden bei Gizeh – schon vor Jahrtausenden zwischen Ägyptern und Nubiern getrieben wurde.

Seit dem Alten Reich, das heißt, seit etwa 2900 vor Christus, gab es auf Elephantine eine gleichnamige Stadt, von Ägyptens ersten Königen als Grenzfestung gegen Nubien gegründet, die sich dann zu einem wichtigen Handels- und Verwaltungsplatz für das weiter nach Süden sich ausdehnende Pharaonenreich entwickelte. Sie wurde unter anderem durch den schon vor zweitausend Jahren von dem griechischen Geographen Strabo beschriebenen Nilometer berühmt. Das ist ein aus Quadern gemauerter Schacht, der direkt mit dem Nil verbunden ist und in dem der Wasserstand des Nils abgelesen wurde, als Berechnungsgrundlage für die Steuern: Hoher Stand bedeutete gute Bewässerung und viel fruchtbaren Schlamm und folglich gute Ernten.

Die Insel Elephantine im Nil, bestehend aus Granit, hat ihren Namen vermutlich von dem Elfenbeinhandel, der hier schon vor Jahrtausenden zwischen Ägyptern und Nubiern stattfand.

Diese fünftausend Jahre alte ägyptische Siedlung mit Straßen, Ummauerung, Stadttoren, mit immer wieder an- und übereinandergebauten Häusern und Tempelanlagen, die bis weit in die christliche, ja bis in die moslemische Zeit hinein bewohnt war und die in griechisch-römischer Zeit ihre größte Ausdehnung mit etwa 3000 bis 5000 Einwohnern hatte, wird seit 1969 ausgegraben oder doch wenigstens teilweise aus ihrem eigenen Schutt wieder ans Licht gebracht. Und damit wird in Elephantine versucht, einmal einen direkten Zugang zum Leben der Menschen im Pharaonenreich zu finden. Zwar wissen wir auch ohne diese Funde schon viel über das Leben im alten Ägypten; aber dazu kamen wir auf dem Umweg über die Totenwelt: Die vielen eindrucksvollen Grabanlagen nahmen ja durch die reichen Beigaben und die sorgfältig ausgeführten künstlerischen Darstellungen von Szenen aus der Vergangenheit der Verstorbenen das diesseitige Leben ins jenseitige hinüber. Da die Ägypter ihre Totenwelt als Bereich des eigentlichen, ja ewigen Lebens verstanden, wurde alles, was für die Grabanlagen gedacht war, für die Ewigkeit hergestellt.

So können wir heute, Jahrtausende nach ihrem Leben, in ihren Gräbern aus Zeichnungen, Inschriften und Papyri erkennen, wie sie aussahen, wie sie gekleidet waren, wie die Pharaonen gekrönt wurden, wie sie Gazellen und Löwen jagten, wie und womit sie Kriege führten und sich andere Völker tributpflichtig machten, die ihnen Gold, Elfenbein, Sklaven liefern mußten. Wir können sehen, wie ihre Schiffe funktionierten, auf denen sie die schweren Granitblöcke und dreißig Meter hohe Obelisken aus den Steinbrüchen von Assuan den Nil hinunter nach Memphis, Theben oder Gizeh beförderten. Die Grabbilder zeigen uns, wie die alten Ägypter Landwirtschaft betrieben, wie sie Brot backten, Bier brauten, Honig gewannen, wie sie Fische fingen; sie zeigen uns ihre Früchte, ihre Haustiere, ihre Werkzeuge und Vorratsgefäße, ihren Schmuck.

Kurz, die Bilder in Gräbern und Totentempeln haben das ganze Leben der Ägypter, auch das religiöse, die Funktionen von Göttern und Göttinnen, festgehalten, angefangen von Geburtsdarstellungen bis hin zum Sterben und Mumifiziertwerden und dem Eintritt ins Reich des Westens, ins Totenland, wo sich das Leben in nichts vom diesseitigen Leben unterscheiden sollte. »Wie ein Mann, der ausgeht, um Vögel zu fangen und sich plötzlich in einem unbekannten Lande wiederfindet, so ist der Tod«, heißt es auf einer Grabstele. Und als Pharao Sesostris I. vor etwa 4000 Jahren in Elephantine der Herrin der Stadt, Satet, der Göttin der Fruchtbarkeit und Liebe, einen neuen Tempel errichtete, ließ er diese Bauinschrift einmeißeln: »Es ist bleibend für die Ewigkeit. Es gibt kein Vernichten, es gibt kein Stören.«

Wir wissen nicht, ob dies Überzeugung oder nur ein Beschwörungsversuch war. Wir wissen auch nicht, ob die alten Ägypter – wie in der Wissenschaft so oft behauptet – zum Tod ein angstfreies, ja freudiges Verhältnis hatten, weil erst mit ihm das ersehnte, verewigte Leben im Paradies beginnen sollte. Auch das Gegenteil ist denkbar, vielleicht sogar wahrscheinlicher, nämlich daß ihr imposanter Totenkult aus einer unermeßlichen Furcht vor dem Tode kam und diese Angst überkompensierte.

Noch gibt es keine wirklich befriedigende Antwort auf die Frage nach Ursache und Sinn der Pyramidenanlagen, deren Zeitalter mit der von Imhotep, dem später vergöttlichten Baumeister und Heilkundigen, für König Djoser um 2675 v. Chr. bei Sakkara errichteten Stufenpyramide begann, für die eine Gesteinsmasse von 850000 Tonnen herbeigeschafft und verarbeitet werden mußte. Ebenso unverständlich bleibt der Aufwand für die gewaltigen unterirdischen Grabanlagen der heiligen Apis-Stiere bei Memphis, wo heute noch 24 Sarkophage für die Mumien der heiligen Stiere stehen – jeder aus einem einzigen Granitblock gearbeitet, etwa vier Meter lang, 2,30 Meter breit, 3,30 Meter hoch und 65 bis 70 Tonnen schwer. Eine vergleichbare, aber kleinere Anlage wurde in Elephantine gefunden; da ist es ein Friedhof mit einem halben Dutzend Sarkophage für heilige Widder, die dem Gott Chnum, dem – so heißt es auf einer Tempelstele – »Herrn von Elephantine, der die Menschen formt und die Götter schafft«, gehörten.

Die Erkenntnisse der Ägyptologen aus den vielen ausgegrabenen Toten- und Sakralbauten geben letztlich auch keine Antwort auf die Frage, ob im alten Ägypten wirklich so gelebt wurde, wie es die Darstellungen in den Gräbern zeigen, oder ob es sich da nicht um idealisierende Wunschvorstellungen handelt. Vielleicht hat allenfalls eine dünne Oberschicht so gelebt. Jedenfalls weiß man nicht einmal, wo und wie die vielen anderen, wenn sie starben, beigesetzt wurden; möglicherweise wurden sie – so Professor Kaiser – irgendwo verscharrt oder einfach in den Nil geworfen.

Um solche und andere Fragen beantworten zu können, ist es also wichtig, einmal eine Stadt auszugraben und zu erforschen, wie sie funktioniert hat. Das fünftausend Jahre alte Elephantine ist dafür recht gut geeignet, einmal wegen der bereits erwähnten zeitlich durchgehenden Besiedlung, zum anderen wegen seiner ziemlich klaren örtlichen Umgrenzung, vor allem indessen wegen der günstigen geologischen Bedingungen; die Felseninsel liegt so hoch, daß weder Grund- noch Nilwasser Schaden angerichtet haben. In dem 15 Meter hohen Ausgrabungsgebiet haben sich sogar Papyri und Holzreste aus dem Alten Reich noch gut erhalten.

Aber »gut erhalten« bedeutet hier etwas ganz anderes als etwa bei der Freilegung eines unberührten Grabes. In ehemaligen Siedlungen, sagt Kaiser, findet man fast immer nur Ruinen, Trümmer, Reste, Müll; was die einstigen Bewohner an Schmuck und wertvollen Dingen besaßen, haben die letzten mitgenommen, ebenso die noch heilen Gebrauchsgegenstände. Zurück blieb schließlich, was niemand mehr verwenden konnte. Und so scheint denn die Stadt Elephantine zunächst nichts weiter als ein riesiger Haufen aus Staub und Scherben zu sein. Nie zuvor hatte ich derartige Massen von Keramikscherben gesehen (später allerdings noch sehr viel mehr in Tanis); diese sind bis zu fünftausend Jahre alt, aber – so der Diplom-Ingenieur Wolfgang Mayer, der mir die Grabung zeigte – »sie sind hoffnungslos durcheinandergeraten«.

Dieser Scherbenberg macht deutlich, wie schwierig es sein kann, eine alte Siedlung auszugraben. Die Wohnhäuser von Elephantine, von denen einige, soweit erhalten, freigelegt wurden, waren nicht aus Stein, sondern – wie noch heute für ägyptische Siedlungen üblich – aus luftgetrockneten Nilschlammziegeln gebaut. Da es hier nicht regnet, könnten diese Ziegel unbegrenzt haltbar sein, »bleibend für die Ewigkeit«, wenn es nicht doch ein Vernichten, doch immer wieder ein Stören gegeben hätte. Nilschlamm ist seit Jahrtausenden der Lebensspender für Ägypten, er befruchtet das Land, und selbst in Form jener alten Ziegel ist er noch begehrt. Wenn Chnum, der widderköpfige Schöpfergott, der hier in Elephantine, am ersten Katarakt des Nils, als Wächter der Nilquelle verehrt wurde, seinen Fuß zu lange auf der Quelle ließ und wenn infolgedessen die lebensspendende Überschwemmung auf sich warten ließ und niedriger ausfiel, dann fehlte es auf den Feldern an fruchtbarem Schlamm. In späterer Zeit halfen sich die Einwohner der direkt neben (und zum Teil auf) dem antiken Elephantine liegenden Siedlung, indem sie Ziegel aus den Ruinen zerschlugen und die so gewonnenen Bruchstücke als Dünger auf ihre Felder brachten. Die in den Ziegeln mitverarbeiteten Scherben und die Scherben in den Fußböden, wie überhaupt sämtliche dabei gefundenen Keramikreste, ließen sie liegen. So entstand jener Scherbenhaufen, während die Ruinen der Stadt mehr und mehr verschwanden. Und noch während der Grabung kam es durch die Bewohner der Siedlung zu ständigen Störungen, erzählte mir Wolfgang Mayer. Da sie in ihren Häusern keine Klos haben, benutzen sie für ihre kleinen und großen Geschäfte die mit so viel Mühe freigelegten Räume der alten Stadt, und wenn sie sich dann reinigen, nehmen sie an Stelle des zu teuren Toilettenpapiers Keramikscherben, die sie aus den Mauern herausziehen, wodurch die Mauern allmählich zum Einstürzen gebracht werden. »Es gibt kein Vernichten, es gibt kein Stören.«

Gestört haben in Elephantine aber auch Archäologen, die hier zu Beginn unseres Jahrhunderts erfolgreich nach Papyri gruben, aber im Hinblick auf ihr spezielles Ziel andere Dinge nicht beachteten und sie teils gar zerstörten. Heute sind Archäologen ja sehr viel behutsamer und umsichtiger. Und gerade deswegen stehen sie immer wieder vor der Frage, wie weit Altes aufgenommen und dabei vielleicht zerstört werden soll, allein in der Hoffnung, darunter noch Älteres und Bedeutenderes zu finden. Diese Frage stellte sich auch in Elephantine, und zwar nicht nur im Wohngebiet der Stadt, wo das älteste Stadttor der Welt freigelegt wurde, sondern mehr noch im Bereich der Tempelanlagen für Chnum und Satet, die mehr und mehr zum Schwerpunkt der Grabung wurden, wobei man zu überraschenden und eindrucksvollen Ergebnissen kam.

Durch frühere Grabungen deutscher und französischer Archäologen waren im Nordteil des Stadtgebietes Reste eines Tempels bekanntgeworden, den die Ptolemäer, die ersten griechischen Herrscher Ägyptens, um 300 v. Chr. der Göttin Satet errichtet hatten. Satet mit dem Antilopengehörn, die – wie schon gesagt –

hier als Göttin der Fruchtbarkeit und der Liebe verehrt wurde, regierte an der Seite des Schöpfergottes Chnum, ihres Gatten, über Stadt und Insel und sorgte mit Chnum zusammen für die Nil-Überschwemmungen. Von ihrem Tempel, der zugleich auch Chnum, dem Schöpfer des Himmels, der Erde, der Unterwelt und des Wassers geweiht war, bestand nur noch das Fundament. Als die Wissenschaftler des Deutschen Archäologischen Instituts es genauer untersuchten, erkannten sie, daß dafür nicht nur neues, im Steinbruch frisch geschlagenes Material verarbeitet worden war, sondern sehr viele Blöcke, die aus wesentlich älteren Bauten stammen mußten. Das veranlaßte sie, das Fundament aufzunehmen.

Dazu Professor Kaiser: »Die Entscheidung, wenigstens zur teilweisen Wiedergewinnung dieser älteren Bauten die Reste des späten Tempels ganz abzubauen, war nicht risikolos, hat sich im folgenden aber bewährt. Die Zahl der älteren Bauteile, die auf diese Weise gewonnen wurden, hat die Erwartungen weit übertroffen; als noch bedeutungsvoller erwies sich später die Möglichkeit, vorsichtig in die Tiefe graben zu können, bis – durch immer neue Schichten – sieben Meter unter dem späten Tempelniveau die eigentliche Entstehungszeit des Heiligtums erreicht war.«

Dort unten fand man eine der ältesten Kultstätten des alten Ägypten; es ist eine natürliche, von drei großen Granitblöcken gebildete Felsnische, in der die ersten Bewohner von Elephantine ihrer Stadtherrin Satet Opfer darbrachten, Opfer in Form kleiner, bis etwa faustgroßer Weihefigürchen. Solche Figuren aus Stein, Fayence oder Elfenbein wurden bei der Freilegung der Nische zu Hunderten gefunden: menschliche Darstellungen, auch solche von Affen und Krokodilen, und kleine Bootsmodelle. Außerdem fand man Perlen aller Art und sehr kleine Goldplättchen, mit denen der Boden des Heiligtums bestreut worden war.

Deutlich ist erkennbar, wie diese Kultstätte im Lauf der Jahrtausende mehr und mehr erweitert wurde, indem zunächst Ziegelmauern vor die Nische gezogen wurden, so daß erst einer, dann mehrere Vorräume entstanden. Die ersten Vergrößerungen fanden noch vor dem Bau der großen Pyramiden von Gizeh statt, weitere erfolgten in der dritten bis vierten Dynastie, also um 2600, dann um 2300; und wiederum 200 Jahre weiter, zur Zeit der elften

Dynastie, wurde für den Satet-Tempel zum erstenmal auch Stein verwendet, jedoch nur für Türrahmen, bis dann Sesostris I., einer der großen Könige der zwölften Dynastie, nach dem Jahr 2000 v. Chr. die ganze Anlage mit einem Tempel aus Kalkstein überbauen ließ. Sein Tempel, der unter anderen die schon zitierte Inschrift trug: »Es ist bleibend für die Ewigkeit; es gibt kein Vernichten, es gibt kein Stören«, bestand ein halbes Jahrtausend. Dann ließ Königin Hatschepsut (deren gewaltiger, dreiterrassiger Totentempel im Tal der Könige steht) ihn durch einen größeren (13 mal 20 Meter) und prächtigeren Sandsteinbau ersetzen.

Hatschepsuts Tempel mit umlaufendem Säulengang, mit zusätzlichen Kapellen für den Reichsgott Amun und die Göttin Anuket, der – wie ebenfalls der von Sesostris gebaute Tempel – einen direkten Zugang nach unten in die Felsnische behielt, wurde im folgenden Jahrtausend durch Säulenhallen und andere Kultanlagen erweitert. Um 300 v. Chr. wurde er dann von Ptolemaios II. durch einen völligen und wiederum größeren Neubau – 25 mal 35 Meter – ersetzt, für dessen Fundament, wie bereits dargestellt, Blöcke aus den alten Bauten mitverwendet wurden. An der Fertigstellung dieses letzten Tempels, der übrigens auf eine Verbindung mit dem alten Heiligtum verzichtete, wurde noch unter den römischen Kaisern gearbeitet. In christlicher und moslemischer Zeit verfiel er; ein Teil des Materials wurde nach Assuan hinübergeschafft, für den Bau von Kirchen, später von Moscheen und Festungsmauern. Zurück blieb nur das Fundament.

Zum erstenmal in der ägyptischen Geschichte konnte die Entwicklung einer Tempelanlage eindeutig bis auf jene einfache, nur ein mal zwei Meter große Ziegelhütte zurückgeführt werden, wie sie – schreibt Professor Kaiser – »in dieser Form für die älteste Architektur Ägyptens nur aus Bildzeichen der Hieroglyphenschrift zu erschließen gewesen ist, aber noch niemals in natura gefunden wurde«.

Ebenfalls zum erstenmal – und dies ist der zweite Teil des großen archäologischen Programms von Elephantine – hat man sich entschlossen, eine Tempelanlage so wiederaufzubauen, daß ihre Entstehung von der Hütte bis zum großen Tempel sichtbar bleibt. Das heißt, der Besucher hat hier die ganze Baugeschichte des Satet-Heiligtums von der ersten bescheidenen Ziegelhütte zwischen

Auf Elephantine legten deutsche Archäologen den Kern einer der ältesten Kultstätten Ägyptens frei, der später mit Tempeln überbaut wurde.

drei hoch aufragenden Granitfelsen aus der Zeit um 3000 v. Chr. über immer größere Neuanlagen in Ziegel und Stein bis zur letzten unter Ptolemaios II. (um 300 v. Chr.) auf einen Blick vor Augen, jedenfalls andeutungsweise, das heißt soweit der Wiederaufbau mit den noch erhaltenen originären Steinen möglich war. Die Wissenschaftler hatten sich schon zu Beginn dafür entschieden, daß – so Kaiser – »bei keinem dieser Wiederaufbaue ohne zwingenden Grund über den obersten originären Stein hinausgegangen werden« sollte. Es sollte also nicht rekonstruiert, nicht nachempfunden, sondern nur wieder zusammengesetzt werden, was wirklich originär ist oder von vorhandenen Originalteilen stammt. Erhalten ist weniger als die Hälfte. Viele Blöcke von den Bauten auf Elephantine, in Bemalung und Beschriftung meist besonders schöne, sind in Museen der ganzen Welt verstreut, die aber nicht bereit waren, sie hierher zurückzugeben. Immerhin wurden in vielen Fällen Genehmigungen für Abdrücke erteilt.

Es geht in Elephantine nicht nur um das Satet-Heiligtum. Es wurden noch ein anderer Tempelbezirk, außerdem Wohnviertel, Werkstattbereiche und Friedhöfe freigelegt. Aber um sich vorzustellen, wie die Menschen hier einst gelebt haben – gerade auch darum geht es ja bei dieser Stadtgrabung –, müssen andere und an anderen Stellen gemachte Funde herangezogen und ausgewertet werden. Weil – wie Professor Kaiser es sagte – in Wohnruinen kaum anderes als Trümmer, Reste, Müll gefunden wird, ist eben ohne die Funde aus Totenstädten und Gräbern dem Leben nur schwerlich auf die Spur zu kommen.

Indessen spiegeln nicht alle Gräber so viel Leben wider wie das des Goldenen Pharao Tut-anch-Amun, der durch seine vor 3200 Jahren von Goldschmieden gearbeitete, elf Kilogramm schwere Goldmaske traurig aus seinem ewigen Leben herüberzublicken scheint. Mehr als fünftausend Einzelstücke wurden in seinem

Aus den erhaltenen Steinblöcken wurde die Tempelanlage über der ursprünglichen Kultstätte von Elephantine so weit wie möglich wieder aufgebaut.

Grab im Tal der Könige gefunden. Viele von ihnen, die heute im Ägyptischen Museum Kairo ausgestellt sind, erinnern mehr an den lebenden als an den toten König. Zum Beispiel einige seiner Kleidungsstücke: Roben, Schals, Kragen, die Imitation eines Leopardenfells, Sandalen, Handschuhe. Dann Möbel, die mehr an praktischen Gebrauch als an königliche Repräsentation denken lassen, wie etwa ein dreiteiliges, doppelt faltbares Klappbett, Sportgeräte, Wurfhölzer, Bumerangs und Gebrauchsgegenstände, wie zum Beispiel ein Feuerzeug. Dazu drei Dutzend Vorratskrüge mit Rückständen verdunsteter Weine, deren Aufschriften Herkunft, Jahrgang und Winzer angeben.

Wie aus schriftlichen Überlieferungen hervorgeht, den vielen gefundenen Papyri, haben die Ägypter gern gelebt. Es wäre wohl falsch, ihren aufwendigen Totenkult als Abwendung vom Leben zu verstehen; er bedeutete eher Verlängerung des Diesseits bis in alle Ewigkeit. Gerade weil sie Freude am Leben hatten, am Fröhlichsein und Festefeiern, an der Liebe, am reichlichen Essen und Trinken, am Familienleben mit möglichst vielen Kindern, aber auch am Arbeitsalltag, etwa als gut bezahlte Beamte, als angesehene Priester, als Offiziere, Steuereinnehmer, Goldschmiede, Kunsthandwerker, als Schreiber oder Aufseher, wollten sie ihr Leben immer weiterleben. Es gab ja viele geachtete Berufe im alten Ägypten, wo alles höchst bürokratisch und hierarchisch zuging, allerdings, wie im vorigen Kapitel dargestellt, auch solche, in denen die Arbeit sehr hart und anstrengend war, namentlich in den Steinbrüchen.

Höhere Beamte und reiche Leute wohnten in geräumigen, mehrstöckigen Häusern mit schattigen Gärten, zu denen häufig ein von Seerosen bewachsenes Bassin gehörte, auf dem Boot gefahren werden konnte und wo Wasservögel schwammen. Die Ägypter pflegten eine große Liebe zu Tieren und hielten deswegen vielerlei Haustiere, vor allem Hunde, Affen, Katzen und Gänse. Von der Landbevölkerung und von den Handwerkern ist überliefert, daß sie an Herbst- und Winterabenden bei Licht saßen, bei Lampenlicht. In den Lampen brannte Rizinus- oder Olivenöl, und also waren auch diese Schichten keineswegs ganz arm. Natürlich hielten ebenso die wohlhabenderen Leute ihre Häuser abends beleuchtet. Sie nutzten die Abende zum Lesen und zum Schreiben, und ihre Söhne, die möglichst einmal den Posten des Vaters übernehmen sollten, mußten manchmal bis in die Nächte hinein lernen. Wer ein guter Beamter oder auch nur Schreiber werden wollte, mußte viele Jahre lang die Schule besuchen.

Das Studium der Grammatik und der Schrift, die Kenntnis der klassischen Texte und Göttergeschichten reichten keineswegs aus. Ägyptische Beamte mußten vielseitig sein: Von einem ist bekannt, daß er seine Laufbahn im Polizeidienst begann und Richter wurde, dann in die Ferne mußte, um wertvolles Gestein zu suchen, sich danach im Schiffbau betätigte und schließlich den Bau von Kanälen beaufsichtigte. Überliefert ist auch ein Fragenkatalog, bei dem es sich offensichtlich um Examensfragen für angehende Beamte oder Offiziere handelte: Wie groß ist die Ration einer Truppe im Krieg? Wie viele Ziegel erfordert der Bau einer Rampe von gegebenen Ausmaßen? Wie viele Menschen sind zum Transport eines Obelisken nötig? Wie wird ein Koloß aufgestellt? Wie wird ein militärisches Unternehmen organisiert? Und abschließend folgten noch mehrere Fragen über die Geographie Syriens.

Überliefert sind Klagen von Lehrern über faule Schüler. Und Drohungen: »Wenn du nur einen Tag nachlässig bist, wirst du geschlagen werden. Das Ohr des jungen Menschen ist auf seinem Rücken, er hört nur auf den, der ihn schlägt.« Und einmal – vor fast vier Jahrtausenden – beklagt ein Lehrer, daß einer seiner Schüler ein lockeres Leben führt und trinkt: »Ich höre, daß du die Schriften verläßt und daß du dich dem Tanze widmest. Du ziehst von Schenke zu Schenke, und Biergeruch begleitet jeden deiner Schritte... Du bist wie ein Tempel ohne Gott, wie ein Haus ohne Brot. Man sieht dich an den Mauern hintorkeln, die Menschen fliehen vor dir. Ach, könntest du erkennen, daß der Wein ein Greuel ist, könntest du den Becher vergessen!«

Getrunken wurde viel bei den Ägyptern. Man trank Wein, und zwar Süßwein, der süß wie Honig war, und vor allem Bier, das Nationalgetränk. Bier wurde zu Hause, auf dem Felde, auf den Schiffen, in den Schenken getrunken. Zubereitet wurde es aus Gerste oder Weizen mit Datteln. Sobald der gewonnene Saft in Gärung übergegangen war, wurde er in Krüge gefüllt, die mit einem Deckel aus Gips abgedichtet wurden. Und dann war das Bier versandfertig. Das nahrhafte Bier gab es zu jeder Mahlzeit. Kein

Wunder, daß die ägyptischen Männer, wie die vielen Darstellungen in Gräbern und die Statuen der Pharaonen zeigen, offenbar recht rundlich waren; Tut-anch-Amun bildet da eine Ausnahme – aber er wurde ja nur 18 Jahre alt.

Nochmals: Sie haben gern gelebt, die Ägypter. Sie hatten Sinn für gesellige Entspannung und für das liebenswert Unnütze, sie waren elegant und legten viel Wert auf Reinlichkeit und Körperpflege. Sie waren friedlich, und anders als andere Mittelmeervölker, denen wir uns sehr viel näher wissen, haben sie sich trotz ihrer kulturellen Überlegenheit nicht als imperialistisches Herrenvolk aufgespielt. Das ist kein Zufall und war bestimmt nicht die Folge von Bequemlichkeit; die Ägypter entwickelten vielmehr einen Sinn für das Angemessene und Rechtliche, für geselligen Anstand und für die Notwendigkeit, maßzuhalten.

Weil die Quellen dies ganz deutlich machen, kann man die berühmte Rede Ramses' II. an die Arbeiter im Steinbruch, aus der im vorigen Kapitel zitiert wurde, nicht einfach als politische Lüge abtun. Hinzu kommt, daß die Furcht vor dem »Wägen der Taten« bei allen Ägyptern groß war, die Furcht, jene schwere Prüfung, der die Verstorbenen vor dem Eintritt ins Totenreich unterzogen wurden, nicht zu bestehen. Um das ewige Leben zu erreichen, genügte es nicht, sich sein Grab zu bauen, es mit Vorräten zu versehen und seinen Körper mumifizieren zu lassen. »Rechne nicht darauf, daß die Jahre lang sind«, schrieb ein Pharao seinem Sohn, »das Leben verrinnt wie eine Stunde. Nach dem Tod lebt der Mensch aber weiter, und seine Taten werden neben ihm aufgehäuft. Derjenige, der dann ohne Sünde vor die Richter der Toten tritt, wird dort wie ein Gott sein und frei dahinschreiten wie die Herren der Ewigkeit.«

Für dieses Ziel mußten die Kinder schon in den Schulen Sätze schreiben wie diesen aus der Lehre des Ptahotep, fast 4500 Jahre alt: »Willst du, daß dein Zustand gut sei, daß du dich bewahrst vor allem Bösen, so hüte dich vor der Habgier. Ein Mann besteht, dessen Richtschnur das Recht ist und der den ihm vorgezeichneten Weg geht. Er macht ein Vermögen dabei, aber der Habgierige bleibt ohne Grab ... Wenn du ein Mann in leitender Stelle bist, so sei geduldig, wenn du die Rede eines Bittstellers hörst. Weise ihn nicht ab ..., schon gutes Zuhören glättet das Herz.«

Oder dieses Beispiel aus der Lehre des Königs Achthoes II. für seinen Sohn Merika-Re, vor 4150 Jahren aufgezeichnet: »Tue das Rechte, solange du auf Erden weilst; beruhige den Weinenden, quäle keine Witwe, verdränge keinen Mann aus dem Besitz seines Vaters... Hüte dich davor, ungerecht zu strafen. Sei nicht böse; freundlich sein ist gut.«

Und vor dreitausend Jahren hieß es in der Lehre des Amenemope: »Wenn du einen großen Schuldenrückstand bei einem Armen findest, so teile ihn in drei Teile, davon laß zwei fallen – das wirst du wie die Wege deines Lebens finden. Als Menschenfreund gelobt zu werden, ist nützlicher als Reichtum im Vorratshause.«

Freilich wird nicht jeder nach solchen Lehren gehandelt haben. Aber mit ihnen war die sittliche Norm gesetzt, von deren Erfüllung der Eintritt ins ewige und wahre Leben abhing, auf das der Mensch sich im Diesseits so gründlich vorbereiten mußte. Er mußte sein »Ewiges Haus« bauen, seine Grabanlage also, und er mußte Erbverträge schließen, um die erforderlichen Dienstleistungen der Totenpriester und Ka-Diener sicherzustellen, durch die sein Ka, seine Seele oder eigentlich sein Doppelgänger, im Totenreich versorgt werden sollte. Aufschlußreich ist, daß die Ägypter für das Wohnhaus im Diesseits die Bezeichnung »Herberge« gebrauchten. Hier wohnten sie eben nur vorübergehend. Erst in seinem »Ewigen Haus« war der Tote der den Haushalt weiterführende »Hausherr«, der – je nach seinem sozialen Status – oft ganze Zimmerfluchten zur Verfügung hatte, manchmal gar mit Abort, auf jeden Fall mit Möbeln, Vorräten, Waffen, Wagen, Sportgeräten und Gebrauchsgegenständen, mit vielen Dienern und mit Scheintüren, die dem »lebenden Leichnam«, an den sogar noch Briefe geschrieben werden konnten, den Kontakt mit der diesseitigen Welt ermöglichen sollten.

Für eine solche Form des Weiterlebens im Tode war die Erhaltung des Körpers notwendig. Sie war den Ägyptern nichts Ungewöhnliches, sondern im Gegenteil etwas Natürliches, woran sie seit jeher gewöhnt waren: Die ursprünglich im trockenen, von der Sonne erhitzten Sand vergrabenen Leichname ihrer Angehörigen trockneten völlig aus, ohne zu verwesen. Beim Bau des Assuan-Staudamms wurden Tausende solcher Mumien gefunden. Erst als es Brauch wurde, die Toten tiefer zu vergraben, dazu in Tücher gehüllt und in Särge gesteckt – vermutlich um eine Wiederaufdekkung durch Windverwehungen zu verhindern und sie sicher vor Tieren zu schützen – war eine verwesungsfreie Austrocknung nicht mehr garantiert. Da gingen die Ägypter dazu über, ihre Toten schon vor der Beisetzung »künstlich« zu mumifizieren, immer in der Absicht, ihre Körper zu erhalten.

Als der griechische Historiker Herodot vor nahezu zweieinhalb Jahrtausenden nach Ägypten kam, bestaunte er die Pyramiden, die gewaltigen Tempelanlagen zu Theben, den Nilmesser von Elephantine, und er hat dies und wie die Menschen »im Land der vielen Wunder« lebten, ausführlich beschrieben: ihre Häuser, ihre Landwirtschaft, ihre religiösen Riten, ihre Priester und die heiligen Stiere, ihren ständigen Kampf gegen die Mücken, ihre Schiffe, ihre Haustiere und die Krokodile. Über eines staunte er ganz besonders: über den aufwendigen Totenkult der Ägypter und ihre schon damals tausend Jahre alte Sitte, die Verstorbenen zu mumifizieren. Von Herodot wissen wir, wie in Ägypten mumifiziert wurde und daß es wenigstens drei verschiedene Methoden gab. Die aufwendigste beschrieb er so:

»Erst ziehen sie das Gehirn mit einem krummen Eisen durch die Nasenlöcher heraus, aber nicht alles, sondern zum Teil bedient man sich dazu des Eingießens künstlicher Mittel. Dann machen sie mit einem scharfen äthiopischen Stein einen Einschnitt in die Weiche und nehmen das ganze Eingeweide heraus. Und wenn sie das gereinigt und mit Palmwein begossen haben, streuen sie zerriebene Spezereien darauf. Danach füllen sie den Bauch an mit reinen geriebenen Myrrhen, mit Kasia und sonstigem Räucherwerk, nicht mit Weihrauch, und dann nähen sie ihn wieder zu. Wenn das vorbei ist, legen sie ihn in Natron und verwahren ihn siebzig Tage, länger aber dürfen sie ihn nicht einlegen. Und wenn die siebzig Tage um sind, waschen sie die Leiche und umwickeln den Leib ganz und gar mit feiner Byssosleinwand und überstreichen ihn mit Gummi... Sodann nehmen die Angehörigen die Leiche in Empfang, machen sich ein hölzernes Bild von Menschengestalt und tun sie da hinein...«

Zeitweise war es bei der Mumifizierung von Königen und hohen Beamten üblich, die gereinigten Eingeweide in vier besonderen Krügen mit ins Grab zu geben. Man tat sie in Kanopen, die mit Deckeln in Form der Köpfe der vier Kanopengötter verschlossen wurden. Das Herz als Sitz des Bewußtseins blieb im Körper. Die Körperhöhlungen wurden mit harzgetränkten Tüchern gefüllt. Anders als manchmal behauptet wurde der Körper nicht in ein Natronbad gelegt, sondern in Trocken-Natron. Oder er wurde immer wieder in jenem von Herodot genannten Zeitraum von 70 Tagen mit Natron eingerieben, bis alle Flüssigkeit heraus war.

Zweifellos war eine solche Prozedur, die im übrigen ja nur einen Teil der Bestattung und des Totenkults ausmachte, kostspielig. Für weniger wohlhabende Leute gab es primitivere und billigere Methoden, bei denen die Eingeweide durch Injektionen aufgelöst und herausgespült wurden. Übrigens hat Herodot behauptet, daß »Frauen angesehener Männer«, auch »Frauen, die sehr schön oder sonst von größerer Bedeutung« waren, nicht gleich nach ihrem Tode zum Mumifizieren gegeben wurden, sondern erst drei oder vier Tage später, damit – so seine Begründung – »die Einbalsamierer mit den Weibern keine Unzucht treiben«.

Solches Mißtrauen gegenüber den Einbalsamierern, manchmal auch gegenüber den Priestern, macht deutlich, wie das hochkomplizierte Totenkultsystem in einzelnen Punkten, die die praktische Ausführung betrafen, wenigstens zeitweise in Frage gestellt wurde. Dies jedoch nur, um es zu verbessern. Seine grundsätzliche Gültigkeit wurde offenbar nie angezweifelt. So erkannten die Menschen irgendwann, daß es unmöglich war, die Totenpriester und ihre Nachfolger allein kraft eines Erbvertrages für alle Zeiten wirksam zu verpflichten, dem Toten täglich die Naturalopfer an Brot und Bier darzubringen und ihn dabei aufzurufen, sich im Sarg von der linken auf die rechte Seite zu drehen. Schon zur Zeit der 6. Dynastie hielt man es für sicherer, die geforderten Opfer auf die Sargwände zu schreiben, sie also in Opferlisten, die der Tote lesen sollte, zu fixieren und sie allein kraft Bildmagie effektiv werden zu lassen. Auf diese magische Weise schien der Kult für den Toten in alle Ewigkeit besser garantiert als durch einen Dauerauftrag an die sterblichen und möglicherweise korrupten Priester, vorausgesetzt freilich, das Grab blieb intakt. Daß die Mumie beschädigt, ja zerstört werden könnte, haben die Ägypter bedacht: Sie gaben dem Toten in Form von Statuen Ersatzkörper mit, in die sein Ka notfalls zurückkehren konnte.

Hier klingt es wieder an, jenes »Es gibt kein Vernichten, es gibt kein Stören«. Es *sollte*, es *durfte* kein Vernichten, kein Stören geben. Also erdachten die Ägypter Auswege, die dem Ka auch dann noch ewiges Weiterleben ermöglichen sollten, wenn doch gestört wurde, ja auch wenn seine Mumie beraubt und dabei beschädigt wurde. Grabräuberei gab es in Ägypten schon vor Jahrtausenden, wie zum Beispiel Aufzeichnungen aus einem Prozeß gegen Grabräuber im Jahre 1124 v. Chr. zeigen, wobei einer gestand:

»Wir fanden die edle Mumie des heiligen Königs, die mit einem Sichelschwert bewaffnet war. Zahllose goldene Amulette und Schmuckstücke waren auf seiner Brust, und eine goldene Maske war über seinem Gesicht. Die edle Mumie dieses Königs war völlig mit Gold bedeckt, und seine Särge waren mit Gold und Silber geschmückt, sowohl von innen wie von außen, und mit kostbaren Steinen eingelegt. Wir sammelten das Gold ein wie auch die Amulette und Schmuckstücke, die bei ihm waren, und das Metall, das an seinen Särgen war. Wir fanden die Königin in genau derselben Pracht und holten uns alles, was wir bei ihr fanden. Dann legten wir Feuer an ihre Särge. Wir nahmen uns die Möbel, die wir bei ihnen fanden, sie enthielten Gegenstände aus Gold, Silber und Bronze, und teilten das geraubte Gut unter uns auf... Es belief sich auf 160 Deben Gold insgesamt.« Das waren vierzehneinhalb Kilogramm. Und weiter sagte der Grabräuber aus, daß er und seine Bande vier Jahre lang in der Totenstadt in Theben-West Gräber und Mumien ausgeplündert hatten und daß es noch andere Räuberbanden gab, die das gleiche Geschäft betrieben.

Wenn irgend möglich, haben Totenpriester die beraubten Mumien erneut bestattet oder sie zumindest in sichere Verstecke gebracht, um das Stören zu beenden. Nach ägyptischer Auffassung war es dazu nie zu spät, denn die Ägypter dachten in sehr langen Zeiträumen.

Mit dem Dasein im Grab war noch keineswegs die letzte und eigentliche Stufe des ewigen Lebens erreicht. Genaugenommen begann da erst der Weg dorthin. Vielleicht würde der Verstorbene noch Hunderte oder gar Tausende von Jahren brauchen, bis er zu einer neuen Einheit von Seele und Körper fände. Die Gott-Könige würden einst in einem besonderen Jenseits versammelt sein, das sie nach einem schwierigen Aufstieg zum Himmel und nach dem

Überqueren des Himmels und seiner Gewässer in einem Sonnenboot erreichen mußten.

Aber auch für alle anderen Verstorbenen war es eine langwierige und dazu bürokratisch umständliche Prozedur, in die Gefilde der Seligen zu kommen. Und für die lange Zwischenzeit und den schwierigen Weg dorthin gab man ihnen alle erforderlichen Ausrüstungsgegenstände mit ins Grab, neben Dingen, die sie schon für das diesseitige Leben gebraucht hatten, auch solche für die unbekannte Reise. Den verstorbenen Königen scheint man Sonnenboote mitgegeben zu haben; jedenfalls wurde vor wenigen Jahren bei der großen Pyramide des Cheops ein überraschend gut erhaltenes Boot, viereinhalb Jahrtausende alt, gefunden und ausgegraben. In einem speziellen Museum direkt neben der Fundstelle ist es in wieder zusammengesetztem Zustand zu besichtigen.

Gefunden wurde es (im Jahr 1954) nämlich in viele Teile zerlegt, wie ein riesiger Modellbaukasten, und zwar direkt am Fuß der einst 146 Meter hohen Pyramide in einer für diese Teile genau passenden Felskammer, die mit 41 großen Kalksteinblöcken sorgfältig abgedeckt war. Dieses Schiff des Cheops ist das älteste, größte und besterhaltene antike Schiff, das je gefunden wurde. Es ist 45 Meter lang und mit seinen Aufbauten, Riemen und Rudern so eindrucksvoll, daß jedem, der zu den Pyramiden von Gizeh kommt, nur mit Nachdruck empfohlen werden kann, es sich anzusehen (solange dies noch möglich ist; denn vielleicht wird das erst vor kurzem eröffnete Museum wieder geschlossen werden müssen, weil das Boot des Cheops, das so viele Jahrtausende unbeschädigt überdauert hat, durch die feuchte Atemluft in dem Museum gefährdet ist).

Über die Bedeutung des Königsschiffes – seit kurzem weiß man, daß in der Nähe noch ein zweites Schiff vergraben ist – sind sich die Ägyptologen nicht einig. Manche halten es für das Totenschiff, mit dem der einbalsamierte Leichnam des Cheops von seiner Hauptstadt Memphis auf dem Nil zu seinem Ewigen Haus, seiner Pyramide bei Gizeh, gebracht wurde. Andere vermuten in dem Boot die Sonnenbarke, in der der wiederauferstandene König mit dem Sonnengott seine ewige Runde über den Himmel zieht.

Vom Sarkophag des Cheops, im Innern der Pyramide, in einer

etwa 10 mal 5 Meter großen und fast 6 Meter hohen Grabkammer, die ganz und gar mit Granit ausgekleidet ist und in die man durch einen von Grabräubern gebrochenen Einstieg und einen langen, nur 1,20 Meter hohen Gang gelangen kann, ist nur der untere Teil vorhanden, eine 1 Meter hohe, 2,30 Meter lange und 89 Zentimeter breite Granitwanne. Die Mumie des Königs, von der niemand weiß, ob sie jemals hier war, ist bis heute nicht gefunden worden.

Mehrere andere Königsmumien wurden freilich gefunden. Sie alle waren ausgeraubt und dabei beschädigt worden, zum Teil sehr stark. Priester hatten sie wieder beigesetzt beziehungsweise nur versteckt, die meisten in einer großen Felsenkammer bei Deir el-Bahari, andere in der Grabanlage König Amenophis' II. Als man sie dort gegen Ende des vorigen Jahrhunderts entdeckte, 27 Mumien von Königen und ihren Verwandten, waren sie inzwischen erneut ausgeplündert worden. Seit 1881 liegen sie im Kairoer Museum. Wer je den berühmten Mumiensaal, den Saal 52 im Obergeschoß des Ägyptischen Museums Kairo, gesehen hat, wo die Königsmumien bis vor kurzem zur Schau gestellt waren, der hat Verständnis dafür, daß der Verfasser des »Großen Polyglott-Reiseführer Ägypten«, Hans Strelocke, sich zu der Bemerkung veranlaßt fühlte: »Beachten sollte man, daß hier wirklich Tote ruhen, denen man eine bestimmte Ehrfurcht nicht versagen darf, und daß man alle menschliche Not auch an diesen Königsmumien ablesen kann.«

Bis ins Jahr 1980 waren die Mumien im Saal 52 schutzlos der indiskreten Neugier des nie abreißenden Besucherstroms preisgegeben. Zum Beispiel die Mumie des Pharao Sekenenre, 17. Dynastie, die älteste im Museum, 170 Zentimeter groß: Sekenenre scheint gewaltsam ums Leben gekommen zu sein; erkennbar sind Wunden hinter dem Ohr und Verletzungen über dem Nasenbein, die Hände sind noch jetzt verkrampft, die Lippen, so scheint es, vor Schmerz verzerrt.

Oder die Mumie Thutmosis' III., der im Alter von 50 Jahren starb: schmales Gesicht, kahler Kopf mit kurzem, weißem Haarkranz. Grabräuber haben die Mumie in drei Teile zerrissen.

Oder die von Ahmose (164 Zentimeter), 17. Dynastie, der etwa vier Jahrzehnte gelebt hat; Grabräuber haben ihr den Kopf abgerissen, und zur Zeit der 21. Dynastie wurde sie erneut in Binden

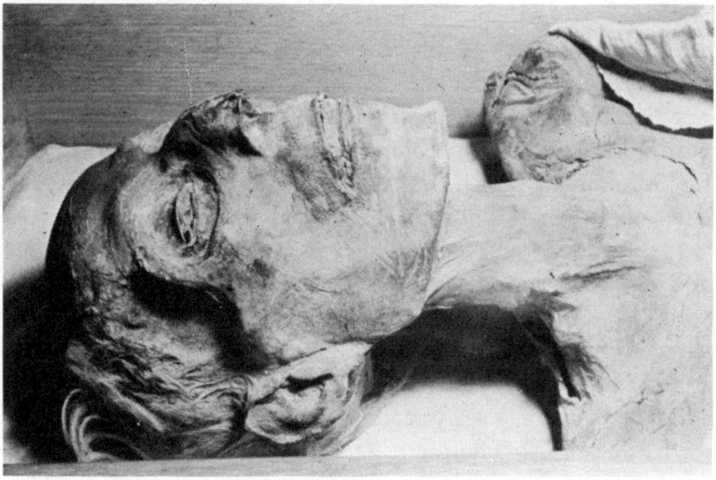

Die Mumie Ramses' II. Seit 1980 ist sie – wie auch die anderen im Ägyptischen Museum Kairo verwahrten Königsmumien – nicht mehr öffentlich ausgestellt.

gewickelt. Erkennbar ist noch heute das dunkelbraune wellige Haar und das vollständig erhaltene Gebiß, bei dem der Oberkiefer etwas vorstand. – Daneben die Mumie seiner Gemahlin Nofretiri, 161 cm groß: der kahle Kopf der im Greisenalter gestorbenen Frau war (und ist) mit einem künstlichen Geflecht aus Menschenhaar überspannt, woran Zöpfe geknüpft sind.

Die berühmteste Mumie ist die des etwa 90 Jahre alt gewordenen Ramses II.: 173 cm, kahler Kopf mit weißem Haarkranz; infolge des hohen Alters körperliche Degenerationserscheinungen. Medizinische Untersuchungen, die 3200 Jahre nach dem Tod des Pharao, des größten Bauherrn Ägyptens, an seiner Mumie durchgeführt wurden, und zwar in einem Pariser Institut, ergaben, daß Ramses an einer Versteifung der Wirbelsäule gelitten hat. Nur mühsam konnte er sich mit ganz kleinen Schritten bewegen. Außerdem litt er im Alter an einer Unterkiefergewebeentzündung und einem fistelartigen Abszeß.

Diese und andere menschliche Schicksale, obwohl vor mehr als drei Jahrtausenden zu Ende gegangen, sprechen uns noch heute unmittelbar an. Dies allerdings vor allem deswegen, weil die Körper der einst so glanzvollen Herrscher hier auf so lieb- und würdelose Weise abgestellt sind. Verständlich, daß sich Anwar as-Sadat, seinerzeit Staatspräsident von Ägypten (der einige Jahre später einem Attentat zum Opfer fiel), für eine Wiederbestattung der Königsmumien »in allen Ehren« aussprach und daß die Ägyptische Antikenverwaltung seinem Wunsch, den Mumiensaal schließen zu lassen, entsprach. Seit Oktober 1980 ist der Mumiensaal unzugänglich. Er wird es bleiben, bis das geplante »Nationalmuseum Ägyptischer Zivilisation« fertig ist. Dort soll ein Mausoleum eingerichtet werden, wo die Königsmumien in Sarkophagen wieder bestattet werden, um für immer ihre Ruhe zu haben.

Seinen Wunsch, den Mumiensaal zu schließen, hatte Staatspräsident Sadat mit der Erklärung begründet, das Zurschaustellen der Königsmumien verletze die islamischen, christlichen und jüdischen Glaubenslehren. Dies hatte damals Überraschung ausgelöst, weil Sadat vier Jahre zuvor die Mumie Ramses' II. zu einer Ausstellung und zu einer Röntgenuntersuchung nach Paris geschickt hatte, ohne sich vorher mit der Antikenverwaltung auch nur verständigt zu haben. Die Folge waren heftige Proteste von Zeitungen und Abgeordneten. Und die Affäre wurde nur dadurch beigelegt, daß die französischen Wissenschaftler die Mumie, die von Grabräubern arg ramponiert und überdies in Gefahr war, von Pilzen zersetzt zu werden, weitgehend restaurierten und von dem Pilzbefall befreiten.

Hier zeigte sich die andere Seite: Es gibt ja auch eine wissenschaftliche Neugier, es gibt die Mumienforschung, die Methoden entwickelt hat, um Mumien gewissermaßen zum Sprechen zu bringen. So sind Wissenschaftler heute in der Lage, die Blutgruppe der mumifizierten Menschen zu bestimmen. Und mit Hilfe der Blutgruppe und mit Röntgenaufnahmen ließen sich aufschlußreiche Erkenntnisse gewinnen. Einige Jahre vor der Schließung des Mumiensaals erwirkten zwei Wissenschaftler der Amerikanischen Universität in Kairo, J. E. Harris und K. R. Weeks, die Erlaubnis der Antikenverwaltung, die Königsmumien röntgenologisch zu untersuchen. Sie machten von jeder Mumie sechs bis acht Filme. Bei einer, die als die Mumie Thutmosis' I. galt, stellte sich heraus, daß eine Verwechslung vorlag; die Röntgenbilder vom Schädel und vom ganzen Knochenbau zeigten keinerlei Ähnlichkeit mit denen enger Verwandter des Königs. Auch ließ die Art der Mumifizierung auf eine ganz andere Zeit schließen.

Mit modernen Röntgenmethoden lassen sich Mumien, ohne beschädigt zu werden, gleichsam Schicht um Schicht sezieren. Das ermöglicht die Beantwortung vieler Fragen, zum Beispiel nach der ursprünglichen Körpergröße, nach dem erreichten Lebensalter, nach dem Geschlecht, nach Krankheiten, vielleicht nach der Todesursache, nach Verwundungen, Deformationen, Abnutzungserscheinungen, nach medizinischen Therapien, nach chirurgischen Eingriffen und dem Zahnstatus und sogar nach der Ernährungsweise. Einer der Pharaonen, König Siptah aus der 19. Dynastie, hatte offenbar einen gelähmten Fuß, vermutlich infolge einer Poliomyelitis. Bei keiner der Königsmumien konnten wesentliche Anzeichen von Karies nachgewiesen werden, wohl aber Arthritis und Verkrümmung der Wirbelsäulen.

Solche Untersuchungen sind also jetzt und in Zukunft kaum noch möglich. Das damit aufgeworfene Problem läßt sich vielleicht nicht einmal auf die Ägyptologie beschränken. Denn es betrifft germanische Moorleichen, indianische Mumien und Schrumpfköpfe genauso. Es führt schließlich zu der Frage nach der Berechtigung der Archäologen überhaupt, Tote aus ihren Gräbern herauszuholen, Friedhöfe und Totenstädte freizulegen.

Aber andererseits: Ohne die Ausgrabungen im ägyptischen Totenreich würden wir von der ägyptischen Kultur so gut wie nichts wissen. Und unser Wissen von vielen anderen Kulturen, etwa der etruskischen, beruht ebenfalls fast ausschließlich auf den in Gräbern gemachten Funden. Und hätte Manolis Andronikos das Grab Philipps II. von Makedonien nicht öffnen sollen? Und ein weiteres Beispiel: Ohne die modernen medizinischen Untersuchungen an präkolumbischen Indianermumien hätte man nie erkannt, daß die Syphilis keineswegs, wie die moralisierende Legende behauptet, erst von den abendländischen Eroberern nach Amerika gebracht wurde, sondern dort längst vor ihnen virulent war.

Es gibt auch diese Perspektive: Das, was die Ägypter, vor allem ihre Könige, mit ihrem aufwendigen Totenkult auch erreichen wollten, nämlich für alle Zeit und Ewigkeit präsent und bekannt zu sein, haben sie schließlich durch die freilich unerwünschte Hilfe der Schatzgräber und Archäologen erreicht. Deutlichstes Beispiel ist Tut-anch-Amun: Über ihn berichten schriftliche Zeugnisse so gut wie nichts, und ohne die Entdeckung seines Grabes durch Howard Carter wäre er der vergessene Pharao geblieben, von dem jahrtausendelang niemand etwas gewußt hatte. Tut-anch-Amun ist übrigens der einzige aller bisher entdeckten Pharaonen, der noch in seinem Grab liegt, im Tal der Könige; daß er – wie man so oft in Zeitungen lesen kann – häufig auf Reisen durch die Welt geschickt werde, auf Ausstellungen, entspricht nicht der Wahrheit: Auf Reisen waren bisher nur einer seiner Särge und seine elf Kilogramm schwere Goldmaske, die der Mumie über Kopf und Schulter gestülpt war.

Daß diese berühmte Maske individuelle Züge des Königs wiedergibt, gilt als unwahrscheinlich. Das Individuum spielte im Denken der Ägypter eine untergeordnete Rolle. Und der große Aufwand für den Pharao, den Herrn des Palastes, nach seinem Tode (eigentlich meinte »Pharao« gar nicht die Person, sondern bedeutete »das große Haus«) galt nicht so sehr einer individuellen Herrschergestalt, sondern der Erhaltung des ägyptischen Volkes. Der verstorbene König hatte auch im ewigen Leben vor allem die Aufgabe, weiterhin für das Wohl und die Zukunft Ägyptens zu sorgen.

Es war diese – vielleicht nur scheinbare – Sicherheit, mit der die Ägypter die Auferstehung nach dem Tode erwarteten, die Auferstehung zu einem Leben in Ewigkeit, was die Griechen und ebenso die Römer so sehr beeindruckte. Mit den Mitteln der Kunst schufen sich die Ägypter eine Jenseitswelt, die – so sagt es der Ägyptologe Dietrich Wildung – »nicht widerlegt, gestört oder zerstört werden kann: Alle vorstellbaren Gefährdungen lassen sich rechtzeitig durch Gegenmaßnahmen bannen, und so entsteht eine heile Welt, in die im Augenblick des Todes hinüberzuwechseln kein angstvoller Schritt ins Ungewisse ist, sondern ein Eintritt in wohlvertrautes Gelände«.

An diesem ewigen, eigentlichen Leben wollten später auch die in Ägypten lebenden Römer teilhaben. Gerade den Römern war ja der Gedanke an den Tod als ein absolutes Ende derart zuwider, daß sie sogar die Wörter Tod und Sterben möglichst mieden; wenn

Auch Römer ließen sich in Ägypten mumifizieren, ihre Individualität wurde in lebensechten Porträts festgehalten.

jemand gestorben war, sagten sie von ihm: »Er hat gelebt.« In Ägypten ließen sich Römer nach ägyptischem Vorbild mumifizieren, jedoch mit einer wesentlichen Besonderheit. Während ägyptische Mumiensärge den Toten, den »Gerechtfertigten«, in einer typisierten, entindividualisierten Form darstellen, zeigen römische Mumiensärge die Verstorbenen so, wie sie im Leben wirklich ausgesehen hatten. Es wurden – so der Einfluß der römischen Porträtkunst – auf Holz oder Leinwand gemalte Porträtbildnisse außen auf den Särgen angebracht. Für die Römer war es eben unvorstellbar, auf Individualität verzichten zu müssen.

Zugleich jedoch beurteilten die Römer den aufwendigen Totenkult der Ägypter, auch den der Griechen und Etrusker und mancher orientalischer Völker, mit skeptischer Nüchternheit. Die meisten hielten sich an eines der ältesten römischen Gesetze, das eine Beschränkung des römischen Totenkults vorschrieb, indem es verbot, Verstorbenen Gold mit ins Grab zu geben, ausgenommen goldene Zähne. Sich mumifizieren zu lassen blieb für Römer nur eine kurzlebige Mode und überdies für nur wenige; den meisten war es viel zu kostspielig.

Mehr Aufwand wurde im Vorderen Orient und in Eurasien getrieben, wo man die Körper der Toten ebenfalls zu erhalten suchte. Das geschah dort auf andere Weise als in Ägypten, und zwar vorwiegend unter Verwendung von Wachs und Honig. Durch die hochprozentige Zuckerlösung des Honigs wurden Bakterien abgetötet und die vermutlich ausgeräumten Leichname vor Fäulnis bewahrt. Antiken Quellen zufolge wurde so auch der Leichnam Alexanders des Großen präpariert. Babylonische und chaldäische Spezialisten betteten ihn in Honig und Myrrhe, und erst zwei Jahre später wurde Alexander, der 323 v. Chr. in Babylon überraschend gestorben war, auf einem prunkvollen Katafalkwagen nach Alexandria in Ägypten überführt. Verschiedene Augenzeugen aus etwas späterer Zeit berichteten, daß seine Mumie dort über mehrere Jahrhunderte in gutem Zustand geblieben sei. Archäologische Bestätigungen gibt es dafür jedoch nicht.

Daß bei den Babyloniern »die Toten in Honig gelegt« wurden, hat Herodot überliefert. Und um Christi Geburt schrieb der griechische Geograph Strabo von den Persern: »Die Toten überziehen sie mit Wachs bei der Beerdigung«, und von den Medern: »Sie begraben die Abgeschiedenen in Honig, nachdem sie sie mit Wachs überzogen haben.« In Griechenland – so schreiben Steffen Berg, Renate Rolle und Henning Seemann in ihrem Buch »Der Archäologe und der Tod« (1981) – scheint »Leichenkonservierung ebenfalls geübt worden zu sein«, allerdings wohl nur vereinzelt. Möglicherweise habe es sich bei den Bestattungen in den von Heinrich Schliemann ausgegrabenen Schachtgräbern von Mykene, wo die sogenannte »Goldmaske des Agamemnon« gefunden wurde, um Mumifizierungen nach ägyptischem Brauch gehandelt; doch sei der Befund nicht eindeutig.

Meister im Konservieren menschlicher Körper aber waren vor gut zwei Jahrtausenden die Chinesen. Das stellte sich überraschenderweise erst vor einigen Jahren heraus, als in Ma Wang Dui ganz nahe bei Chang Sha in der Provinz Hunan drei Gräber der Familie des Fürsten von Dai geöffnet wurden. Auf meiner Chinareise konnte ich diese Gräber nicht besuchen, berichte hier also nicht aufgrund eigener Anschauung, sondern stütze mich auf die genannte, die Fachliteratur zusammenfassende Darstellung von Berg, Rolle und Seemann:

Die Toten waren der Fürst Li Chang und seine Frau, die heute in der Fachliteratur als »Lady Li« weiterlebt, und deren Sohn. Ihre Särge befanden sich in fast 20 Meter tiefen, stufenförmig gestalteten Grabschächten, in die von oben Rampen führten. Jeder Leichnam lag in vier ineinander passenden Holzsärgen, die von einer dicken Holzkohlenschicht umpackt waren, die ihrerseits von einer starken Schicht aus weißem Ton umschlossen war, was alles zusammen einen Raum aus Zypressenholz gänzlich ausfüllte. Als man die Särge öffnete (was in Dokumentarfilmen festgehalten wurde), fand man die Toten aus dem 2. Jahrhundert vor Beginn unserer Zeitrechnung so, als wären sie erst vor kurzem verstorben. Ihre Gesichter und ihre Körper ließen überhaupt keine Verfallserscheinungen erkennen. Und was das Erstaunlichste war: Sie waren elastisch, ja bis in die Fingerspitzen beweglich.

Wie die Chinesen dies erreicht haben, ist noch nicht völlig geklärt. Eine entscheidende Rolle spielte dabei zweifellos eine dunkelrotbraune Flüssigkeit, mit der – so Berg/Rolle/Seemann wörtlich – »der gesamte Zentralteil der Grabanlagen geflutet war, so daß die Leichen unter völligen Luftabschluß gerieten und Bakterien abgetötet wurden«. Untersuchungen ergaben, daß wesentliche Bestandteile dieser geheimnisvollen Flüssigkeit Quecksilber und verschiedene säurehaltige und organische Substanzen waren.

Quecksilber – so sahen wir im Kapitel über die große Grabung bei Si'an – spielte auch im noch ungeöffneten Grabmal von Ch'in Shi-huang-ti, dem Ersten Kaiser von China, eine wesentliche Rolle: Sein Sarkophag, heißt es in der schriftlichen Überlieferung, schwimmt auf einem See von Quecksilber. Das könnte bedeuten, daß auch der Erste Kaiser, der am Ende des 3. Jahrhunderts v. Chr. starb, auf solche Weise konserviert wurde. Und vielleicht wird er eines Tages so wieder zu sehen sein, wie er einst gelebt hat.

Als Wunschtraum existierte dies in vielen, wenn nicht in allen menschlichen Kulturen: »Es gibt kein Vernichten, es gibt kein Stören...« Bisher haben wir nur die eine Seite dieser jahrtausendealten ägyptischen Tempelinschrift im Blick gehabt. Es gab aber eine zweite: Nicht nur wollten die Toten die Lebenden beschwören, sie in Ewigkeit ungestört zu lassen, auch die Lebenden wollten von den Toten nicht gestört, sondern in Ruhe gelassen werden. Die Lebenden wollten nicht, daß die Toten zurückkehrten. Sie wollen es auch heute nicht. Dies sei, sagte man mir in Kairo, ein wesentlicher Grund dafür, daß Sadats Wunsch, die Königsmumien wieder zu bestatten, so positiv aufgenommen wurde: Sehr viele Ägypter begrüßten eine Wiederbestattung, weil das Öffnen der Gräber ihrer Meinung nach die guten Geister, die die einstigen Herrscher bewachten, vertrieben und sie zu bösen Geistern gemacht habe; sie und die Geister der Pharaonen trieben nun Unheil in der Welt.

Die Furcht vor einer Wiederkehr der Toten in die Welt der Lebenden war im alten Ägypten groß. Nach ägyptischer Vorstellung konnten die Toten durch die sogenannten Scheintüren das Grab und die Totenwelt verlassen, wenn es ihnen dort nicht gefiel, etwa weil ihre Verwandten ihnen nicht genug Speiseopfer bringen ließen oder weil sie die Lebenden schlecht über sich reden hörten. Um dies zu verhindern, war es während eines bestimmten Zeitabschnitts in der ägyptischen Geschichte Brauch, den Ersatzköpfen (die man den Mumien in Lebensgröße mit ins Grab gab, damit Ka trotz einer etwaigen Zerstörung der Mumie zurückkehren konnte) bei der Beisetzung die Ohren abzuschlagen. »Denn die Toten sollen uns nicht hören«, sagten die Lebenden.

Tote zufriedenzustellen, Tote abzuwehren galt in vielen Kulturen als notwendig. Denn Tote konnten gefährlich sein: Bei den Griechen galten Tote als neidisch, bei den Juden als unrein. Wer mit Toten in Berührung kam, auch nur mit einem Grab, galt frommen Juden seinerseits als unrein und mußte sich nach vorgeschriebenen Riten reinigen. Nie durften Tote innerhalb von Städten und Siedlungen begraben werden. Und frommen Juden galt die ganze Stadt Tiberias am See Genezareth als unrein, weil ein Teil von ihr über alten Gräbern stand. Von ihnen wurde die Stadt gemieden; auch Jesus, der häufig am See Genezareth war, scheint sie nie betreten zu haben.

In Israel haben die Juden noch heute ein eigenwilliges und konsequentes Verhältnis zu den Toten. Und danach müssen sich auch die Archäologen richten. Was Archäologen an menschlichen Überresten ausgraben, muß innerhalb kurzer Zeit wieder bestattet werden. Ausgenommen wurden lediglich frühe prähistorische Funde; sie sind heute in Museen ausgestellt. Aber vergebens sucht man im Museum nach Skeletten der letzten Verteidiger der Festung Masada, die dort im Jahre 73 n. Chr. im Kampf gegen die Römer ums Leben kamen und vor gut zwanzig Jahren ausgegraben wurden.

Solche Funde – und das gilt auch für den berühmten Fund der durchnagelten Füße eines Gekreuzigten, der vor einigen Jahren bei Jerusalem gemacht wurde – dürfen zwar wissenschaftlich untersucht, aber nicht aufbewahrt werden. Für die Wissenschaft ergeben sich daraus allerdings Nachteile. Die einmal gewonnenen Untersuchungsergebnisse sind nicht oder nur schwer nachprüfbar, und verbesserte oder gar neue Untersuchungsmethoden kommen nie mehr zur Anwendung für einen einmal untersuchten Fall.

In der christlichen Welt (wo ja eigentlich sogar ein Teil des Reliquienkults von dem Problem berührt wird) wurde und wird mit menschlichen Skeletten sehr viel lässiger umgegangen als in der jüdischen. Das registrierte ich bei einer Grabung in der Hamburger Innenstadt, bei der mehrere Skelette freigelegt wurden. Einige von ihnen waren nur noch zur Hälfte da, säuberlich durchschnitten. Die Ausgräber, die hier nach Resten der Hammaburg suchten, auf der später der Hamburger Dom und nach ihm das Johanneum, die Hamburger »Gelehrtenschule«, errichtet wurden, erklärten mir den Sachverhalt. Als die Hamburger ihren Dom abrissen (1805/06), ließen sie die Skelette der viele Jahre zuvor am Dom beigesetzten Toten dort einfach liegen. Dann wurde das Grundstück planiert und als Exerzierplatz benutzt. Drei Jahrzehnte später wurden Gräben für die Fundamente des Johanneums ausgehoben. Da haben die Arbeiter einige der noch gut erhaltenen Skelette einfach durchschnitten und die aufgeschaufelten Teile weggeworfen, die anderen Teile weiterhin liegengelassen. Und diese Skeletteile kamen jetzt, nach weiteren anderthalb Jahrhunderten immer noch gut erhalten, zum drittenmal ans Licht. Sie wurden nun endlich, nachdem sie archäologisch erfaßt worden waren, der Hamburger Friedhofsverwaltung übergeben.

Religiöse oder andere Gesetze, Gefühl für menschliche Würde oder überhaupt irgendein Gefühl spielen hier unterschiedliche Rollen. Dem 77jährigen Goethe wurde einfach unwohl, als er 21 Jahre nach Schillers Tod dessen Schädel (oder was man dafür hielt) aus den Händen von Schillers Sohn Ernst entgegennehmen sollte. Eine Stunde vor Beginn der Feier ließ er sich entschuldigen und schickte seinen Sohn August.

Literaturnachweis

Andreae, Bernard: Odysseus. Archäologie des europäischen Menschenbildes. Frankfurt am Main 1982

Ders.: Die Statuen aus dem Kaiserpalast von Baiae. Archäologische Forschung auf dem Meeresgrund. In: bild der wissenschaft, Nr. 12/1984

Ders.: Das Schicksal des Laokoon. Sonderdruck aus: Vorträge Betontag 1985. Köln 1985

Ders.: Die Entdeckung des Laokoon. Über einen Satz des Plinius und seine wahre Bedeutung. In: Frankfurter Allgemeine Zeitung, 26.7.1986

Ders.: Das Monstrum und der Astronom. Ein Beitrag der Archäologie zur Geschichte des Trägheitsgesetzes. In: Frankfurter Allgemeine Zeitung, 31.12.1986

Ders.: Lunga Storia del Laocoonte. In: ARCHEO Nr. 31, Mailand 1987

Ders.: Plinius und der Laokoon. Mainz 1987

Ders. (Hrsg.): Archäologie und Gesellschaft. Forschung und öffentliches Interesse. 12. Marburger Forum Philippinum. Frankfurt am Main 1981

Andreae, Bernard/Kyrieleis, Helmut (Hrsg.): Neue Forschungen in Pompeji – und den anderen vom Vesuvausbruch 79 n. Chr. verschütteten Städten. Recklinghausen 1975

Andronicos, Manolis: Vergina. The Royal Tombs and the Ancient City. Athen 1984

Aristoteles: Politik. Nach der Übersetzung von Franz Susemihl bearbeitet und herausgegeben von Nelly Tsouyopoulos und Ernesto Grassi. Reinbek bei Hamburg 1965

Austin, Michel/Vidal-Naquet, Pierre: Gesellschaft und Wirtschaft im alten Griechenland. Aus dem Französischen von Andreas Wittenburg. München 1984

Baatz, Dietwulf: Teile hellenistischer Geschütze aus Griechenland. In: Deutsches Archäologisches Institut (Hrsg.): Archäologischer Anzeiger 1979, Berlin 1979

Bammer, Anton: Das Heiligtum der Artemis von Ephesos. Graz 1984

Berg, Steffen/Rolle, Renate/Seemann, Henning: Der Archäologe und der Tod. Archäologie und Gerichtsmedizin. München, Luzern 1981

Bleicken, Jochen: Die athenische Demokratie. Paderborn, München, Wien, Zürich 1985

Christ, Karl: Die Römer. Eine Einführung in ihre Geschichte und Zivilisation. 2. überarbeitete Auflage, München 1984

Christopoulos, George A./Bastias, John C. (Hrsg.): Athletics in ancient Greece. Ancient Olympia and the Olympic Games. Athen 1977

Cornfeld, Gaalyahu / Botterweck, Gerhard Johannes (Hrsg.): Die Bibel und ihre Welt. Eine Enzyklopädie zur Heiligen Schrift. 2 Bde. Bergisch Gladbach 1969

Corti, Egon Cäsar Conte: Untergang und Auferstehung von Pompeji und Herculaneum. 9., ergänzte Auflage, München 1978

Cotterell, Arthur: Der Erste Kaiser von China. Der größte archäologische Fund unserer Zeit. Aus dem Englischen von Friedrich W. Gutbrod. Frankfurt am Main 1981

Dakaris, Sotirios I.: Altertümer von Epirus. Das Todesorakel von Acheron. Ephyra, Pandosia, Kassope. Athen o. J.

Ders.: Dodona. O. O. 1971

Deuel, Leo: Heinrich Schliemann. Eine Biographie mit Selbstzeugnissen und Bilddokumenten. Aus dem Englischen von Gertrud Baruch. München, Wien 1979

Deutsches Archäologisches Institut (Hrsg.): Ausgrabungen und Forschungen. Mainz 1983

Döhl, Hartmut: Heinrich Schliemann. Mythos und Ärgernis. München, Luzern 1981

E., S.: Archanes. Human Sacrifice in Minoan Crete. In: The Athenian (Athen), März 1980

Edwards, Iorwerth E. S.: Tutanchamun. Das Grab und seine Schätze. Photographien von Harry Burton und Lee Boltin. Nachwort und Übersetzung aus dem Englischen von Joachim Rehork. Bergisch Gladbach 1978

Eggebrecht, Arne (Hrsg.): Das alte Ägypten. 3000 Jahre Geschichte und Kultur des Pharaonenreiches. München 1984

Eggebrecht, Arne / Konrad, Walter / Pusch, Edgar B. (Hrsg.): Sumer, Assur, Babylon. 7000 Jahre Kunst und Kultur zwischen Euphrat und Tigris. Katalog zur gleichnamigen Ausstellung des Roemer- und Pelizaeus-Museums in Hildesheim. Mainz 1978

Ekschmitt, Werner: Die sieben Weltwunder. Ihre Erbauung, Zerstörung und Wiederentdeckung. Mainz 1984

Erman, Adolf: Ägypten und ägyptisches Leben im Altertum. Neu bearbeitet von Hermann Ranke. Hildesheim 1981

Finley, Moses I.: Atlas der Klassischen Archäologie. München 1979

Ders.: Die Sklaverei in der Antike. Aus dem Englischen von Christoph Schwingenstein. München 1980

Finley, Moses I. / Pleket, H. W.: Die Olympischen Spiele der Antike. Aus dem Englischen von Karl Berisch. Tübingen 1976

Fox, Robin Lane: Alexander der Große. Eine Biographie. Aus dem Englischen von Peter Zentner und Peter Dering. Düsseldorf 1974

Franciscis, Alfonso de: Die pompejanischen Wandmalereien in der Villa von Oplontis. Aus dem Italienischen von Bernard Andreae. Recklinghausen 1975

Friedländer, Ludwig: Sittengeschichte Roms. 2. Auflage, Köln 1957

Grant, Michael: Pompeji. Herculaneum. Untergang und Auferstehung der Städte am Vesuv. Aus dem Englischen von Hans Jürgen v. Koskull. Bergisch Gladbach 1978

Habicht, Christian: Pausanias und seine ›Beschreibung Griechenlands‹. München 1985

Hees-Landwehr, Christa von: siehe Landwehr, Christa

Hoepfner, Wolfram / Schwandner, Ernst-Ludwig (Hrsg.): Die antike Stadt und ihre Teilbereiche. Diskussionen zur archäologischen Bauforschung 1. Ergebnisbericht über ein Kolloquium des Architektur-Referats des Deutschen Archäologischen Instituts. Berlin 1974

Dies. (Hrsg.): Wohnungsbau im Altertum. Diskussionen zur archäologischen Bauforschung 3. Bericht über ein Kolloquium des Architektur-Referats des Deutschen Archäologischen Instituts. Berlin 1978

Dies.: Haus und Stadt im klassischen Griechenland. Wohnen in der klassischen Polis 1. München 1986

Hopper, Robert J.: Handel und Industrie im klassischen Griechenland. Aus dem Englischen von Karl-E. Felten und Grete Felten. München 1982

Jantzen, Ulf (Hrsg.): Deutsches Archäologisches Institut Athen. Führer durch Tiryns. Athen 1975

Jenkins, Nancy: Das Schiff in der Wüste. Ägypten zur Zeit Königs Cheops. Aus dem Englischen von Volker Bradke. Frankfurt am Main 1980

Josephus, Flavius: De bello judaico. Der Jüdische Krieg. Griechisch und Deutsch. 3 Bde. in 4. Herausgegeben von Otto Michel und Otto Bauernfeind. 2. Auflage, München 1962–1969

Ders.: Des Flavius Josephus Jüdische Altertümer. Aus dem Lateinischen von Heinrich Clementz. 2 Bde. Berlin, Wien 1923

Kenyon, Kathleen Mary: Jerusalem. Die heilige Stadt von David bis zu den Kreuzzügen. Ausgrabungen 1961–1967. Aus dem Englischen von Joachim Rehork. Bergisch Gladbach 1968

Kilian, Klaus: Zum Ende der mykenischen Epoche in der Argolis. Sonderdruck aus: Jahrbuch des Römisch-Germanischen Zentralmuseums Mainz, 27. Jg. (1980)

Klemm, Rosemarie / Klemm, Dietrich: Die Steine der Pharaonen. Ausstellungskatalog. München 1981

Kolb, Frank: Die Stadt im Altertum. München 1984

Kraus, Theodor: Pompeji und Herculaneum. Antlitz und Schicksal zweier antiker Städte. Photographien von Leonard v. Matt. Köln 1977

Krönert, Walter: Entwicklungsformen städtischer Mietwohnungen. In: Die alte Stadt. Zeitschrift für Stadtgeschichte, Stadtsoziologie und Denkmalpflege. 6. Jg. (1979), Nr. 4

Landels, John Gray: Die Technik in der antiken Welt. Aus dem Englischen von Kurt Mauel. 2. Auflage, München 1980

Landwehr, Christa: Die antiken Gipsabdrücke aus Baiae. Griechische Bronzestatuen in Abgüssen römischer Zeit. Archäologische Forschungen, Bd. 14. Hrsg.: Deutsches Archäologisches Institut Berlin. Berlin 1985

Dies.: Griechische Meisterwerke in römischen Abgüssen. Der Fund von Baia. Ausstellungskatalog. Freiburg, Frankfurt am Main 1982

Luo, Zewen / Dai, Wenbao / Wilson, Dick / Drège, Jean-Pierre / Delahaye, Hubert: Die Große Mauer. Geschichte, Kultur- und Sozialgeschichte Chinas. Frankfurt am Main 1982

Mallwitz, Alfred: Olympia und seine Bauten. München 1972

Ders.: Ein Jahrhundert deutsche Ausgrabungen in Olympia. Sonderdruck aus:

Mitteilungen des Deutschen Archäologischen Instituts, Athenische Abteilung, Bd. 92. Berlin 1977

Mallwitz, Alfred / Herrmann, Hans-Volkmar (Hrsg.): Die Funde aus Olympia. Ergebnisse hundertjähriger Ausgrabungstätigkeit. Athen 1980

Marinatos, Spyridon: Kreta, Thera und das mykenische Hellas. Photographien von Max Hirmer. 2., überarbeitete und erweiterte Auflage, München 1973

Meier, Christian: Caesar. Berlin 1982

Mommsen, Theodor: Römische Geschichte. Herausgegeben und bearbeitet von K. L. Walter-Schomburg. Berlin o. J.

Neuburger, Albert: Die Technik des Altertums. Leipzig 1919

Nohlen, Klaus: Die Wiedererrichtung des Trajan-Heiligtums in Pergamon. Sonderdruck aus: Mannheimer Forum 82/83, Mannheim 1983

Noll, Walter: Die minoischen Paläste auf Kreta. Stätten der Lebenden oder der Toten? In: Antike Welt. Zeitschrift für Archäologie und Urgeschichte (Zürich). 2. Jg. (1971), Heft 3

Platon: Sämtliche Werke. In der Übersetzung von Friedrich Schleiermacher herausgegeben von Walter F. Otto, Ernesto Grassi und Gert Plamböck. 3 Bde. Hamburg 1957–1958

Plutarch: Große Griechen und Römer. Aus dem Griechischen von Konrat Ziegler und Walter Wuhrmann. 6 Bde. München 1979–1980

Prause, Gerhard: Herodes der Große. König der Juden. Hamburg 1977

Ders.: Die kleine Welt des Jesus Christus. Was Theologen, Philologen, Historiker und Archäologen erforschten. Hamburg 1981

Ders.: Tratschkes Lexikon für Besserwisser. Dichtung und Wahrheit in der Weltgeschichte. 2. Auflage, München 1984

Ders.: Niemand hat Kolumbus ausgelacht. Fälschungen und Legenden der Geschichte richtiggestellt. Völlig überarbeitete und ergänzte Neuausgabe. Düsseldorf, Wien 1986

Radt, Wolfgang: Pergamon. Vorbericht über die Kampagne von 1981. In: Deutsches Archäologisches Institut (Hrsg.): Archäologischer Anzeiger 1982, Berlin 1982

Ders.: Pergamon. Vorbericht über die Kampagne von 1985. In: Deutsches Archäologisches Institut (Hrsg.): Archäologischer Anzeiger 1986, Berlin 1986

Römisch-Germanisches Museum Köln / Komitee für Kultur der Volksrepublik Bulgarien (Hrsg.): Gold der Thraker. Archäologische Schätze aus Bulgarien. Ausstellungskatalog. Mainz 1979

Rostovtzeff, Michael I.: Geschichte der alten Welt. Aus dem Russischen von Hans Heinrich Schaeder. 2 Bde. Wiesbaden 1942

Sakellarakis, Yannis / Sapouna-Sakellarakis, Efi: Drama of Death in a Minoan Temple. In: National Geographic (Washington), Vol. 159, Nr. 2, Februar 1981

Saleh, Mohamed / Sourouzian, Hourig / Liepe, Jürgen (Photographien): Die Hauptwerke im Ägyptischen Museum Kairo. Offizieller Katalog. Herausgegeben vom Antikendienst, Arabische Republik Ägypten. Mainz 1986

Schachermeyr, Fritz: Die minoische Kultur des alten Kreta. Stuttgart 1964

Schalit, Abraham: König Herodes. Der Mann und sein Werk. Berlin 1969

Schmitz, Bettina: Die Steine der Pharaonen. Vom Steinbruch zum Kunstwerk. Lagerstätten, Materialien, Werkstücke Altägyptens. Hildesheim 1985

Schröder, Heinz: Jesus und das Geld. Wirtschaftskommentar zum Neuen Testament. Karlsruhe 1979

Schultz, Uwe (Hrsg.): Mit dem Zehnten fing es an. Eine Kulturgeschichte der Steuer. München 1986

Schulz, Eberhard: Die archäologische Landschaft. München 1974

Seipel, Wilfried: Staat und Gesellschaft. In: Eggebrecht, Arne (Hrsg.): Das alte Ägypten. München 1984

Settgast, Jürgen: Tutanchamun. Ausstellungskatalog. Mainz 1980

Sontheimer, Walther/Ziegler, Konrat (Hrsg.): Der kleine Pauly. Lexikon der Antike. Auf der Grundlage von Pauly's Realencyclopädie der classischen Altertumswissenschaft. 5 Bde. Stuttgart 1964–1975

Stock, Robert W.: The Secrets of Crete. In: The New York Times Magazine (New York), 19. 8. 1984

Strocka, Volker Michael: Das Markttor von Milet. 128. Winckelmannsprogramm der Archäologischen Gesellschaft zu Berlin. Berlin 1981

Ders.: Ein mißverstandener Terminus des Vierten Stils: Die Casa del Sacello Iliaco in Pompeji. Sonderdruck aus: Mitteilungen des Deutschen Archäologischen Instituts, Römische Abteilung, Bd. 91. Mainz 1984

Ders.: Casa del Principe di Napoli. Photographien von Peter Grunwald. Wandgraphiken von Pavlos Papagialias. Häuser in Pompeji 1. Hrsg.: Deutsches Archäologisches Institut. Tübingen 1984

Süddeutsche Zeitung/Deutsche Presse-Agentur: Vorzeitliche Tonsoldaten als Zukunftsgaranten. Pressemeldung in: Süddeutsche Zeitung, 22. 4. 1986

Suetonius Tranquillus, Gaius: Leben der Cäsaren. Aus dem Lateinischen übertragen und herausgegeben von André Lambert. München 1972

Vanags, Patricia: Glorreiches Pompeji. Herrsching 1983

Vilar, Pierre: Gold und Geld in der Geschichte. Vom Ausgang des Mittelalters bis zur Gegenwart. Aus dem Französischen von Helga Reimann und Manfred Vasold. München 1984

Wunderlich, Hans Georg: Paläste Altkretas. In: n+m. Naturwissenschaft und Medizin. Nr. 36/1971

Ders.: Wohin der Stier Europa trug. Kretas Geheimnis und das Erwachen des Abendlandes. Reinbek bei Hamburg 1972

Yadin, Yigael: Bar Kochba. Archäologen auf den Spuren des letzten Fürsten von Israel. Aus dem Englischen von Hertha Balling. Hamburg 1971

Ders.: Masada. Der letzte Kampf um die Festung des Herodes. Aus dem Hebräischen ins Englische übertragen von Moshe Pearlman. Aus dem Englischen von Eva und Arne Eggebrecht. Hamburg 1967

Personenregister

Kursiv gesetzte Seitenzahlen verweisen auf Abbildungen.

Ortsregister

Bildquellen

Alinari, Rom: 167 li.
Andreae, B.: Odysseus – Archäologie des europäischen Menschenbildes. Societäts-Verlag, Frankfurt a. M.: 272, 273
Andronicos, M.: Vergina – The Royal Tombs and the Ancient City. Ekdotike Athenon, Athen: 253, 257
Archiv für Kunst und Geschichte, Berlin: 293, 307, 380
Athletics in Ancient Greece – Ancient Olympia and the Olympic Games. Ekdotike Athenon, Athen: 121
bildarchiv preußischer kulturbesitz, Berlin: 384
DAI Athen: 45, 59; DAI Berlin, Foto P. Grunwald: 312; DAI Rom, Foto B. Andreae: 279
Fu Tianchou (Hrsg.): Die unterirdische Tonarmee des Kaisers Qin Shi Huang. Verlag Neue Welt, Peking: 333
Hoepfner, Wolfram: 81
Mallwitz, A.: Olympia und seine Bauten. Prestel-Verlag, München: 98, 101
Nohlen, K.: Die Wiedererrichtung des Trajan-Heiligtums in Pergamon. Sonderdruck aus: Mannheimer Forum 82/83, Mannheim. Modell von U. Rombock, A. Schinz: 146
Pergamon-Grabung, E. Steiner: 135, 145
Sakellarakis, Yannis: 18
Seiterle, Gérard: 167 re.
Strocka, Volker Michael: 313
Sumer, Assur, Babylon – 7000 Jahre Kunst und Kultur zwischen Euphrat und Tigris. Ausstellungskatalog. Roemer- und Pelizaeus-Museum, Hildesheim: 321
Alle übrigen Abbildungen stammen vom Autor.